·高等院校"十四五"旅游管理专业规划教材·
基于信息化服务平台的立体教学丛书

旅游目的地开发与管理

（第二版）

凌常荣　刘　庆　冯玮玮◎著

Tourism
Destination
Development
and
Management

广西高校人文社科重点研究基地广西发展战略研究院资助

经济管理出版社
ECONOMY & MANAGEMENT PUBLISHING HOUSE

图书在版编目（CIP）数据

旅游目的地开发与管理／凌常荣，刘庆，冯玮玮著. —2 版. —北京：经济管理出版社，2022. 4
ISBN 978-7-5096-8395-8

Ⅰ.①旅… Ⅱ.①凌… ②刘… ③冯… Ⅲ.①旅游地—旅游资源开发②旅游地—旅游资源—资源管理 Ⅳ.①F590. 3

中国版本图书馆 CIP 数据核字（2022）第 061821 号

组稿编辑：王光艳
责任编辑：李红贤　李光萌
责任印制：张馨予
责任校对：张晓燕

出版发行：经济管理出版社
　　　　　（北京市海淀区北蜂窝 8 号中雅大厦 A 座 11 层　　100038）
网　　　址：www. E-mp. com. cn
电　　　话：（010）51915602
印　　　刷：唐山昊达印刷有限公司
经　　　销：新华书店
开　　　本：787mm×1092mm／16
印　　　张：21. 75
字　　　数：516 千字
版　　　次：2022 年 6 月第 1 版　　2022 年 6 月第 1 次印刷
书　　　号：ISBN 978-7-5096-8395-8
定　　　价：68. 00 元

前　言

什么是旅游？旅游就是超出人们日常生活目的和范围，以审美为本质特征，能够体现消费者自由价值的时空位移过程。旅游的动机和目的就是一种审美，不管消费者本身是否意识到这一点，人们常常会这样问："哪里好玩?"" 哪里有好吃的?"等，这里的"好"就是一种美的表达和诉求。自由属性指的是消费者时间自由、金钱自由、身体自由、心灵自由，同时具备这"四大自由"才会有出行，也就是说旅游者消费的是时间、金钱、身体和心理，旅游是一种综合性消费而不是单一消费。时空位移就是消费者必须在时间与空间上离开居住地进行移动才能够说得上是旅游，不移动就不是旅游，这一点必须非常明确。旅游就是一个过程：一个消费的过程、一个审美的过程、一个移动的过程、一个体现自由价值的过程。这是在以往认知的基础上做出的修正，从这一点可以看出本教材实际上是打破常规以专著的形式出版，具有一定的探索成分，而不是综合前人的观点进行汇编。这正是本教材的特点，希望读者予以理解和包容。

旅游目的地是达成旅游者旅游动机及其审美综合体验的空间区域。旅游目的地开发与管理就是要提供高品质的旅游产品给旅游者消费，满足旅游者的审美需求，使消费者在时空位移过程中有更多的获得感，提升旅游者的品位与价值。这就需要一系列的配套政策与措施，按照旅游发展规律与市场规则进行设计和实施，确保竞争市场的公正、公平与合理。

旅游目的地的开发与管理反映了中国旅游业的发展水平、管理质量和经验价值。

旅游目的地的开发与管理折射了中国旅游业的发展"短板"、管理缺漏和价值忽略。

旅游目的地的开发与管理窥豹了中国旅游业的发展前景、管理完善和价值提升。

当下中国旅游业已经获得了高速和高质量发展，已经成为全世界的一朵奇葩，为世界旅游业和旅游市场的发展做出了重要贡献，毫无疑问已经成为了世界旅游的样板。中国的经验很值得总结、中国的样板很值得推广、中国的声音很值得传播，其中旅游目的地的开发与管理是一个重要环节。

第二版在第一版的基础上增加了三章内容，即旅游目的地红色旅游开发管理、旅游目的地研学旅游开发管理、旅游目的地全域旅游管理。其他章节或多或少地做了一些修正和补充完善。内容上相对于第一版有大幅的增加，所有案例也都进行了更新。

凌常荣负责第一、第二、第四、第五、第七、第八、第十一、第十二、第十三、第十四、第十六、第十八章以及全部"拓展阅读及分析"部分的写作，刘庆负责第三、第六、第九、第十章的写作，冯玮玮负责第十五、第十七章的初稿写作（凌常荣进行修改）。

目前，《旅游目的地开发与管理》的版本逐渐多了起来，这是好事情，说明已经有更多的学者关注并且研究旅游目的地的发展，对于推动中国旅游高质量发展具有积极作用。

这本教材第二版得以付梓，要特别感谢经济管理出版社编辑的辛勤努力。

凌常荣
2021 年 6 月 28 日

目　录

第四章 旅游目的地资源开发管理 ·············· 061

第十八章　旅游目的地可持续性发展 ················· 311

第一章
旅游目的地系统

本章PPT

本章主要内容

研究者普遍认为旅游活动由三个部分组成：主体、客体和媒体。主体即旅游者；客体即旅游对象，也被称作旅游吸引物或旅游资源；媒体即各类旅游接待要素。这是从旅游活动过程展开的一种分析框架。另外也有一种划分方式，同样是把旅游划分为三部分，即客源地、目的地和中间体。客源地是旅游者的出发地；目的地是旅游者的到达地，包括了各类旅游要素；中间体主要是指交通运输及由此产生的旅游者的位移过程。这是一种基于空间基础展开的分析框架。

旅游目的地是实现旅游者旅游动机及其综合体验的空间区域。要成为旅游目的地，不能只有单一的内容，而是一个系统组合。一般意义上，我们可以将其分为三个系统：一是核心系统，即旅游吸引物；二是接待系统，包括旅行社系统、酒店系统、交通系统、娱乐系统；三是外部系统，包括行业管理系统、公共服务系统、文化系统和居民系统。核心内容包括独特的旅游吸引物，能提供完备的旅游设施和系统的旅游接待服务，有足够的市场空间和市场规模支持，目的地居民认同、参与并提供各种支持保障等。

本章主要介绍旅游目的地的概念、旅游目的地系统的国内外研究成果、旅游目的地系统的特点等。读者主要应该掌握旅游目的地系统的构成要素、功能及其特点。

案例及思考

桂林阳朔

阳朔县，隶属于广西壮族自治区（以下简称广西）桂林市，位于广西东北部，桂林市区南面，县城距桂林市区65千米，有汉族、壮族、瑶族、回族等多个民族。阳朔县地貌以石山、丘陵为主，山地为辅。独特秀美的山水风光吸引了来自世界各地的游客，素有"阳朔山水甲桂林"之说。2019年9月，阳朔入选首批国家全域旅游示范区。2019年9月20日，获得全国绿化模范单位荣誉称号。2020年12月，被评为2019年度广西高质量发展先进县。

阳朔县旅游资源丰富，拥有漓江风景区、遇龙河国家级旅游度假区、世外桃源景区、西街、龙颈河漂流等著名景区。

漓江发源于桂林兴安县的猫儿山，流经兴安县、灵川县、桂林市区、阳朔县、平乐县，在平乐县城与荔江和茶江汇合后叫桂江，在梧州汇入西江，到广东流入珠江，最后注入南海。漓江是中国锦绣河山的一颗明珠，是桂林风光的精华、灵魂、精髓。漓江游程自桂林至阳朔段是 83 千米，酷似一条青罗带，蜿蜒于万点奇峰之间，沿江风光绮旎，碧水萦回，奇峰倒影、深潭、喷泉、飞瀑参差，构成一幅绚丽多彩的画卷，人称"百里漓江、百里画廊"，是广西东北部喀斯特地貌发育最典型的地段。依据景色的不同，这百里漓江大致可分为三个景区：第一景区是桂林市区至黄牛峡；第二景区是黄牛峡至水落村；第三景区是水落村至阳朔。正如著名文学家韩愈的诗句所言："江作青罗带，山如碧玉簪"，三个景区的这一段水路被誉为百里画廊。游览漓江，有一个绝妙之处，就是不愁天气变化，因为不同天气漓江景色有不同特点：晴天，看青峰倒影；阴天，看漫山云雾；雨天，看漓江烟雨。

遇龙河是漓江在阳朔境内最长的一条支流，全长 43.5 千米，流域面积 158.47 平方千米，宽 38~61 米，深 0.5~2 米，常年水质清澈，水流缓缓。遇龙河两岸山峰清秀迤逦，连绵起伏，形态万千，江岸绿草如茵，翠竹葱郁，树木繁荫。流经阳朔县的金宝、葡萄、白沙、阳朔、高田 5 个乡镇、20 多个村庄，人称"小漓江"，不是漓江胜似漓江。国内外专家一致认为"遇龙河是世界上一流的人类共有的自然遗产"。遇龙河主要景点有犀牛塘、五指山、朝阳寨、仙桂桥、遇龙桥、归义古城遗址、汉墓群、东晕岩、八仙过海等近 20 处。2019 年 5 月 14 日，阳朔遇龙河旅游度假区被确定为国家级旅游度假区。

世外桃源景区是根据东晋陶渊明所著的《桃花源记》中描绘的意境，结合当地的田园山水风光开发建设的首批国家 AAAA 级景区，是世界旅游组织推荐旅游目的地、全国农业旅游示范点。景区的游览方式主要分水上游览和徒步观赏。水上的游览乘轻舟环绕湖光山色、园村舍，过绿树丛林，又穿山而出，沿途可经原始形态的迎宾、祭祀、狩猎，又可欣赏到民族特色的狂歌劲舞、边寨风情；徒步观赏的民寨群是桂北地区各少数民族建筑的一个缩影，还可观赏鼓楼、风雨桥、对歌台、花楼、长廊、图腾。

阳朔除了优美的自然风光外还有丰富多彩的文化艺术、独具风味的地方特产。从歌乐、斋醮这些阳朔县民间最初出现的表演艺术，到桂剧、彩调、话剧、歌舞剧等，既体现出地方特色又融入了中国传统文化。地方特产松花糖源自李宗仁故居中的私人厨房，由李宗仁家中的一名厨师发明。近百年传承创新，风味愈加诱人，甜而不腻，入口酥化不黏牙，滥觞于阳朔兴坪，流行于桂北地区。

资料来源：笔者根据网络资料整理。

思考：什么是旅游目的地？旅游目的地由哪些系统构成？这些系统具备哪些功能？

第一节　旅游目的地

旅游目的地是指实现旅游者旅游动机及其审美综合体验的空间区域。旅游者在这里可以实现旅游动机和终极旅游消费。它是能够满足旅游者终极目的的地点或主要活动的地点。这个区域可以是一座城市、一个乡镇，也可以是一个景区等。

一、旅游目的地概念的内涵

旅游目的地概念的内涵包括六个层次的内容。

（一）旅游者

作为旅游活动的主体，旅游者是旅游目的地的吸引对象和接待对象。只有让旅游者对目的地产生向往和去旅游的动机，并做出旅游决策，前往目的地进行旅游体验，旅游目的地才得以形成。目的地的产生需要经历一个旅游信息传递和潜在旅游者接受的过程，也需要有足够的吸引力才能把旅游者的动机转化为实际行动。这就可以解析为什么有的旅游目的地人满为患，而有的旅游目的地门可罗雀。

（二）个性特征

旅游目的地众多。旅游者在各类旅游目的地之中确定一个或相连的几个旅游目的地，并最终实现旅行愿望，对旅游者来说是一个极其复杂的过程。旅游者需要对旅游目的地的政治、经济、文化、历史、自然环境等诸多因素以及自身的出游条件等个性特征进行综合比较、权衡后做出决策。

（三）审美需求

追求动机的实现和到达旅游目的地的实现是旅游者消费的过程，也是旅游产品供应商的生产过程，两者只有相互理解、相互满足，实现的概率才会高，双方的满意度才会增强。这就必须符合旅游者的旅游审美需求。也就是说，旅游目的地的产品性质、功能必须与旅游者的需求相吻合。

（四）空间尺度

旅游目的地需要一定的空间，包括政治空间、经济空间、文化空间、历史空间、自然空间、心理空间等。空间的尺度只有达到一定范围，才能称为旅游目的地。旅游空间应该是一个中尺度以上，最好是大尺度的空间。也就是说，旅游目的地需要具备一定的环境容量（或者称为环境承载力），能够接待较多的旅游者。一般需要每年接待十万人次以上，每年只接待几百名或几千名游客的地方只能是景区，还不能算旅游目的地。

（五）要素组合

要素组合包括吸引要素、接待要素和环境要素三个层次。首先是吸引要素，即各类旅游吸引物，既包括有形的吸引物，又包括无形的吸引物。其次是接待要素，即各类旅游接待的企业、设备设施等。最后是环境要素，是形成旅游目的地的发展条件，包括公共服务条件、目的地居民的热情好客、社会治安状况等。

（六）管理政策

旅游目的地的发展离不开当地政府的管制。如出入境政策、税收政策、环境保护政策、娱乐政策等。政策支持力度大，目的地发展才会更好。缺乏政策指引的地方很难发展和壮大旅游业。

二、旅游目的地相关概念辨析

对于旅游目的地而言，还有其他相对应的概念，如目的地、客源地等，需要辨析清楚。

（一）对应概念

1. 目的地

旅游目的地是旅游者位移的最终消费空间，是实现旅游审美体验的综合性区域。换句话说，相对于目的地居民来说，旅游者是外来者即客人。旅游目的地有别于工作目的地、移民目的地及常住性的目的地。因为旅游就是消费者为获得某种真实经历与体验而在时空上的位移活动，它是一个综合性的概念，所以旅游目的地自然就包含了商务目的地、会议目的地等。一切满足人们短期居住停留的目的地都有可能成为旅游目的地，这是一个外延的对应概念。目的地又可以称为接待地。

2. 客源地

与旅游目的地直接对应的是客源地，即游客原本长年生活、居住、工作的地方。一个目的地的建设和发展更重要的是从供给者出发，吸引更多的客源地的人进入。由此形成了世界各国发展旅游业的三个基本目标：努力吸引更多的人前来；努力使人停留更长的时间；努力使停留者花费更多。

从目的地与客源地的关系出发，又对应形成了客源输入地与输出地的概念。从总体来看，有些目的地是比较单纯的客源输入地，有些目的地是比较单纯的客源输出地，但多数情况是一个目的地本身既是客源的输入地，同时又被其他的目的地视为客源的输出地。这就形成了客源地与目的地、输入地与输出地相交的客观存在。从地方发展的角度来说，一般都希望有较多的输入、较少的输出。从客观现实来看，输入、输出的关系以及权重、力度取决于多种因素，各种因素的合力构成了地方的旅游发展状态。这就会形成一种竞争关系：在一定游客数量的范围内，哪个目的地吸引力大，客源就多；哪个目的地吸引力小，客源就少。

（二）系列概念

从一个完整的旅游过程来看，游客及其旅游活动有多次的跨区域的位移现象，由此就会出现一系列的概念。

1. 常住地

常住地即旅游者长期居住的地方。从营销的观念来看，旅游者的常住地可以视为潜在的客源地。

2. 出发地

出发地既可以是常住地，又可以是旅游者的主要出发地点。这里所讲的出发地一般指的是交通枢纽地点，是形成旅游者集中汇聚的地点，也是现实的客源地。尤其是对于团队旅游者而言，从旅游过程来看，分散的旅游者也是通过交通枢纽形成聚集或一部分团队性的聚集，由此形成出发地的概念。例如，不少出国旅游的团队从北京、上海、深圳出发，虽然游客并不是这些城市的居民，但是北京、上海、深圳却成为出发地。

3. 过境地

有一些被视为旅游目的地的地方，实际上严格地说并不是旅游目的地，而是由于其交通位置形成一个旅游的临时过境地。旅游者不在这里过多地停留与活动。在这个问题上，现实中常常会形成一种错觉，旅游者大规模地流动过境地常被认为是一个比较有吸引力的目的地，如中国的香港和广西防城港的东兴市，就是中国内地游客出国旅游的一个过境地。

4. 集散地

集散地与过境地有相同的一面，也有不同的一面。过境地更多地集中在主要的口岸和交通枢纽，而很多集散地不仅包括这些地方，还包括中心城市。很多中心城市本身缺乏目的地的相应吸引力，但由于是中心城市，所以客观上构成了一个旅游者的集散地。例如，北京、上海、广州、成都、昆明的集散作用比较明显。

常住地—出发地—过境地—集散地—目的地既可以视为一个旅游活动的全过程，又可以视为需求与供给的衔接，在现实中具有特殊的意义。常住地和出发地的区别是我们对于市场营销的一种深化的理解，也是我们开展营销工作的一个概念性"抓手"；对于旅游目的地来说，要把常住地和出发地转换成客源地。过境地、集散地、目的地的区别使我们能够进一步明确定位和分工，很多处于旅游次区域的过境地和集散地的地方，应当进一步提升旅游形象和完善旅游服务功能，使之成为目的地。

三、旅游目的地概念的意义

从供给者和生产者的角度出发，目的地不仅是一个过程的结果，而且是另一个过程的开端。目的地的基础首先是旅游资源地，通过对资源地的开发建设形成各类旅游产品，构成各类吸引要素和发展要素，从而形成比较完善的目的地，这是一个过程的结果。

作为另一个过程的开端，就是目的地对应客源地进行市场化的营销。没有与客源地的对应，目的地就构不成概念意义上的目的地；没有各类旅游者前来消费，目的地难以构成真正现实意义上的目的地，也就难以完成从产品到商品的惊人一跃。这样一个过程，使目的地处于生产环节和销售环节之间，同时也使目的地具备生产过程和消费过程的同一性。资源地只是潜在的概念，旅游产品的形成是现实的概念，但只有上升到目的地这个层次才是真正实现旅游活动的概念，这也是对旅游目的地的概念从内涵到外延的扩展，从对应概念到系列概念形成的真正意义。

第二节　旅游目的地系统

旅游目的地由多种要素组合而成，具体有哪些要素？不同的研究者从不同的角度研究会有不同认识。这里我们罗列一些具有代表性的研究模型，便于我们系统认识和熟悉前人的研究成果。

一、国外学者对旅游目的地系统的研究

系统是"相互关联的元素的集合"①，也就是由若干相互联系、相互作用的要素组成的、具有特定功能和运动规律的一个整体。旅游系统是构成旅游活动的一个整体。对于这个整体的理解，国外学者有不同的看法。

（一）地域旅游系统②

20世纪70年代国外学者开始重视对旅游系统的研究。苏联的地理学家普列奥布拉任斯基于1972年提出了地域旅游系统的概念，他把地域旅游系统看作是一个社会地理系统，是旅游系统在空间和布局上的一种优化。在此基础上，我国学者王庆生、陈一静和胡默言认为地域旅游系统应该包括满足游憩者需求的四个子系统，即旅游吸引物子系统、旅游技术保障子系统、旅游市场组织子系统和旅游管理机构子系统（见图1-1）。

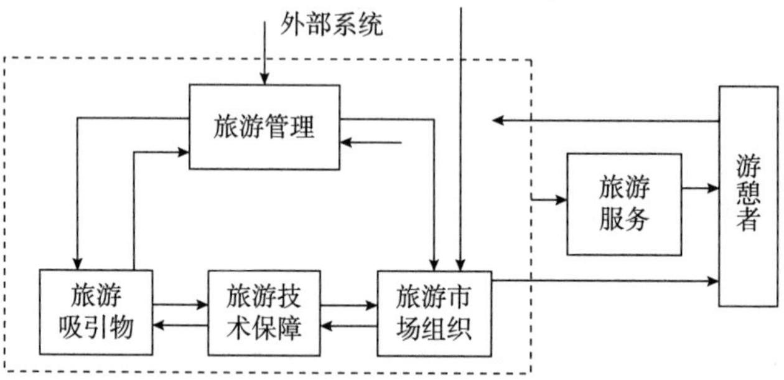

图1-1　地域旅游系统模型

（二）旅游功能系统模型③

1972年美国著名旅游规划学者冈恩（Gunn）教授提出了旅游系统的概念，并提出了旅游功能系统模型，并于2002年对模型进行了修改（见图1-2）。他认为旅游系统总体上

---

① 冯·贝塔朗菲.一般系统论：基础、发展和应用［M］.林康义，魏宏森，译.北京：清华大学出版社，1987.

② BaH IINHIIIeH. OcHOBbI TeppNTOpNanbHON OpraHN3aIINN PekpeauNOHHOTO Xo3RNCBTa ［M］. OIIecca：AcTpoIIpHHT，2003.

③ Gunn C. Vacationscape：Designing Tourist Regions ［J］. Journal of Travel Research，1972，11（3）：24.

分为两个部分，即需求板块和供给板块。需求方也就是旅游者。旅游功能需要满足旅游者的基本需要。供给板块包括旅游吸引物、服务与设施、交通、信息与引导和促销五个子系统，这五个子系统是规划中的基本要素，旅游活动的实现至少要涉及上述五个要素，并且这五个要素相互作用形成一个有机整体。Gunn 还认为，作为一个动态系统，这五个子系统不是相互独立的，系统中各组成要素存在着相互依赖、共同作用的关系，任何一个要素发生变化都将引起其他要素发生变化。然而，旅游信息研究问题涉及的范围很广，在旅游信息科学的研究中需要对不同产业或行业的研究成果及不同时间或空间的统计数据进行汇总分析，并进行跨专业、跨学科、跨部门的探讨，包括信息科学、经济学、营销学、管理学、地理学、计算机科学等诸多相关领域的研究和应用，如今能统筹这些领域的综合学科非旅游信息科学莫属。当今旅游研究者、旅游者、管理者和经营者对旅游信息的认识显著提高。[1]

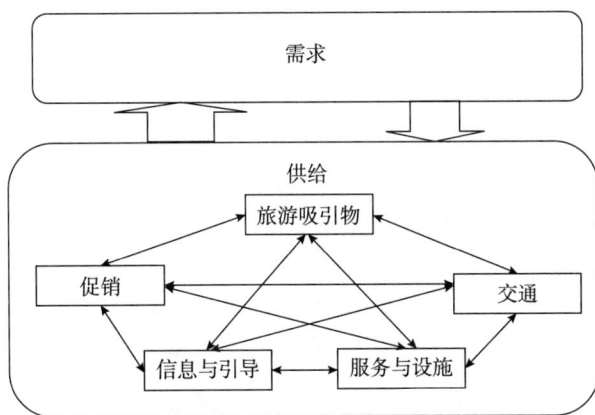

图1-2 旅游功能系统模型

（三）旅游地理系统模型[2]

1979 年澳大利亚学者雷珀（Leiper）提出了旅游地理系统模型，并于 1990 年重建了该模型（见图 1-3）。Leiper 看到了旅游活动中旅游者空间移动的核心本质，把旅游定位于客源地与目的地及旅游通道相连的空间系统，对旅游的发展起到了很好的引导作用。他提出的所有旅行活动本身都与地理因素密切相关，成为旅游地理学研究的基础，所以有学者称之为空间和通道系统。

在旅游地理系统模型中，Leiper 把旅游系统看成是由旅游通道作为桥梁连接起客源地和目的地两者的组合，突出强调了旅游客源地、旅游目的地和旅游通道三个空间要素。后来，澳大利亚旅游学者 Veal 总结了旅游地理系统模型的框架，也被学者称为 O2D 模型（Origin 2 Destination Pairs）。在模型中，Leiper 也指出了旅游者和旅游业这两个要素，他认为旅游业分布于客源地、目的地和旅游通道中，通过三个空间要素共同为旅游者提供一个完整的旅游产品。Leiper 从旅游空间结构和旅游供求两个层面对旅游系统进行描述，这两

---

① 冯·贝塔朗菲. 一般系统论：基础、发展和应用 [M]. 林康义，魏宏森，译. 北京：清华大学出版社，1987.
② Leiper N. The Framework of Tourism [J]. Annals of Tourism Research, 1979, 6 (1): 390-407.

个层面是互为表里的，旅游供求隐含在旅游空间结构中。旅游空间结构以实现旅游供求为目的。

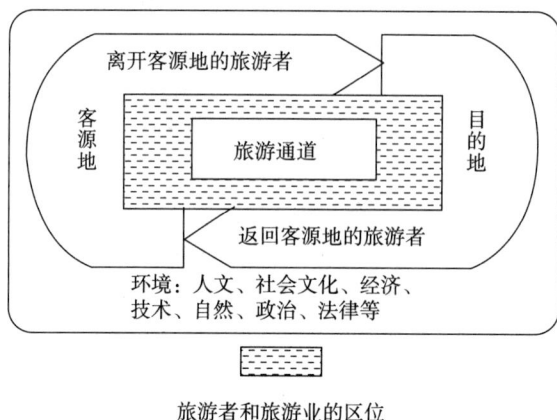

旅游者和旅游业的区位

图 1-3 旅游地理系统模型

Leiper 的主要贡献是把旅游功能系统投射到了地理空间上，他的模型对旅游空间结构的研究具有重要意义。首先，该模型深刻地揭示了旅游空间结构的本质含义，为旅游空间结构研究指明了方向，即任何有关于旅游空间结构的问题最终都应归结为对旅游系统的研究；其次，Leiper 的模型也为旅游地理学研究提供了一个基本的研究框架，如对旅游空间相互作用的研究就可以在这个高度抽象的框架下进行；最后，Leiper 的分析也表明，在旅游系统的研究中，空间距离的摩擦（旅行成本）是必须考虑的因素。当然，必须指出的是，Leiper 的模型应该被看作旅游空间结构模型或旅游地理系统模型。在空间维度之外，Leiper 的模型并没有超越旅游功能系统模型。

（四）旅游系统模型①

1985 年，Mill 和 Morrison 提出了旅游系统模型（见图 1-4）。在这个模型里旅游系统包括市场、营销、旅游目的地和旅行四个部分，并且通过四个单向流进行连接，即旅游购买、适应需求、旅游销售、形成需求。Mill 和 Morrison 的旅游系统模型从营销的角度出发，强调从市场和营销的角度扩大旅游者需求。只要有需求或创造需求，就会有供给。其他的因素基本上没有涉及，可以说这是一个市场和营销系统。

（五）三圈层旅游系统及其环境结构模型②

美国学者 Liu 在 1996 年提出了三圈层旅游系统及其环境结构模型（见图 1-5）。该模型非常显著的特点是突出强调了环境的要素。Liu 认为旅游系统环境由三个层次非常分明的圈层组成，由里到外分别是内部环境（如政策、规划、市场化、金融）、运作环境（竞争目的地、竞争产业、旅游供给等）、宏观环境（自然、经济、社会、文化、技术等）。

① Mill R, Morrisom A. The Tourism System, Englewood Cliffs [M]. New Jersey: Prentice-Hall, Inc., 1985.
② 王迪云. 旅游耗散结构系统开发理论与实践 [M]. 北京: 中国市场出版社, 2006.

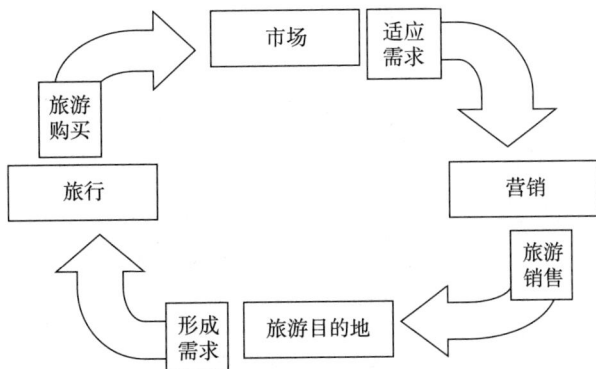

图1-4 旅游系统模型

最里层的是内部环境，也可以理解成微观环境，需要政策的支持，需要做好旅游规划，进行市场化运作，同时有金融业的支持。中间层是运作环境，更多的是旅游竞争情况。最外层是旅游业之外的宏观环境，包括自然、社会等因素。该模型将旅游系统与其环境间的交互作用摆在重要位置，表明旅游系统的发展是在环境的支撑下建立起来的，离开了环境旅游将难以为继。

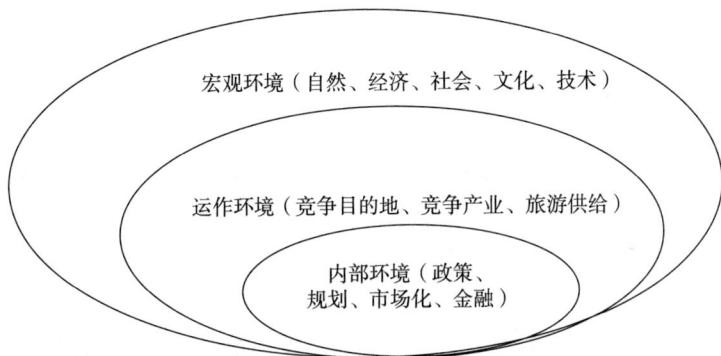

图1-5 三层圈旅游系统及其环境结构模型

（六）旅游复杂系统模型①

美国学者Mc Kercher在1999年提出旅游复杂系统模型（见图1-6）。Mc Kercher提出了基于混沌理论和复杂性理论的概念性旅游系统模型。旅游系统包含九个要素，分别是旅游者、旅游内部影响因素、旅游外部影响因素、影响沟通效率的因素、目的地或内部旅游群体、信息向量、外部旅游主体、混沌制造者、输出。Mc Kercher认为旅游系统是一个以非线性方式运行的、具有混沌特点的复杂系统。各要素间是互动的、复杂的关系，旅游系统是紊乱的和突变的，具有不可控制性和不可预测性，其运行方式是非线性的。试图对旅游系统进行自上而下的控制都不可能取得成功。

---

① Mc Kercher B. A Chaos Approach to Tourism [J]. Tourism Managemert, 1999, 20 (4): 425-434.

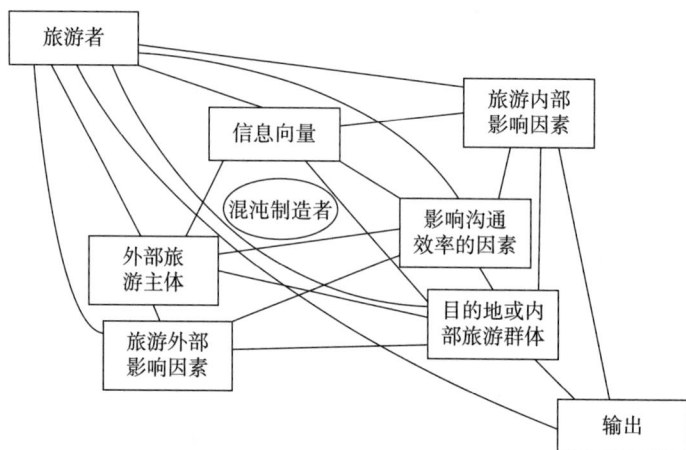

图 1-6　旅游复杂系统模型

二、国内学者对旅游目的地系统的研究

国内学者参考国外学者的研究成果，结合自身的思考，在旅游系统的研究方面也提出了一些模型。比较典型的有以下六个模型。

（一）游憩系统模型①

吴必虎（1998）将游憩（旅游活动）视为一个开放的复杂系统。该系统特征的把握及其在旅游开发、规划、管理中的应用就是旅游科学的核心任务。他认为旅游系统框架应该包括四个部分，即客源市场系统、出行系统、目的地系统和支持系统（见图 1-7）。

目的地系统主要是指为已经到达出行终点的游客提供游览、娱乐、经历体验、食宿、购物、享受或某些特殊服务等旅游需求的多种因素的综合体。具体来讲，目的地系统由吸引物（旅游资源）、设施和服务三方面要素组成。吸引物是在旅游资源的基础上经过一定程度的开发形成的，一般包括景观系统和旅游节事（Tourist Hallmark Events）两个部分，因此有时可以将吸引物系统近似地理解为旅游资源系统。景观系统一般可以分为原赋景观（Physical Landscape，一般包括自然遗产景观和文化遗产景观）和人工景观（Artificial Landscape，主要有主题公园和现代城市休闲园林）两种类型。旅游节事是指围绕某一事件如啤酒节、桃花节、豆腐节、火把节等组织意在吸引旅游者前往观看、参与的活动。

设施子系统包括除交通设施以外的基础设施（给排水、供电、废物处置、通信以及部分社会设施）、接待设施（宾馆、餐饮）、康体娱乐设施（运动设施、娱乐设施等）和购物设施四部分。设施系统和前述吸引物系统往往成为旅游资源、旅游规划、园林设计、饭店管理等学科的主要研究对象。这些内容也常常是政府和开发商需特别关注的事项。

在目的地系统中常常受到忽视的因素是服务系统。服务子系统是一类特殊的子系统。它是目的地吸引力的有机组成部分。虽然它大部分情况下是非形态的，但是可起到举足轻

① 吴必虎．旅游系统：对旅游活动与旅游科学的一种解释［J］．旅游学刊，1998（1）：21-25．

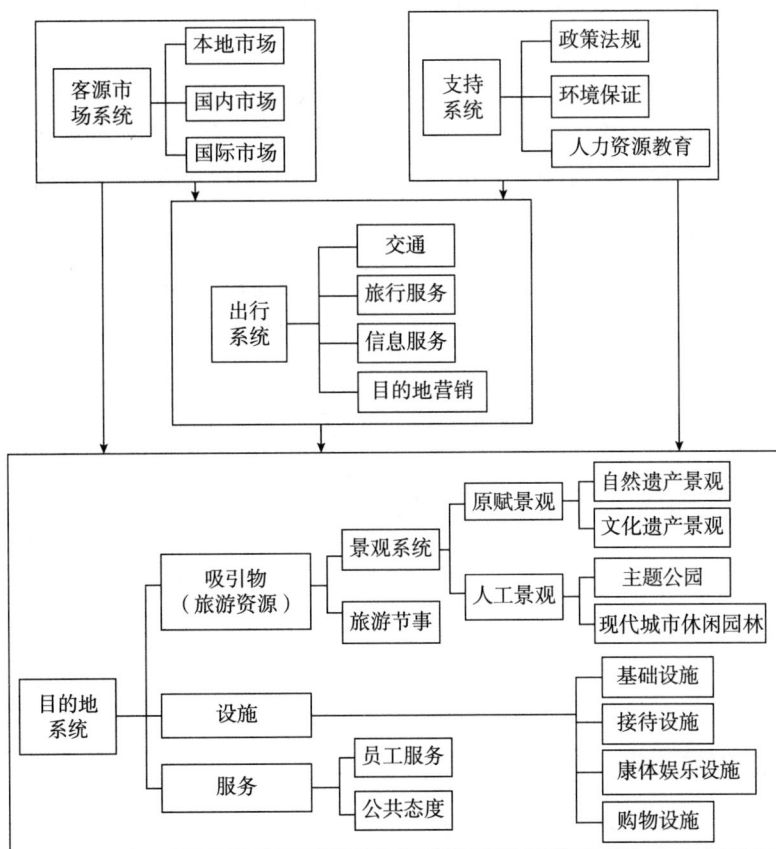

图 1-7 游憩系统

重的作用。

支持系统也是一个重要的组成部分。一个缺乏政策法规保障、环境影响评估和保护计划，以及专门的人力资源教育体系的旅游系统，将会导致不良后果。

随着中国经济的不断发展，民众收入增加，旅游成为大部分人生活中必不可少的一种休闲方式。近年来，各个景区游客量都有大幅增长，尤其在国家特定节假日甚至出现了游客"井喷"的现象。景区管理不仅需要掌控景区内的游客数量，同时还需要注意景区内的游客分布情况，避免出现部分区域人流密度过大发生危险。目前5G、视频监控等技术实现了对景区内游客数量的实时监测。

（二）旅游功能系统[1]

1998 年，杨新军和刘家明对 Gunn 的旅游功能系统进行了改进和发展，在冈恩的基础上增加了宣传促销子系统（见图 1-8）。该模型强调了在市场导向下满足市场需求来实现旅游功能系统的完善与运营，认为在现代旅游竞争激烈的情况下，市场需求是旅游目的

---

[1] 杨新军，刘家明. 论旅游功能系统：市场导向下旅游规划目标分析 [J]. 地理学与国土研究，1998（1）：60-63.

地制定开发规划的依据，旅游供给应以市场需求为导向。旅游管理系统帮助旅行社改善以往繁杂工作中条理不清晰、分工不明确的问题，把各阶层工作中许多重复性的工作通过系统自动处理掉，节省出宝贵的时间和岗位，有效地推进了销售流程，从而提升了工作效率，达到优化团队的作用。旅游管理系统通过跟踪平台上所有游客及旅行社制定的产品信息，对游客的喜好进行深度分析并及时更新客户和产品数据，对销售起到了有效促进作用。

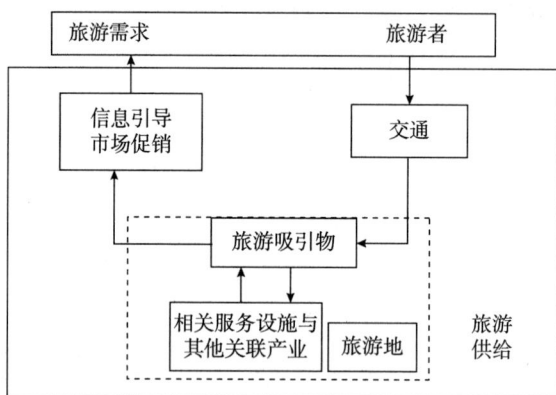

图1-8　旅游功能系统

（三）旅游系统模型[①]

1999年，王家骏提出了旅游系统模型（见图1-9），该模型将旅游视为一个有物质、能量、信息的输入和输出，受政治、经济、社会等外部因素影响的动态系统和开放系统。旅游系统本身由市场系统、旅行系统、目的地系统、营销系统和支持系统五个部分组成。

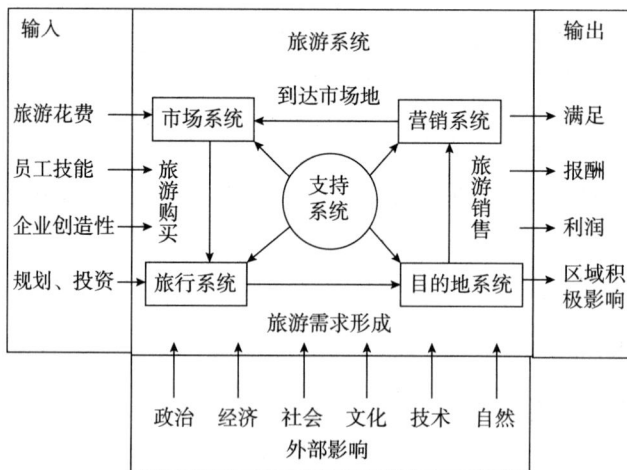

图1-9　旅游系统模型

---

① 王家骏. 旅游系统模型：整体理解旅游的钥匙 [J]. 无锡教育学院学报，1999（1）：66-69.

（四）旅游耗散结构系统模型①

在杨新军和刘家明以及王家骏的模型中，都把旅游系统和环境结合在一起，说明旅游系统不是一个功能完备的自主系统。基于这种认识，2006年王迪云提出了旅游耗散结构系统模型（TDSS）（见图1-10）。该模型把旅游耗散结构与外部环境之间的各种交互作用综合定义为一个完整的旅游耗散结构系统。模型的中心部位椭圆内部表示一个风景区系统，是一个旅游耗散结构，由吸引物子系统、设施子系统、行业子系统和支持子系统四部分组成。椭圆外部是外部系统，包括外部自然生态环境、外部人文社会环境和外部客源市场环境。

（五）旅游目的地供应链概念模型②

2009年，徐虹和周晓丽从旅游供应链的角度出发，提出了旅游目的地供应链概念模型（见图1-11）。该模型研究的旅游目的地供应链的范围和构造方式比旅游供应链更为宽泛和复杂，前者更多的是从旅游业运行的角度来理解供应链的内涵。该模型由内外两个圈层组成，围绕游客周围的内圈就是旅游目的地商业服务供应链，这条供应链由两大部分组成：旅游服务业供应链和旅游制造业供应链。外层是旅游目的地公共服务供应链，主要以满足游客和当地居民需求和社会目标为己任，重在为商业企业的良好运营提供有利的环境和条件。

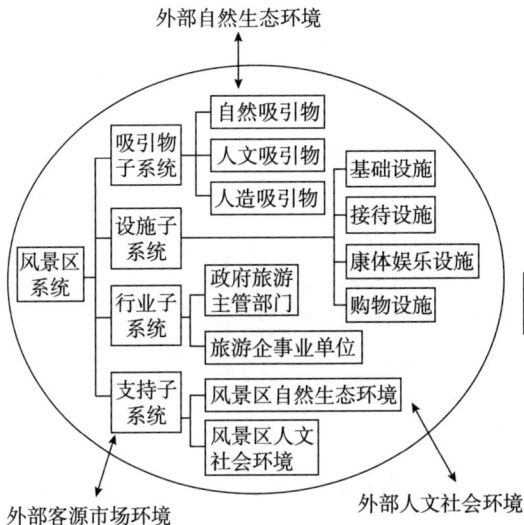

图1-10 旅游耗散结构系统模型

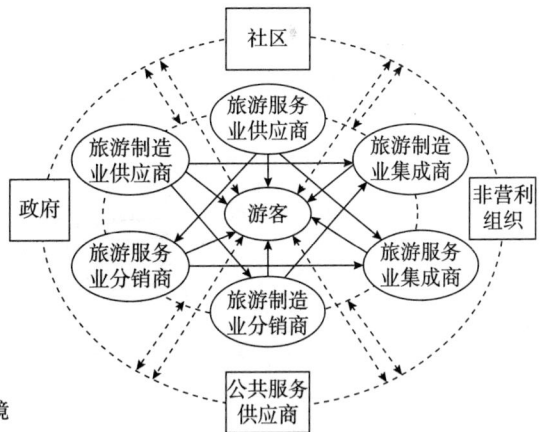

图1-11 旅游目的地供应链概念模型

① 王迪云．旅游耗散结构系统开发理论与实践［M］．北京：中国市场出版社，2006．
② 徐虹，周晓丽．旅游目的地供应链概念模型的构建［J］．旅游科学，2009，23（5）：15-20．

（六）旅游目的地系统空间结构模型[①]

2007年，朱青晓在吸收前人优点的基础上对目的地系统空间结构组成要素进行了分析，并把目的地系统空间结构组成基本要素抽象到物理学层面进行分析研究，概括出"三层次、七要素"。该模型（见图1-12）从空间形态角度出发，认为旅游目的地空间结构组成要素可分为点状、线状、面状三个层次，把旅游目的地系统空间结构的最一般模式归纳为：以旅游中心地、景点和景区为节点，以旅游线路为目的地的内部连接，以对外通道为外部连接，以旅游基质为背景，以旅游区为完成整个旅游活动过程的最基本空间地域单元。冈恩[②]（2002）认为一个完整的旅游空间系统是由吸引物组团、服务社区、对外通道和区内连接通道四大要素构成的。其中，吸引物组团的吸引力决定旅游目的地的市场范围；内外通道状况分别决定景区和社区的可达性；服务社区的好坏决定旅游服务的质量。冈恩的目的地模型以景点和景区为依托、以服务基地为核心，是一个比较完整的旅游空间单元。该模型强调旅游系统中要素间的协调发展，把旅游社区放在较重要的位置，突出社区和旅游吸引物的互动关系以及内外通道的作用，从要素组合的角度显示了目的地系统的开放性。

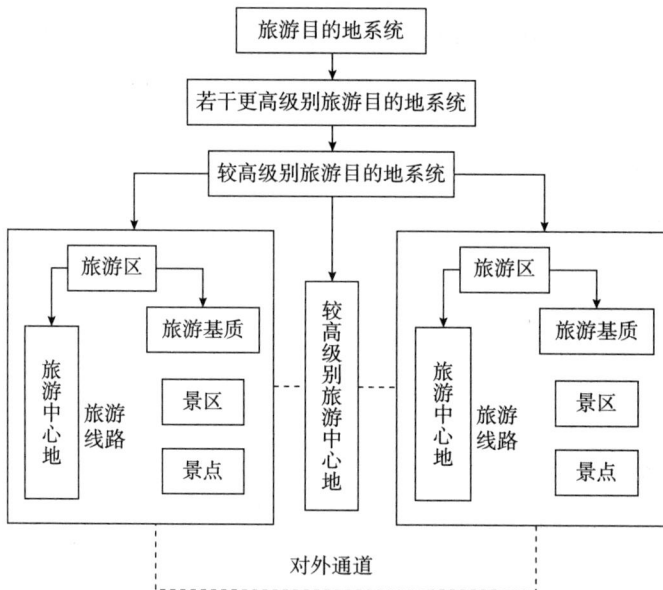

图1-12　旅游目的地系统空间结构模型

三、旅游目的地系统的三大层次系统模型

旅游目的地系统的研究可以说是"百花齐放、百家争鸣"。不同的学者有不同的理解

---

① 朱青晓. 旅游目的地系统空间结构模型探究 [J]. 地域研究与开发，2007（6）：56-60.
② Gunn C A, Turgut Var. Tourism Planning：Basics Concepts Cases (4thed) [M]. New York：Routledge, 2002.

与心得，主要是由关注的侧重点不同所引起的，更多的学者是从旅游功能的角度来构建的。从一般意义上说，旅游系统需要考虑完成目的地旅游活动所涉及的所有要素，包括微观的要素和宏观的要素。因此，我们认为旅游目的地系统由三大层次系统组成，分别是核心系统、接待系统、外部系统（见图1-13）。这三大系统缺乏任何一个部分，旅游活动都不可能完成。

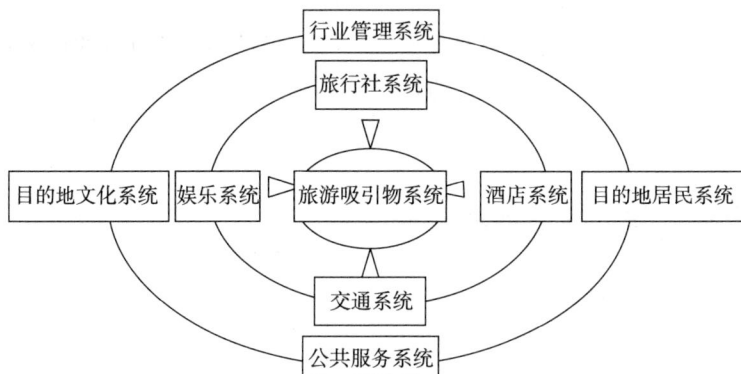

图1-13　旅游目的地系统模型

四、旅游目的地三大层次系统的内涵

旅游目的地系统可以分为核心系统、接待系统、外部系统三大层次，每个系统都有各自的功能和作用。

第一，核心系统，即旅游吸引物系统。旅游吸引物也叫旅游资源，是旅游目的地的最重要因素，是旅游者审美与消费的对象。旅游吸引物越丰富、个性化越强、品位越高、承载力越大，其吸引力就越大。对于目的地而言，绝大多数的旅游者是被旅游资源吸引而来的。但旅游吸引物不是单一的，而是一个综合的系统，如自然景观系统、人文景观系统、社会生态系统等。

第二，接待系统，包括旅行社系统、酒店系统（隐含餐饮系统）、交通系统、娱乐系统。所对应的就是旅游企业及其直接相关者，即旅游经营者或称旅游产品的供应商。这些系统负责接待旅游者，这个系统接待能力越强、水平越高、质量越好，旅游者的满意度就会越高，旅游目的地的形象口碑就会越好。

第三，外部系统。这是相对于旅游业而言的，包括行业管理系统、公共服务系统、目的地文化系统和目的地居民系统。行业管理系统是指政府与行业协会等管理组织。公共服务系统包括道路、水电等基础设施建设，银行、电信、商场、治安、医院等服务设施。目的地文化系统指目的地的人才培养、文化历史背景及其相应的节庆等实际体现。目的地居民系统指当地居民对待旅游者的态度及精神，是好客还是排挤游客、是礼貌待客还是怠慢游客等。

第三节　旅游目的地系统的功能

旅游目的地系统的核心内容包括独特的旅游吸引物，能提供完备的旅游设施和系统的旅游服务，有足够的市场空间和市场规模支持，要有目的地当地居民的认同、参与并提供各种支持保障等。这个系统具有四大功能，即体验功能、接待功能、容量功能、互动功能。

一、独特旅游吸引物的体验功能

旅游吸引物的体验功能包括以下三方面内容：

（一）层次性吸引物

旅游吸引物是旅游目的地的基石，甚至可以说没有吸引物就不会有旅游目的地。一般而言，每个旅游目的地中都有三种不同层次的旅游吸引物，即核心吸引物、次级吸引物和一般吸引物。一个旅游目的地的核心吸引物必须突出特色，最好是独一无二的，才能对旅游者产生吸引力。例如，北京长城、桂林漓江、西安秦始皇陵兵马俑等。吸引物的文化、历史、地位、风度都是其吸引旅游者的重要因素。次级吸引物是旅游目的地核心吸引物的有力助手，它们能更好地凸显核心吸引物的形象。例如，北京的天坛、颐和园、太庙、故宫等，与长城一起构成北京丰富的历史文化旅游资源。一般吸引物是核心吸引物和次级吸引物的必要补充，让旅游目的地的旅游资源更丰富多彩，满足不同旅游者的消费需求，延长旅游者在当地的停留时间，如北京四合院、鸟巢、水立方、798艺术广场、十三陵等。核心吸引物是骨架，次级吸引物是血肉，一般吸引物是神经，共同构成吸引物体系。

（二）体验性吸引物

旅游吸引物是满足旅游者旅游体验与认知的根本。没有旅游吸引物，对于旅游目的地而言，旅游就成为"无源之水、无本之木"。我们对旅游吸引物的理解需要从更宽泛、更国际化的角度进行。只要可以满足旅游者需求的都可以成为吸引物。譬如中国文化民俗，不仅能够吸引国内游客，对国外游客来说，也具有吸引力。具体到春节习俗，可以开发成为与西方圣诞节一样具有旅游吸引力的资源。中国的春节可以让西方旅游者体验到中国的对联文化、鞭炮文化、舞龙文化、压岁钱文化、饺子文化、守岁文化、春晚文化、拜年文化、地方戏文化等，是中华文化的一个窗口或浓缩。遗憾的是，这项吸引物还没有真正成为我们挖掘的对象，还没有成为中国入境旅游的核心吸引物。

（三）原创性吸引物

一般意义上，人们对旅游目的地吸引物的理解是历史遗留的或大自然赋予的，不大注意创新。作为旅游目的地或有意成为旅游目的地的区域,以及缺乏旅游吸引物的区域,必须进行旅游吸引物创新。最典型的就是深圳市,深圳市原本是一个小渔村,在中国改革开放的大潮中,深圳市建立了一系列的旅游吸引物,包括国贸大厦、蛇口海上世界、锦绣中华民俗村、华侨城等,可以说都是原创的典范。

二、旅游接待功能

旅游目的地必须提供完善的接待服务才能给旅游者留下美好的印象,除了吸引旅游者成为回头客外,还会促使旅游者向身边的朋友传播旅游目的地形象。旅游接待功能包括交通发达、入住舒适、景点丰富、购物便利、娱乐多样、体贴入微、诚心待客、没有欺诈、回访及时,这是为旅游者提供的最基本的服务。

(一)旅游信息功能

旅游目的地做好接待游客的前提是及时发布旅游公共信息,这也是成熟目的地营销的基本手段。必须高度重视各种信息的发布,既包括正面的信息,也包括负面的信息。敢于发布负面的信息就是目的地成熟与自信的表现(这里更多的是指网络信息)。

(二)旅游预订服务

在网络化时代,旅游预订都在网络上完成。旅游目的地必须建立强大的网络预订系统,使全球旅游者都可以在信息的终端完成预订业务。这样才可以建立强大的客源地市场。没有客源地就没有目的地。客源地越是广泛与强大,目的地就越是强大,这是一对"双胞胎"。

(三)超值接待功能

超值接待功能就是延伸接待服务,包括给旅游者提供安全、教育、救援、金融、保险、投诉等保障服务,维护旅游者的权益,方便旅游者在第二生活空间的体验。这些都需要政府及相关行业的鼎力支持和密切配合,更需要旅游接待业从业人员强烈的服务意识和敬业精神。

三、旅游容量功能

旅游目的地必须有足够的市场空间和市场规模支持。那么,如何拓展旅游目的地市场空间和市场规模?首先,要树立旅游目的地独特和美好的形象。旅游宣传和营销的方式方法都要围绕旅游目的地的形象展开,形成一个完整的系统。其次,要树立独特的营销理念。从消费者的角度来开展营销活动,让旅游者受惠。最后,让营销的产品在层次和类型上更多元化。除了为游客提供吃、住、行、游、购、娱的各种产品和服务外,还要在每个种类中提供不同档次、不同风格的体验,才能满足旅游者日渐多样化的需求。在资源开发和土地的利用上,有更广阔的空间,游客可以在更大的范围内自由活动。

四、旅游互动功能

旅游的本质是审美与认知。一方面，旅游目的地要开发更多具有审美性和认知性的旅游产品，让旅游者真正体验目的地的民俗文化、生产方式、价值取向等。另一方面，旅游目的地的建立要能够得到当地居民的认同、参与并提供各种支持保障。旅游目的地当地居民是旅游经营活动的重要参与者。政府要正确引导，取得当地居民对发展旅游事业的支持，并积极参与其中。这既有利于处理好旅游者与当地居民的相互关系，又有利于提高居民的收入，可以说是一件"双赢"的事情。当然，政府不能为了一味地追求提高旅游收入，盲目开发旅游资源。政府必须注意开发与保护工作两不误，还要加强对当地居民的环境保护教育，控制旅游开发的进程，保证当地的文化不因外来文化的入侵而逐渐消失，使旅游者与居民有一个平等的互动空间。

拓展阅读及分析

贵州山地旅游

山地是重要的地表形态、生态系统和生活空间，也是重要的旅游资源。2020 年 11 月 18 日，2020 国际山地旅游联盟年会在贵阳开幕，年会以线上线下相结合的方式，围绕新型冠状病毒肺炎疫情影响下山地旅游重塑的思路、目标和路径，凝聚会员智慧和行业力量，同心助力山地旅游复苏与振兴。

作为贵州重要的支柱产业，近年来旅游业持续呈"井喷式"增长，全省入黔游客和总收入连续 4 年保持在 30% 以上。受新型冠状病毒肺炎疫情冲击，2020 年年初以来，旅游业亦承受了前所未有的压力和挑战。对此，贵州及时启动旅游危机应对机制，出台一系列政策措施，在危机中育新机，于变局中开新局，其中山地旅游表现抢眼。

近年来，贵州把山地旅游作为贵州旅游的基本定位，适时开展山地旅游资源大普查，编制实施山地旅游发展规划，制定推广山地旅游系列标准，突出抓好山地旅游重点项目，着力加强山地旅游基础设施建设，不断丰富山地旅游业态。通过全力开拓旅游市场，持续打造"山地公园省·多彩贵州风"品牌，加快推动国际一流山地旅游目的地、国内一流度假康养目的地建设。

作为山的王国、水的世界，贵州素有"公园省"的美誉。这里平均海拔 1100 米，夏季平均气温 23℃，森林覆盖率近 60%，县级以上城市空气质量优良天数比率 98.3%，主要河流出境断面水质优良率 100%，全年 PM2.5 平均值在 50 以下，负氧离子浓度高，被誉为天然大氧吧、大空调。在世界著名旅行指南《孤独星球》推出的 2020 年世界最佳旅行目的地榜单里，贵州作为中国的唯一代表入选，排名第六。

作为全国唯一一个没有平原支撑的省份，贵州境内占比 92.5% 的山地和丘陵，与清新的空气、凉爽的气候、良好的生态环境，一起构成了发展山地户外运动和体育旅游的理想之地，被视为"山地户外运动天堂"。

经过十几年的发展，贵州山地户外运动沉淀了众多品牌赛事。体育活动品牌的培育，逐步形成了强大的吸引力和影响力，直接或间接地带动短期或长期市场的发展，各种相关产业纷纷布局。高桥极限、洞穴探险、路跑健身、山地骑行、户外拓展、水上运动、低空运动、攀岩、徒步等特色业态方兴未艾、前景无限，成为贵州山地旅游快速增长的支撑点之一。

此外，随着大力构建市场化、法治化、国际化营商环境，贵州率先出台《贵州省外来投资服务和保障条例》以及降低企业交易成本的系列政策举措，贵州已成为全国行政审批数量较少的省份之一，省级政府网上政务服务能力位居全国前列，生产要素成本比较优势明显。3600万常住人口与每年的数亿人次游客，在贵州形成了一个巨大的消费市场，也使得贵州成为山地旅游投资的热土。

资料来源：曹雯，赵相康. 贵州山地旅游方兴日盛［N］. 贵州日报，2020-11-19（004）.

分析： 旅游目的地是一个复杂的系统，这个系统的核心是旅游资源即核心吸引物。如果缺乏核心吸引物，系统再完善也无济于事。因此，旅游目的地既要重视旅游完整系统的打造，也要重视核心吸引物的开发，做到多管齐下、整体推进。

贵州省是典型的山地省份，被称为"山的王国"，过去的民间谚语把贵州描写成"地无三尺平、天无三日晴"，可见其环境之恶劣。但事实证明，贵州人把不利因素转换成了有利因素，即把差异化作为发展旅游的重要因素，视山地资源为其核心吸引物。贵州紧紧抓住其核心资源，把其做大做强，成为中国山地旅游的典范。

贵州的经验告诉我们，不同的资源在不同的人手里，可以发挥不同的作用，就像一块玉石，看雕刻者是什么样的工匠，大师可以雕刻出杰出的工艺品，庸人雕刻出的只能是平庸的作品。

旅游目的地的打造需要有大批杰出的旅游策划师。

章后思考题

1. 什么是旅游目的地？
2. 旅游目的地概念的内涵包括哪几个层次的内容？
3. 旅游目的地的核心内容包括哪些？
4. 旅游目的地系统的基本模型是什么？
5. 旅游目的地的接待功能是如何体现的？
6. 旅游目的地的体验功能体现在什么地方？
7. 旅游目的地系统如何构建才更为完善？

本章推荐阅读材料

［1］吴必虎，俞曦. 旅游规划原理［M］. 北京：中国旅游出版社，2010.

［2］李文亮，翁瑾，杨开忠．旅游系统模型比较研究［J］．旅游书刊，2005，20（2）：20-24.

［3］徐红罡．旅游系统分析［M］．天津：南开大学出版社，2009.

［4］谢彦君，王宁，马波，肖洪根，保继刚．旅游学纵横［M］．北京：商务印书馆，2013.

第二章
旅游目的地 "六要素" 开发

本章PPT

📖 本章主要内容

本章主要介绍旅游目的地六要素的概念、结构体系和结构类型；旅游六要素在旅游目的地旅游产业中的开发要点。读者需要掌握旅游六要素开发的基本方法、基本技巧。

案例及思考

温州文成县旅游 "六要素" 开发

文成县以明朝刘基的谥号为名，境内山峦起伏，清溪环绕，田园交错，俗称 "八山一水一分田"，是温州市乃至浙江省高品质旅游资源比较集中的一个县，兼具刘伯温文化、红色文化、畲乡文化、宗教文化独特底蕴，也是浙江著名的 "侨领之乡"。近年来，文成县深刻把握全域旅游新形势，推动实现全域旅游的共建共享。

文成县以打造国际化休闲旅游目的地为目标，努力构建新时代旅游产业新体系。完善要素体系，提升旅游六要素就是其中的重要一环。围绕 "食"，文成县大力发展特色餐饮，积极打造刘伯温家宴、畲家长桌宴、森林养生宴等地方特色餐饮品牌，引导发展特色餐饮街区。围绕 "住"，文成县完善旅游住宿体系。加快高品质旅游度假酒店体系建设，创立星级旅游饭店4家，加快民宿业态培育，满足旺季时期住宿需求。围绕 "行"，文成县不断改善旅游交通。开工建设瑞文、文泰、文景高速和3条国道省道，完成西南线、驮坦至篁庄段等通景公路建设，推进温武吉铁路和通用航空机场建设有关工作，增开旅游班车，构建快达慢游的立体交通体系。围绕 "游"，文成县提升传统景区品质。全力推进国家AAAAA级旅游景区创建，2018年8月，刘伯温故里创AAAAA工作通过原浙江省旅游局初评验收，带动了龙麒源、九溪欢乐谷等多家景区进行改造提升，形成 "多点开花、众星拱月" 的品质旅游景区集群。围绕 "购"，文成县推进旅游购物发展。建成特农汇、侨品汇、品味明朝等多家特色旅游购物场所，并推出具有本地特色的旅游文创产品，在县城、南田、百丈漈、玉壶等地建设旅游商品一条街。围绕 "娱"，文成县积极开发旅游娱乐。编排具有文成地域特色的《刘伯温传说》《畲家婚嫁》等情景剧、歌舞剧并开展巡演，突出了旅游文化娱乐活动的参与性和互动性。

与此同时，文成县努力完善旅游公共服务。扎实推进"厕所革命"，加快旅游停车场建设，健全旅游咨询服务体系和标识系统，推进公共游憩空间建设。夯实全域旅游发展基础，给游客带来更好的旅游体验。

资料来源：温州文成　以打造国际化休闲旅游目的地为目标　努力构建新时代旅游产业新体系[N].中国旅游报，2020-01-02.

思考：旅游目的地六要素指的是什么？旅游目的地如何进行六要素的开发？这些开发有哪些基本思路和要求？

第一节　旅游"六要素"概念的提出和发展过程

旅游产业的范围涉及住宿接待部门、交通运输部门、餐饮娱乐企业、旅游景区、旅游购物企业以及旅游政府与行业组织等主体部门，涵盖了"行、住、食、景、娱、购"旅游内在六要素。我们对旅游六要素的认识是随着旅游业的发展逐步成熟起来的。

一、旅游"六要素"概念的提出

我们对旅游要素的提出、归纳、总结到逐步完善和全面，是在旅游实践的发展中一步步清晰起来的。中华人民共和国成立后的三十年时间，旅游业基本上附属于外事工作、统战工作、公众福利事业。中国旅游产业化是改革开放的产物，它的倡导者、奠基人、推动者是改革开放的总设计师邓小平同志。1978年10月到1979年7月，邓小平同志站在以经济建设为中心的战略高度，就发展我国旅游业发表了一系列重要谈话，为我国旅游业的发展指明了前进方向。1978年10月9日，邓小平同志在会见前美国泛美世界航空公司时任总裁威廉·斯威尔（William Seawell）时表示："民航、旅游这两个行业很值得搞。"1979年1月6日，邓小平同志在同国务院领导同志的谈话中进一步强调指出："旅游事业大有文章可做，要突出地搞，加快地搞。旅游赚钱多，来得快，没有还不起外债的问题，为什么不能大搞呢？""旅游业发展起来能够吸收一大批青年就业。""搞旅游要把旅馆盖起来。下决心要快，第一批可以找侨资、外资，然后自己发展。"邓小平同志做出旅游业要突出地搞、加快地搞的战略决策，进一步提高了我国旅游业的地位，促成了我国旅游业从事业接待型向经济产业型的历史性、根本性转变。[①]

（一）第一阶段："三要素"的提出（1978~1984年）

改革开放为我国旅游产业的发展提供了前所未有的契机。面对突如其来的挑战，旅游

---

① 凌常荣.改革开放四十年与邓小平旅游管理创新思想研究［M］.北京：中国社会科学出版社，2018.

界首先要解决"什么是旅游和怎样办旅游"的问题。1980 年何礼荪先生提出了"旅游三要素",即旅游主要包括饭店、交通和服务三个方面。此后有专家将"旅游三要素"解释为旅行社、交通、饭店。这主要是受旅游翻译著述的影响,这些国外的著作虽然把旅游业与交通、饭店、餐饮、娱乐行业的密切关系论述得比较全面,但没有将旅游要素提炼出来形成一个简明扼要的概念体系。这个阶段基本上停留在对"三要素"的认识上。

(二) 第二阶段:"五要素"的提出 (1985~1990 年)

1985 年我国学者黄辉实在《旅游经济学》中提出了旅游"五要素"的概念,即"吃、住、游、行、买"。此后我国旅游行业的主要刊物《旅游学刊》《旅游论丛》等上面发表的论文都使用了旅游"五要素"的提法,说明这个阶段五要素的提法在当时得到学界的普遍认可,为"六要素"的提出奠定了基础。

(三) 第三阶段:"六要素"的提出和使用 (1991 年至今)

1991 年孙尚清主持出版的《中国旅游经济发展战略研究报告》提出了"行、住、食、游、购、娱"六要素概念,此后在旅游刊物或旅游书籍中基本上都把旅游"六要素"作为基础理论来阐述。"六要素"概念一直沿用至今,得到广泛的认可和使用。有学者提出一些质疑,旅游"六要素"中"游"的概念不够准确,因为其他要素中也包含"游"的含义,如"行"也包括"游",所以认为应该把"游"改为"景"即风景之义①。

二、旅游"六要素"的结构体系

旅游"六要素"集中了旅游研究者的智慧,是对旅游活动的高度概括和凝练,基本上反映了旅游者的需求和内容。

(一) 结构体系

结构决定功能。从需求的角度来分析,"六要素"是对旅游主体活动结构的表述,把旅游者的旅游需求结构进行了总结。一般来说,旅游者购买旅游产品,无外乎这六大方面。"六要素"中的任何一个要素缺失,都不能构成完整的旅游体验,这有可能造成旅游产品价值的降低,从而降低旅游者的满意度。

从旅游产品的供给角度来分析,"六要素"构成的变化决定着不同旅游产品性质和类型。"六要素"中的任何一个要素缺失,都会造成整体产品结构的失衡,甚至可能对生产力要素造成浪费,从而降低旅游产品体系的综合效益。

因此,需要处理好"六要素"结构的优化和协调问题,使"六要素"在市场作用下达到均衡发展,最终使旅游产业结构不断由低级向高级方向运动。

(二) 结构类型

旅游"六要素"的构成是多种旅游元素的有机组合。这些要素是否合理配置以及其与

---

① 凌常荣. 资源型区域旅游产品开发路径研究 [M]. 北京:中国社会科学出版社,2011.

时空结构优化与否有关，需要我们对"六要素"之间的产业链及其关联性有科学的认知。根据"六要素"关联的组合形式可以将结构类型分为以下两种：

1. 顺序关联度

旅游"六要素"的排列是有科学顺序的，因为这是根据旅游活动的先后顺序进行排列的。旅游者乘车出发离开家，旅游活动就开始了，所以"行"是第一位的；接着需要解决住宿和饮食问题，所以"住"和"食"紧跟其后；然后是游览、娱乐、购物、结束活动返程。旅游中间商如旅行社安排旅游者消费综合旅游产品时需要按照这个规律来进行。

2. 主次关联度

在旅游产业结构中，"六要素"的地位和作用各不相同。过去经营者一直认为"游"是旅游活动的核心内容，甚至把"游"当作唯一的产品来经营，往往忽略了其他几个要素，我们认为这是错误的。当代旅游者的旅游动机是分化的，或者说是多样的。虽然我们认为旅游者完整消费"六要素"才是完整的旅游体验，但也不排除旅游者的主要目的是消费单一要素或几个要素，其他要素可以忽略或淡化。如乘坐一次高速铁路动车享受"行"的乐趣；到目的地饱食一顿美食，享受"食"的乐趣；到主题酒店住上一晚，享受一次"住"的乐趣等。所以，在旅游个性化的时代，以哪个要素为主、哪个要素为辅，视旅游者的消费动机而定，不能一概而论。

三、旅游"六要素"的功能差异

旅游"六要素"结构上的差异决定了产品的差异，这主要体现在功能差异与价值差异上。每个要素的功能不同，价值也不同，因此在其产品属性上内核主导有明显的差异。

旅游产品分为观光型、度假型、专项型等类型，这与旅游"六要素"在内部结构中所居的主导地位相关。所谓主导要素就是主宰旅游产品本质的内在动因。在观光型旅游产品中，"景"占主导要素，其他五个要素是为"游"服务的。在度假型产品中，"娱"占主导要素。在专项型产品中，视产品属性不同，"六要素"中的任何一项都可能是主导要素。如自驾车旅游"行"占主导要素；美食旅游"食"占主导要素；体育旅游"娱"占主导要素；蜜月旅行"住"占主导要素。

除了主导要素外，其他要素并不是可以偏废，只是其处于次要地位，在前向和后向上出现关联。例如，到成都旅游，一般是"游"占第一，"食"排第二，"娱"排第三。

第二节　旅游目的地"行"要素的开发

旅游交通是旅游者从旅游客源地到旅游目的地的空间转移的一种手段和途径。旅游交通的任务是要解决旅游者在居住地与旅游目的地之间的往返问题。它不但要解决往来不同地点间的空间距离问题，而且更重要的是要解决其中的时间节省问题、乘坐的舒适度问题和旅行安全问题。

一、旅游交通在旅游产业中的作用

有了"行"，才有"游"，"行"是旅游的第一步，因此旅游交通在旅游业中的地位非常重要。没有"行"作基础，无论再好的风景都无法令游客欣赏和体验。

（一）需求方面

旅游交通是旅游者完成旅游活动的先决条件。旅游者在外出旅游时，首先要解决从居住地到旅游目的地的空间转移问题，通过采用适当的旅行方式抵达旅游景点。同时，采用不同旅行方式所耗费的时间，也是需要考虑和解决的问题。旅游者可用于旅游的闲暇时间总是有限的，如果空间距离所占用的时间超过了一定的限度，旅游者则会改变对旅游目的地的选择，甚至会取消旅游计划。

（二）供给方面

旅游交通是发展旅游业的命脉，旅游目的地是依赖旅游者来体验而生存和发展的。只有旅游者能够光临，旅游目的地的各类设施和服务才能真正发挥作用，该地的旅游业才会有不断扩大和发展的可能。

（三）创收方面

交通运输业作为旅游业的重要主体，是旅游收入和旅游创收的重要来源。目前我国国内旅游消费中，旅游交通运输的费用所占比例较大，出行的便捷与否和费用的高低是旅游者决定是否出游的首要考虑因素。

二、游客出行的主要交通服务

旅游交通具有多样性。在不同的旅游目的地，由于经济基础不同、地形地貌的差异、开发目的不同，会出现不同的交通方式。

（一）公共交通服务

人们外出旅游的主要方式是航空、高速公路、轨道交通和水上运输。这些旅行方式的互相配合和互相补充为旅游活动的开展提供了出行条件。作为旅游目的地，要结合本地的实际情况，为旅游者提供便利的交通基础设施。结合不同类型的旅游者的不同需求，整合各种交通资源，为旅游者提供安全、便利、快捷、高效、舒适、经济的交通运输工具。

（二）自驾游交通服务

旅游目的地需要为旅游者的自驾出行提供多语种的、指向精准明了的交通标识以及自驾汽车营地，为其提供相关的保障服务。发达的旅游目的地需要设计专用自驾旅游线路，专门为自驾车开辟绿色通道，提供便捷的服务。

（三）景区内交通服务

景区内也要根据各自资源特点，提供环保、低碳型的电力车、缆车、动物拉车、雪橇等交通设施，便于游客从其中一个景点到另外一个景点，缩短旅游者在各旅游景点间的路程时间，感受乘坐不同交通工具的乐趣。

三、旅游交通中心的建设

旅游交通中心作为一个集"行、住、食、景、购、娱"于一体的城市旅游公共服务平台，需要政府的引导和监督管理，从资金、税收、土地等各方面给予优惠政策，提高旅游交通中心的效率。

旅游交通中心在规划时应着眼于目的地的实际情况和旅游需求市场特点，应结合当地的交通情况合理规划，综合考虑规模效益、城市整体布局等各方面因素，充分发挥其"集散"功能。

从入城旅游者的集聚角度来说，集散中心应该与高速路口、铁路、地铁、机场、水上要道、公交等交通便捷地点形成良好的对接，实现外地游客在各种交通方式和景点间的零距离、无缝隙转换。

从出城旅游者的扩散角度来说，为了更有效地将游客输送到周边各个景区，可以将交通中心安排在城市中心交通方便的区域，方便扩散游客。

第三节　旅游目的地"住"要素的开发

旅游目的地的住宿接待能力和服务水平在某种程度上是旅游者选择旅游目的地的一个因素，是旅游目的地创造经济效益的一部分，是旅游产业中的一个环节。住宿接待部门除了星级酒店、宾馆外，还包括家庭小旅馆、企事业单位招待所、小旅社、民宿等其他住宿接待部门。合理发展各种不同层次的住宿产业，根据不同旅游者的需求提供相应的服务。

根据旅游目的地的游客数量和消费层次，要建设相应的不同档次的住宿接待系统。从近年来看，旅游出行已逐步成为大众消费，出游的人群层次和需求各异，所以为了适应各层次旅游市场的需求，要适当控制高档饭店、酒店的建设，协调发展中档、低档经济型酒店和民宿，形成高、中、低三级构成的合理比例和适当配套的旅游目的地酒店系统。从目前我国旅游者的消费水平来看，我国旅游目的地城市的酒店档次构成应为：高档酒店业（四星级、五星级酒店）占15%~20%；中档的酒店如经济型连锁酒店和民宿占到约60%；低档的小旅社或者是客栈占20%~25%。这样才能适应旅游者消费水平中等居多的情况。所以，合理发展旅游目的地的"住"这一要素以满足不同旅游者需求也是提升旅游体验的关键。

一、旅游目的地住宿业发展的制约因素

旅游目的地住宿业在发展中遇到了以下困难：人才流失严重，"跳槽"频繁，行业对高素质人才吸引力小；技术创新能力弱，缺乏自主创新的技术；高端市场被国际品牌占据，恶性竞争忽略对本土品牌的维护；经济型酒店和"民宿"异军突起瓜分市场；酒店分销渠道争夺激烈，营销意识淡薄。以上这些因素制约了旅游目的地"住"要素的开发。

二、旅游目的地"住"要素开发的原则

人的一生有很长时间是在床上度过的，所以"住"是旅游活动中很重要的一个因素。旅游中住宿一般在旅游酒店，但受"金窝银窝不如自家狗窝"的观念影响，人们都不太愿意住在"外面"，所以"住"必须营造出家的感觉和温暖。

（一）舒适性原则

"住"的地方首先要体现出舒适性。酒店家具的款式、大小、高低、颜色、用材等都可以体现出舒适性，还有装修、布局等都需要加以注意，要考虑不同民族、不同文化背景游客的审美眼光。

另外，还要注意床的设计。尤其是要根据游客的具体情况设计床垫的软硬度，要能够照顾到所有游客的需要，即要用可调节的床垫。目前，旅游酒店基本上还做不到这一点，个性化服务还任重道远。更有甚者，许多酒店普遍没有晾挂衣服的地方，沐浴用品外包装字体小看不清，马桶坐垫无加热，这与旅游的服务宗旨相去甚远，是酒店接待服务管理非常失败的地方。旅游目的地今后必须牢记这个惨痛的教训，迅速扭转这种不够人性化的服务行为。

（二）私密性原则

"住"是最私密的个人空间。酒店需要保护游客的这种私人空间不受干扰和影响。要注意在登记住宿、房间号码、室内隔音、视频监控等方面保密。目前，最大的问题是隔音效果欠佳。

（三）安静性原则

一般来说，除少量游客会用客房来做接待外，酒店"住"的功能主要体现在睡觉及休息上，因此需要有绝对安静的住宿环境。

（四）特色性原则

由于实行标准化，现在的旅游酒店在设计和服务等方面基本上千篇一律，没有变化，缺乏个性和特色。这与旅游需求的个性化与特色化背道而驰。旅游酒店服务不同于公务酒店服务。公务酒店可以是"我行我素"，而旅游酒店需要有自身特色产品。不能只要标准

化，而抛弃了个性化。

（五）环保性原则

环保性原则指的是酒店要让游客生活在健康的环境中。旅游酒店需要注意环境保护，在用材、用水、用电、绿化、食物等方面要节能、低碳，建设生态绿色酒店。

三、旅游目的地"住"要素开发的途径

目的地的发展与"住"的关系非常密切，没有"住"就不可能有大规模的旅游者，要依据游客数量和发展预测，提供适合的住宿设施。

（一）走特色化道路

旅游者越来越成熟，对住宿设施的特色化、个性化要求越来越高，尤其是年轻的一代，更加重视时尚化。因此，住宿设施必须与时俱进，不断适应市场发展的需要，走特色化发展道路，避免"千篇一律"。

（二）建设多档次类型的酒店

旅游者的动机是多样的，消费层次性很强，旅游目的地在开发"住"要素当中，一方面应当与目的地旅游资源吸引的主要客源类型相适应，优先考虑主要客源的住宿喜好，以实惠的价格和干净、安全、舒适的住宿服务为广大普通消费者带来实惠；另一方面还要建设多种层次的酒店，满足不同消费偏好的客人需求。注重发展多功能的度假型酒店、主题文化酒店、精品特色民宿，为个性化旅游者提供更多的住宿选择。

（三）重视现代科学技术运用

科学技术是第一生产力，现代科学技术突飞猛进，信息技术、网络技术、机器人技术、节能技术、低碳技术等的发展为建立科技型酒店奠定了基础。酒店要从战略层面思考并制定完善的科技自主创新体系，建设智能酒店、低碳酒店、绿色酒店、科技酒店。

（四）增强行业对高素质人才吸引力

在我国的职业分类中，酒店岗位被划归为服务岗位，服务人员的社会形象不高，所以，大学毕业生不愿意到酒店就业。同时酒店的薪酬体系设计不利于吸引人才，造成酒店业缺乏对高素质人才的吸引力。早期由于酒店的地位相对较高，吸引了一些人才，现在很多优秀的酒店从业人员不断流向其他行业，人才流失现象非常严重。

21世纪的竞争是人才的竞争。无法吸引高素质人才并留住优秀人才的酒店行业很难在愈演愈烈的国内外竞争中取胜。在宏观层面上，需要改变岗位的归类；在微观层面上酒店业必须增强对高素质人才的吸引力，建立完善的职业经理人制度和职业发展通道，将职业经理人的能力与业绩、报酬挂钩，才能吸引更多的人才投身酒店业。

第四节 旅游目的地"食"要素的开发

没有饮食人类将不能生存,"民以食为天",自古饮食问题就是人类生活的核心问题,是人类生存的物质基础。随着经济的发展、社会的进步,饮食更成为一种特殊的文化体系——饮食文化能够让人们在吃的过程中感受古今中外浓郁的文化氛围。

餐饮文化的体验是旅游者在旅游目的地直接了解、接触当地居民的生活习性和风土人情的方式之一。中国饮食文化博大精深,是中国文化自信的重要基础。许多旅游目的地通过举办各种特色的美食活动吸引游客,所以饮食文化也是吸引旅游者的一个重要资源,是目的地向旅游者宣传当地文化的一张名片。目前,旅游餐饮有以专门接待旅游者为主的餐馆或旅游定点餐馆,同时还存在为数众多的非定点餐馆,很多景点内都有各种不同特色的餐馆。但是很多餐饮公司缺乏与当地文化结合的饮食文化特色且规模较小,各餐饮公司相互竞争激烈,形成一种恶性循环。针对这些问题,当地相关的餐饮部门应制定出相应的行业标准,并举办各种餐饮文化美食大赛,促进当地旅游餐饮文化的发展。

一、旅游餐饮开发设计原则

美食是很重要的旅游吸引物,这已经成为共识,但以美食作为日常旅游产品来吸引游客的目的地不多,未来的开发空间巨大、市场巨大。开发的原则有以下六个方面:

(一) 特色性原则

游客身上具备与普通的餐饮消费者不同的特点和需求。一般的餐饮消费者主要基于生理需求而产生消费动机,当然这也适合于大多数的旅游者。但对于部分旅游者来说,其旅游动机是寻找美食。因此,旅游餐饮设计的特色性原则主要体现在旅游目的地的特色餐饮产品上。目的地供给游客的餐饮产品要有当地的特色,而不能够"外来化"。例如,西安的羊肉泡馍只能属于陕西;"狗不理包子"只能属于天津。一旦"外来化",游客的体验就会大打折扣。

(二) 文化性原则

餐饮文化是中国历史长河中古老深厚的文化遗产。旅游餐饮企业应深入挖掘地域文化特色、民族文化特色以及企业自身的文化特色,恰当地应用到旅游产品和接待服务的开发当中,将其打造成旅游目的地的旅游核心竞争力,为游客提供内涵丰富、品位独特的文化大餐。

(三) 健康环保性原则

现代人们长期生活在城市忙碌紧张的快节奏生活中,一部分人处于亚健康状态,因此追求绿色健康、环保低碳的体验成为游客旅游的重要诉求。融入"健康、环保、低碳"的理念，采用有机食物，以及营养健康的烹饪手法，开发出健康的菜品。

（四）参与性原则

参与性是旅游发展的一大趋势，在旅游活动中，参与性与体验性有异曲同工之妙。游客亲身参与餐饮消费过程，从中获取生理和心理的体验感和满足感，激发游客的情感体验，增强游客的美誉度。

（五）娱乐性原则

餐饮企业要恰到好处地将娱乐元素融入产品的设计中，使游客在消费的同时感受轻松快乐的氛围和娱乐气息，吸引游客的注意力，激发游客的好奇心，从而达到刺激游客消费的目的。

（六）教育性原则

铺张浪费是目前餐饮行业极为普遍的现象。旅游餐厅作为消费者的直接活动场所，应该肩负起教育责任，通过宣传、温馨提示等方式劝导消费者文明消费、节约消费，养成科学、文明的消费意识。

二、餐饮产品体验设计开发

一般认为，餐饮产品由有形产品和无形产品构成。有形产品即餐饮企业为消费者提供的实物，包括各式菜品、主食及酒水等；无形产品则是指顾客消费过程中所获得的各类服务，包括使用设施设备、服务人员提供的服务和帮助、用餐环境等。

（一）关怀体验

关怀体验设计是人文关怀、人性化设计和管理的基础。产品的设计要体现人性化，需将关怀体验融入其中、要关注游客的需求。游客作为一个具有特殊性的消费群体，当带着游玩之后的疲惫坐在餐厅里，首先需要的是休息，缓解游玩时候的兴奋与紧张情绪，这时可以为游客捧上一杯茶，用温暖的话语问候游客，游客放松下来才有心情继续用餐。用餐的头道菜品分外重要，要根据季节选择合适的头菜，比如冬天可以先为游客端上一道营养又暖和的靓汤。餐饮企业在制定菜品时也需要挖掘细分消费者群体的需要，比如接待一个老年旅游团的时候，菜品的选择就要尽量以低脂、低糖、低胆固醇、易消化的食物为主，口味尽量清淡，也可以多以家常菜品为主，这样既能满足老年人生理上对食物的需求，又对其健康十分有利。

（二）学习体验

学习体验是在餐饮消费过程中能够为消费者传道、解惑，使其开阔眼界、增长知识。现代社会每天都在发生着日新月异的变化，人们对于饮食的要求也变得越来越高，既要吃饱、吃好又要吃得营养健康。将学习体验融入产品设计里，为不同的消费者群体设计不同的营养膳食，传播饮食营养知识，引导消费者形成合理健康的膳食搭配和饮食习惯。条件成熟的餐饮企业可以鼓励消费者参观并积极参与膳食的制作过程，与厨师展开互动学习，交流烹饪心得，饱餐之后使消费者不但能获得对美食的满足感，还能获得丰富的健康营养知识。

（三）文化体验

我国有着深厚悠久的餐饮文化，在历史长河的洗礼下流传下来很多老字号餐饮企业，如北京全聚德烤鸭、东来顺火锅、广东早茶等，这些都是历史文化的积淀、餐饮文化的最佳体现。出于好奇的心理以及对美食的追求，游客每到一处便想品尝当地的美食佳肴，体验一下最具当地特色的饮食。因此，深入挖掘餐饮的文化内涵，做好餐饮产品的文化体验，对于吸引游客、创造独特的餐饮体验有着十分积极的意义。在日本，游客喜欢去观看茶道表演，这不仅仅是一场单纯的表演，演员在舞台上向游客形象地展示各种茶叶冲泡的技艺以及生活化、艺术性的冲饮过程，使游客如身临其境一般在精心设计的环境中得到一种美的享受和情感升华，感受茶道表演所传递出来的茶道精神。

（四）创新体验

产品创新是在传统产品的基础上根据市场需求进行的完善和改进，使之更好地满足消费者的需求。餐饮企业产品创新可在深入了解游客消费心理的前提下设计新产品，可以老菜新做改进工艺，可以引进新颖的食材开发特色产品。

三、旅游餐饮风味开发

旅游目的地饮食旅游资源，就是以食物和饮料作为资源来吸引游客开展旅游活动的资源。特点主要有四个：第一是独特性。各地饮食资源，只有不同于其他地方的独特性，才能成为独特旅游资源。第二是口味性。各地的饮食资源为人们提供的口味是不一样的，人们的口味受生活的地域、气候、水土及个人身体状况、心理状况的影响较大。第三是地域性。"一方水土养一方人"，饮食的地域性是相当显著的。第四是宗教性。人们的信仰不同，有时是偏好不同，对饮食的选择差别很大。

以广西的饮食旅游资源为例，广西的饮食旅游资源极其丰富。

第一，浓郁的地方特色。广西的饮食岭南风味明显，百越特色突出。原料多为岭南当地物产，因地制宜，注重季节时令，注重对火候的把握。

第二，口味清淡。广西各地的饮食口味不重，讲究清淡，追求原汁原味。

第三，大鱼大肉。饮食特别注重鸡、鸭、鱼、肉，广西的名菜无不与此有关。这与广西炎热的气候是分不开的，人在这样的气候条件下，热量散发快、需补充养分。

第四，菜系多。广西的饮食比较杂乱，每个民族都有自己的特色。各个地区都有自己的品种，各不相同。酸菜系列、酿菜系列、油茶系列、米粉系列受到普遍欢迎。

第五，包容性强。各省份风味餐馆都能落户广西，尤其是各大餐馆不断推出各地的菜肴，均大受欢迎。

第六，小吃众多。广西人什么都敢吃。正如顺口溜所说："天上飞的、地上爬的、水里游的、泥里钻的、树上生的、草里长的，除了被禁止的以外，都能作为食材。"因而各地均有自己的风味小吃。

第七，喜鲜活，不喜冻肉。广西人不喜欢吃放置冰箱冷藏或冷冻过的肉类食物。

在广西开发旅游餐饮就需要考虑这些地方特色。让游客有机会体验地地道道的广西桂菜。

四、其他饮食旅游产品的开发

旅游饮食文化博大精深，除了普通的菜肴之外，酒、茶、咖啡等也是重要的旅游饮食产品，不可偏废。

（一）旅游酒文化产品的开发

酒是人类生活中的主要饮料之一，酒是一种饮品，酿酒是一种工艺，也是一种特殊的文化载体，在人类交往中占有独特的地位。早在几千年以前中国就已经有用谷物酿酒的工艺了，蒸酒的蒸馏器也是中国人民首创的。在数千年的酿酒中，中国侧重于烈酒类的酿造，而且中国酒的分类没有外国酒分得细。严格地说，中国酒仅分为白酒和黄酒两种，而葡萄酒和啤酒均是从外国引进来的。

对于旅游酒文化产品的开发，可以把"酒窖""酒都""酒城""酒镇""酒村""酒厂"等建设成景点，面向游客开放，融入优美独特的自然风光，注入深厚的酒文化，加上浓郁的民俗风情，形成富有参与性、体验性和文化内涵，集观光、休闲、度假于一体的酒文化旅游产品。同时举办以"酒"为主题的节事活动，开展品酒鉴赏、酒的历史和文化知识比赛、酒歌和诗词创作比赛、以酒为主题的微电影比赛和歌唱比赛等系列活动，全方位展示旅游酒文化的魅力；还可以建立酒庄、酒窖、酒博物馆会所等向高端游客开放。

（二）旅游茶文化产品的开发

茶是人们普遍喜爱的一种有益的饮料，中国是世界上最早以茶叶作为饮料的国家。茶从发现到利用，经过了一段漫长历史。茶之所以深受人们的欢迎，除了它可作为饮料饮用外，还因为它对人体能起到一定的保健和治疗作用。国内外研究结果表明，茶叶的功效大致可归纳为止渴生津、提神解乏；除脂解腻、促进消化；杀菌消炎、利尿排毒；强心降压、增强体质；补充营养、预防辐射等。唐代陆羽的《茶经》上说茶是"南方之嘉木"，元朝杂剧中，有一首《当家诗》："想你当家不当家，及至当家乱如麻。早起开门七件事，柴米油盐酱醋茶。"茶是人们生活的必需品，中国茶文化历史悠久、博大精深。

茶文化的内涵十分丰富，形式多样，旅游茶文化产品的开发必须深入挖掘茶文化的内涵，突出旅游茶文化节、茶艺表演、开展茶歌比赛等；可利用茶的医疗健身功能，开展休闲保健旅游、茶园考察游、茶品鉴赏游等，使游客以茶会友、以茶怡情。

（三）旅游咖啡文化产品的开发

咖啡是一种不含酒精的饮料。由于咖啡具有提神醒脑、缓解疲劳、利尿、帮助消化等功效，所以深受人们的喜爱。中国的云南、海南、台湾都有种植咖啡树。

旅游咖啡文化产品的开发可以向游客展示咖啡文化、咖啡烘焙、咖啡制作等，还可以建立咖啡小屋，除了让游客品尝咖啡外，还可以展示和出售咖啡器具、咖啡点心、咖啡工艺品、咖啡旅游纪念品等。

第五节 旅游目的地"景"要素的开发

在 21 世纪新时代，看似老生常谈的"景观"一词再次回到公众的视线。景观在更加宏大的文化想象中，再次得以崭露头角，主要归因于环境保护主义的兴起、全球生态意识的觉醒、旅游业的增长所带来的维持地区独特性的诉求，以及大规模城市扩张对乡村的影响①。

"游"的本质就是"景"。"景"指一切能够吸引游客眼球的游览、观赏、体验的旅游对象物。各个旅游目的地拥有的旅游资源各不相同，各有特色，因此对于"游"要素的开发必须因地制宜，开发出独特的旅游产品。有学者把旅游六要素的"游"改为"景"②。

一、旅游产品开发应该遵循的原则

旅游产品的开发需要遵循一定的原则，避免无序的乱开发、滥开发，保证旅游目的地的健康发展。

（一）积极保护与合理开发原则

对旅游资源进行开发必须建立在保护的前提下，不加以保护与无节制的开发会造成旅游资源的损毁和消亡，离开保护谈开发，旅游就会成为一句空话，无异于"饮鸩止渴"。因此，在对资源进行旅游产品转化时，必须处理好资源保护与旅游开发的关系。

（二）完整性与客观性原则

旅游开发应反映和保存资源的原真性、丰富性和多样性。因此，旅游开发必须坚持完整性的原则。从整体上对资源进行合理和适度的旅游开发，只有这样，才能客观、真实地展现旅游资源所蕴含的丰富多样的内容和文化品位。

（三）创新性和参与性原则

旅游归根结底就是一种审美创造活动。只有致力于创新，旅游产品才能永葆活力，旅游资源才有可能萌发新的生机。当代旅游者在游览过程中，做得最多的一个动作就是照

---

① ［美］詹姆斯·科纳，艾利森·赫希. 景观之想象：詹姆斯·科纳思想文集［M］. 慕晓东，吴尤，译. 北京：中国建筑工业出版社，2021.

② 凌常荣. 资源型区域旅游产品开发路径研究［M］. 北京：中国社会科学出版社，2011.

相，因此设计与制造美景是旅游目的地的必修课程，大到城市的文化符号与城市色彩，小到景点的亭、阁小品，甚至花草造型，都应该成为游客的照相背景。如此，既能提高游客的满意度与获得感，也能延长游客的滞留时间，从而获得更好的消费空间。现代旅游强调游客的体验性和参与性，如果游客对消费对象"只能看不能动"，其旅游积极性和满意度可能大幅度降低。因此，允许游客与旅游资源的合理接触及体验，才能提高旅游目的地对旅游者的吸引力。

二、旅游产品的基本种类

开发旅游产品需要把握其特性、品位、区域、容量等，因此开发种类有较大的差异，层次上也有明显的不同。

（一）观光型旅游产品的开发

观光旅游是目前最基本也是最传统的一种旅游形式，事实上我国游客旅游还是以观光为主。它是通过游览自然山水风光、历史名胜古迹、社会民俗风情、博物馆等景观和文化设施，以获得美的享受和开阔眼界、增长知识为目的的一种旅游，国外称之为"单纯的观景旅游"。可以说，观光型旅游产品是最普遍、最初级的旅游产品。

旅游目的地需要"摸清家底"，把美丽的风景开发出来，让更多的游客享受大自然的恩赐。

（二）休闲度假型旅游产品的开发

随着人们生活水平的提高，旅游的消费越来越大众化，成熟的旅游者已经不再满足于走马观花式的旅游样式。慢生活的休闲度假型旅游方式越来越受到人们的喜欢和追逐。旅游目的地需要开发更多此类型的旅游产品，以满足旺盛的市场需求。

相对于观光型旅游产品来说，休闲度假型旅游产品可以说是中级旅游产品。

（三）文化型旅游产品的开发

随着社会文明程度的提高，旅游活动扩大了旅游者的视角，旅游者的文化品位越来越高，将旅游产品的文化性消费提到了重要位置。旅游目的地需要更多地考虑文化型旅游产品的开发。

文化是旅游产品的内涵和本质表述。文化型旅游产品就是以文化旅游资源为本，向旅游者展现目的地历史、传统、习俗、观念等，使旅游者获得目的地总体印象的旅游产品。如历史文化遗产、科学的生产方式、文学艺术精华等。

文化型旅游产品可以说是高级旅游产品。

（四）图腾型旅游产品的开发

所谓图腾型旅游产品就是满足游客信仰及生命追求的愿望型旅游产品。例如，我国国家的象征天安门及其广场、让人心醉的阳朔、景色美丽的九寨沟、令人流连忘返的丽江等都是典型的图腾旅游地。这些地方已经超越了一般意义的旅游体验的范畴，成为人们的信仰追求或生命追求，如果没有机会到达会成为遗憾。

旅游目的地开发图腾型旅游产品时应突出其神秘性、洁净性、高尚性、品位性、原真性，保持其特有的本质是核心。

图腾型旅游产品可以说是终极旅游产品，再也没有更高级别的产品了。

三、旅游产品的线路开发

旅游产品的线路是非常关键的。目的地旅游能否发展壮大在很大程度上取决于线路的设计开发。许多目的地开发了旅游产品，但由于没有考虑旅游线路的科学性和合理性，或者说没有连成线路，所以开发出来后效果不理想。一个典型的案例是广西西部的乐业"大石围"天坑群。

广西乐业"大石围"天坑群位于乐业县同乐镇西北部的百岩脚屯，形成于6500万年前，是一个集独、特、奇、绝的溶洞，原始森林，珍稀动植物及地下暗河于一体的天然竖井，由海拔高度1400米以上的刀削似的四壁悬崖组合而成，因此又称为"天然绝壁地宫""地下原始森林公园"。其洞口东西走向约600米，南北走向约420米，洞口至洞底深约613米，洞底面积约9.6万平方米，站在大石围原始森林底部往上看，大石围口犹如一个横睡的宝葫芦，气势恢宏，景观壮美。大石围天坑底部的原始森林树种珍稀、花草奇异，四季花开，早晚薄雾笼罩，似明非明，幽深莫测，宛若仙境，原始森林里更有冷暖交汇的暗河。此外，在大石围周围60多平方千米的范围内，还有约20个天坑，构成了世界上最大的天坑群，不仅具有旅游观光价值，更具有科考、探险价值，具有一定的独特性和垄断性。应该说是资源级别比较高的一个旅游产品了，但是由于产品相对单一，更重要的是路途遥远，周围没有与之相连的好产品，无法连成有效的旅游线路，只能孤零零地躺在深山中。假若位于南宁市或百色市近郊，效果就会完全不同了，因此，旅游产品的有效线路显得非常重要。

有效的旅游线路包括内部线路和外部线路。这里的线路，不仅是指交通，它还包括旅游要素的所有因素，如酒店、饭店、购物店、景区、娱乐场所、机场、码头、车站、地铁等。

（一）内部线路

内部线路是指旅游目的地或景区的内部线路。简单来说，就是把各个游览地点有效地连接起来。这个有效是指线路呈环行、距离适中、搭配合理、时间科学、交通顺畅等。

（二）外部线路

外部线路指旅游目的地或景区与其他的目的地或景区相连接的线路。简单来说，就是"进得来，出得去"，要求是安全、舒适、顺畅、快捷。

第六节 旅游目的地"购"要素的开发

对于旅游目的地而言，旅游者到旅游购物场所购买旅游商品是旅游目的地向旅游者间接进行宣传的一种方式、手段，旅游者通过旅游商品了解旅游目的地的文化、风俗等情况。同时，旅游购物还给旅游目的地带来一定的经济收入。所以，作为旅游目的地，要结合当地的资源特点，设计、生产当地特色的旅游商品。要使旅游商品有别于其他旅游目的地的商品，形成差异化，这样才能在竞争中占据主导地位。

目前，旅游目的地的购物场所大致可以分为旅游定点购物场所和非定点购物场所，定点购物场所以接待团队旅游者为主。非定点购物场所包括位于景区周边的购物场所以及市区的购物场所，景区周边的购物场所主要面向散客。旅游者在购买旅游商品的同时也需要良好的购物环境，所以，提高旅游目的地的"购"服务也是至关重要的。

目前，我国旅游团队购物店全国一个模式的雷同现象比较普遍，主要集中于珠宝店、中药材店、土特产品店、刀具店、餐饮场所的字画拍卖五种，并且存在欺诈现象。其他地摊式的店铺所卖的物品也是全国基本相同，毫无区别，缺乏创意，令旅游者厌恶，这是旅游目的地必须重视和解决的问题。

一、旅游目的地旅游商品类型

旅游目的地商品是旅游者消费的主要对象之一。我国的旅游者喜欢购物，普遍存在带特色商品回家作纪念送亲朋好友的心理。只要开发得当，这是很大的旅游市场。

（一）特色商品

特色商品指旅游目的地的独特产品。例如，新疆的葡萄干、宁夏的枸杞、浙江的西湖龙井茶、东北的人参、北京的烤鸭、台湾地区的乌龙茶等。越是初级的旅游者，越是缺乏经验的旅游者，越注重购买有特色的旅游商品和工艺品。

（二）奢侈品

奢侈品主要指收藏品。旅游目的地通过销售本地的收藏品和高档礼品，可以进一步地提升旅游吸引力。我国已经形成庞大的收藏群体，旅游收藏品成了非常重要的产品类型，甚至已经形成地方性的收藏品中心，有些已经形成了全国性的市场。如广西柳州的奇石市场、广西凭祥的红木市场、云南瑞丽的珠宝市场、内蒙古赤峰的巴林石市场等。

（三）工艺品

旅游工艺品就是通过手工或机器设备制造出来的艺术品，有时候也称为纪念品，具有一定的纪念意义。旅游工艺品的需求在不断上升，但是供给远远不足，总体来说个性化不是很突出。从旅游者的角度来说,如果工艺品做得非常精美,让人爱不释手,市场就会非常巨大。遗憾的是,我国旅游工艺品的创新能力很弱。但是,这也给我们的旅游目的地开发工艺品留下了巨大的发展空间。

二、旅游目的地旅游商品开发策略

虽然旅游商品早已存在,但还是初级市场,可以说旅游商品还是一个"蓝海"市场。急待有远见的旅游目的地组织有志之士进行认真、深入的探索、设计和开发。

(一) 深度开发土特产品

事实上,游客到了原产地,会比较放心地购买当地的土特产品。但是大部分土特产品的销售还停留在初级产品的生产和销售阶段,包装简单、粗放。

对于旅游者来说越是地方性产品就越有价值。旅游目的地需要挑选当地的名优土特产品,进行认真的清洗、分类、加工。包装一定要精美,说明书印刷一定要讲究质量。尤其是必须经过工商部门登记注册,绝不可以销售"三无"产品。

(二) 挖掘商品文化底蕴

旅游目的地开发者一定要突出旅游商品的特色,挖掘其所蕴含的文化价值,提高其文化品位。如历史的传说、历史典故、名人效应、种植或加工的技术等,以此提升其价值和价格。总之,旅游商品的地方特色、民族特色越鲜明,文化品位越高,它的纪念性和艺术性就越突出,也就越能实现自身的商品价值。

(三) 优化购物环境

购物环境的好坏是决定旅游商品对旅游者吸引力大小的重要因素。为了激活旅游购物市场,增强其旅游商品的创收能力,目的地应该积极采取措施,优化旅游购物大环境。良好的购物环境能够诱发旅游者的联想,从而唤起旅游者的购买欲望,使其在不知不觉中融入这种旅游购物环境。同时,还要积极打造不同的购物渠道,给予旅游者多方面的选择,将旅游商品信息、销售地点与购物环境合理组合,提供各种畅通的购物渠道,满足游客不同的购物心理需求。

(四) 提高导购员素质

旅游购物不仅是游客的经济消费活动,还是一种文化消费活动。在现代营销学中,那种直接以商品销售为目的的功利性的销售方式越来越难以吸引旅游者,取而代之的是包含文化、价值观、生活情趣的新的销售方式。旅游目的地应当加强旅游从业人员的职业培训,提高他们的职业素质、服务意识及接待技巧,使游客获得愉快的购物经历。

第七节　旅游目的地 "娱" 要素的开发

旅游目的地如何开发 "娱" 这个要素，直接影响到旅游核心产业中的经济效益。随着大众观光旅游逐渐向休闲度假旅游、专项旅游过渡， "娱" 作为旅游六要素中弹性最大的要素，将占有越来越重要的地位，成为旅游消费支出的主要部分之一，从而构成旅游目的地产品的核心链条之一。 "娱" 的广义范围包括所有游客参与获得愉悦的旅游产品， "娱" 的狭义范围是指通常说的娱乐场所，涉及游乐设施、文化场馆、康体场所、体育场馆、休闲吧馆、KTV 中心、网吧、电竞酒店等。

一、旅游娱乐设施建设的基本原则

旅游活动本身就是一种愉快的体验经历。娱乐活动能让人产生愉快的体验。旅游与娱乐具有天然的联系。因此需要重视旅游娱乐设施在旅游活动中的地位与作用，加强娱乐设备设施的建设。旅游娱乐设施建设的基本原则主要有以下五个方面：

（一）类型多样化

旅游地的旅游娱乐设施建设需要照顾到不同消费群体的需求，所以必须是多样化的。大体上包括夜总会、电影院、剧院、KTV、游戏厅、网吧、电竞酒店、体育场馆以及野外露营地等，多方面建设并举，呈现多样化的格局。

（二）布局合理化

娱乐设施布局要考虑其合理性，开发出情景交融、游娱相辅的产品。一是因地制宜地布局旅游娱乐设施；二是将旅游娱乐设施尽量建于旅游者必经之处或必到之地，如酒店旁边。因为，旅游者在旅游过程中对旅游娱乐服务产品的消费往往具有强烈的即兴性和随意性。

（三）风格本土化

旅游娱乐设施的建筑风格要本土化，即力求旅游娱乐设施的建筑风格与当地山水风景、传统民俗相协调，使旅游娱乐设施具有浓郁的地方色彩。地方性越强，对旅游者的吸引力就越强。

（四）配置协调化

在建设旅游娱乐设施时，可依据《旅游规划通则》（GB/T18971—2003）提出的 "旅游规划指标选取指南" 中的相关指标推算旅游娱乐设施的配置量，以求旅游娱乐设施配置、容量与其他旅游设施配置、容量大体协调。

（五）生产设备安全化

旅游娱乐设施必须高度重视其安全性能。大型娱乐设备需要经过安全机构的认证和检查才能使用，并且要注意日常的维护和检修，把安全放在第一位。

二、旅游目的地娱乐产品开发策略

我们处于一个大娱乐的时代，人们的娱乐活动也在增多，在旅游活动中娱乐产品的消费同样受到青睐。开发娱乐产品的策略包括以下四个方面：

（一）开发教育产品

旅游娱乐产品本身除了具备娱乐功能外，如果能够融入教育意义就会更具有吸引力。例如，扩充知识的产品、训练团队精神的产品、益智的产品、具有健康知识的产品等。

（二）开发高科技产品

旅游娱乐产品要利用现代高科技手段，开发创新性产品。旅游吸引物需要"新、奇、特、异"，通过现代高科技手段开发的产品要围绕这几个方面进行，而且高科技也非常适合开发这样的产品。

（三）开发减压产品

社会处于转型时期，人们面临多种压力，旅游娱乐产品具有减压的作用，游客在参与娱乐活动的过程中可以忘却生活的种种烦恼，获得心理上的调节。

（四）开发晚间娱乐产品

游客外出旅游总希望获得超值的享受，尤其是晚上的时间也希望被充分利用起来。一些旅游目的地，没有夜间娱乐活动，旅游目的地必须把晚间的娱乐产品开发出来，让游客有更多的选择。当然晚间娱乐产品可以因地制宜，如在治安状况良好的边远地区，让游客在野外看星星、看月亮、听风声等也是对大自然的一种体验；与当地居民互动、聊天，说不定会有意外的惊喜。

📖 拓展阅读及分析

西安市旅游目的地"六要素"整合与创新

西安作为一座千年古都，因其深厚的历史文化、别具风味的陕西小吃、便捷的城市交通，常年吸引着全国各地乃至世界人民前往。近年来，西安围绕"千年古都·常来长安"品牌，加快西安城市形象的全民传播、全域营销、全球推介。

食：西安小吃历史悠久，特色性强，品类繁多。如自传说中女娲补天所用的"石子液烙饼"发展而来的关中煎饼、源于新石器时代的食品"化石"石子馍等；有的颇具宫廷风味，如唐高宗命宫中厨人精心制成赏赐给玄奘的油酥饼、汉文帝刘恒的母亲薄太后食用的太后饼；有的属当代创新之品种，如贾三灌汤包子、小六汤包等；牛羊肉泡馍、腊汁肉夹馍、金线油塔等多种小吃，更被中国烹饪协会命名为"中华名小吃"，有的甚至已跻身国宴。

住：发展多层次、多样化住所满足不同消费者的需求。2022 年，西安共有五星级酒店 15 家、四星级酒店 25 家、三星级酒店 46 家、二星级酒店 4 家。除挂牌的星级酒店外，还有各式主题酒店、经济酒店、青年旅社、家庭旅馆、度假村、度假中心，可满足各类游客在旅途中的住宿需求。

行：西安地处中国陆地版图中心，是各种交通线的交汇点，出行便捷。

机场航线：西安咸阳国际机场是中国重要航空港。2022 年，机场国际（地区）通航点总量达到 67 个，航线 75 条，联通全球 36 个国家、74 个主要枢纽和旅游城市。

公路与汽车：公路建设形成了一个以西安为中心，有 9 条国家高速在此交汇，贯通陕西省、辐射周边的高等级"米"字形辐射状干线公路系统，有公路 2800 多千米，有 6 条国道干线通过。

铁路与高铁：西安是陕西省"米"字铁路交通的重要枢纽，可直达国内大多数重要城市，大大节约了游客出行的时间成本。

景：西安旅游资源丰富，其中 AAAAA 级景区 4 处、AAAA 级景区 22 处、AAA 级景区 42 处、AA 级景区 12 处，其中的关中八景更是享誉盛名。同时为贴合当下不同旅游需求，推出丝绸之路旅游、历史文化旅游、经典红色旅游、休闲度假旅游、乡村民俗旅游、会奖会展旅游等多种主题旅游。更有网红打卡地大唐不夜城，以盛唐文化为背景，以唐风元素为主线，以体验消费为特征，着力打造集购物、餐饮、娱乐、休闲、旅游、商务为一体的一站式消费天堂——中国第一文化 MALL。

购：西安推出富有地区历史文化底蕴的文创产品及手工艺品。

文创产品：西安充分利用当地文化 IP，推出"兵兵有礼"系列秦兵马俑、城墙文创系列、仿唐三彩等富有创意的纪念品，既保留了文化韵味，又结合了现代元素，很好地抓住了游客的消费心理。

手工艺品：秦绣、布贴绣、扎染、景泰蓝等古代留下的工艺，在经过大力推广之后也会成为西安旅游产品的一大卖点。

娱：西安有十大著名剧院，有陕西大剧院、西安歌舞剧院、陕西广电大剧院等。其中陕西大剧院适合歌剧、音乐剧、喜剧、舞蹈、爵士乐、戏曲等不同形式的文化演出，是西部地区建设规模最大、设备最先进、科技含量最高的综合性文化演艺交流平台。陕西大剧院为艺术家提供一流的表演和交流平台，为公众提供一流的艺术欣赏体验，成为陕西文化艺术走向世界的梦想之地，成为展示古都文化魅力的重要窗口。

资料来源：笔者根据网络资料整理。

分析：提及西安，总是离不开"古都"一词，深厚的文化底蕴和悠久的历史传承是吸引国内外游客到西安旅游的一个重要的因素。西安旅游如此经久不衰，具有长久吸引力，与其不断创新密不可分。西安在六要素的开发与整合上,既保持其历史传承性,又突出现代的文化特点。大唐不夜城项目就是历史与现代交融的一个突出代表,既打盛唐文化牌,又突出现代科技下夜晚的光影交融。西安还推出利用当地文化 IP 的文创产品,抓住了去西安游玩的旅游者的文化心理,一种对古都历史文化的探索和敬仰。文创产品既给旅游者带来了文化体验,又变成了可以带走的文化物件。位于中国版图心脏位置这样优越的区位条件和代代相传的西安美食更是让西安旅游锦上添花。旅游六要素的开发不是孤立的,而是作为一个整体服务于旅游者。对目的地六要素的开发,我们要常常思考六要素中哪些要素存在不足之处,以及每一要素在原有基础上可以如何创新。既要将某一要素拿出来讨论,又要放进去总体规划,从而获得像西安旅游目的地这样持久的吸引力。

章后思考题

1. 旅游六要素指的是什么?
2. 旅游六要素的结构类型有哪些?
3. 旅游六要素在旅游目的地旅游产业中涉及哪些主体部门?
4. 旅游交通在旅游产业中有什么作用?
5. 旅游目的地如何进行住宿业的开发?
6. 如何理解旅游业的"游"的基本含义?
7. 为什么"食"要素在旅游目的地没有得到很好的开发?
8. 旅游目的地旅游商品开发有哪些策略?
9. 旅游目的地的娱乐开发有什么基本原则?

本章推荐阅读材料

[1] 王兴斌. 21 世纪旅游业发展战略与经营管理全书 [M]. 北京:人民日报出版社,2001.

[2] 凌常荣. 资源型区域旅游产品开发路径研究 [M]. 北京:中国社会科学出版社,2011.

[3] 胡抚生. 基于旅游六要素的旅游产业范围探讨 [J]. 旅游学刊,2007,22(11):10-11.

[4] 马勇. 旅游规划与开发 [M]. 武汉:华中科技大学出版社,2020.

第三章
旅游目的地品牌与形象开发

本章 PPT

📖 本章主要内容

本章主要介绍旅游目的地的定位、旅游目的地的形象、旅游目的地的品牌和旅游目的地的品牌化的概念与内涵；分析这几个概念之间的区别与联系；对树立旅游目的地积极的良好形象进行了探讨；对旅游目的地品牌与形象的构建进行了详细分析。

案例及思考

黑龙江全新旅游品牌发布"一点四线" 畅游北国好风光

12月7日，由黑龙江省文化和旅游厅主办的2018黑龙江省冬季文化旅游推介会在北京启幕。此次推介会是黑龙江"文旅融合"后，黑龙江省文化和旅游厅首次面向重点客源地召开的冬季文化旅游推介会。现场通过冰雪美景、冰雪艺术、冰雪游乐、冰雪美食、冰雪民俗、非遗文化等多方面的展示，展现了黑龙江省冰雪文化和艺术文化相融合的独特魅力。

"北国好风光　尽在黑龙江"，黑龙江省拥有莽莽千里的大森林、广袤的大湿地、烟波浩渺的大界江、纯净天然的大湖泊和冰清玉洁的大冰雪。黑龙江省四季分明，凉爽夏季怡人，冰爽冬季诱人，四季美景各不同。

推介会上，黑龙江省文化和旅游厅党组书记、厅长张丽娜，北京市文化和旅游局副巡视员邹伟南等领导和嘉宾为黑龙江旅游新品牌"北国好风光　尽在黑龙江"LOGO揭幕。全新"北国好风光　尽在黑龙江"旅游品牌LOGO，选用纵横驰骋、笔墨潇洒淋漓的书法体，十个大字与黑龙江大森林、大界江、大冰雪、大湿地、大农业等资源的磅礴气势相得益彰。

据悉，为丰富2018年冬季旅游产品供给，黑龙江省围绕北、中、西、东区域旅游资源特征，打造了"冰天雪地黑龙江——神州北极""冰天雪地黑龙江——火山森林""冰天雪地黑龙江——鹤舞雪原""冰天雪地黑龙江——大美雪乡"四条精品线路，以及"冰天雪地黑龙江——冰雪明珠"哈尔滨城市游，满足康养、研学、亲子等不同出行需求，并覆盖多个年龄段客群。

2018 年冬，黑龙江省各市地旅游部门和景区推出了 343 项亮点活动，包括民俗活动、特色节庆、冰雪体育赛事等。而"冰天雪地黑龙江"定制游十余条特色线路产品则能满足游客的个性化需求。此外，从 11 月 15 日开始至 2019 年 4 月 30 日，黑龙江省 83 个演出团体将陆续在全省演出 4000 余场精彩纷呈的文艺表演。黑龙江省重点景区、酒店还推出了系列惠民优惠措施。

本次推介会上，黑龙江籍冬奥冠军杨扬和张虹作为特邀嘉宾，现场推介家乡冬季文旅资源。她们不仅声情并茂地推介了黑龙江的冬季文化旅游资源，还向世界友人发出盛情邀请。

资料来源：http：//travel. cnr. cn/list/20181207/t20181207_524443467. shtm。

思考：什么是旅游目的地的品牌和形象？在现代旅游业激烈的竞争环境中如何使目的地的品牌与形象能够脱颖而出？

第一节　旅游目的地品牌与形象化的研究状况

随着旅游市场竞争日益激烈，旅游目的地品牌与形象的塑造和营销已经成为旅游行业和政府共同关注的对象，因为它既有利于提升目的地的形象，又有利于推动目的地的经济发展。

一、国外旅游目的地品牌化与形象化的发展历程

国外旅游目的地形象研究始于 20 世纪 70 年代，美国的亨特（J. D. Hunt）在其 1971 年的博士论文《形象——旅游发展的一个因素》中，研究了开发旅游目的地形象的意义，他认为旅游形象是外界作用于人脑所形成的意识，是旅游者进行旅游决策过程中的决定因素之一[1]。同期的 Mayo 也提出了旅游目的地形象的概念，他认为游客在旅游活动过程中，会将感觉中的形象与现实中的实体进行相比，并对原始印象进行修正，然后产生对旅游地的印象。可以说，早期对旅游地形象概念的研究是从旅游者对旅游目的地感知着手建立的。1979 年布列顿运用地理学探讨旅游目的地形象，他认为游客所追求的是现实形象而不是地理形象。进入 20 世纪 80 年代，旅游目的地开始进行形象建设以吸引旅游者。随着计算机技术的发展和普及，20 世纪 90 年代，不少学者开始使用数理统计方法，研究影响旅游目的地形象的各个因子，结合心理学、社会学、市场学等学科理论，综合分析旅游目的地形象的建设和效应，取得了阶段性的成果。

---

[1]　Hunt J D. Image—A Factor inTourism [D]. Fort Collins：Colorado State University, 1971.

在国外的营销学文献中，最早关于品牌化的文章出现在 1942 年①，第一篇真正关注旅游目的地品牌化的学术文章是 1998 年多森（Dosen）、弗兰赛维克（Vransevic）和普雷贝扎克（Prebezac）对克罗地亚品牌的分析②，2002 年，普里查德和摩根发表了第一篇旅游目的地案例研究文章，探讨了威尔士的品牌战略发展③。在旅游目的地品牌化研究的发展历程中有四个事件具有重要意义。第一个事件是 1997 年在美国迈阿密举行的美国营销科学会议（AMS），大会设置了一个专门的论坛讨论"旅游目的地品牌化"这一主题，这是迄今为止所知最早的、与旅游目的地品牌化研究有关的国际性会议④。会议达成共识，围绕旅游目的地品牌化这一主题存在着大量需要认知的学术性和实务性问题。此后，关于旅游目的地品牌化的研究逐渐进入更多学者的视野。第二个事件是 1998 年举行的旅行和旅游研究协会（TTRA）第 29 届年会，年会主题是"旅行市场品牌化"，年会探讨了多个旅游目的地实施品牌化发展的案例，推进了学界和业界对旅游领域出现的品牌化问题的重视。第三个事件是在国际旅游研究和实务领域都具有一定学术影响力的《度假研究期刊》（Journal of Vacation Marketing）1999 年出版"旅游目的地品牌化"专刊，表明了对这一主题的重视。此后关于旅游目的地品牌化的研究成为旅游目的地营销研究领域一个新的增长点。第四个事件是 2005 年在澳门召开的旅游目的地品牌化和营销会议（Connie，2007），参会者包括国际上旅游目的地品牌化研究的领军人物 Morrison 等，Morrison 担任大会名誉主席。Morrison 在发言中认为，旅游目的地品牌化是当前旅游研究中热门的领域之一（Connie，2007）⑤。这四个事件助推"旅游目的地品牌化"成为旅游目的地营销研究中的一个重要领域。近年来，国外有关旅游目的地品牌化的研究在逐渐升温⑥。人们对这一领域研究的日渐重视有着多方面的原因：很多学者都预言，未来的市场营销将是"品牌之战"（"Battle of Brands"）⑦，而旅游目的地作为最大的品牌正在出现；随着全球化的发展，很多旅游目的地的雷同化程度都在增加；而且随着竞争的加剧，连一些久负盛名的旅游目的地也在"为生存而苦斗"⑧。

国外旅游目的地主要是通过运用品牌营销理论，塑造国家形象，继而到各大城市进行城市旅游品牌的打造。早期，日本和德国借助国家经济的快速发展，在国际上提升了国家形象，进而为打造本国旅游品牌起到了很好的推动作用。作为全球第一大旅游国，西班牙除了把旅游业列为该国的支柱产业外，还重视对其国家旅游品牌与形象的管理与经营，重点宣传 SUN（太阳）、SEA（大海）、SAND（沙滩）>"3S"核心旅游产品，推广休闲享

① Guest L P. The Genesis of Brand Awareness [J]. Journal of Applied Psychology, 1942, 26 (6)：800-808.

② Dosen D O, Vranesevic T, Prebezac D. The Importance of Branding in the Development of Marketing Strategy of Croatia as Tourist Destination [J]. Acta Turistica, 1998, 10 (2)：93-182.

③ Morgan N, Pritchard A, Piggott R. New Zealand, 100% Pure. The Creation of a Powerful Niche Destination Brand [J]. Journal of Brand Management, 2002, 9 (4)：335-354.

④ Gnotha J. Branding Tourism Destinations [J]. Annals of Tourism Research, 1998, 25 (3)：758-760.

⑤ Connie L. International Conference on Destination Branding and Management [J]. Tourism Management, 2007, 28 (2)：630-631.

⑥ Goeldner R C, Ritchie J R B. Tourism：Principles, Practices, Philosophies [M]. Hoboken, NJ：Wiley, 2006.

⑦ Chernatony D L. Categorizing Brands：Evolutionary Processes Underpinned by Two Key Dimensions [J]. Journal of Marketing Management, 1993, 9 (3)：173-188.

⑧ 帕洛格. 旅游市场营销实论 [M]. 李天元，李曼，译. 天津：南开大学出版社, 2007.

受式旅游，得到越来越多生活在压力下的人们的喜爱。借助 1992 年第 25 届奥运会在巴塞罗那举办，更是进一步提升了西班牙在全球的知名度，极大地促进了西班牙旅游业的发展。这之后，澳大利亚和新西兰等旅游目的地国家也积极效仿西班牙进行国家旅游目的地品牌形象的塑造，推进国家旅游目的地品牌形象的整体营销。在各国积极塑造和管理旅游品牌和形象的过程中，各大城市也开始了对城市旅游品牌打造的探索。20 世纪 90 年代初，Kotler 等（2003）提出了"城市营销"理论，指导许多城市通过对城市品牌的建设①和推销，树立良好的旅游品牌形象，增强城市的竞争实力。

国外对于旅游目的地品牌与形象的研究最初主要是案例研究，进而借鉴一般市场营销学的概念和方法，然后才渐渐开始真正从旅游目的地出发，运用定量分析方法，推进旅游目的地的品牌化和形象化的研究。

二、国内旅游目的地品牌化与形象化的发展历程

20 世纪 90 年代，我国开始了对旅游目的地形象与品牌的研究，起步较晚，与国外研究差距较大。在旅游目的地形象方面研究的内容主要涉及旅游目的地形象的概念、行程、生命周期和评价等方面。国内学者陈传康和王新军（1996）较早地将企业识别系统（CIS）引入旅游规划中，提出通过理念识别、行为识别和视觉识别策划旅游目的地形象②。我国第一本专门研究旅游形象的书籍是李蕾蕾（1999）在其博士论文基础上纂写的《旅游目的地形象策划：理论与实务》③。黄震方等（2002）将目的地形象测量方法分为"结构法"和"非结构法"两类，并且认为"就体现目的地的独特性和整体构成而言，'非结构法'更为有效"，继而采用这种方法对南京的旅游形象进行了测量④。我国对于旅游目的地品牌的研究最早开始于旅游品牌研究。李树民（2002）提出旅游品牌的概念、设计要求和品牌构建的途径等。张颖（2003）以新西兰和重庆为例，描述了旅游目的地品牌化过程，并探讨了旅游目的地品牌如何延伸。梁涛强调了对旅游品牌的规划、投资和管理。冷志明则提出在旅游品牌定位中，应按照科学规划、征求意见、品牌确定和开展宣传的程序进行⑤。李天元和曲颖（2010）分析了定位口号在旅游目的地品牌管理中的作用，并建立评价标准⑥。张定东（2009）指出建设旅游品牌的必要性，阐述了南宁市建设旅游强市的条件优势，指出南宁市建设旅游品牌必须根据自身的实际情况，走民族特色之路⑦。阳国亮、梁继（2010）重点对桂林旅游品牌在竞争中的优劣势及在竞争评价中从旅游地品牌的市场能力、管理能力及基础能力几个方面研究桂林旅游地品牌的市场竞争态势，并主

① 菲利普·科特勒著. 战略品牌管理 [M]. 李仍和，等译. 北京：中国人民大学出版社，2003.
② 陈传康，王新军. 神仙世界与泰山文化旅游城的形象策划（CI）[J]. 旅游学刊，1996（1）：48-52.
③ 李蕾蕾. 旅游目的地形象策划：理论与实务 [M]. 广州：广东旅游出版社，1999.
④ 黄震方，李想，高宇轩. 旅游目的地形象的测量与分析——以南京为例 [J]. 南开管理评论，2002（3）：69-73.
⑤ 冷志明. 旅游目的地品牌研究 [J]. 边疆经济与文化，2005（12）：1-4.
⑥ 李天元，曲颖. 旅游目的地定位主题口号设计若干基本问题的探讨——基于品牌要素视角的分析 [J]. 人文地理，2010（3）：114-119.
⑦ 张定东. 大力推进旅游品牌建设，提升南宁旅游业竞争力 [J]. 中共南宁市委党校学报，2009，22（2）：41-44.

要从文化特色、旅游管理、产品开发方面提出提升竞争力的策略①。

中国从 20 世纪 80 年代起就陆续展开了旅游城市品牌形象塑造和管理的实践活动，在全国范围内掀起了"中国十大风景名胜区""中国优秀旅游城市"等评选，这些评选都提高了旅游城市和旅游景区的知名度，有力地促进了旅游目的地品牌的塑造和管理。西双版纳打出了自己的四大旅游品牌"西双版纳""贝叶文化""村落文化"和"勐泐故宫"；2007 年山东省打造"好客山东"的旅游品牌；2009 年杭州借助举办世界休闲博览会的契机推出杭州"东方休闲之都"的旅游品牌，这些旅游品牌和形象的推出，提高了当地作为优秀旅游城市的知名度，吸引了众多游客前往。2013 年，中国确立了"美丽中国之旅"的中国国家旅游形象标识，并大力开展了相应的国内国际推广活动。2013 年 10 月，由原中国国家旅游局与中央电视台联合主办的中国国际旅游品牌营销研讨会以"汇聚品牌力量，营销美丽中国"为主题，专家做了"全球化背景下国家旅游品牌建设"的主题发言，"从传统媒体与网络媒体竞合发展进行了目的地营销新变革"的实战案例分析，并发布了"旅游目的地品牌的全球认知"的权威调研报告②。

国内对于旅游形象的研究更多地在实践应用方面，理论方面比较少，主要关注旅游目的地形象的策划、设计和推广等方面，很少探讨品牌和形象理论的相关问题，业内尚未形成统一、权威的旅游目的地形象策划评价体系。今后对于国内旅游目的地品牌与形象的研究，还应该注意从旅游目的地与旅游者两个角度来把握相关概念；在研究的深度、实证与定量结合方面还有待于进一步深化；建立健全旅游目的地品牌与形象的评价机制，有利于旅游目的地制定更有效的市场营销策略。

第二节 旅游目的地形象、定位与品牌化

当前旅游目的地之间的竞争日趋激烈，为了取得竞争优势，旅游目的地形象、定位和品牌化成为最受关注的三个关键词。这三者之间既存在着内在逻辑关联，又相互区别，本书将对三者间的关系进行剖析。

一、旅游目的地形象的概念及其特点

把握旅游目的地形象的概念和特点有利于更好地学习和理解目的地的形象、定位。

（一）旅游目的地形象的概念

目前对旅游目的地形象的概念还没有统一的界定，但归纳起来主要从旅游地和旅游者角度对其进行概念的界定。大部分学者是从旅游者的角度定义旅游目的地形象的，早期的

---

① 阳国亮，梁继. 桂林旅游品牌竞争力的评价及提升对策研究 [J]. 改革与战略，2010, 26 (1)：135-137.
② 汇聚品牌力量，营销美丽中国："第五届中国国际旅游品牌营销研讨会"旅交会前夕举行 [EB/OL]. [2013-10-18]. http：// travel. gmw. cn/2013-10/18/content_9217054. htm.

学者主要是对"旅游形象""目的地形象"进行界定。Crompton（1979）认为旅游目的地形象是一个人对目的地信念、想法和印象的总和[①]。Lawson Baud-bovy（1977）提出旅游目的地形象就是个体或者群体对特定客体或目的地的所有知识、印象、偏见及情感思想的表达[②]；1991年，王克坚在其主编的《旅游辞典》中提出旅游目的地形象是旅游者对某一旅游接待地总体服务的看法和评价；保继刚等（1993）认为，人们在进行旅游决策过程中收集到的信息，在脑中形成对目的地的整体印象，这个印象就是旅游目的地的形象[③]。Alhemoud和Armstrong（1996）提出旅游者在进行旅游经历之前对目的地的期望就是目的地形象[④]；李蕾蕾（1999）认为旅游形象就是旅游者对旅游地信息处理的过程和结果[⑤]。谢朝武和黄远水（2002）提出了旅游目的地形象包括旅游地传播形象（即目的地发射形象）和旅游地感知形象（旅游者接受形象）[⑥]；白凯（2009）在总结分析1971~2003年国际期刊旅游目的地形象研究后指出，旅游目的地形象多从心理学角度加以分析，学者普遍认为旅游目的地形象是个体对目的地的一种"印象"[⑦]。

一些学者提出旅游目的地形象结构包括三个部分：认知形象、情感形象和总体形象。认知形象（Perception/Cognitive Image）是指形象主体对目的地各种属性的信念和知识。Lee等（2005）用19个项目测量2002年韩国举办世界杯后作为旅游目的地的认知形象[⑧]，Cai等（2007）基于目的地属性形象研究了入境旅游者对黑龙江省的形象感知[⑨]。情感形象（Affective Image）是对目的地各种属性的情感反应，一般用语意差异量表来测量。近年来，目的地形象的"认知—情感"结构模型被越来越多地运用于目的地形象研究。Baloglu和McCleary（1999）在其目的地形象形成模型的研究中使用了认知形象、情感形象和总体形象的结构模式，他们在回顾环境心理学和地理学的相关研究后指出，人们对环境和地方既有认知反应，又有情感反应，两者既相互区别，又相互联系[⑩]。Baloglu和McCleary的研究被部分国内学者认同，张宏梅等（2006）关于距离对目的地形象影响的研

① Crompton J L. An Assessment of the Image of Mexico as a Vacation Destination and the Influence of Geographical Location upon that Image [J]. Journal of Travel Research , 1979, 17 (1)：18-23.

② Lawson F, Baud-Bovy M. Tourism and Recreational Development [J]. 1977. 转引自 Baloglu S, MoCleary K W. A Model of Destination Lmage Formation [J]. Annals of Tourism Research, 1999, 26 (4)：868-897.

③ 保继刚, 楚义芳, 彭华. 旅游地理学 [M]. 北京：高等教育出版社, 1993.

④ Alhemoud A M, Armstrong A G, Image of Tourism Atlractions in Kuwait [J]. Journal of Travel Research, 1996, 34 (4)：76-80.

⑤ 李蕾蕾. 人—人感知系统：旅游地形象设计新领域 [J]. 人文地理, 1999：10-14.

⑥ 谢朝武, 黄远水. 论旅游地形象策划的参与型组织模型 [J]. 旅游学刊, 2002 (2)：6-67.

⑦ 白凯. 旅游目的地意象定位研究述评——基于心理学视角的分析 [J]. 旅游科学, 2009, 23 (2)：9-15.

⑧ Lee C K, Lee Y K, Lee B K. Korea's Destination Image formed by the 2002 World Cup [J]. Annals of Tourism Research, 2005, 32 (4)：839-858.

⑨ Cai L A, Qiu H, Li G. Towards a Competitive Destination Brand in a Mass Market [J]. Tourism Analysis, 2007, 12 (5-6)：463-471.

⑩ Baloglu S, McCleary K W. A Model of Destination Image Formation [J]. Annals of Tourism Research, 1999, 26 (4)：868-897.

究①、杨永德等（2007）对阳朔旅游形象的测量研究②、程圩和隋丽娜（2007）关于长三角居民对韩国旅游形象感知研究③等均以该结构模型为理论依据。Martin 和 Rodriguez（2008）用二阶因子结构模型证明了目的地形象包括认知和情感两部分，并认为同时分析认知和情感成分有利于更好地理解目的地形象④。Cai 等（2004）研究旅游目的地形象与游客忠诚度的关系时，发现情感形象对游客忠诚度和目的地选择行为有更显著的影响⑤。Bigne 等（2001）认为总体形象大于部分之和，对总体形象的测量不能用认知形象和情感形象测量的平均值或总和，因为均值或总和不足以测量总体形象⑥。

本书在前人研究的基础上，提出旅游目的地形象的概念：旅游目的地塑造并让旅游者产生对旅游目的地的属性认知和感情接纳的综合反映。这里旅游目的地形象包括认知形象和情感形象，认知形象主要是基于旅游者对旅游目的地属性的认识，而情感形象则是旅游者对旅游目的地的一种感情。

（二）旅游目的地形象的特点

旅游目的地的形象具有多重特点。

1. 偏差性和片面性

旅游者在前往旅游目的地之前，对目的地的形象有一个提前的判断，但是在实际游览过程中，旅游目的地与最初的感知有一定的差距，这就是偏差性。这样的偏差性在旅游者脑海中形成的旅游目的地形象是不完整的，不能客观、全面反映目的地的形象，常常带有片面性。

2. 持久性和恒常性

人们一旦在脑海中形成对旅游目的地的形象，将持续相当长的一段时间，不容易改变，除非出现重大事件或者亲临体验；否则，这一形象在很长时间里将难以发生变化。

3. 可感知性和转换性

旅游者从产生旅游动机、选择旅游目的地、做出旅游决策到完成旅游行程，总是以自己的知觉、需求和认识等对旅游目的地做出总体的感知和评价，在一定的条件下，这种感知和评价会发生转换。

二、旅游目的地形象定位

旅游市场的竞争越来越表现为旅游品牌的竞争，而对旅游地品牌的准确定位将有利于

---

① 张宏梅，陆林，章锦河. 感知距离对旅游目的地之形象影响的分析——以五大旅游客源城市游客对苏州周庄旅游形象的感知为例 [J]. 人文地理，2006，21（5）：25-30.

② 杨永德，白丽明，苏振. 旅游目的地形象的结构化与非结构化比较研究——以阳朔旅游形象测量分析为例 [J]. 旅游学刊，2007（4）：53-57.

③ 程圩，隋丽娜. 旅游形象感知模型及其应用研究——以长三角居民对韩国旅游形象感知为例 [J]. 旅游科学，2007，21（1）：7-12.

④ Martin H S, Rodriguez I A. Exploring the Cognitive—Affective Nature of Destination Image and the Role of Psychological Factors in its Formation [J]. Tourism Management，2008，29（2）：263-277.

⑤ Cai L A, Wu Bihu, Bai B. Destination Image and Loyalty [J]. Tourism Review International，2004，7（3-4）：153-162.

⑥ Bigne J E, Sanchez M I, Sanchez J. Tourism Image, Evaluation Variables and after Purchasebehaviour: Inter-Relationship [J]. Tourism Management，2001，22（6）：607-616.

品牌的推广，并在竞争中处于优势地位。为了能够使旅游消费者感知该地与众不同，"大多数旅游目的地都需要重新评价和改进其传统的组织和营销方法，以便能够在 21 世纪中实现生存和成功发展。"①

定位是市场营销的一种战略，最早在 20 世纪 60 年代被引入广告界②，20 世纪 70 年代在市场营销领域开始了对"定位"的研究，到目前为止其最常被引述的定义为拉夫劳客（Lovelock）于 1991 年提出的："建立并维持一个企业或其产品在市场中的独特地位的过程。""无论是旅游目的地还是旅游企业，如果忽视对定位战略的选择，则无法应对诸多强大品牌的竞争，因为定位不当将难以引发需求，定位模糊将会使其特色不明，而缺乏定位则会致使自己难以为市场所认知。"③ 旅游目的地的定位也是通过开展市场调研，确定旅游目的地以不同于竞争对手的方式满足旅游者的需求，从而确立优势地位的过程。吴必虎和宋治清（2001）认为通过对地方性分析即地方的资源特色和文化背景的分析，以及对市场分析即公众对旅游地的认知和预期，在两方面分析的基础上进行旅游形象的定位④。韦文英和杨开忠（2004）认为区域形象定位就是确定区域应该具有的特征、风格和类型，确定提取哪些文化、历史等要素进行形象设计⑤。在当今世界上被大多数人认可的旅游目的地定位的界定是由享有"目的地博士"（Dr. Destination）之雅号的著名学者普洛格（Plog）提出的，他认为旅游目的地定位就是确定某一产品或服务的重要品质，从而能够以有意义的方式向消费者展现其有别于竞争产品或服务的特色。简单地讲就是，对于你所提供的各种利益，你的目标市场最应牢记的是哪些品质⑥。

就旅游目的地的定位而言，长期以来，梅奥和贾维斯（Mayo and Jarvis）所提出的目的地吸引力决定论一直被人们用作理解旅游目的地定位的基础。他们指出，一个旅游目的地的吸引力"不仅与旅游者所希冀的特定利益有很大的关系，而且与该目的地实际交付这些利益的能力也有很大的关系"⑦。Lee 等（2006）认为对旅游目的地进行科学、合理的定位不仅能为品牌化指明正确的方向，还有助于发挥旅游目的地的独特优势，避免出现同质化现象⑧。李天元（2007）认为随着旅游发展的标准化和全球化，旅游目的地之间的同质化现象日趋明显，急需通过定位使其从不同类型旅游目的地中形成独一无二的形象，因此差异化是旅游目的地品牌定位的首要原则⑨。

---

①　Middleton V T C. New Marketing Conditions，and the Strategic Advantages of Products Similar to Destination ［A］// P. Keller. Destination Marketing—Reports of the 48th AIEST Congress ［C］. 1998.

②　Trout J，Ries A. Positioning：Ten Years Later ［J］. Industrial Marketing，1979（7）：32.

③　Lovelock C. Service Marketing ［M］. EnglewoodCliffs，NJ：Prentice-Hall，1991.

④　吴必虎，宋治清. 一种区域旅游形象分析的技术程序 ［J］. 经济地理，2001（4）：496-499+512.

⑤　韦文英，杨开忠. 区域营销理论形象学派述评 ［J］. 改革与战略，2004（12）：74-76.

⑥　普洛格. 旅游市场营销实论 ［M］. 李天元，李曼，译. 天津：南开大学出版社，2007.

⑦　梅奥，贾维斯. 旅游心理学 ［M］. 南开大学旅游学系，译. 天津：南开大学出版社，1987.

⑧　Gyehee Lee，Liping A Cai. An Analysis of Brand-Building Elements in the US State Tourism Websites ［J］. Tourism Management，2006，27（5）：815-828.

⑨　李天元. 旅游目的定位研究中的几个理论问题 ［J］. 旅游科学，2007，21（4）：41-47.

三、旅游目的地品牌和旅游目的地品牌化的界定

在过去相当长的一段时间里，旅游目的地都着力对自己进行品牌与形象的打造和传播，随着旅游竞争越来越激烈，旅游目的地的竞争出现了一个新的工具——品牌化。

（一）旅游目的地品牌

市场上的产品同质化现象越来越严重，打造品牌成为产品突破重围的新的竞争力。随着旅游目的地之间差异性越来越小，竞争日益激烈，将市场营销中的品牌化战略引入到目的地中，是旅游目的地脱颖而出吸引旅游者前往的新途径，旅游目的地品牌化成为一个新的趋势。

1. 旅游目的地品牌的内涵

史蒂夫·亚斯特（Steve Yastrow）认为旅游目的地品牌是游客对旅游目的地的感知。杜阿尼·奈普（Dunae Knapp）认为旅游目的地品牌是游客对旅游目的地内在印象的积累。Blain 等（2005）认为旅游目的地品牌是一系列市场营销活动的集合，亦即通过创建名称、标志、徽标、文字标识或者其他图表，以区分和识别旅游目的地；始终如一地传递与旅游目的地相连的令人难忘的旅游经历的预期；巩固和强化旅游目的地与旅游者之间的情感联系；减少旅游者的搜寻成本，以降低风险①。Busser 和 Soyoung Boo（2009）认为旅游目的地品牌是用于区别竞争者差异性特征的集合②。20 世纪 90 年代，国内开始了对旅游目的地品牌的研究。蔡善柱（2004）认为，旅游品牌是指旅游经营者凭借其产品及服务确立的代表其产品及服务的名称、标记、符号，或它们的相互组合，是企业品牌和产品品牌的统一体，它体现着旅游产品的个性及消费者对此的高度认同。傅云新（2005）认为旅游目的地品牌应该包括公共品牌和企业品牌两种，公共品牌属于旅游地共享，而非属于某一旅游企业，称之为旅游地品牌③。母泽亮（2006）认为旅游目的地品牌至少包含三层含义：旅游目的地品牌是一种标志；旅游目的地品牌是旅游者心中被唤起的情感、想法和感觉的总和；旅游目的地品牌是旅游目的地与旅游者之间的一种契约，一种对情感、品位和品质的长期承诺④。张文娟（2010）认为旅游目的地品牌是游客通过品牌名称和标识对旅游目的地整体形象的联想和感知，代表着旅游目的地的品质和美好的联想⑤。高静和焦勇兵（2014）从品牌个性的角度提出了旅游品牌差异化定位⑥，为旅游目的地品牌研究提供了一种崭新的视角和方法。

旅游目的地品牌有广义和狭义之分。广义的旅游目的地品牌包括旅游目的地旅游产品

① Blain C，Levy S E. Destination Branding：Insights and Practices from Destination Management Organizations［J］. Journal of Travel Research，2005，43（4）：328-338.

② Busser J，Boo S. A Model of Customer-Based Brand Equity and Its Application to Multiple Destinations［J］. Tourism Management，2009，30（2）：219-231.

③ 傅云新. 试论旅游地品牌定位与定位强化［J］. 商业时代，2005（27）：88-90.

④ 母泽亮. 旅游目的地品牌系统建设研究［J］. 中国市场，2006（36）：14-15.

⑤ 张文娟. 基于区域整体利益的旅游目的地品牌营销研究［D］. 武汉：武汉大学，2010.

⑥ 高静，焦勇兵. 旅游目的地品牌差异化定位研究——基于品牌个性视角［J］. 旅游学刊，2014（3）：49-57.

的品牌、旅游企业的品牌、旅游地形象品牌等。狭义的旅游目的地品牌是某一项旅游产品的品牌。本书给旅游目的地品牌的定义：旅游目的地品牌是能激起旅游者对旅游区域消费动机和情感的总和，它是旅游者对目的地的总体认知，能吸引旅游者到来，并给当地带来社会效益和经济效益。

2. 旅游目的地品牌与旅游形象的区别与联系

旅游目的地品牌和旅游目的地形象既紧密联系又相互区别。旅游目的地形象是旅游目的地品牌的心理载体，树立形象的过程同时也是建设品牌的过程，但旅游形象并不等同于旅游目的地品牌。旅游形象是旅游目的地的识别标志，是旅游者对旅游目的地特点认知而形成的印象和评价。

旅游目的地形象的形成过程是自然的、被动的过程，旅游形象褒贬不一，因人而异。旅游目的地品牌与旅游要素建设相关联，是各旅游要素抽象出来的综合特色，旅游地品牌可以主动打造。

(二) 旅游目的地品牌化

随着市场竞争日益加剧，越来越多的企业开始注重对品牌的建设与强化。旅游目的地市场激烈的竞争，也使得旅游目的地的营销人员开始重视旅游品牌的竞争，品牌化也开始进入旅游目的地的管理工作中。

1. 旅游目的地品牌化的定义

旅游目的地定位只是从理念上对自我形象进行定位，这个形象的实现需要必要的一步即旅游目的地品牌化。目的地品牌化是将旅游目的地战略目标形象差异化与个性化的过程，其实质就是一系列的市场营销活动。1942 年在关于营销学的文献中第一次出现了有关品牌化的文章，1998 年在对克罗地亚品牌进行分析的文章中第一次提及了旅游目的地品牌化。20 世纪 90 年代品牌化被引入旅游目的地的研究中，相对于目的地形象，这一概念还比较新，有关的研究还比较少，正如 Cai 所言 "目的地形象问题已被广泛地研究了，但对于品牌化的研究还很少"[1]。国外以案例研究为主，包括旅游目的地品牌化概念、品牌的传播、品牌的管理和品牌的评估等方面。

近年来，国内外学者开始关注对旅游目的地品牌的研究，他们对目的地品牌化的定义见表 3-1。

表 3-1　目的地品牌化定义

学者	观点
尼克森和莫西 （Nickerson & Moisey，1999）	目的地品牌化是旅游者所持有的目的地形象以及旅游者的目的地形象之间的关系
蔡利平（2002）	目的地品牌化就是通过正面形象打造认知和区别一个目的地的一致品牌要素的选择和战略组合

---

① Cai L A. Cooperative Branding for Rural Destinations [J]. Annals of Tourism Research，2002，29（3）：720-742.

续表

学者	观 点
卡普兰道和沃格特 （Kaplanidou & Vogt，2010）	目的地品牌化就是把一个地方的所有特质属性合并在一个概念下，从而表达一个独特的目的地身份和个性，进而区别于竞争
汉金森 （Hankinson，2004）	目的地品牌是一种关系，这种关系为目的地形象和消费者自我形象的匹配，品牌和消费者的匹配，消费者需求和品牌象征价值和功能属性的匹配
布莱恩等 （Blain et al.，2005）	目的地品牌化是一系列市场营销活动。具体有四个方面的主要目标：支持创造旨在识别并使目的地差异化的名称、符号、标识、文字或图形标志等；一致的传达与目的地独特相连的、值得记忆的旅游体验期望；巩固和强化旅游者与目的地之间的情感联系；降低旅游者的搜寻成本和感知风险
布和布赛尔 （Sououng Boo & Busser，2009）	目的地品牌是目的地用于区别于竞争者的差异性特征的集合

资料来源：郭永锐，陶犁，冯斌. 国外旅游目的地品牌研究综述［J］. 人文地理，2011，26（3）：147-153.

至今行业内公认的关于旅游目的地品牌化的界定由 Blain（2005）提出，Blain 认为旅游目的地品牌化是一系列市场营销活动的集合，即通过创建名称、标志、徽标、文字标识或者其他图表，以识别和区分旅游目的地；始终如一地传递与旅游目的地相连的令人难忘的旅游经历的预期；巩固和强化旅游目的地与旅游者之间的情感联系；减少旅游者的搜寻成本，降低风险①。蔡利平定义目的地品牌化为"通过积极的品牌塑造来选择一系列的要素组合，以识别和凸显目的地形象"，并梳理对比了加特纳的形象三成分和凯勒的品牌联想三成分，目的地品牌化发挥着"通报器"，旅游者心目中的品牌形象、品牌资产"价值提升器"，品牌个性等主要功能。

可以说旅游目的地品牌化是一系列致力于目的地品牌打造的市场营销活动的代称，它与目的地定位一样，属于目的地形象树立的前期工作。如今，这一概念正越来越多地被全球的旅游目的地所采纳，近年来也得到国内许多旅游目的地的重视，但相关研究多见于国外文献，国内研究则逐年增多，对许多目的地品牌化基本问题的认识仍处于探讨阶段，有待进一步深入研究。旅游目的地品牌化的学术研究仍是一个新兴的研究领域，研究路线和框架体系尚未形成②，研究内容日益深化和完善。国外旅游目的地品牌化研究以案例研究为主，对基础理论的探讨较少，主要集中于品牌化概念、品牌构建、品牌传播、品牌管理、品牌评估等几方面。

2. 旅游目的地品牌与品牌化的区别与联系

从旅游目的地品牌与旅游目的地品牌化的定义可以看出，品牌是使自己产品和服务区别于他人的标志元素，包括名称、术语、标识、符号等，是企业拥有的一种无形资产。旅游目的地品牌化是一系列市场营销及公共关系活动，是建立品牌和有效管理品牌资产的过

---

① Blain C. Destination Branding: Insights and Practises from Destination Management Organizations［J］. Journal of Travel Research，2005，43（4）：328-338.

② Morgan N，Pritchard A. Meeting the Destination Branding Challenge［A］//Morgan N，Pritchard A，Pride R. Destination Branding-Creating the Unique Destination Proposition［C］. Oxford：Butter-worth-Heinemann，2004.

程，是赋予产品和服务一种特有的品质的动态过程。品牌化更是旅游目的地营销的战略目标，品牌定位则是实现这一战略目标的前提。目的地建立和维持品牌个性要注意与消费者保持一定的相关性，目的地品牌定位不仅要识别目的地的独特要素，创造有吸引力的品牌个性，更要注重与消费者之间建立和保持情感联系，需要遵循目的地利益相关者合作、品牌与目的地价值一致、品牌战略清晰定位于目标市场、支持目的地发展愿景等品牌化原则①。

四、旅游目的地形象、定位和品牌的关系

旅游目的地形象、定位和品牌存在着一种逻辑联系（见图 3-1）：旅游目的地定位为旅游目的地品牌化提供了基础和前提，旅游目的地品牌是旅游目的地定位的补充，而旅游目的地定位和品牌化的最终目标在于塑造旅游目的地理想的形象。

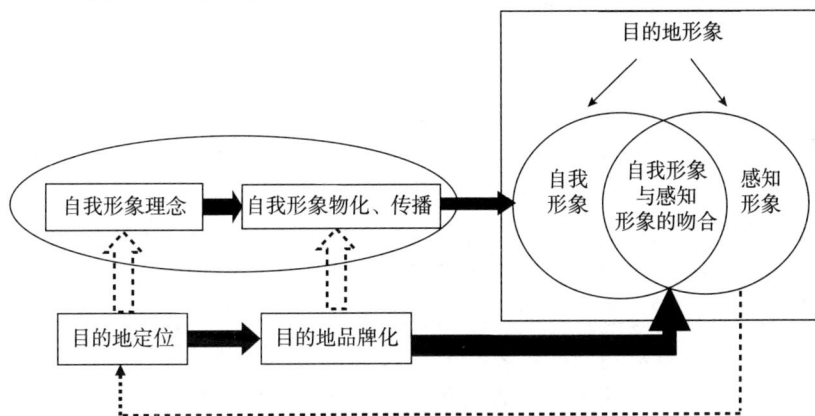

图 3-1　旅游目的地定位、品牌化与旅游目的地形象的关系模型

资料来源：高静. 旅游目的地形象、定位及品牌化：概念辨析与关系模型 [J]. 旅游学刊，2009（2）：26-30.

旅游目的地定位、品牌化将直接影响旅游目的地形象的积极呈现。根据旅游者对目的地的感知形象，定位旅游目的地的自我形象。通过对自我形象开展营销活动，即实施旅游目的地品牌化过程，树立旅游目的地的良好形象，旅游目的地树立的良好形象与旅游者心目中的感知形象越接近，旅游目的地的形象就越理想。

第三节　旅游目的地品牌与形象的构建

旅游目的地市场的竞争不再是价格的竞争而是如何赢得旅游者心智与情感的竞争，旅游目的地的竞争也由最初的单纯的旅游产品的竞争发展到品牌与形象竞争的阶段。

---

① Pike S. Destination Brand Positions of a Competitive Set of Near-Home Destinations [J]. Tourism Management，2009，30（2）：857-866.

一、旅游目的地品牌与形象的影响

旅游目的地品牌与形象的构建对于供需双方都将产生有益影响，对旅游目的地来说，将增强自身的特色性，强化消费者的忠诚性、增加相关利益者的收益，提高公众对旅游目的地的认知，赢得当地居民的积极参与，获得竞争优势。对旅游者来说，有利于降低选择目的地的成本，缩短决策等时间提高旅游的满足度，获取难忘的旅游经历。

二、旅游目的地品牌与形象的构建

在旅游目的地品牌与形象构建方面，旅游目的地形象构建的核心是对旅游目的地的定位，具体涉及目的地形象定位的目的、方法、原则、口号等。

（一）旅游目的地定位方法

就某一品牌而言，在消费者心目中所处的位置越高，消费者的购买意向则会越强。这一点已经被很多调研结果证实，人们在调研中发现，在不加任何提示的情况下，被调查者首先想到的那些旅游目的地往往会成为其优先选择的对象[①]。就某一旅游目的地而言，如果能够被旅游消费者在计划出游时首先想到，那么这肯定会形成一种优势来源。在这个意义上，旅游目的地定位工作的核心任务在于实现品牌出众，从而影响旅游消费者的选择决策。旅游目的地定位需要考虑三方面的因素，即本地文脉分析、竞争对手分析和目标市场分析。本地文脉分析是指对当地的自然环境、人文环境、历史文化、社会心理四要素进行分析，对当地而言最具决定性影响力的因素则是定位的主脉因素。竞争对手分析主要针对同质竞争者分析和异质竞争者分析。对于资源相似且地理位置相近的旅游目的地，建议进行整体定位，几个目的地捆绑合作，共同开拓市场，组成区域性整体旅游形象。例如，浙江的乌镇，江苏的周庄、同里形成一个水乡特色旅游圈共同吸引爱好江南水乡的游客。对于异质竞争者要实施错位定位，即寻求本地与其他旅游目的地相异的部分，在差异中形成特色，凸显自己的个性，才能在竞争中处于有利地位。

目前对于旅游目的地的定位方法比较多，较为流行的还有以下三种：

1. 比附定位

旅游目的地通过与人们心目中第一位的旅游目的地形象相比附，将自身定位于"第二位"的形象。如海南三亚的旅游目的地形象定位为"东方夏威夷"，宁夏回族自治区定位为"塞上江南"等。

2. 逆向定位

在定位时将旅游目的地定位于人们心目中第一位的旅游目的地形象的对立面或相反面，标新立异，在人们心中形成一个可以接受的形象。如在岭南城市的夏天人工造雪，开展冰雪旅游。

---

① Wilson C E. A Procedure for the Analysis of Consumer Decision Making [J]. Journal of Advertising Research, 1981 (2)：31-36.

3. 重新定位

旅游目的地形象经历产生、成长、成熟和衰落四个阶段，旅游目的地的形象不再适应旅游发展需求，在无法再产生影响力的情况下，通过重新定位，在旅游者心目中建立新形象，重新提升对旅游者的吸引力。例如，北京一直以悠久的历史文化古城的形象吸引游客，当大多数游客都已经对游故宫、长城产生腻烦心理后，北京推出了"新北京新奥运"的旅游目的地形象，奥运期间打造现代气息，以新的建筑和游览方式吸引旅游者重游北京，也吸引了从未到过北京的旅游者前往北京。

以战略的视角来审视旅游目的地形象定位工作，可以将其分为七个步骤，从环境扫描，到定位战略的制定和实施乃至监控（见表3-2）。

表3-2 战略视角下旅游目的地形象定位工作

步骤	内容
1	识别目标市场和旅游环境
2	识别目标市场和旅游环境的竞争情况
3	识别过去的旅游者和非旅游者的旅游动机和寻求的利益
4	识别对旅游目的地竞争情况中的优势和劣势的感知
5	对区分化的定位进行机会识别
6	选择并且执行定位战略
7	长时间对定位战略的实施表现进行监控

资料来源：Steven Pike. Destination Marketing Organizations ［M］. The Netherlands：Elsevier Ltd. , 2005.

（二）旅游目的地品牌设计

在目的地品牌化中，首先要对目标市场、目的地资源和主要竞争对手进行综合分析来确定定位思想，继而选择一系列品牌要素来传达该定位主题和相应的品牌本体形象。品牌要素形式多样，如名称、标识、包装、代言人、口号等。旅游目的地品牌设计就是对产品名称、主题口号、标志、商标、旅游目的地形象LOGO等进行设计。

一个成功的目的地定位主题口号能使潜在旅游消费者清晰、快捷地接收旅游目的地要传递的形象信息。在完成旅游目的地形象定位以后，如果当地没有口号的，就进行设计，设计时要注意与目的地名称紧密联系在一起，口号信息内容一定要与目的地切实相符，还要有利于目的地品牌战略的长期执行，旅游目的地在一定时期的传播中保持主题一致。口号信息内容要构成对游客的"卖点"，突出其"与众不同"之处，才能吸引旅游者前往。如中国香港的主题口号是"动感之都，购物天堂"，凸显了其作为现代化快节奏生活的都市风情，又突出了其作为免税区购物优惠的巨大吸引力。

旅游目的地商标是用于识别其他旅游目的地的图式设计，由旅游目的地应被感知的核心要素的视觉表现、商标熟悉度、商标设计、商标与旅游目的地之间的相似度四部分构成。

旅游目的地形象LOGO将旅游目的地具体的景点、节庆或者体验等元素通过特殊的标识固定下来，LOGO的设计主要包括字体、旅游目的地形象象征性图形等。如北京市旅游标志，就是以古建筑天坛和长城为基本素材，天坛图案为"北京"二字上下叠写的艺术形式。游客在看到这个 LOGO 的时候，就会联想到北京丰富的历史文物古迹。

（三）旅游目的地品牌传播

品牌传播即通过各种信息传播渠道与目标市场进行沟通，告知其旅游目的地所能够提供的、具有吸引力的特质。品牌传播的目标是在目标市场的心目中树立积极、鲜明而独特的旅游目的地形象。这一目标可以分解为以下两个目标：第一，使作为目标市场的旅游消费者能够通过品牌要素（名称）感知旅游目的地所提供的、与竞争对手不同的、符合自身需求的价值，即在心目中树立某种鲜明而积极的形象。第二，旅游消费者能够将这一形象与本旅游目的地相联系。品牌传播有多种方式可以选择，其中尤为有效且成本相对较低的当属整合营销传播这一方式；品牌传播有很多路径，包括旅博会、抖音、自媒体等。对于负责品牌传播的机构而言，一方面需要与媒体（报纸、杂志、电视台等）合作，委托广告传播的具体工作；另一方面也可以通过自媒体、短视频等亲自开展品牌传播活动，但即使如此，也需要聘请专业的商业机构负责相关的策划及具体工作。

广告宣传主要是借助媒体或者自己制作媒体进行公开宣传，以达到影响潜在旅游者的行为，旨在促使他们来目的地开展旅游活动。广告宣传可供选择的媒体包括报纸、杂志、广播、电视等。人员推广主要有旅游企业派遣自己的营销人员向潜在旅游者推销旅游产品或旅游服务。具体的方式可以是发放宣传册、电话推销、上门拜访等。公共关系是打造旅游目的地品牌与形象的最佳手段，通过召开新闻发布会、参加公益事业、开展专题公关活动等方式，帮助旅游目的地管理者和经营者与旅游者建立良好的客户关系，树立旅游目的地的良好形象。

传播途径：自媒体传播、广告传播、人际传播、销售传播。

传播方式：拍摄宣传片/纪录片、名人代言、抖音、自媒体赞助影视剧及综艺等。

（四）旅游目的地品牌与形象的管理

成功的旅游目的地品牌管理涉及四个关键的因素。

1. 利益相关者管理

旅游目的地实现品牌化需要利益相关者的共同推进，这些相关者包括旅游行政机构、旅游与接待业企业、当地居民及其他相关企业或组织。要实现对旅游目的地品牌与形象的管理，要将不同利益相关者的代表召集起来，共同制定对旅游目的地品牌与形象的规划，在一定程度上使相关者在利益获取上达成共识，建立长期合作关系。

2. 危机管理

旅游目的地面临着变化无常的外部环境，如恐怖袭击、疾病流行、自然灾害等事件都会给旅游目的地的接待带来沉重打击。旅游目的地对品牌与形象的危机管理就是指在品牌与形象的建设和管理过程中，对出现的危机进行预防和处理的活动。首先，旅游目的地管理部门要建立危机检测和预警机制，提高对危机的预见性，通过危机检测系统科学监控来自对旅游目的地品牌与形象的威胁。其次，树立旅游目的地品牌与形象危机意识。旅游目的地的管理人员和经营人员都应该尽量减少主观因素失误造成的危机，树立超前的危机意识才能减少失误。最后，积极处理发生的危机。一旦旅游目的地发生品牌与形象危机，应该在第一时间获得媒体的信任和支持，保证媒体和公众的知情权，化危机为契机，合理地处理好危机，提高旅游目的地在公众心中的美好形象。

3. 信息管理

信息管理不仅包括收集信息，还包括有效地利用信息健全品牌与形象的评估体系。对于旅游目的地品牌与形象的管理，信息管理主要包括两部分内容。一是向旅游者传递与目的地相关的信息，包括景区介绍、酒店预订、餐饮推荐、交通示意图等必要的旅游信息，这些信息必须"宽""精""快"，即信息涉及的面要宽、各种信息精心选择、动态信息更新快。二是收集旅游者对目的地的评价信息，充分利用填写满意度表、面对面交流访谈、邮件回访等方式，获得旅游者对目的地的第一手的体验认知。

4. 基于顾客体验价值的旅游目的地品牌管理

旅游目的地品牌能给顾客带来体验价值，是顾客体验价值的重要驱动因素之一。因此，旅游目的地品牌的建设和管理可以考虑围绕顾客体验价值而展开，顾客体验价值可以作为旅游目的地品牌管理的一种重要手段，皮平凡（2006）构建了一个基于顾客体验价值的旅游目的地品牌管理模型，如图3-2所示。

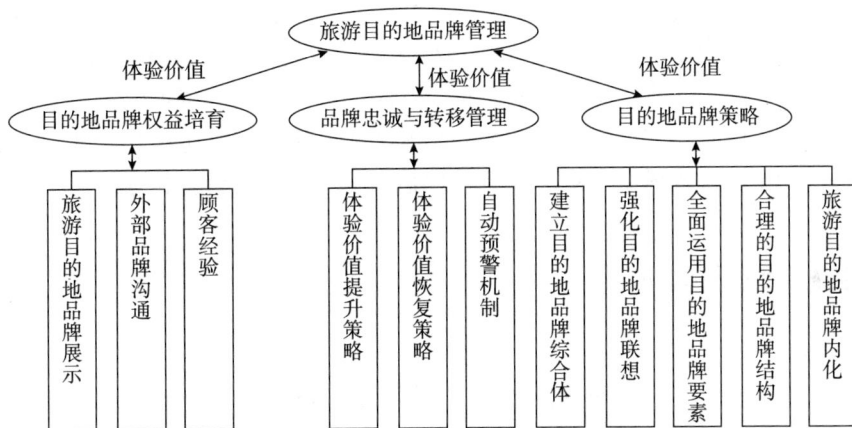

图3-2 基于顾客体验价值的旅游目的地品牌管理模型

资料来源：皮平凡. 基于顾客体验价值的旅游目的地品牌管理研究［J］. 开发研究，2016，183（2）：168-172.

三、旅游目的地品牌与形象的评估

将旅游目的地形象定位并进行品牌设计并向市场进行传播之后，还需要对旅游目的地的形象与品牌进行测量和评价，并根据实际收集的反馈情况对品牌与形象进行完善。

总体上看，旅游目的地形象的测量方法可分为结构法和非结构法。其中，结构法是通过选取不同的评价因子，运用标准工具，构建评价模型，采集被访者的评价来获取形象资料；非结构法是采用自由问卷记录被访者对目的地形象的描述[①]。黄震方等（2002）认为

---

① 臧德霞，黄洁. 国外旅游目的地形象研究综述——基于 Tourism Management 和 Annals of Tourism Research 近 10 年文献［J］. 旅游科学，2007，21（6）：12-19.

结构法可控性和直观性强，易于统计，但因受限于评价因子，难以反映个性特质；非结构法在对目的地形象的测评上更适合①。Li（2013）也认为结构式测量规定受访者只能在研究者给出的形象因子上对目的地做出评判，难以体现目的地的个性特征以及受访者对目的地的独特感受②。汪倩雯（2008）对国内旅游形象研究进行了综述，发现国内学者大多通过结构式问卷调查来获取形象数据，进而得到测评结果③。刘国华等（2010）指出，国内对目的地形象测量的研究尚处于起步阶段，以定性描述为主，定量研究较少，并且较少考虑测量工具的适宜性，导致测量结果不够准确④。王龙（2012）指出，国内学者对形象的测量主要围绕目的地的属性和文脉特征展开，强调对目的地客观、外在形象的测量⑤。正如王红国（2009）等认为，旅游形象的测评具有"只可意会难以言传"的特性，是旅游形象研究的难点⑥。就国内而言，著名学者对旅游目的地形象测量的研究成果不多，且多是对国外形象测量研究的综述。对旅游形象的测评多采用单一的测量方法，采用定性和定量相结合的测量方法较少。未来采用定性和定量相结合的方法，以及多学科方法交互使用是旅游目的地形象测评研究的趋势。

对于品牌的评估主要是对品牌绩效的测量和评价，由于目前尚未形成公认的测量指标，大部分学者都倾向于使用品牌资产（Brand Equity）来测定品牌绩效。通过理论回顾建立由不同评价维度构成的模型，然后通过实证对模型及各构成维度之间的关系进行验证。一般来说，基于消费者的品牌资产包括以下维度：品牌忠诚、感知质量、品牌形象、品牌显著性、品牌联想、品牌感知和品牌价值。不同维度对品牌资产的影响程度不同，彼此之间的关系也不同⑦。所以有关旅游目的地品牌与形象的评估还需要中外学者的进一步研究实践，以期早日出现科学客观、能有效评估品牌与形象的模型和方式。

拓展阅读及分析

"故宫以东" 区域旅游品牌

"故宫以东"是在文旅融合大背景下，北京市东城区文化和旅游局在区域旅游品牌构建和目的地形象打造方面的积极探索和新鲜尝试，是东城区全新推出的区域文化旅游目的地品牌。

2018年12月18日，在故宫博物院文创馆紫禁书院，北京市东城区旅游发展委员会召开"故宫以东"品牌分享会，标志着"故宫以东"区域旅游品牌正式推出，"故宫以东"的品牌内涵得到了业界广泛认同，平台"超链接"效应效果明显。东城有全北京1/3的文

---

① 黄震方，李想. 旅游目的地形象的认知与推广模式 [J]. 旅游学刊，2002，17（3）：65-70.
② Xiang（Robert）Li. 目的地形象研究 WEIRD 化及其在亚洲的适用性 [J]. 旅游学刊，2013，28（2）：20-22.
③ 汪倩雯. 国内旅游形象研究综述 [J]. 云南地理环境研究，2008，20（4）：122-126.
④ 刘国华，王红国. 旅游目的地形象测量：基于国外文献的研究 [J]. 旅游学刊，2010，25（6）：83-87.
⑤ 王龙. 旅游目的地形象测量内容的研究综述 [J]. 旅游科学，2012，26（4）：65-76.
⑥ 王红国，刘国华. 国外旅游目的地形象测量方法述评 [J]. 旅游科学，2009，23（6）：62-66.
⑦ 刘丽娟，李天元. 国外旅游目的地品牌化研究现状与分析 [J]. 人文地理，2012，124（2）：26-31.

物，有故宫、天坛等历史悠久的文化遗产旅游区；有前门、王府井、南锣鼓巷等文化商务休闲区；还有胡同、四合院、老字号、传统工艺等民俗文化体验项目。

自 2018 年底推出以来，包装了"我家住在紫禁城""夜行动物""小鬼当家""最佳视角"等主题产品，在深度梳理资源的基础上，通过品牌合作和授权，联合驻区企业先后策划了以深度体验传统文化为主题的"时间设计师带您 48 小时玩转北京"、促进传统文化活化利用的"体验匠心非遗项目"、彰显精品生活方式的"故宫以东下午茶"、以红色研学为主题的"梦想从故宫以东启航"、5 分钟文化艺术圈的"嘉德艺术品交易文化旅游季"等一批有主题、有特色的落地项目，注重从单一资源到综合资源、从单一业态到多种业态的资源整合，持续提升文化和旅游消费水平，让市民和游客有了真切的文化获得感。

故宫以东，以"和合文化"为品牌文化内核，创新区域文旅品牌的发展模式，以开放、包容、融合、创新的格局，打造成为东城文化旅游资源展示的平台、文商旅企业联动合作的平台、文化东城对外宣传的平台、文化艺术与百姓生活互动交流的平台，从价值理念、作用方式和保障机制等多个方面形成一种多方共赢的区域文旅更新方式，最终实现集传播价值、社会价值、经济价值于一体。

"故宫以东"是东城区开启文旅融合新大门的金钥匙，是东城区文化和旅游局在"四个中心"定位下再出发，东城区致力于打造良好的营商环境，支持驻区企业弘扬传统文化，充分结合现代人们消费需求和社交网络传播特质，在宣传资源和拉动消费的同时，以文兴旅，以旅彰文，落脚于商，使文商旅资源变成可看、可听、可走、可体验、可回味的生活方式，让世界感受历史文化与现代时尚之间的微妙平衡，体验政府对公共服务的建设与打磨，进而了解东城、读懂北京。

资料来源：故宫以东［EB/OL］.［2020-11-10］. https：//travel. ifeng. com/c/81HxILLX DmW.

分析：东城区是北京历史文化遗存富集区域，在此建立"故宫以东"旅游品牌十分必要。这不仅给消费者带来新的文旅体验，也是东城区旅游营销手段的升级。通过"故宫以东"品牌的开发，深度梳理了当地旅游资源，深挖资源的文化内涵，赋予古老的历史文化新的时代意义。让旅游者不再只是单纯观景、购物，而是获得更有代入感的旅游体验。真正做到了以文兴旅、以旅彰文、落脚于商，旅游目的地也将由此带来更多的收益。"故宫以东"旅游品牌的成功，可给其他旅游目的地品牌的建立带来一些示范与思考。但是在文旅品牌开发过程中，要对建立的品牌精准定位，与当地旅游资源深度结合，找到适合目的地形象的表达方式，不可照搬照抄。同时也要做好充分的市场调查，把握当下人们文旅消费的特征、具有的消费偏好，更好地建立目的地旅游品牌。

章后思考题

1. 什么是旅游目的地品牌？什么是目的地形象？品牌与形象有什么区别？
2. 旅游目的地形象有哪些特征？
3. 旅游目的地品牌的概念是什么？

4. 旅游目的地品牌与形象的管理内容包括哪些？

5. 如何构建目的地的品牌与形象？

6. 怎样评估旅游目的地品牌与形象？

7. 扩大旅游目的地品牌与形象影响力的方法有哪些？

8. 如何进行目的地品牌设计？

本章推荐阅读材料

[1] 保继刚. 旅游开发研究 [M]. 北京：科学出版社，2003.

[2] 凯文·莱恩·凯勒. 战略品牌管理 [M]. 李乃和，译. 北京：中国人民大学出版社，2003.

[3] 布哈里斯. 旅游电子商务 [M]. 马晓秋，张凌云，译. 北京：旅游教育出版社，2004.

[4] 胡抚生. 旅游目的地形象对游客推荐意愿、支付意愿的影响：以杭州为例 [M]. 北京：经济科学出版社，2010.

[5] 伍海琳. 城市旅游形象策划与提升研究 [M]. 上海：上海交通大学出版社，2011.

第四章
旅游目的地资源开发管理

本章PPT

📖 本章主要内容

本章主要介绍旅游目的地资源及其开发的基本概念，旅游目的地资源的基本特征、开发的原则，旅游资源开发的模式、程序，影响旅游目的地资源开发的因素，旅游资源的分级和保护措施，分析了旅游资源开发的发展趋势等。

读者主要应该掌握旅游目的地资源开发的含义、旅游资源的分级、旅游资源开发的发展方向等。

案例及思考

广西南丹：非遗与旅游联合开发

近年来，广西大力弘扬中华民族优秀传统文化，不断加强非物质文化遗产挖掘力度，助推文化和旅游融合发展，借旅游让更多人爱上非遗。"十三五"期间，广西先后出台了《广西壮族自治区非物质文化遗产保护条例》《广西壮族自治区文化生态保护区管理办法》等政策法规，为广西少数民族特色文化资源的保护发展提供重要的法律保障和政策支持。对非物质文化遗产，广西坚持保护与利用并重，在推动非遗活态保护的前提下，鼓励地方开发旅游业的同时，注入非遗元素，用旅游发展来展现和提升非遗魅力，同时也赋予旅游业更强的生命力。

广西河池市南丹县就是一个非遗和旅游融合发展的典型，在其开发过程中坚持旅游开发和文化保护并重，采取科学的开发保护模式，让当地在享受发展旅游带来红利的同时也让非遗存有持久生命力。南丹县非物质文化遗产资源丰富。截至2020年12月，南丹县拥有4个国家级非遗名录、13项广西壮族自治区级名录、6项市级名录和85项县级名录。南丹县重点依托非遗项目、传承人及保护平台开展活态保护，通过凸显南丹旅游开发的文化气息与本土特色，与旅游融合发展，形成了民间自发组织、官方（政府、企业）大力支持的新型模式，重新焕发非遗文化的活力生机。

南丹县加强非遗与景区景点静态和动态的融合发展。该县目前与非遗结合的三大旅游区块，主要为以白裤瑶文化为核心打造的歌娅思谷景区、以壮族土司文化为核心的丹炉山景区、以农业景观与壮族稻作文化为核心的巴平景区。这些景区在基础设施建设上，均突出融入当地的民族非遗进行美化装饰。

南丹县还打造了白裤瑶文化"旅游廊道"，白裤瑶是瑶族的一个重要支系，更被联合国教科文组织认定为"民族文化保留最完整的一个民族"，被称为"人类文明的活化石"。由此，在南丹县有着一个计划总投资13.7亿元"千家瑶寨·万户瑶乡"里湖王尚易地扶贫搬迁安置点旅游开发项目，已建成里湖王尚、八圩社区、八圩瑶寨三个安置点，并配套广场、幼儿园、农贸市场、居民服务中心等公共服务设施，共安置移民1.35万人。它不仅实现了白裤瑶群众的安置功能，还依托白裤瑶的独特文化魅力，发展旅游产业，通过旅游产业带动白裤瑶群众发家致富。同时，该地还正在申请"中国白裤瑶民俗研学"基地，基地专门做深度体验游项目，通过展览、展示、展演和体验等形式，让观众全方位地感受非遗文化。

资料来源：「奋进的广西文旅」广西南丹：于"守艺"中创新 让非遗在旅游中"活"起来 [EB/OL]. [2021-01-13]. https：//baijiahao. baidu. com/s? id=1688761531767804217&wfr=spider&for=pc.

思考：什么是旅游目的地资源开发？如何进行资源开发？在开发过程中怎样处理好开发与保护的关系？

第一节　旅游目的地资源概念

人们所说的资源，最初主要是指存在于自然界的生产资源或生活资料。它与人类社会生活是紧密相连的，并且在社会发展的过程中得到不断的发展和深化。旅游资源就是在人类社会发展到一定程度、旅游成为一部分经济人的生活而衍化出来的一个概念。随着旅游活动的逐步扩大，旅游经营者及研究者对旅游资源的认识越来越全面。随着社会生产力水平的不断提高，人们对人类社会活动的认识不断深化，尤其是旅游行业生产经营活动的不断创新，旅游资源的内涵在不断扩展，所挖掘的内容也不断丰富。

一、旅游资源是旅游发展的基础条件

我们来简单地回顾一下旅游业发展的历程。近代旅游业出现以前，旅游业是达官贵人、富有人家的专利。直到1841年7月5日英国人托马斯·库克包租一列火车运送570名旅客去参加禁酒大会，开创了旅游的新时代，标志着近代旅游业的诞生。之后，在资本主义发达国家，旅游成为人们生活的一部分，但是旅游资源的主体范围主要局限于自然山水风光、历史遗留遗址、独特的民间习俗等，旅游活动也以此类资源为基础来开展。在今天看来，这些都是比较大众化的、无需深度挖掘的旅游资源，它们本身具有较强的吸引向性。人类发展到21世纪，由于工业化进程的加速、科技水平的进步、信息化水平的提高、教育的普及、人们的休闲时间增加、人们的经济实力增强、人们的出游频率日益增大，旅游需求向日益多样化发展。

　　旅游企业在市场竞争中清醒地看到，要占取更多的市场份额，必须不断地推陈出新，以满足旅游者猎奇求新、探异逐闲的心理需求。因此，旅游资源得到了不断挖掘，旅游产品也不断地推陈出新，只要是能吸引游客、迎合游客心理，能够开发利用起来的自然和人文资源都被不断地挖掘和创造出来，甚至是具有审美价值的大量人造景观也层出不穷，如主题公园。同时，过度快节奏的工作、过度的心理压力、过度的城市喧嚣、过度的碳排放，使人们迫切向往健康的生活，迫切需要得到休闲与休整，旅游无疑是最佳的方式之一。此外，随着医疗保健水平的提高、人们寿命的延长，人们对健康赋予新的概念，出游成为人们强身健体和修身养性的生活方式之一。旅游已经打破传统的观光游览局限，形成了一种集观光游览、度假休闲、疗养保健、康体美容、修身养性等多项为一体的综合性的社会生活。旅游资源是旅游业发展的前提，是旅游业的基础，这些内容显示了现代旅游资源的开放性。由此看出，旅游资源不是一成不变的，而是一个动态的概念，它会随着旅游业的发展不断地拓展自身的内涵。换句话说，有了旅游资源才有旅游业的发展，而有了旅游业的发展，又促进了旅游资源的拓展，两者是相互促进、互为因果的关系。

二、旅游资源的概念

　　旅游资源最早来源于旅游地理学，形成于国外。当它被引进中国时，对其中的一些基本概念的理解出现了歧义，旅游资源便是其中之一，在英文中旅游资源（Tourist Resources）又被称作旅游吸引物（Tourist Attractions），其本身既包括能刺激旅游者产生旅游动机的各种因素，又包含决定旅游者的旅游行为能否实现的一系列中介条件，是一个内涵极为广泛的概念。

　　在中国，从 20 世纪 70 年代到 80 年代，经济学、地理学、社会学、历史学一批专家和学者，相继转入旅游科学的研究，他们在撰写论文和出版专著时都涉及对旅游资源概念的理解和解释，并从不同角度对旅游资源下了定义。其中，以下几种说法最具代表性和影响力。

　　郭来喜认为，"凡是能为人们提供旅游观赏、知识乐趣、度假休闲、娱乐休息、探险猎奇、考察研究以及人民友好往来和消磨闲暇时间的客体和劳务，都可称为旅游资源。"[1]

　　黄辉实认为，"旅游资源就是吸引人们前往游览、娱乐的各种事物的原材料。这些原材料可以是物质的，也可以是非物质的。它们本身不是游览的目的物和吸引物，必须经过开发才能成为有吸引力的事物。"[2]

　　保继刚认为，"旅游资源是指对旅游者具有吸引力的自然存在和历史文化遗产，以及直接用于旅游目的的人工创造物。"[3]

　　国家旅游局资源开发司和中国科学院地理研究所认为，"自然界和人类社会凡能对旅游者产生吸引力，可以为旅游业开发利用，并可产生经济效益、社会效益、环境效益的各种事物和因素，都可视为旅游资源。"[4]

　　谢彦君认为，旅游资源是"客观地存在于一定地域空间并因其所具有的愉悦价值而使

---

①　郭来喜. 人文地理概论 ［M］. 北京：科学出版社，1985.

②　黄辉实. 旅游经济学 ［M］. 上海：上海社会科学院出版社，1985.

③　保继刚. 旅游地理学 ［M］. 北京：高等教育出版社，1993.

④　国家旅游局资源开发司和中国科学院地理研究所. 中国旅游资源普查规范 ［M］. 北京：中国旅游出版社，1992.

旅游者为之向往的自然存在、历史文化遗产或社会现象"①。

随着 2003 年我国国家标准《旅游资源分类、调查与评价》（GB/T18972—2003）、国家标准《旅游区（点）质量等级的划分与评定》（GB/T1775—2003）的颁布实施，国内有关旅游资源的概念就逐渐趋于一致。原国家旅游局资源开发司和中国科学院地理研究所根据以上两个国家标准将"旅游资源"定义为自然界和人类社会凡能对旅游者产生吸引力，可以为旅游业开发利用，并可产生经济效益、社会效益、环境效益的各种事物和因素都可视为旅游资源。此定义充分考虑了国内外旅游界多年来对旅游资源的研究成果，具有极高的科学性和权威性，得到国内的大多数学者的认同。

分析上述各种定义，可以看出，虽然它们各自的出发点和强调的重点有所不同，但就资源的基本属性而言，表现在以下五个方面：第一，旅游资源是一种客观存在物，是发展旅游活动的物质基础。这是旅游资源的基本属性。第二，旅游资源具备激发旅游者旅游动机的吸引向性。这是旅游资源的基本特点。第三，旅游资源能为旅游业所利用。第四，旅游资源需要经过开发。第五，旅游资源的开发利用能够产生经济效益、社会效益、生态效益。

我们认为：旅游资源就是凡能对旅游者产生吸引向性，就有可能成为旅游消费对象的自然和人文因素。旅游资源是发展旅游事业的基本前提。旅游资源并不是一成不变的，它本身是带有发展性质的概念。某些事物在其存在之初并没有被当作旅游资源，但随着旅游者需求的变化，它成了具有吸引力的旅游资源；反之亦然。旅游资源包括自然要素和人文要素两大类。只要人类能够认识到的都可能成为旅游资源，不管是物质的还是精神的，不管是历史的、现在的还是未来的，不管是客观的还是主观的。如新编一个故事就是主观的东西。旅游资源是旅游者的消费对象。在不同的文化背景下，在不同的历史时期，旅游者的消费偏好可能有差别，所以只要有可能就行。也许在某种宗教信仰下，不是旅游资源，但在无宗教信仰的人眼里可能就是旅游资源，会成为消费对象。旅游资源必须有吸引力，能够使旅游者产生体验兴趣。如果没有吸引力，不能让旅游者产生旅游动机，就不能成为旅游资源。如一棵普通的树就不是旅游资源，可是有纪念意义的名树就会有吸引力，就可能成为旅游资源。

第二节　旅游资源的基本特征

旅游资源的基本特征是其自身区别于其他资源的内在属性，而其内在属性与旅游活动和旅游产品密切关联，是由旅游的本质决定的。对旅游资源特性的认识，在学术界共性多，分歧少。笔者把旅游资源的基本特征归结为吸引向性与审美性、无边界性与差异性、多样性与综合性、永续性与易损性。

一、吸引向性与审美性

旅游资源同一般资源最大的差别就在于它的吸引向性和审美性，这也是它最大的特

① 谢彦君. 基础旅游学［M］. 北京：中国旅游出版社，2004.

点。所谓吸引向性，是指对旅游者具有较强的吸引力，可以引起旅游者向往与消费的属性。所谓审美性，是指旅游资源能给旅游者带来体验、引起感悟、获得享受、陶冶性情的属性。我们知道，游客出游活动经常被看成是在空间上的移动，而往哪里移动、移动的时间长短以及消费水平的高低与资源的吸引向性与审美性有极大的关系。因此，吸引向性与审美性从旅游主体的角度而言，是出游的前提；对旅游客体而言，是经营的前提。对旅游企业而言，千方百计地提高旅游资源的吸引向性与审美性是首要问题。大自然的旖旎风光，如黄山美景、九寨风光、桂林山水、北海银滩等是无与伦比的；古今的建筑特色风格，如大足石刻、敦煌石窟、广西玉林云天宫、容县真武阁等独树一帜、世上少有；民族风情的浓郁特色，如西藏自治区风情、新疆维吾尔自治区风情、广西白裤瑶、黑衣壮、京族唱哈等，迷人独特甚至全国唯一；各色千秋的美味佳肴，如陕西泡馍、云南米线、梧州纸包鸡、南宁脆皮扣肉等，独此一家、美味绝伦；人文资源中的白蛇传、阿诗玛的故事、刘三姐的传说等，充满传奇色彩，这些都是吸引向性非常强的旅游资源。

二、无边界性与差异性

旅游资源是一种普遍存在于自然界和人类社会中的资源类型，种类众多、内容丰富、分布广泛。通常所说的"上至天文、下至地理，都有旅游资源"，这句话表达了旅游资源分布是非常广泛的，这是旅游资源的无边界性属性。只要认真进行挖掘，世界各地都有旅游资源，都有可能获得异地游客的认同与向往，这也是世界各地都有条件发展旅游的原因。旅游资源既有自然的，又有人文的。自然方面的山、水、风、雨、电、空气、树、阳光、海滩、冰川、田野都是旅游资源。人文方面的人物、典籍、遗址、建筑、饮食、习俗、信仰、音乐、历史、文学、艺术都是旅游资源，因而无边界性是站得住脚的。

差异性属性表现在广泛性之中，各地的旅游资源是有差异的。这是因为各地自然环境、文化背景、历史进程等都有区别，人们生活方式、价值观念、宗教信仰不同，因此造成了差异性。所有这些都是吸引异地游客的资源，是构建旅游差异化竞争优势的基础所在，也是形成旅游者空间流动的根本动力。例如，东西方文化的差异、我国南北方地理环境的差异、广西壮族风俗与侗族风俗的差异等，这是无法通过人工力量来搬迁或者异地再现的。正因如此，各地旅游资源都独具特色与个性，各地都可以大力地开发自身的资源。

因为有广泛性，外地游客才会予以认同。但是在开发旅游资源时不要与别人雷同，要有自身的特色，否则就会大大地降低吸引力。不要完全复制成功案例，如不能因为深圳的锦绣中华打造中华民俗文化村获得巨大成功，就异地再仿造一个一模一样的景观。这里有广泛性，但要注意差异性，不能雷同。雷同与旅游者的出游动机是相悖的。旅游者的出游动机是追逐新、奇、特、异，也就是需要差异性，差异性越大，吸引力越强，旅游产品的开发需要抓住旅游资源这个特性。

三、多样性与综合性

旅游资源的多样性，一是因为由多种自然景象和人文要素构成，可以是地貌奇观、气象万千、名山大川、珍稀动植物等，也可以是历史古迹、文学传说、宗教遗迹、生活习惯、厂矿企业等；二是由于旅游资源具有多样性才使旅游活动异彩纷呈，适应不同地域、不同信仰、不同民族、不同年龄的游客外出观光游览，市场的适应性才强。实际上，一个地区的资源种类越丰富，它的旅游资源就越丰富，它发展旅游业的潜力就越大。

当然，正是由于有了多样性的旅游资源，才可能存在把多样性的旅游资源组合起来形成多样性的旅游产品出售，这就形成了综合性。独立存在或独立开发的旅游资源是很难有较大发展的，因为这会增大旅游者的消费成本，包括时间成本、资金成本、体力成本。只有各种各样的资源组成一个有机的整体，策划出一个合理的景区，使之整体大于单体，才能最大限度地发挥它的潜在价值。综合性越强，游览的价值越大，游客的成本越小，收获越大。

四、永续性与易损性

旅游资源永续性的特点是指可以无限重复使用的属性。不因游客使用过一次或多次之后就会因此而减少或萎缩。旅游资源本身是不向游客出售的，它所出售的只是自身的形象，换言之，旅游者所购买的是旅游活动本身，即对旅游资源的感受与经历，而不是资源本身。这种消费方式不同于一般商品的消费，一般商品的消费是购买了商品本身，如一道菜、一件衣服、一部汽车等，购买者购买的是这些商品的所有权。旅游者购买的商品是购买临时使用权，甚至于使用权都没有，只是一种游览权、观赏权，对于大多数旅游产品来说，别的游客也可以同时购买。旅游资源可以重复出售、无限期出售，这就是永续性。

要注意另外一个方面，永续性不意味着没有任何风险。旅游资源与其他资源一样，也容易受到破坏。尤其在生态、低碳、环境、文化的本真性、古遗址方面非常容易受损害，只要不注意就会造成无可挽回的损失。这就是旅游资源的易损性。如特殊地质地貌、文化遗址、历史古迹是不可再生的。一旦被破坏就难以恢复，即使恢复了，也不再是原貌了。如兵马俑出土之后它的原色就无法保护；甘肃张掖丹霞地貌遭到多人破坏，丹霞地貌珍贵脆弱且短期内不可再生，一个脚印需要60年恢复。水、空气也一样需要进行保护，这些资源一旦受到污染就难以还原，因此，旅游资源的保护管理工作举足轻重。

第三节　旅游目的地资源开发

在了解旅游资源的概念和基本特征之后，旅游目的地如何开发资源？

一、旅游目的地资源开发的概念

旅游资源开发是指以发展旅游业为前提，以市场需求为导向，以旅游资源为核心，以发挥、改善和提高旅游资源对游客的吸引力为着力点，有组织、有计划地对旅游资源进行美学化、文化化、经济化和技术化的过程。把旅游资源变成旅游产品的过程就是旅游资源的开发。

随着旅游业的发展，旅游者逐渐增多，游客需求多样化、个性化趋势日益明显，只有对现有旅游资源进行深层次开发或者开发新的旅游资源，才能不断地满足旅游者的需要，确保旅游业持续发展。尤其在旅游业竞争日趋激烈的今天，旅游市场已由卖方市场转变为买方市场。充分发挥旅游资源的多种功能，适应旅游需求发展趋势，开发富有区域特色的旅游资源，满足旅游者的不同需求，已成为区域旅游业在激烈的市场竞争中立于不败之地的关键。

二、旅游目的地资源开发的原则

旅游资源开发的原则是指旅游资源开发过程中所遵循的指导思想和行为准则。尽管不同旅游资源在性质、价值、数量、空间分布等方面有差异，开发方式各不相同，但旅游资源的开发仍有一定的基本原则可循。

（一）可持续发展原则

旅游目的地资源开发过程中应以科学发展观为指导，注意保护生态环境，实现人与自然的和谐可持续发展。旅游资源开发既要注重经济效益，又要注重环境效益，保证旅游目的地的居民及旅游者生活秩序的安定与和谐，保护好旅游目的地的环境生态，以求永续利用旅游资源。对于人文旅游资源，要贯彻《文物保护法》中"有效保护、合理利用、加强管理"的思想，避免过度开发。

（二）以市场为导向原则

以市场为导向原则是旅游资源开发的动力。进行市场调查和预测，准确掌握市场需求和竞争状况，结合资源状况，积极寻求与其相匹配的客源市场；确定目标市场，了解当前及未来一段时间旅游者的旅游兴趣点，以市场需求变化为依据，最大限度地满足旅游者的需求。但是以市场为导向进行旅游资源开发并不意味着凡是旅游者的需求我们都应该开发，对国家、社会、旅游者身心健康有害的旅游资源就应该限制或是禁止开发。

（三）特色性原则

特色性是旅游目的地资源开发的法宝。在旅游目的地资源开发过程中追求"风景这边独好"，就是要将目的地的特色性的东西挖掘出来，突出地方特色，包括风景特色、民族民俗特色、文化特色等，更要突出时代和历史特色。同时，追求特色并不是要求进行单一性的开发，针对旅游消费结构的多样化，在进行旅游资源开发时，应做到从形式到内容的多样化。

（四）文化性原则

文化是旅游的灵魂，旅游是文化的载体，文化性原则是旅游目的地资源开发的灵魂。人文旅游资源的开发当然要以文化为核心，做到"文旅结合，以文兴旅"。自然旅游资源的开发也要提升其文化品位，在开发的过程中，要挖掘资源本身的文化内涵，丰富资源的文化内容，增强旅游目的地的文化品质。

三、旅游目的地资源开发的模式与程序

旅游资源的种类众多，不同类型的资源在性质、价值、区位条件、规模及区域条件、开发条件等方面都不同，因此不同类型、不同性质的旅游资源应采用不同的开发模式。

（一）旅游资源开发模式

由于旅游资源性质、价值、区位条件、规模及区域经济发达程度、文化、自然环境、技术条件等多方面因素的不同，旅游资源开发模式也趋于多样化发展。主要的开发模式有自然风景类旅游资源开发模式、文物古迹类旅游资源开发模式、社会风情类旅游资源开发模式、宗教类旅游资源开发模式、度假消遣类旅游资源开发模式等。

（二）旅游资源开发程序

旅游资源的开发只要起步，就是一个循环的、逐步提高的系统过程。开发程序一般包括旅游资源的调查与评价、旅游资源开发的可行性分析与论证、开发导向模式与定位策略的制定、旅游资源开发设计与旅游产品优化等步骤。

1. 旅游资源的调查与评价

（1）旅游资源评价。旅游资源评价就是运用一系列的技术方法对旅游资源所蕴含的美学特征、文化特征以及旅游价值等进行诊断，即运用系统的技术方法对旅游资源的禀赋进行综合的分析、系统的比较、全面的评价。

旅游资源的禀赋包括旅游资源的价值、特征、规模、名气、环境等因素。评价的目的是确定旅游资源的综合价值，以便于把握开发的主题，保持旅游发展的可持续性，从而扩大旅游资源的吸引力。

系统的方法包括美学标准的方法、环境质量的方法、容量流量的方法、市场标准的方法、综合分析的方法等，到目前为止，还未形成权威的评价方法，这主要是因为旅游资源种类繁多、属性各异，要形成一种权威的评价方法是非常困难的。

旅游资源的综合价值主要是它的美学价值、观赏价值、文化价值、游憩价值、使用价值、历史价值、科学价值、艺术价值、功能价值等。

旅游资源的特征指它的规模、样式、形象、特点、性能等。

旅游资源的规模是指它的资源密度和环境容量。当然，不同属性、不同地域的旅游资源的规模环境容量是不可比的，如天安门与九寨沟的规模环境容量、长城与漓江的规模环境容量等，不具可比性。

旅游资源的名气是指它的知名度、美誉度和影响力。

旅游资源的环境包括开发、保护、气候、交通、消费、安全因素等方面。

旅游资源的分析、比较、评价，包括定性评价与定量评价两部分。

定性评价是指通过确定旅游资源的性质，进而客观评价旅游资源的禀赋价值。

定量评价是指运用一定范围的评价因子并把评价因子量化，通过一定的数学模型计算价值的大小，用数据证明旅游资源的禀赋价值。

（2）旅游资源评价因子。根据中华人民共和国国家标准《旅游资源分类、调查与评价》（GB/T 18972—2003）的评价体系，"旅游资源共有因子综合评价系统"设"评价项目"和"评价因子"两个档次。评价项目为"资源要素价值""资源影响力""附加值"。"资源要素价值"项目中包含"观赏游憩使用价值""历史文化科学艺术价值""珍稀奇特程度""规模、丰度与几率""完整性"5项评价因子。"资源影响力"项目中包含"知名度和影响力""适游期或使用范围"2项评价因子。"附加值"包含"环境保护与环境安全"1项评价因子。评价项目和评价因子用量值表示。资源要素价值和资源影响力总分值为100分，其中，"资源要素价值"85分，分配如下："观赏游憩使用价值"30分、"历史文化科学艺术价值"25分、"珍稀奇特程度"15分、"规模、丰度与几率"10分、"完整性"5分。"资源影响力"15分，其中"知名度和影响力"10分、"适游期或使用范围"5分。"附加值"中"环境保护与环境安全"分正分和负分。每一评价因子分为四个档次，其因子分值相应地分为四档。旅游资源评价赋分标准见表4-1。

表4-1 旅游资源评价赋分标准

评价项目	评价因子	评价依据	赋值（分）
资源要素价值（85分）	观赏游憩使用价值（30分）	全部或其中一项具有极高的观赏价值、游憩价值、使用价值	22~30
		全部或其中一项具有很高的观赏价值、游憩价值、使用价值	13~21
		全部或其中一项具有较高的观赏价值、游憩价值、使用价值	6~12
		全部或其中一项具有一般的观赏价值、游憩价值、使用价值	1~5
	历史文化科学艺术价值（25分）	同时或其中一项具有世界意义的历史价值、文化价值、科学价值、艺术价值	20~25
		同时或其中一项具有全国意义的历史价值、文化价值、科学价值、艺术价值	13~19
		同时或其中一项具有省级意义的历史价值、文化价值、科学价值、艺术价值	6~12
		历史价值、文化价值、科学价值、艺术价值具有地区意义	1~5
	珍稀奇特程度（15分）	有大量珍稀物种、景观异常奇特或此类现象在其他地区罕见	13~15
		有较多珍稀物种、景观奇特或此类现象在其他地区很少见	9~12
		有少量珍稀物种、景观突出或此类现象在其他地区少见	4~8
		有个别珍稀物种、景观比较突出或此类现象在其他地区较多见	1~3
	规模、丰度与几率（10分）	独立型旅游资源单体规模、体量巨大；集合型旅游资源单体结构完美、疏密度优良级；自然景象和人文活动周期性发生或频率极高	8~10
		独立型旅游资源单体规模、体量较大；集合型旅游资源单体结构很和谐、疏密度良好；自然景象和人文活动周期性发生或频率很高	5~7
		独立型旅游资源单体规模、体量中等；集合型旅游资源单体结构和谐、疏密度较好；自然景象和人文活动周期性发生或频率较高	3~4
		独立型旅游资源单体规模、体量较小；集合型旅游资源单体结构较和谐、疏密度一般；自然景象和人文活动周期性发生或频率较低	1~2

续表

评价项目	评价因子	评价依据	赋值（分）
资源要素价值（85分）	完整性（5分）	形态与结构保持完整	4~5
		形态与结构有少量变化，但不明显	3
		形态与结构有明显变化	2
		形态与结构有重大变化	1
资源影响力（15分）	知名度和影响力（10分）	在世界范围内知名或构成世界承认的名牌	8~10
		在全国范围内知名或构成全国性的名牌	5~7
		在本省范围内知名或构成省内的名牌	3~4
		在本地区范围内知名或构成本地区的名牌	1~2
	适游期或使用范围（5分）	适宜游览的日期每年超过300天或适宜于所有游客使用和参与	4~5
		适宜游览的日期每年超过250天或适宜于80%左右游客使用和参与	3
		适宜游览的日期每年超过150天或适宜于60%左右游客使用和参与	2
		适宜游览的日期每年超过100天或适宜于40%左右游客使用和参与	1
附加值	环境保护与环境安全	已受到严重污染或存在严重安全隐患	-20
		已受到中度污染或存在明显安全隐患	-10
		已受到轻度污染或存在一定安全隐患	-3
		已有工程保护措施环境安全得到保证	3

（3）旅游资源分级。根据旅游资源评价的结果，把旅游资源划分为五个等级，依据旅游资源单体的评价总分，将其分为五级。

五级旅游资源，得分值域≥90分，可以称为世界级旅游资源；

四级旅游资源，得分值域为75~89分，可以称为国家级旅游资源；

三级旅游资源，得分值域为60~74分，可以称为省级旅游资源；

二级旅游资源，得分值域为45~59分，可以称为市级旅游资源；

一级旅游资源，得分值域为30~44分，可以称为县级旅游资源。

五级旅游资源即世界级旅游资源，又称为极品旅游资源，属于全方位的优质旅游资源，在国内占有很高地位，在国外占有优先位置。

由于资源性质的不同，对它们的认定角度也不同：观赏价值、游憩价值、使用价值很高；同时具有很高历史价值、文化价值、科学价值、艺术价值，整体上具有世界意义；本身由珍稀物种构成；成型景观异常奇特，在国内具有垄断性，在世界上也具有垄断意义。在同类资源中，如果是独立性单体，其体量巨大，可供游览、观赏、使用的余地很大；如果是复合型单体，则其结构很和谐，疏密度优良。自然景象和人文活动周期性发生或频率极高；在资源的整体形象上看，形态与结构保持完整；在国内和世界上有很高知名度；有极好的声誉，开放后受到所有游客的赞赏。未开发时，也能受到专业人员的普遍赞誉；一旦开发将非常有发展前途。主要吸引世界各地（包括本国）的游客前往游览体验。一年中适宜游览的日期超过300天，我们认为可以不考虑一年中适宜游览的期限。

五级旅游资源经常是世界自然遗产和世界文化遗产主体、AAAAA级旅游区（点）主体、国家级重点文物保护单位主体、国优产品、国家级称号单位国际性现代活动（如奥运场馆、世博园等）。

极品旅游资源主要包括经联合国教科文组织批准分别被列入世界遗产名录的名胜古迹和列入联合国"人与生物圈"保护区网络的自然保护区。它们具有全球性的艺术观赏、历史文化和科学研究价值，是世界上品位和知名度最高的旅游资源、全人类的宝贵遗产和国内外广大游客向往的旅游胜地。

四级旅游资源即国家级旅游资源，属于优质旅游资源，在国内占有重要地位，在国外占有一定位置。

由于资源性质的不同，对它们的认定角度也不同：观赏价值、游憩价值、使用价值很高；同时具有很高历史价值、文化价值、科学价值、艺术价值，整体上具有全国意义，或者是其中一类具有世界意义；本身主要由珍稀物种或由珍稀物种构成；成型景观异常奇特，在国内具有垄断性，在世界上也属少见。在同类资源中，如果是独立型单体，其体量巨大，可供游览观赏、使用的余地很大；如果是复合型单体，则其结构十分和谐，疏密度优良。自然景象和人文活动周期性发生或频率很高；在资源的整体形象上看，形态与结构保持完整；在全国知名，在世界也有较大知名度，有极好的声誉。开放后受到80%以上游客的赞赏；未开发时，也能受到绝大多数专业人员的赞誉；一旦开发将有良好的发展前途。主要吸引全国各地、部分吸引世界各国的游客前往游览体验。

四级旅游资源主要包括由国务院审定公布的国家重点风景名胜区或 AAAA 级旅游区（点）主体。国家历史文化名城和国家重点文物保护单位，以及由原林业部批准建立的国家级自然保护区和国家森林公园，它们都是中国壮丽河山的精粹和中华文化的瑰宝，具有重要的艺术欣赏、历史文化和科学研究价值，在国内外享有较高的知名度。

截至 2019 年，中国已拥有 244 处国家重点风景名胜区，134 座国家历史文化名城，上千处全国重点文物保护单位，以及 474 处国家级自然保护区和 897 处国家森林公园，遍及全国 31 个省区市（不包括香港、澳门、台湾）。此外，原国家旅游局分别在 1985 年和 1991 年以游客投票和专家打分相结合的形式组织评选了"中国十大风景名胜"（万里长城、桂林山水、杭州西湖、北京故宫、苏州园林、安徽黄山、长江三峡、台湾日月潭、承德避暑山庄和秦始皇陵兵马俑）和"中国旅游胜地 40 佳"（包括 20 处以自然景观为主和 20 处以人文景观为主的旅游胜地），以及 1997 年确定的中国旅游王牌景点 35 处（包括"五绝""五奇""五美"和"20 胜"）。

三级旅游资源即省级旅游资源。属于优良旅游资源，在国内占有重要地位。

由于资源性质的不同，对它们的认定角度也不同：观赏价值、游憩价值、使用价值很高；同时具有很高历史价值、文化价值、科学价值、艺术价值，整体上具有全国意义；本身主要由珍稀物种构成；成型景观奇特，在国内属少见。在同类资源中，如果是独立型单体，其体量较大，可供游览、观赏、使用的余地很大；如果是复合型单体，则其结构很和谐，疏密度好。自然景象和人文活动周期性发生频率较高，从资源的整体形象上看，形态与结构有少量变化，但不明显；在全国知名；有很好的声誉。开放后受到 70% 以上游客的赞赏；未开发时，也能受到大多数专业人员的赞誉；一旦开发将有较好的发展前途。主要吸引全省各地的游客前往游览体验。

三级旅游资源主要包括为数众多的省级风景名胜区、省级历史文化名城，有的省还公布历史文化名镇、省级文物保护单位、省级自然保护区、省级森林公园等。它们均具有较为重要的艺术欣赏、历史文化和科学研究价值及浓郁的地方特色，在省内外有较大的影响。

二级旅游资源即市级旅游资源，属于中等旅游资源，在省区市内占有重要地位。

由于资源性质的不同，对它们的认定角度也不同：观赏价值、游憩价值、使用价值较高；同时具有较高历史价值、文化价值、科学价值、艺术价值，整体上具有省区市级意义；本身主要由珍稀物种或由少量珍稀物种构成，或者是其成型景观突出，在省区市内属于少见。在同类资源中，如果是独立型单体，其体量较大，可供游览、观赏、使用的余地较大；如果是复合型单体，其结构较和谐，疏密度较好，自然景象和人文活动周期性发生或频率较小。从资源的整体形象上看，形态与结构可能会有明显变化，在省区市内知名，有较好的声誉，开放后受到60%以上游客的赞誉；未开发时，也能受到多数专业人员的赞美，一旦开发将有一定的发展前途。主要吸引全市各地的游客前往游览体验。

一级旅游资源即县级旅游资源，属于普通旅游资源，在地区内占有一定地位，有一定的开发利用前景。

由于资源性质的不同，对它们的认定角度也不同：观赏价值、游憩价值、使用价值较小；同时具有一定历史价值、文化价值、科学价值、艺术价值，整体上具有地区级意义；个别由珍稀物种构成，或者是其成型景观比较突出，在地区内属于少见。在同类资源中，如果是独立型单体，其体量中等，可供游览、观赏、使用的余地一般；如果是复合型单体，则其结构较和谐，疏密度较好，自然现象和人文现象发生频率一般。从资源的整体形象上看，大体保持原来的形态与结构，在地区内知名；有一定声誉，开放后受到50%以上游客的赞誉；未开发时，也能受到多数专业人员的赞美，一旦开发将有一定发展前途。主要吸引全县各地的游客前往游览体验。

2. 旅游资源开发的可行性分析与论证

旅游资源的开发是一项经济技术活动，必须进行可行性论证分析，包括可行性研究报告、资源与环境保护评估报告等。没有经过相关部门评审就不能向政府申请立项，也不能进行投资和开发。

资源与环境保护评估就是旅游资源的开发对环境所造成的影响以及保护环境不受破坏或尽量减少破坏，包括水资源、土地资源、空气资源、植物资源、动物资源、地形地貌资源等。

可行性研究报告主要是指除了资源与环境保护评估之外的研究报告，包括旅游资源开发对政治、经济、文化、交通、技术、民族、土地、居民心理、游客心理等一系列的影响和评估。尤其是投入产出分析、技术可行件分析、市场拓展分析等。研究报告的主要内容通常包括四个方面：阐明项目开发者的实力和资格；分析和预测市场需求；分析该项目开发和经营方面的微观条件；分析当地的宏观社会经济条件。当然，并非所有项目可行性研究报告都必须包括上述全部内容。研究报告中具体应包括哪些内容，通常取决于该可行性研究报告的委托方的具体需求。如果该可行性研究仅仅为开发者，那么研究报告中的内容只需包括上述第二个和第三个方面即可，因为项目开发者真正关心的内容只是该项目开发之后能否带来理想的投资回报；如果该项目开发者需要向金融机构申请贷款，而有关的金融机构要求该项目开发者提交的可行性研究报告中必须包括上述提到的前三个方面；如果该项目可行性研究报告需要提交政府主管部门审批，那么上述四项内容必须全部涉及，特别是政府主管部门会要求所提交的这类可行性研究报告中包含较为广泛的损益分析内容。总而言之，旅游资源开发的可行性分析与论证是必要的，具体的报告内容不是固定不变的，是可根据实际需要而制定的。

3. 旅游资源开发导向模式与定位策略的制定

旅游资源开发的导向可以有资源主导型、市场导向型、游客取向型。

资源主导型主要立足于旅游资源的特色评价和文化主题的挖掘与提炼，反映旅游主体的特征。旅游资源开发应找准旅游主题形象，应反映旅游地的文脉、地脉和资源特色，其中文脉包括旅游地的历史文化、社会经济、民俗风情等特征，地脉包括地质地貌、气象气候、土壤水文等自然环境特征，亦即客观、准确、全面地体现旅游主体的资源特色。旅游资源具有复杂性、特色性和相对稳定性的特点，这是旅游形象定位的主要依据和重要基础。

市场导向型主要顺应现代旅游发展趋势，找准市场感应点，确定旅游主体的发展方向。旅游市场需求是多种多样的，即使同一区域在不同时期也是不同的，因此，必须考虑主要目标市场状况及需求偏好，根据市场导向的动态性和相对性灵活掌握，力求对目标市场的潜在旅游者"投其所好"。据此，旅游形象可以围绕旅游主题形象这一中心，针对市场需求特征、热点、主流和趋势进行适当调整：一是空间上的，二是时间上的。这种调整要保持主题的统一性和相对稳定性，还要被旅游区及当地人认可、在感情上接受。因为旅游区及其所在地的人对其性质、特征认识得最具体、最直观、全面而深刻，他们的认可在很大程度上表示主题定位符合实际。

游客取向型主要契合游客体验和感受不同文化背景生活方式的理念，突出旅游主题的性质。传统旅游的形象定位很大程度上源于资源导向，现代旅游则更趋向于游客取向，满足不同的个性化需求。正是基于繁杂的游客取向，才产生了多种旅游项目和方式，因而决定了不同的主题形象定位。游客取向型原则宜顺应旅游发展趋势，侧重于旅游内容和游客感受，并以特定消费群体为诉求对象设定主题形象和专题服务项目，打造旅游品牌，来获得目标消费群的认同。这一导向有利于增进消费者的归属感和优越感，使其产生"量身定做"的感觉。由于不同群体以及同一群体在不同时期的旅游需求不同，因而决定了形象定位的动态性和相对性。如英国的"伦敦是儿童的世界"针对的是儿童；埃及的"历史的金库"针对的是历史爱好者；国内近几年兴起的主题公园、部分景区推出的"七夕之旅"等，也是针对特定人群定位的。

"定位定生死，定位定未来"，旅游资源开发的定位策略是重中之重，不可或缺。定位策略，包括战略定位、主题定位、市场定位、功能定位、产业定位、形象定位等。没有突出而独特的特色，就会被淹没在同质化严重的类似景区中。一个合理并接地气的定位，至少保证了方向是对的；主题不但要吸睛，还要能可持续发展。

4. 旅游资源开发设计与旅游产品优化

旅游产品设计，是旅游开发最重要的一个环节。旅游资源开发设计与旅游产品的优化设计问题是旅游企业运营管理中最重要的内容之一。一个成功的旅游产品设计需要具备四条标准：定位准确、核心吸引力凸显、游玩方式适应游客需求和投入产出合理。在同样的资源与市场要素的条件下，可以通过旅游产品设计，产生多种可能的结果。例如，以资源为对象进行产品设计，其独特的自然资源本身就是观赏对象；以资源为背景，进行产品设计，打造度假村、高尔夫球场等；还可以完全"无中生有"，打造主题公园等。

对旅游产品设计而言，最重要的是确定游玩方式，即"玩法"。但它的最高境界是创造全新的生活体验，形成人们向往的生活方式。从游客感知服务质量的角度来说，针对旅游服务的"食、住、行、景、购、娱"六大基本要素和"商、养、学、闲、奇、情"六大拓展要素进行开发设计和优化。通常会考虑到期望服务质量和实际感知服务质量，提出了旅游者满意度最大、优化设计成本最小和旅游景区生态环境最优的旅游产品优化设计。从开发收益的角度来说，旅游企业开发和优化旅游产品，减少产品同质化的现象，提高旅游产品的质量，也就提高了旅游企业的核心竞争力，从而从本质上提高游客满意度，促进旅游企业获得更好的效益。

四、旅游目的地资源开发的影响与保护

开发了旅游资源，对目的地来说就会造成一系列的影响。既有正面的影响，又有负面的影响，需要有正确的认识。

（一）旅游目的地资源开发的影响

1. 对经济的影响

旅游业是第三产业和先导产业，因其链条长、涉及范围广而且有巨大的带动作用。旅游资源的合理有序开发会给目的地带来新的发展机遇和可观的经济效益：从直接的门票收入到间接的交通餐饮住宿，以及相关的纪念品、日常消费等，都可以增加当地经济收入。旅游资源的开发也为旅游目的地创造就业机会、缓解就业压力、增加居民收入、提高地方税收、改善基础设施建设等，最终将促进经济的腾飞，提高目的地人民生活水平。如世界文化遗产丽江古城进行开发后，不仅以神奇壮丽的自然景观吸引着来自世界各地的旅游者，每年也为地方创造可观的利润。

2. 对社会文化的影响

旅游目的地资源合理开发使得目的地的历史文化得到保护和传承。原先几乎被人们遗忘了的传统习俗和文化活动重新得到开发和恢复；传统的手工艺品因市场需求的扩大重新得到发展；传统的音乐、舞蹈、戏剧等又受到重视和发掘；长期濒临灭绝的历史遗产不仅因为资源开发而获得新生，而且成为其他旅游接待国家或地区没有的独特文化资源。旅游目的地资源合理开发可以树立目的地的良好形象，吸引其他地方的目光、加大与其他地方的交流与合作，同时，旅游资源的开发程度能体现目的地的好客精神、道德文明水平。

3. 对环境的影响

旅游目的地资源开发也是一把"双刃剑"，急功近利、无序以及重开发、轻保护的开发方式不但会造成资源浪费，而且会破坏目的地环境，引起生态平衡失调。另外，因为有不少旅游资源原来就存在一些生态恶化问题，那么在旅游资源开发中，便可采取旅游生态建设和污染治理的措施，使开发后的旅游资源生态环境得到改善，即旅游资源开发美化了

生态环境。旅游资源开发进入利用阶段后，若能科学地管理，就能使目的地生态环境进入良性循环。

(二) 旅游资源开发过程中的法律保护问题

旅游资源的开发，确实能带动经济的发展，但是如果没有法律、法规的确认和保护，不以法律、法规作为保障，而是过度、超负荷利用旅游资源，甚至为追求眼前的经济利益而破坏资源，就会使旅游资源在开发过程中面目全非，甚至过早衰竭，反而会阻碍地方经济的发展。旅游资源是旅游业发展的生命线，一个国家或地区的法律、法规对较好地开发、利用和保护各类旅游资源可以起到良好的保障作用。

1. 我国旅游资源开发方面存在的问题

部分旅游目的地追求一时的经济效益，不依法办事，严重破坏了当地的生态环境和旅游资源；部分风景名胜区、自然保护区超负荷接待游客，使景区丧失了自我完善、自我保护和自我发展的能力。如自然保护区内存在的砍伐现象；风景名胜区内破坏景观的不规范建筑，旅游活动对风景名胜区造成的破坏；文化遗迹地内的工程建设、改作他用、任意拆除等行为，都使我国的旅游资源在开发的同时，也遭受着令人痛心的破坏。

2. 我国旅游资源开发法律保障现状

我国目前已颁布了《中华人民共和国环境与资源保护法》等有关环境资源保护方面的法律和法规，但它们之间还缺乏一定的协调性及权威性，还有矛盾和冲突的地方，并且大多数旅游资源法规、规章、条例，都由一些具体部门制定，难免带有本位主义色彩。

3. 制定旅游资源保护开发法

旅游资源保护开发法应和《中华人民共和国环境保护法》等相互配套、衔接，共同促进环境与资源保护。由旅游资源保护开发法来调节旅游资源开发过程中的各种社会关系。2013 年 4 月颁布的《中华人民共和国旅游法》有力地促进了旅游资源的开发和保护。

第四节　旅游目的地资源开发的趋势

旅游消费多样化需求的增长使旅游资源开发面临着新的机遇和挑战。旅游目的地各大旅游景区之间的竞争从国内竞争演变成为国际竞争，尤其是旅游资源品质高、知名度大、开发程度高、游客需求量大的旅游目的地已面向国际化方向发展。旅游产品同质性越高，就越需要开发出独具特色的景观，吸引旅游者。在当今买方市场下，旅游者的消费也越趋理性，旅游资源开发需要有新的开发模式和理念。

一、实行旅游资源多层次定向开发

旅游市场越来越细化，旅游产品的开发也必须紧跟市场走向。目的地要根据资源基础、开发建设可能达到的档次，选定主攻目标市场。例如，某地资源属于优良级资源，这就应该面对全国市场开发建设，建成国家级旅游区。非旅游类的国家级的荣誉称号不一定能够进行旅游的开发。例如，国家级自然保护区，如果不具备开发旅游的基本条件，打不开市场，就没有旅游开发的实际意义。旅游资源与市场的对应关系如图 4-1 所示。

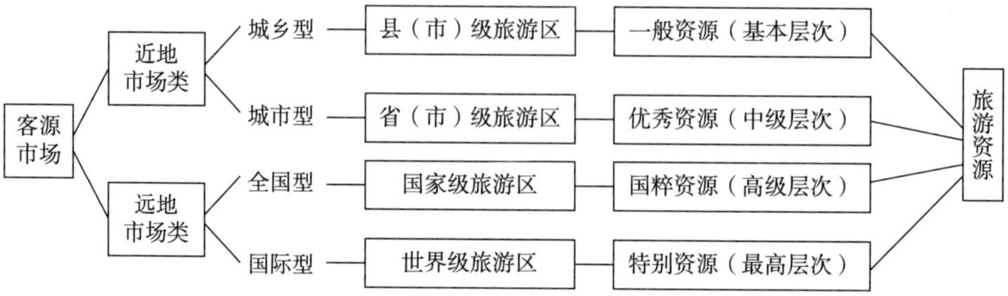

图 4-1　旅游资源与市场的对应关系

开发资源还要注意细分消费层次。不同的资源会有不同的消费对象。因此，需要区分高端市场、中端市场、低端市场。针对不同层次的市场设计产品，进行定向开发。

二、整合资源，以点带面，提高区域竞争力

以往的旅游资源开发大多只局限于一个小区域，策划者和开发者埋头在区域内苦干，这往往会造成景区项目雷同，客源市场恶性竞争的状况。随着旅游业的发展，未来目的地的开发将更多地依赖区域间联盟管理，走新型合作伙伴道路。它不再是简单的"一日游"或"数日游"式的景点拼凑，而是把一个或数个区域中的景区（景点）联合起来，形成集群景点，做到以点带面，形成集团优势，延长游客在当地的逗留时间。广西现在涌现出不同类型的合作组织，既有以城市为合作主体的联盟，如北部湾旅游联盟、西江旅游联盟，又有以旅游企业为合作主体的德天旅游联盟、西部旅游联盟，还有在国内外有多个不同合作对象的桂林旅游大联盟、运通旅游联盟广西总店等。这些不同类型的联盟虽然对外宣传促销的侧重点不同，但都是组织抱团开发资源，共同向市场发力，提高联盟成员旅游产品的知名度和吸引力，共享客源市场，已经取得了显著的市场效果。

三、品牌形象个性化

旅游目的地独特性来源于品牌形象的个性化。当一个旅游品牌与旅游者的沟通达到个性契合时，它在旅游者心目中的形象是极其鲜明的，让旅游者流连忘返，还会形成口碑效应。目的地在策划和开发旅游资源时，要紧抓品牌形象个性化这个核心。对现有景区（景点）进行再创造开发时，要在把握景区原有个性化的基础上，与时俱进，推陈出新，不断推出新的品牌形象。

四、科技化含量日益增大

旅游业越来越多地采用高科技手段，一方面，大大地提高了旅游产品对旅游者的吸引

力；另一方面，高科技的广泛运用可节省旅游产品的开发成本。近年来，各种高科技主题公园在建设过程中引进高科技设备和手段，如声控光源、全息立体投像、电子导航仪、多媒体演示器等。随着科技的发展，AR技术、量子计算、VR技术等也运用到旅游业中，海底游、南北极游等人们十分向往的旅游项目也已经付诸实现。未来，人工智能、区块链、量子通信元宇宙等高科技手段会越来越广泛地运用于旅游业当中。

五、老景区的升级改造

一些老的景区，开发的时间比较早，由于市场热点的转换、新的产品竞争、区位优势丧失、服务低劣、管理不善等逐渐老化，产品生命周期处于下降通道，甚至衰败了。这样的产品就需要升级改造，进行产品的更新换代、包装、营销，转换观念，加强管理，使之起死回生或重新步入新的产品生命周期。

📖 **拓展阅读及分析**

肇庆市回龙镇古村落研学旅行资源开发

研学旅行作为旅游产业中的垂直细分领域，以自带"深度内容"的属性和超千亿元的市场总体规模，发力中国旅游业市场"新蓝海"。肇庆市回龙镇整合利用当地特色资源，结合研学旅行新战略，对古村落研学旅行资源进行开发。

回龙镇的四个古村落，黎槎村、槎塘村、赤水塘村、澄湖村有着深厚的岭南传统文化底蕴。村落布局特色突出，具有独一无二的岭南村落风貌，同时资源空间组合较好，具备联动开发条件。故规划形成"一核、一环、多点"的古村落研学旅行的空间结构，以及"核心驱动、环线辐射、多点贯通"的研学旅行发展空间布局。

"一核"即黎槎村研学旅行吸引核。黎槎村历史悠久，八卦样式的建筑布局特色鲜明，可用于研学的资源较为丰富，有言"古寨黎槎别样天，纵横里巷藏机玄，仁和睦里三百户，耕读传家八百年"，因此黎槎村适宜作为回龙镇古村落研学旅行发展的核心与引擎。

"一环"即黎槎村、赤水塘村、澄湖村、槎塘村古村落研学旅行环线。回龙镇地处珠江三角洲西部，毗邻佛山高明区，外联端州主城区，区位优势显著。珠三角外环江肇高速公路、省道肇江公路、肇庆环城快速路等组成了便利的交通网络，使回龙镇古村落研学旅行基地具有良好的可达性。优越的区位条件与交通条件为基地提供了打造研学旅行精品环线的基础，使古村落研学旅行环线得以辐射白土镇、蚬岗镇、蛟塘镇、明城镇、新桥镇、更合镇等地区，扩大周边乡镇的旅游影响力。

"多点"即古村落各节点互动，研学旅行资源优势互补。依托272省道、020乡道等骨干道路交通，建设古村落研学旅行风景道。推进回龙镇景观道路建设，构建内外衔接、村落联动、点点贯通的古村落研学旅行交通体系。加强古村落节点互动，促进VR体验中心、生态农业研学点、醒狮文化研学点、岭南建筑文化研学点、农耕体验研学点、"小棋盘"文创园的联动协调发展，促使各点研学旅行资源互补，推动古村落研学基地内各产品和线路的统筹发展，增强基地在旅游发展中的虹吸效应。

但是在古村落研学旅行资源开发过程中也存在古村落文化凸显不够，缺乏高品质的文化设施载体的情况。旅游项目及产品与其文化背景融合度不高，缺乏参与性、体验性，现存的浅层次观光游览活动也难以形成持续性的研学旅行吸引力。这需要做进一步的思考与开发，提升古村落研学旅行的生命力。

资料来源：参见《案例 I 古村落的研学旅行资源开发》。

分析：研学旅行是当下旅游业的热点话题。肇庆市回龙镇古村落研学旅行资源的开发，形成"一核、一环、多点"的古村落研学旅行的空间结构，搭建了研学旅行的基本框架。同时突出重点，以黎槎村研学旅行为吸引物，并结合另外三个村落形成研学旅行环线。对古村落研学旅行资源的开发要特别关注两点：一是对古村落进行开发，就必然要面临开发与保护的协调问题，要处理好旅游资源开发对当地居民生活的影响，要得到当地居民的支持，这才有利于旅游目的地的长久发展。二是作为研学旅行旅游资源开发，有着相对确定的旅游者，既要符合旅游资源开发的一般要求与原则，又要突出其教育意义，而不是浅层次的观光游览活动。提炼出该地作为研学旅行目的地的核心主题，再围绕该主题进行深层次的旅游资源开发。

章后思考题

1. 什么是旅游资源？
2. 旅游资源有哪些基本特征？
3. 旅游目的地资源开发的原则有哪些？
4. 如何开发旅游资源？
5. 如何对旅游资源进行分级？
6. 旅游目的地资源开发的影响有哪些？
7. 如何保护旅游目的地资源？
8. 旅游目的地资源开发的趋势是什么？
9. 旅游目的地资源开发还需要注意哪些问题？如何进行旅游资源开发的创新？

本章推荐阅读材料

[1] 吴必虎．区域旅游规划原理 [M]．北京：中国旅游出版社，2001．
[2] 肖星，严江平．旅游资源与开发 [M]．北京：中国旅游出版社，2000．
[3] 何调霞．景区旅游资源评价 [M]．上海：复旦大学出版社，2011．
[4] 石培华．全域旅游发展的中国模式 [M]．中国旅游出版社，2020．

第五章
旅游目的地产品开发

本章 PPT

本章主要内容

"**巧**妇难为无米之炊"，没有旅游产品的旅游目的地是不存在的。

旅游资源经过开发或加工之后成为旅游产品。旅游产品就是旅游客体即旅游企业向旅游者提供或出售的消费品。它是旅游者的消费对象，是旅游目的地满足旅游者旅游体验的基本载体。它既包括实物产品，又包括精神产品，本书称为接待产品，与工业产品、农业产品及其他服务产品有较大的区别。

旅游产品是旅游业经营与管理的核心。因此，旅游目的地的最重要的任务就是旅游产品的开发，也就是旅游产品的生产。要依据旅游活动的基本规律、游客的出游心理特征、竞争对手的特点来制订生产方案、组织资源进行有序生产。

本章主要介绍旅游产品的基本概念、基本特征、基本类型；旅游产品开发的原则、系统、策略；旅游目的地旅游产品的结构；旅游产品改进与创新等。读者主要应该掌握旅游产品的生产规律及其要求。

案例及思考

贵州发力森林旅游产品开发

2017 年，贵州省印发了《关于加快森林旅游发展的意见》（以下简称《意见》），提出到 2020 年建成 300 个森林旅游景区，使森林旅游业成为贵州林业经济发展的增长极，《意见》的出台将助推贵州森林旅游发展进入快车道。

作为西部内陆省份，贵州不临海、不临江、不临边，发展的先天优势不明显，路径的选择对于贵州发展尤为重要。立足贵州良好的自然生态、丰富的山地资源和多彩的民族文化，贵州省委、省政府明确提出："十三五"期间，做好大数据、大旅游、大生态的"长板"。这充分体现出贵州特色的组合拳，是贵州未来可以大有作为的重要战略机遇期的动力之源。为着力推进全域旅游和生态文明试验区建设，使大生态和大旅游深度融合，打造森林旅游业经济增长极，近日，贵州省林业厅和贵州省旅游发展委员会联合印发《关于加快森林旅游发展的意见》。《意见》强调，在守好生态和发展两条底线前提下，使大生态和大旅游深度融合，不断丰富森林旅游业态，打造森林旅游品牌，推动森林旅游业高速、高质发展，使森林旅游业成为贵州省林业经济发展新的增长极。

《意见》明确全省将加快发展森林旅游，经过 3 年努力，到 2020 年，实现全省森林旅游景区接待游客 2 亿人次以上，森林旅游综合收入 3000 亿元以上，占全省旅游总收入 30% 以上，并带动 10 万名以上贫困人员增收。全省基本构建形成以森林、湿地、山体公园为主要节点，以森林旅游示范县、森林特色小镇、森林康养基地、森林体验基地为重要载体，以森林城市、森林乡镇、森林村寨、森林人家为基本脉络的森林旅游三级体系。

《意见》提出，通过"森林旅游+休闲观光""森林旅游+康养""森林旅游+体育"三大途径，大力发展依托森林资源建立的观光农业、休闲农业，培育森林田园艺术、森林农艺等创意观光型旅游项目。利用丰富的森林资源和优良的生态环境，着力开展森林疗养、森林体验、养生养老、休闲度假等森林康养服务。

贵州森林资源丰富，森林覆盖率高于全国平均水平。据贵州省林业厅厅长黎平介绍，贵州省 92.5% 的区域属山地丘陵地带，独特的地质地貌特点加上温热的气候条件赋予贵州丰厚的林业资源。在广阔的丛林世界中，越来越多珍稀动物的生活痕迹被发现，这充分证明了贵州生态系统修复进入加速阶段。

据了解，近年来，贵州牢牢守住发展和生态两条底线，不断加快绿化步伐，森林面积大幅提升，全省森林覆盖率从 2014 年的 41.53% 提升到 2017 年的 55.3%，森林资源占据了全省面积的半壁江山，森林公园、自然保护区、森林类风景名胜区、森林浴场、森林野营地等开发和发展势头良好。全省林业产值从 2014 年的 612 亿元攀升至 2017 年的 2000 亿元。

贵州国际旅行社副总经理唐远平表示，大生态融合大旅游，是贵州绿色崛起的可持续路径。森林旅游是以森林景观作为旅游景点、景区或旅游目的地，集观赏、休闲、户外运动、拥抱自然等体验为一体的活动，是满足人们追求美好生活的重要休闲方式之一，也是今后旅游的主要趋势之一。《意见》的出台，紧扣宏观发展和未来市场趋势。"旅行社要抢抓贵州森林旅游的发展机遇，大力开拓生态旅游市场，丰富产品供给"。

"一来到贵州，空气质量好，生态环境舒适是很多游客的第一印象。"太平洋国际旅行社唐晴表示，发展森林旅游需要良好的生态基础，从这一方面看，贵州的森林旅游潜力巨大。现在更有政策层面的支持引导，企业参与开发森林旅游的信心更足了。

"森林旅游不仅是游憩、度假、野营、疗养、运动、养生等活动的首选，同时也是亲子游和自然体验教育的乐土，非常有发展前景。"贵州龙行神州国际旅行社副总经理何凤林在看好森林游的同时也表示了担忧，贵州虽然有丰富的森林资源，但目前森林旅游产品的市场竞争力却不强。"很多游客到森林除了观光，找不到什么可以深度参与的项目。在发展森林旅游的同时更要突出特色，例如在产品中突出喀斯特地貌和贵州的民族风情等特色文化，形成特色森林旅游产品体系，才能吸引更多外地游客来度假休闲。如果《意见》能扎实落地，培育途径能持续推进，那么这些短板就可以得到改善，贵州森林旅游大有作为。"

贵州携程旅游旅行社负责人刘洋认为，现在省外游客的主要旅游线路还集中在黄果树瀑布、西江苗寨、梵净山等知名景点分布线上。其实贵州目前有"中国森林氧吧"10家，省级森林康养基地12个，还有大片尚未开发的原始森林，以及诸多分布在森林周边的特色民族村落、森林外延的特色林产品等，这些都是宝贵的资源。但是目前森林旅游主题精品线路的整合打造相对薄弱。刘洋希望在政府相关部门的带领下，能够加快森林旅游产品的开发进度，不断完善森林旅游基础设施和提高服务接待能力，盘活森林内涵及外延要素，打造一批森林旅游精品线路，让游客有三日以上行程安排的深度体验式森林之旅，让更多人领略到贵州的山水、贵州的民族文化与贵州的自然风光。

"贵州的森林旅游发展空间巨大，同时也需要更多的实际行动，把理论变为现实。"贵州驴妈妈国际旅行社相关负责人崔珈琪说道："这是一项很系统的工程，衔接的部门多，涉及的地域广，如何因地制宜合理规划，如何完善行业标准体系等都不容易。具体到旅行社的主要业务，如森林旅游产品开发上，面临不少困难。目前我们重点思考的是如何在游客体验中设计加强快乐康养的概念，把好玩和户外健身组合在一起。"

贵州民间假日旅行社产品研究推广部的陈斌表示："在产业升级的大形势下，森林旅游迫切需要寻求转折与重生之路，休闲娱乐化、个性化产品亟待开发。比如荔波、赤水、百里杜鹃等大景区，都是依托生态资源，融合地域民族文化，以及引进新型功能性的体验项目等，市场反馈良好，这些值得旅行社学习。现在贵州大力发展森林旅游，《意见》指明了方向路径，但我们对森林旅游的认识还不深入，更无从谈创意构想和实际操作。下一步旅行社首先需要做的是加强这方面的了解、学习，希望政府能给予更多这方面的培训机会。其次就是在对游客需求进行充分了解的基础上，进行筛选、优化，然后有针对性地开发游客喜欢的旅游产品，有针对性地进行营销推广。"

资料来源：熊美玲，唐天荣．旅行社发力森林游 个性产品开发是关键［N］．中国旅游报，2017-07-31（A01）．

思考：什么是旅游产品？旅游产品有什么特点？目的地如何把旅游资源转成旅游产品？如何进行旅游产品开发？

第一节 旅游产品

旅游产品是目的地的命脉，有了旅游产品并且销售成功之后才会有旅游目的地，因此认识旅游产品就显得举足轻重了。

一、旅游产品的概念

旅游产品属于接待产品，具有自身独特的属性，与工业产品、农业产品及其他服务产品有较大的区别。

（一）旅游产品的定义

旅游资源经过整合或者经过开发、建设，形成面向旅游市场的旅游产品。它是旅游业经营与管理的核心，是旅游目的地满足旅游者旅游审美体验的基本载体。旅游业界从旅游市场供给和需求的角度，对旅游产品进行定义。

1. 供给的角度

从供给的角度，定义强调供给方把旅游资源转化为服务、设施和商品等向旅游者提供，旅游产品是旅游景观、旅游服务、旅游设施、旅游商品等各要素的综合体（见表5-1）。

表5-1 基于供给角度的旅游产品定义

提出者	定义内容
王兴斌（2001）	旅游产品是以自然资源、历史资源和社会资源为原材料，以吃、住、行、游、购、娱的配套服务为基本环节，针对客源市场的需求，按照特定的功能和主题，沿着一定的路线或区域设计、加工、组合而成，在市场上供旅游者挑选、购买、消费的服务性商品
王大悟和魏小安（2006）	旅游产品是指旅游经营者为满足旅游者在旅游活动中的各种需要，而向旅游市场提供的各种物品和服务的综合。一个完整的旅游产品由旅游交通、旅游住宿、餐饮供应、游览观光、娱乐项目、旅游购物六要素组合而成
林南枝和陶汉军（1994）	从旅游目的地的角度出发，旅游产品是指旅游经营者凭借旅游吸引物、交通和旅游设施，向旅游者提供的用于满足其旅活动需求的全部服务。旅游产品是个整体概念，它是由多种成分组合而成的混合体，是以服务形式表现的无形产品
申葆嘉和刘住（2019）	在市场经济条件下，旅游产品是旅游服务诸行业为旅游者满足游程中生活和旅游目的地需求所提供的各类服务的总称
肖潜辉（1991）	旅游产品是旅游经营者所生产的、准备销售给旅游者的物质产品和服务产品的总和
谢彦君（2017）	旅游产品是指为满足旅游者审美和愉悦的需求而在一定地域上被生产和开发出来的以供销售的劳务的总和
凌常荣（2015）	旅游产品就是旅游客体即旅游企业向旅游者提供或出售的消费品，是旅游者的消费对象

一般情况下，定义应该是简单明了的，既便于表达，又容易记住。从这个角度来说，凌常荣的定义相对比较容易接受。旅游产品就是旅游客体即旅游企业向旅游者提供或出售的消费品，是旅游者的消费对象。旅游产品既包括物质产品也包括精神产品。旅游者对名山大川的消费是欣赏与体验；旅游者对旅游线路的消费也是一种体验与感悟；旅游者对旅游酒店的消费是住宿与体验；旅游者对导游服务的消费是陪伴与享受；旅游者对旅游文化背景的消费是感悟与审美。

2. 需求的角度

从需求的角度，定义强调旅游者自主选择旅游行程，亲身体验旅游过程，旅游产品是旅游者的一次旅游经历（见表5-2）。

表 5-2　基于需求角度的旅游产品定义

提出者	定义内容
维克多·密德尔敦 （2001）	旅游产品是为了满足消费者某种需求而精选组合起来的一组要素。……就旅游者而言，旅游产品就是他从离家到回家这段时间的完整经历
李天元（2019）	旅游者从离家外出开始到完成全程旅游活动并返回家中，这一期间的全部旅行经历的总和
陶汉军和林南枝 （1994）	旅游者为了获得物质和精神上的满足通过花费一定的货币、时间和精力所获得的一次旅游经历
张凌云（1999）	旅游者在外出旅游过程中消费的产品和劳务的总和
罗明义（1999）	旅游者以货币形式向旅游经营者购买的一次旅游活动中所消费的全部产品和服务的总和

事实上，旅游产品是由旅游线路组成的。旅游者的完整经历就是一条旅游线路，一条旅游线路由若干或众多产品组成。从目的地开发的角度来说，就是要开发完整的旅游线路。

（二）旅游产品的内涵

了解旅游产品，需要从多个角度把握其内涵。

1. 广义和狭义之分

按照上述定义，旅游产品既包含能够吸引旅游者的旅游景观，又包含为旅游者提供服务的各项基础设施和旅游设备，以及服务人员提供的各项服务，这称为广义的旅游产品。广义旅游产品反映出旅游产品是一个综合性、包罗万象的体系。在旅游目的地的开发中，应该注重这个概念。

在旅游资源开发与规划中，则注重狭义旅游产品开发，即为满足旅游者游览和休闲的需要所开发或建设的供旅游者欣赏、使用、体验的对象，这称为核心旅游产品，主要的形式是旅游景区和旅游景点。

2. 有形和无形之分

旅游产品是有形的实体和无形的服务的统一体。有形的实体是各种旅游景观、旅游设施和旅游环境。无形的服务是游览导游服务、咨询服务、食宿接待服务、旅游管理服务等，旅游者的整个旅游行程离不开旅游产品各组成部分提供的直接服务。旅游产品具有商品贸易与服务贸易的双重特征。

3. 整体和部分之分

旅游业是一个综合性产业，旅游产品是一个包含各要素的复合型产品，一个完整的旅游产品不是由一个部门完全提供的，而是由各个不同部门的经营者和服务者分别提供的。因此，旅游产品可以分为景区"景点"、住宿、餐饮、交通、购物、娱乐等不同的部分。

4. 概念性与技术性之分

有学者提出旅游产品有概念性定义和技术性定义之分。概念性定义是从理论上界定旅游产品与其他物品的属性差异。在实际中，根据不同的目的，对旅游产品有不同的技术性定义，作为概念性定义的补充（见表5-3）。

表5-3　旅游产品的技术性定义

定义名称	定义内容
核心产品	旅游产品首先是指六大要素中"游"的部分。具体而言，指旅游景点、景观等游览项目和内容，称为核心产品
企业产品	旅游产品还可以从旅游业中不同类型的企业向旅游者提供的不同服务及实物去划分。如旅行社提供的接待服务，饭店提供的客房及相应服务，航空公司提供的机座及相应服务，称为企业产品
行业产品	对于整个旅游行业而言，向大多数旅游者提供的是由吃、住、行、游、购、娱六大部门组成的一种复合产品，表现为线路产品及不同的产品组合（度假旅游、观光旅游……），称为行业产品
综合旅游产品	在旅游者旅游活动进行过程当中，许多服务和实物产品并不是由旅游企业提供的，而是由社会相关行业提供的。在"大旅游"框架内的这一层次的旅游产品称为综合旅游产品
总体旅游产品	从旅游者选择旅游目的地的角度可以将旅游产品定义为旅游地（城市、地区、国家），称为总体旅游产品

资料来源：秦宇.试析旅游产品定义问题［J］.北京第二外国语学院学报，2000（1）：28-32.

二、旅游产品的基本特征

为了更准确地理解旅游产品的基本特性，我们把它与物质产品和服务产品进行比较。

物质产品是所有权发生交换的产品，如工业产品、农业产品都属于所有权交换的产品。消费者购买的不仅仅是使用权，还包括所有权的转移。如消费者向房产公司购买一套住房，产权就由房产公司转移到了购买者手中；如消费者向百货公司购买一套服装，产权就由百货公司转移到了购买者手中。一般学者把这种所有权转移的住房、服装等产品称为商品，商品只能出售一次。物质产品是产品占主导地位，消费者只能服从其功能，基本上不能改变其特性，没有互动性。

服务产品是介于物质产品与接待产品之间的一种中间产品。如银行产品、保险产品、电信产品。服务产品更多的是代理型产品，消费者属于从属地位，服务人员是工匠型的服务，按照产品要求、功能进行服务，互动空间小。

旅游产品属于接待产品，大多数不发生所有权的转移，旅游产品可以反复出售。旅游企业出售产品只是出售使用权或享受权，或者说旅游产品进入消费领域，而不进入交换领域。也就是说旅游者所购买的这个消费品是不能带走的，如旅游线路、名山大川、飞机座位，只有享受权，没有所用权。换言之，是消费者临时租用。正因为如此，一般把旅游消费品称为旅游产品，而不称为旅游商品。当然，对于旅游产品和旅游商品的提法在理论界是有争议的。接待产品要求消费者与接待人员互相支配，互动性非常强，对接待人员的要求非常高，需要有较全面的知识功底与灵活的接待技能。

物质产品、服务产品与接待产品的典型区别如表5-4所示。

表5-4 物质产品、服务产品与接待产品的典型区别

物质产品（如电视机）	服务产品（如银行业务）	接待产品（如游线）
制造出来	创造出来	挖掘出来
生产环节与销售环节分离	生产环节与销售环节紧密联系	生产环节与销售环节同步
所有权出让	以所有权与使用权代理为主	使用权出让
可以试用	可以试用	不可以试用
产品移动	产品与顾客都移动	顾客移动
需要带回家	既可以带回家也可以不带回家	不可以带回家
可以反复使用	按次使用为主	可以反复体验
产品占支配地位	产品与顾客都重要	顾客与接待人员互相支配

资料来源：凌常荣.资源型区域旅游产品开发路径研究 [M].北京：中国社会科学出版社，2011.

对于旅游产品的特性，共性意见比较多，分歧的意见少。大体上旅游产品的特性有以下几种共同的认识：无形性、不可转移性、不可储存性、生产与消费的同步性、综合性、愉悦性等。如果换个角度来理解可能就会更精确地揭示其本质。

（一）伴随性

旅游产品最核心的特点就是要与游客发生直接的联系。无论是物质产品还是精神产品，总是要与游客亲密接触的。哪怕是一种氛围、一种环境，随时随地都在伴随着游客，也就是说，旅游产品的开发有时是开发一种氛围、一种环境，让游客在一定的空间中与消费对象融为一体。同时，导游以及餐厅接待人员也必须时刻伴随着旅游消费者。游客在整个旅游过程中都离不开旅游产品。

（二）体验性

与伴随性相联系，游客购买旅游产品获取的回报不是把他们带回家中，而是获得对旅游产品的体验。旅游者对旅游产品的基本要求是新、奇、特、异。无论是观赏也好，体会也罢，新鲜的、奇怪的、特别的、异样的生活和事项，都是旅游者的消费对象。

（三）即时性

旅游产品存在于自然界和人类社会中，只要旅游者有需求，现在技术条件能够开发出来，旅游者的消费与它们是即时发生关系的。只有旅游者对它们进行了消费，才进入消费领域，才能产生价值，才是旅游产品。如果没有旅游者消费，它们只是旅游资源。旅游资源本身不能产生效用和价值，但可以存储，只有成为旅游产品才能产生效用和价值。也就是说，旅游产品即时消费得越多，价值越大，效益越好，否则就是零。

（四）固定性

旅游产品是相对固定的，绝大多数不可以移动。例如，旅游景区、酒店等是不可以移动的，是固定的。民族风情、历史文化也是固定的，把这些东西在时空上位移后就是伪文

化了，失去了本真性。因此，位移的是旅游者而不是旅游产品。但是，并非所有的旅游产品都不能位移，少数特殊的旅游产品是可以在特定的时空中位移的，如交通工具这样的旅游产品可在特定的线路上位移。这个线路也是相对"固定"的，不能随意移动，不能随意扩大其边界，否则就会浪费消费者的时间与精力。

（五）组合性

旅游产品需要组合起来才能成为游线。旅游者的消费对象包括六要素，即"行、住、食、景、购、娱"。这也是旅游客体的基本内涵。行就是交通、住就是住宿、食就是饮食、景就是风景、购就是购物、娱就是娱乐。这六大要素组合起来才能满足消费者的旅游需要，才是完全意义的游线。单一产品也可以形成旅游产品，但吸引力要大大降低、体验的效果也会大打折扣。不能构成饱满的旅游体验。组合性非常强也是旅游产品区别于其他产品的地方。

三、旅游产品的主要类型

按照不同的划分标准，旅游产品可以划分为不同的类型。

（一）按照功能不同划分

按照功能不同，旅游产品可以划分为三个层次：基础层次、提高层次、发展层次（见表5-5）。

表5-5　旅游产品的层次分类

层次	特征	项目内容	产品功能
基础层次	陈列式观光旅游	自然资源、风景名胜与人文历史遗迹	属于最基本的旅游形式，是旅游规模与特色的基础
提高层次	表演式展示	民俗风情与游乐	满足游客由"静"到"动"的多样化心理需求，通过旅游文化内涵的动态展示，吸引游客消费向纵深发展
发展层次	参与式娱乐与相关活动	亲身体验与游戏娱乐	满足游客的自主选择、投身其中的个性选择，是形成旅游品牌特色与吸引游客持久重复消费的重要方面

资料来源：马勇，舒伯阳.区域旅游规划——理论、方法与案例［M］.天津：南开大学出版社，1998.

（二）按照性质不同划分

原国家旅游局调查结果表明，中国在国际、国内旅游市场上形成的旅游产品可分为以下四种类型：一是观光旅游产品，即以文物古迹、山水风光、民俗风情为特色的具有东方文明和神州风韵的观光产品，在世界上具有垄断地位；二是度假旅游产品，其中家庭度假、乡间度假、海滨度假、周末度假、节日度假呈现出日益广阔的市场；三是专项旅游产品，包括古代城市旅游、乡村旅游、长城之旅、黄河之旅、奇山异水旅游、保健旅游等；

四是生态旅游产品。

世界旅游业已经由观光旅游阶段进入休闲度假旅游阶段，旅游者要求旅游产品更具文化性、参与性、体验性和特色性，即旅游产品的层次要提高，旅游产品的内容要深化。这里我们把生态旅游作为专项旅游的一类，按照性质将旅游产品归纳为观光旅游产品、度假旅游产品和专项旅游产品三大类别。每一类别下又有若干旅游产品类型（见表5-6）。

表 5-6　基于性质划分的旅游产品分类

类别	类型	产品特征	举例
观光旅游产品	自然观光	风景秀美、独特、神奇，具有视觉美感或视觉冲击力	山地风光、湖泊风光、草原风光、沙漠戈壁风光、农业观光等
	人文观光	历史、文化、生活、艺术、科技等要素的物化品和载体	文化古迹观光、城市观光、主题公园观光、工业观光、园林及建筑观光等
度假旅游产品	滨水度假	气候宜人，亲水休闲、放松休养场所，设施高档	海滨海岛度假、邮轮度假、温泉度假、湖泊度假等
	山地度假	良好的生态环境，完善、高档的休闲度假设施	山地度假、森林度假、高山雪原度假等
	城乡度假	离开居住环境，比较幽静，具有独特自然、人文环境或民族风情的休闲空间	城郊度假、乡村度假、小镇度假等
专项旅游产品	文化旅游	注重体现知识性、文化性	民俗文化、宗教文化、历史文化、艺术文化等
	节庆旅游	人群集聚，气氛浓郁，欢乐	民族节日、文化节、旅游节、地方特色节日等
	商会旅游	以商贸交流、各类会议为主要内容	博览会、交易会、发展论坛、研讨会等
	生态旅游	环境良好，重视环保	湿地生态、森林生态、草原旅游、自然保护区、国家公园等
	康体旅游	以疗养、养生、恢复健康为吸引	温泉疗养、医药疗养、饮食疗养、运动疗养等
	体育旅游	以参与、观看体育竞技活动和比赛为吸引	奥运会、世界杯、汽车拉力赛等
	购物旅游	以购物为主要吸引	购物城市（香港）、购物街、免税店等
	教育旅游	以教育学生，增加知识，培养爱国主义精神为吸引	修学旅游、校园旅游、夏令营、爱国主义教育基地等
	农业旅游	以农业历史展示、农业耕作体验、农产品等为吸引	农业观光园、农业培育基地、新农村等
	工业旅游	以工业流程和工业产品制作为吸引	工矿旅游、葡萄酒旅游等
	乡村旅游	以乡村风景、乡村文化、乡村农业为吸引	新农村、民俗村、农家乐等
	主题公园	以某一方面为主题的公园，以人造景观为主	迪士尼、影视城、海洋公园、游乐场等
	探险旅游	富有挑战性、刺激性、参与性	海底探险、古迹探险、高山探险、沙漠探险、极地探险等

资料来源：陈昱. 基于后现代主义视角的香格里拉大峡谷旅游区旅游产品规划研究 [D]. 昆明：云南师范大学，2009.

当然，对于旅游产品类型的划分还有很多，这里不一一列举。随着市场的细分，今后还可能出现更加多样、科学的划分方法。

第二节　旅游产品开发的原则与策略

旅游产品是需要开发或生产出来的。那么，如何开发或生产才能具有市场卖点？这就必须注意把握生产的原则并注重开发策略。

一、旅游产品开发的基本原则

任何产品的生产都需要尊重一定的规律或原则，否则容易与市场背道而驰或者事倍功半。按照生产规律进行开发，就可能事半功倍。

(一) 市场导向原则

市场需求是旅游产品产生、发展和消亡的直接决定性因素。因此，旅游产品的设计与开发，必须与旅游市场相适应，以旅游者的需求为中心。要特别重视旅游市场的调查、细分、定位和预测，掌握旅游市场发展变化的趋势。根据市场结构和旅游者偏好开发出旅游市场喜闻乐见的旅游产品，如表5-7所示。一是要与当前旅游市场发展的大趋势相适应，如世界旅游业已经由观光旅游进入休闲度假旅游时代、深度体验的旅游时代，旅游者的需求多样化、个性化，求舒适、求品质、求体验、求新奇等；二是要与细分市场的需求相适应，针对不同人群的特点，设计开发旅游产品，如针对老年人的休养保健旅游、针对青少年的修学文化旅游等。

表 5-7　中国旅游市场新趋势

序号	新趋势	解释	对旅游产品开发的启示
1	休闲度假成为主流	走马观花式的观光旅游已经不能满足成熟旅游者的需求，休闲度假游已经成为市场的主流	重品质、重休闲、重度假、重文化、重口碑
2	康养旅游受宠	旅游者对健康越来越重视，养生、养老、养心旅游成为挚爱	重创新、重新奇、重康复、重效果、重品质
3	城市近郊游较普遍	城郊休闲旅游、农家乐、乡村旅游盛行，周末近距离出游越来越普遍	城市是工作、事业、居住、交往、商务的中心，城郊成为放松心情、休闲娱乐、亲近自然的场所
4	自驾游常态化	私家车成为普遍现象，家庭自驾出游非常普遍	建设自驾车营地、房车基地，打造精美自驾车旅游线路，做好标牌标识导引等智慧旅游系统

序号	新趋势	解释	对旅游产品开发的启示
5	网红打卡地成为时尚	眼球经济脱胎换骨，网红代表时尚化	加强旅游网站建设，完善5G技术等预订系统，扩大流量通道
6	文创型旅游层出不穷	文化旅游融合抬升了旅游价值，催生跨界旅游	开发重创意、重策划、重内涵、有意境的产品，不断推陈出新
7	高端型旅游产品流行	豪华型、奢侈型、炫耀型旅游产品被市场接受	打造高档次、高附加值旅游产品，如邮轮旅游、游艇旅游、豪华住宿、私人飞机旅游等
8	研学旅游	中学生是主体，课外移动课堂	注重分年级、知识族、分层次教学，注重安全性与求知性
9	红色旅游成为刚需	对中国共产党的爱戴与拥护，推动了红色旅游市场的发展	注重场馆建设与布展的科学性、技术的合理利用、讲解词的分层分类，提高教育效果。寓教于游而非寓教于乐

旅游目的地必须随时捕捉旅游市场信息，分析市场热点，把握市场发展方向，走在市场的前面，开发出适销对路的旅游产品。

(二) 塑造特色原则

特色是旅游产品的灵魂，是旅游吸引力的主要源泉和市场竞争力的核心。越是具有特色的旅游产品越能够吸引市场，越能够持续地发展下去；相反，盲目跟风、模仿建设而成的雷同性旅游产品很难吸引市场的目光，竞争力小，市场效益低下。旅游产品的特色主要表现在地方性、民族性、原始性、现代性、新奇性等方面，要塑造旅游产品的特色，要综合考虑内外环境。考虑内部环境指要科学分析旅游资源的特点、旅游市场的需求特点和旅游资源的区位、交通、施工等条件，深入挖掘资源所在地的地脉和文脉，经过概括、提炼、选择，找出最能代表旅游产品的独特之处，形成旅游产品的主题和特色。考虑外部环境，指要分析周边地区旅游产品的特征，与周边地区形成差异化开发；分析全国甚至全世界同类旅游资源的开发状况，借鉴其成功之处，融入自身旅游产品开发，形成独有的特色，在"同类中凸显不同"。

(三) 注重形象原则

树立旅游形象是旅游产品开发的重要工作。形象设计带有很强的市场营销成分，强调的是旅游产品最能吸引旅游者的特征，它通过系统化的设计、公众参与、各种活动与传播媒介的力量，强化旅游产品的精神理念。形象设计首先表现为提炼旅游产品的主题和形象口号，如深圳锦绣中华微缩景区的形象口号——"一步迈进历史，一日畅游中国"；进而，形成旅游产品的形象标志、标准字体、标准色、吉祥物等形象系列；最终，要通过景观建设、设施建设、服务行为，体现这一形象。

(四) 保持创新原则

新开发的旅游产品必须保持创新思维，只有创新，才有特色，才有市场。更重要的是根据旅游产品的生命周期，适时更新旅游产品，使创新成为一个持续的过程。旅游产品从产生到被市场淘汰一般经历探索、参与、发展、巩固、停滞、衰落或复苏六个阶段，我们应重视应用旅游产品生命周期理论，研究各种不同旅游产品的具体生命周期特点及规律，剖析形成这些具体的生命周期特点和规律的内在因素，以有效地指导旅游产品的设计、开发和管理，包括淘汰过时的、不再具有市场吸引力的旅游产品；更新旅游景观、旅游设施；补充新的旅游项目和旅游活动等。

（五）环形原则

旅游产品是由一个个点和一条条线组成的，更多地体现为游线。事实上产品供应商出售的旅游产品也是以旅游线路为主的。这个旅游线路不能走回头路，要设计成环形。游客走新路不走旧路，节省游客时间与经济成本能提高游览兴趣，提高时间利用率和游览效率，提高游客的满意度。

（六）时间原则

在进行旅游线路设计时，要注重时间节律，要预先筹划线路的顺序与节奏点，还要考虑旅游者的心理和生理、精力状况做到有张有弛。一般以 3~4 小时即半天时间为一个单元。这样的线路安排，旅游者既可以获得心理上和生理上的满足，又如同一部艺术作品有序幕、发展、高潮和尾声，使旅游活动有张有弛、劳逸结合、丰富多彩。

（七）搭配原则

旅游目的地要注意旅游景观的搭配，自然与人文景观搭配、山岳与水体景观搭配，综合运用音乐、文学、园林、建筑等造景和环境艺术，形成欲扬先抑、步移景异、峰回路转等艺术效果和富有特色的组合产品，使旅游活动做到有起有伏、有动有静、有快有慢、有观光游览又有参与娱乐，要使游客的整个旅游活动始终保持在兴奋点上，提高游客的体验满意度。

（八）环境保护原则

旅游产品属于公共产品，开发的是公共资源，也是为大众服务的产品。因此，一方面必须注意保护环境，注意绿色开发和低碳开发，绝对不能够以破坏环境为代价进行开发。要充分利用原有的地形地貌，利用当地的植被物种，利用当地的生态系统，尽量避免外来物种的入侵、避免环境的污染，保持生态平衡。另一方面必须注意文化传承、人文生态安全与健康、社会效益的发挥。尤其要避免"黄、赌、毒"和格调低下、庸俗的东西入侵旅游业。

二、旅游产品开发的主要策略

在把握好开发原则的基础上，旅游产品开发需要研究技巧和策略，具体有以下六个方面：

(一) 突出特色,凸显差异化

地方特色是区域旅游产品区别于其他地区产品的重要依据,是旅游产品赖以生存和发展的最重要的基础条件。旅游产品的设计要从地区资源特色分析入手,根据资源特征,确定旅游产品开发的方向和类型;要突出地方历史文化,体现独特价值,树立起自身特色,实现差异化开发,以开发"人无我有""人有我优"的旅游产品为目标。差异化越大,吸引力越强。如沿海地区的旅游者对沙漠和高原景观旅游产品的兴趣比较大,沿海地区的游客喜欢到新疆维吾尔自治区、西藏自治区旅游。高原地区、内陆地区的旅游者对滨海旅游产品的兴趣更大。

差异化还包括面向不同市场开发旅游产品。如面向老年人市场、中学生市场、国外游客市场等,开发不同的旅游产品。

(二) 错位发展,注重多样化

所谓错位发展,就是要与周边景区在产品定位上错开定位,避免简单的直接竞争。如杭州西湖和千岛湖,两者同样是湖泊旅游,但西湖打的是文化牌,千岛湖打的是自然风光牌。

旅游产品类型越丰富,目的地能够吸引旅游者的可能性就越大,旅游市场的空间也就越大。要实行产品多样化策略,打造适宜不同类别、不同层次、不同的旅游者喜好和需求的旅游产品。一是在多样化旅游资源的基础上开发出多样化的旅游产品,如山地、水体等自然资源可开发为自然观光、自然休闲度假产品;文物古迹、人文景观等人文资源可开发为人文观光、历史文化旅游产品。二是对同一资源进行不同层次开发,加大旅游产品开发的深度,如古城开发,可以开发古城观光产品、古城客栈、古城民俗表演、古城餐饮等旅游产品。

(三) 循序渐进,开发有序化

旅游产品要实施阶段性、有序化的开发,尤其是对于旅游业发展水平较低的地区来说,要针对其所服务的客源市场特征,分期、分重点地进行发展规划安排,切忌贪大求全、全面铺开。近期、中期、远期应该有不同的产品开发目标,"边建设、边运营、边调整、边补充",循序渐进。有序开发不仅可以集中力量建设重点旅游产品,规避旅游产品开发的风险;同时也能够不断地锻炼人才,发现问题,积累经验,有利于可持续发展。

(四) 合作共赢,实现联动化

旅游产品是由旅游相关企业分别提供"六要素"形成的,联动开发需要"六要素"涉及的部门和企业相互配合,有效分工,积极合作,打造完整的旅游上下游产业链,完善和提升旅游产品质量。

另外,联动开发也指本地的各旅游景区、景点,与周边地方的旅游景区景点科学规划,组合形成旅游产品线路,共同对外营销,共享客源,实现共赢。开发旅游产品要避免"单打独斗",旅游"六要素"产品必须完整、配套。单一产品的独门生意缺乏吸引力,单一景区也同样缺乏吸引力。对于旅游目的地来说，需要有整体意识，要发挥各部门的整体作用，真正实现联动，才有可能做大做强。

（五）协调发展，产品分类化

旅游产品开发要注意协调发展。旅游目的地的三大系统需要统一规划、统一管理。一是核心系统，即旅游吸引物；二是接待系统，包括旅行社系统、酒店系统、交通系统、娱乐系统；三是外部系统，包括行业管理系统、公共服务系统、文化系统和居民系统等。这三大系统都要协调开发、相互配合，不能出现短板，否则容易引起游客投诉，影响目的地的形象和口碑。

目的地旅游产品划分类别，一是把产品分类，有利于认清产品开发的现状、阶段，便于有序开发。二是明确产品的消费群体，有利于做好市场营销工作和各项管理工作。

（六）注重居民参与，旅游社区化

社区居民在旅游开发过程中具有两面性：一是由于当地居民生活方式及其拥有的民居是地域民俗文化展示的组成部分；二是旅游业发展影响当地居民正常生活秩序。成熟的旅游者除了欣赏风景之外，对目的地居民的生活及其习俗也非常感兴趣，可以说，当地的居民及其生活方式也是旅游产品。因此，需要目的地居民的积极参与、配合，缺乏目的地居民热情参与的产品是没有生命力的。同时，要考虑旅游业的正面和负面的影响，尤其是对当地居民生活、文化的影响。开发产品时要考虑居民的感情因素，尤其是涉及宗教、信仰习俗的时候，必须尊重当地居民，否则容易激化矛盾，引起群体事件，给旅游安全带来隐患。

第三节　旅游产品开发系统及主要内容

旅游活动是由行、住、食、景、购、娱六要素组成的。换句话说，旅游产品是综合性产品，是由一系列产品组合而成的。那么，这个系列是不是一个系统？这个系统又包括哪些内容？

一、旅游产品开发系统

旅游产品开发是一个完整的系统工程，需要从多个方面综合考虑，这个系统不同于旅游目的地系统。目的地系统是指整个目的地旅游运行的产业链系统，包括内部产业链与外部产业链。旅游产品开发系统是目的地系统的一个子系统，它指的不仅是产品系统，更是开发系统。从开发的角度综合考量，可以概括为三个维度，即产品系统开发维度、时间系统开发维度、空间系统开发维度。产品系统开发即确定旅游产品的类型、等级和产品组合等；时间系统开发即在考虑旅游产品开发的时序和产品的生命周期；空间系统开发即根据旅游产品的空间范围进行开发。三者共同构成旅游产品开发的内容。其中，产品系统开发是基础、核心，是划分时间系统开发和空间系统开发的先决条件；时间系统开发依据市场、效率、资金状况进行；空间系统开发依据资源量、承载量和环境、文化状况进行。

二、旅游产品系统开发

旅游产品系统开发指旅游产品的类型、等级、组合等系统的开发。

(一) 旅游产品类型开发

根据旅游目的地的资源禀赋状况、条件和旅游市场的需求前景，开发尽可能多样化的旅游产品，这是目的地共同的愿望。例如，开发观光、度假、专项等不同类型的旅游产品，形成丰富的旅游产品类型体系。一般来说，旅游产品类型越丰富，吸引的旅游者的范围越广，对旅游业发展越有益。例如，张家界就开发了多种类型的旅游产品（见表5-8）。

表5-8 张家界现有旅游产品状况

品种	类型	所属类别	具体表现	所依托资源
观光旅游产品	自然观光产品	地表类观光产品	名山、洞穴	张家界国家森林公园、天门山国家森林公园、黄龙洞、九天洞、龙王洞、玉皇洞等
		水域类观光产品	湖泊、温泉	宝峰湖、江垭温泉、万福温泉
		生物类观光产品	森林、野生动物	张家界国家森林公园、五雷山、八大公山
	人文观光产品	历史遗迹产品	寺庙、古民居	普光禅寺、土家风情园、秀华山馆
		现代观光产品	革命纪念地	湘鄂川黔革命根据地旧址
		观光农业	农业生态园	绿色大地、农业生态园
度假旅游产品	森林度假产品	—		国家森林公园、武陵源国际度假村
	温泉度假产品	—		江垭温泉、万福温泉
康体休闲产品	生态旅游产品	森林旅游产品		张家界国家森林公园、山水田园农庄
	娱乐消闲类旅游产品	被动消闲产品	桑拿、按摩	各类休闲娱乐场所
		歌舞文艺类产品	MTV/KTV、卡拉OK	各类休闲娱乐场所
		游戏类产品	棋牌游戏	各类休闲娱乐场所
商务旅游产品	会议旅游产品	—	大型会议	大型酒店会议场所
	奖励旅游产品	—		张家界各旅游资源
	大型活动	大型纪念或庆祝活动		张家界国际森林保护节、湖南旅游节
		大型博览会、交易会	交易会	张家界旅游商品、农副产品博览会暨美食文化节
文化类旅游产品	民俗旅游产品	—	民俗节庆活动	社巴节、哭嫁、赶年
	艺术欣赏旅游	—	戏剧、工艺品	土家风情园、老院子、魅力湘西、梦幻张家界、军声画苑
	宗教旅游	—		普光禅寺、天门山寺
	怀旧旅游产品	名人故居、墓地游	—	贺龙故居、贺龙纪念馆

续表

品种	类型	所属类别	具体表现	所依托资源
专项旅游产品	登山旅游产品	—	登山	张家界国家森林公园、天门山国家森林公园
	运动旅游产品	—	水上运动	激流回旋
特色旅游产品	刺激型旅游产品	冒险旅游产品	漂流	茅岩河漂流、娄水漂流、索水漂流
	享受型旅游产品	—	纯玩团	各类娱乐、交通、住宿等设施

资料来源：粟娟，田金霞，许建. 张家界体验旅游产品设计与开发 [J]. 资源开发与市场，2009，25（3）：265-268.

（二）旅游产品等级开发

旅游资源具有等级性，经过开发后形成的旅游产品也具有等级性。旅游产品的等级体系包括：拳头产品、重要产品和配套产品。客观地说，划分这三种旅游产品是有难度的，因为没有统一的标准。一般来说，从客源市场的角度来划分可能比较合理，即能吸引世界客源市场的是拳头产品，能吸引全国客源市场的是重要产品，能吸引本省区市客源市场的是配套产品。

拳头产品也称核心产品，它是旅游目的地最具代表性的产品，是能够代表旅游形象、最具影响力和吸引力的品牌旅游产品。它能够吸引远程旅游客源市场，属于少而精的高端产品。如桂林的漓江、印象刘三姐，四川的峨眉山、九寨沟，山东的泰山、蓬莱阁等。相当于世界知名的产品，能够吸引世界游客。

重要产品是整个产品体系的支撑，是旅游产品的重要组成部分。例如，桂林的独秀峰、七星岩、两江四湖；四川的乐山、都江堰；山东的孔府、崂山。相当于全国知名的产品，能够吸引全国游客。

配套产品可以丰富旅游产品结构，满足小尺度客源市场和低消费市场群体的需要。例如，桂林的世外桃源、乐满地、龙颈河漂流、月亮山等；四川的武侯祠、宽窄巷子；山东的海底世界、趵突泉等。相当于全省知名的产品，能够吸引全省游客。

三个等级产品一般形成金字塔结构（见图5-1），就是说拳头产品很少，重要产品稍多，配套产品较多。

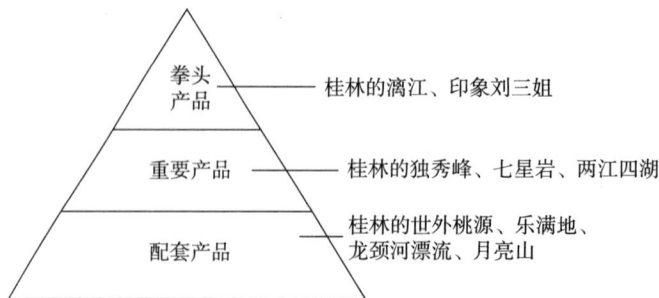

图5-1 桂林旅游产品等级体系

（三）旅游产品组合开发

旅游产品组合有宽度、长度、深度和关联度四种。旅游产品组合的宽度是指一个旅游地有多少旅游产品大类；旅游产品组合的长度是指一个旅游地的产品组合中所包含的产品项目的总数。用旅游地的旅游产品大类数除以总长度，就可以求得一个旅游产品大类的平均长度。旅游产品组合的深度是旅游产品大类中每种产品有多少花色品种规格。用品牌数除以各种品牌的花色品种规格总数，可求得一个旅游地的产品组合的平均深度。旅游产品组合的关联度是指一个旅游地的各个产品大类在最终使用、生产条件、分销渠道等方面的密切相关度。如滨海旅游产品中，沙滩、帆船、潜海就是关联度大的产品，而登山、攀岩、瀑布就是关联度小的产品。旅游产品组合的宽度、长度、深度和关联度在营销战略上具有重要意义。阳朔县是我国县域旅游的典型，阳朔的旅游产品组合如表 5-9 所示。

表 5-9　阳朔的旅游产品组合

旅游产品类型	代表性旅游景点
接待观光型旅游产品	大榕树、月亮山、漓江、兴坪
身心体验型旅游产品	漓江、十里画廊、世外桃源、遇龙河、龙颈河
综合多样型旅游产品	漓江、印象·刘三姐、西街、月亮山
深度文化型旅游产品	漓江、印象·刘三姐、阳朔西街啤酒节、兴坪渔火节、修学游

例如，在四川省江油市旅游发展规划中，根据市场调查和对江油市一级、二级市场的需求分析，确定了江油市旅游产品结构（见图 5-2）。[①]

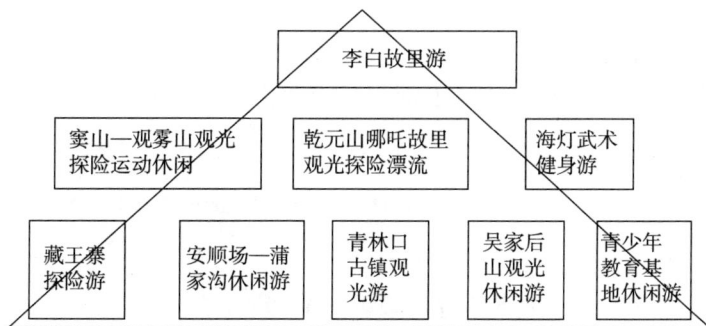

图 5-2　江油市旅游产品结构

江油市旅游产品组合的宽度有五大类旅游产品，它的长度有 46 项旅游产品，因此，每一个产品大类的平均长度 = 46÷5 = 9.2，这说明旅游产品比较丰富。江油市旅游产品组合特征如表 5-10 所示。

---

① 杨振之，旅游资源开发与规划 [M]. 成都：四川大学出版社，2002.

表 5-10　江油市旅游产品组合特征

	产品组合的广度				
	文化观光	自然观光	运动休闲	专项旅游	节庆活动
产品组合的深度	窦圌山	窦圌山	铁索飞渡	盘江五峡漂流	窦圌山：攀岩节 滑翔节 武术比赛
	云岩寺	佛爷洞	滑翔	白龙宫漂流	
	普贤寺	白龙宫	动力伞	佛爷洞漂流	
	极乐堂	观雾山	飞镖	观雾山登山	
	金光洞哪吒神话	藏王寨	攀岩	乾元山探险	乾元山：龙舟节
		吴家后山	溜绳	藏王寨探险	
	青林口古镇 太白纪念馆	安顺场—蒲家沟	武术表演	涪江六峡漂流	
			牵引伞		
	太白公园	乾元山	热气球	青少年教育修学基地	李白故里：李白国际文化旅游节 李白诗酒会
	李白故里		蹦蹦球		
	海灯武馆		塔伞		
			三角翼吊车		
			蹦极		
			射箭场		

资料来源：李庆雷，明庆忠．旅游规划：技术与方法 [M]．天津：南开大学出版社，2008.

三、旅游产品时间系统

旅游产品的时间系统开发即旅游产品开发的时序和旅游产品生命周期。

（一）旅游产品开发的时序

旅游产品开发的时序指的是目的地产品开发的时间流程。任何一个目的地都不可能在一段时间内开发所有的产品，需要随着时间的推移和市场的变化、游客的需求不断开发新的产品，都需要不断地扩大市场份额。以阳朔为例，其旅游产品开发的时序如图 5-3 所示。

20世纪70年代	20世纪80年代	1999年	2001年	2003年 2004年 2007年	2016 2017 2018 2019
（1）	（2）	（3）	（4）（5）	（6）（7）（8）	（9）（10）（11）（12）

图 5-3　阳朔旅游产品更新时间轴

注：（1）20 世纪 70 年代漓江；（2）20 世纪 80 年代老西街；（3）1999 年世外桃源；（4）（5）2001 年新西街、遇龙河；（6）2003 年印象·刘三姐；（7）2004 年龙颈河；（8）2007 年十里画廊风景区；（9）2016 年益田西街文化体验区；（10）2017 年兴坪古镇；（11）2018 年桂林千古情；（12）2019 年如意峰索道。

从时间轴可以看出，阳朔旅游产品开发的时序越来越短，也就是说更新的速度越来越快，反映出市场的竞争程度也是越来越激烈。为了在市场中求发展，就必须不断研究、创新适合旅游者体验需求的新产品。

（二）旅游产品生命周期

生命周期最早用于生物学，用于阐述一种生物从产生到灭亡的演化过程。

旅游产品生命周期（Product Life Cycle，PLC）是指旅游产品从被开发出来进入市场到退出市场的全过程，依次可以分为介绍期、成长期、成熟期和衰退期四个部分。

在介绍期，旅游产品投放市场时间不长，消费者对其还不了解，市场对其需求也不大，销售量增长比较缓慢。在成长期，旅游产品逐渐形成了特色，逐渐有了一定知名度，消费者对旅游产品的认知从陌生走向比较熟悉，产品销量增长速度较快。经过一段时间的"成长"，就进入"成熟期"。在成熟期，旅游产品已经被大多数消费者接受，潜在的消费者逐渐减少，产品销量的增速变缓，达到最大销量后开始呈减少趋势。[①]

旅游者对旅游产品的接受、认可需要一段时间；旅游市场会存在模仿者、跟随者，形成同类旅游产品的竞争；不同类型的旅游产品推陈出新，会对原来的旅游产品形成冲击和竞争，旅游产品的生命周期因此而存在。

但是旅游产品的生命周期的表现形态是非常多样的。郭鲁芳（1998）[②] 也曾提出了四个比较有典型意义的旅游产品形态，即"增长—衰退—成熟"形态、"循环—再循环"形态、风扇形、扇贝形（见图5-4）。

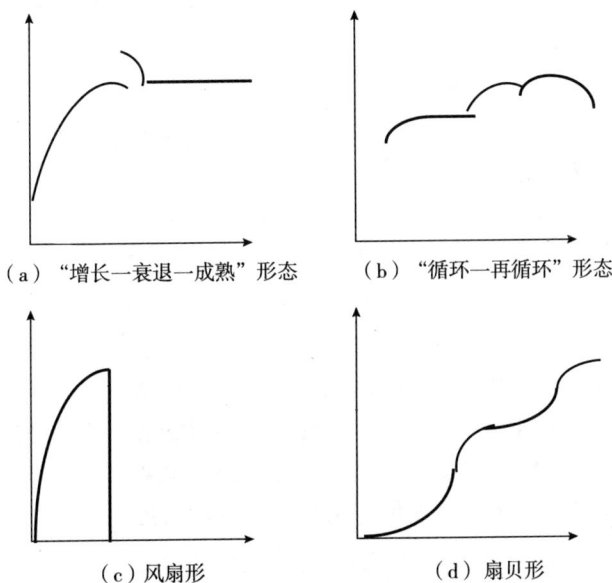

|（a）"增长—衰退—成熟"形态 | （b）"循环—再循环"形态 |

|（c）风扇形 | （d）扇贝形 |

图5-4 旅游产品生命周期形态

"增长—衰退—成熟"形态描述的主要是具有垄断性特征的旅游产品，往往在经过较短的投入期和成长期后，产品的销售量便趋于稳定，几乎看不出衰退的迹象，如永久性的世界级文化遗产——长城、故宫等；"循环—再循环"形态是指当旅游产品进入生命周期

---

① 江宏飞. 产品生命周期视角下的麻城杜鹃旅游开发策略 [N]. 中国旅游报，2016-04-11（C02）.

② 郭鲁芳. 旅游市场营销学 [M]. 北京：中国建材工业出版社，1998.

的衰退阶段时，销售量下降，这时，旅游企业采取了有效措施，如对产品重新包装组合、开发新产品、降低价格等来刺激消费，从而产生销售量的上涨，进入下一个生命周期；风扇形是由于媒体炒作或成功的促销手段等使得旅游产品的销售量在短时间内绕过发展阶段直接达到高潮，随后需求大减，直接进入衰退期；扇贝形是由于旅游企业不断开发新产品、增加新用途、开辟新市场，生命周期呈现总体上扬趋势。

在实际中，不同类型的产品所表现出来的生命周期现象不同，即使是同一类的产品，在不同的时间、地点以及不同的经营者经营的情况下其表现也有所不同，但大体上都会经过"介入—发展—衰退"三个过程，只是它们整个生命周期所延续的时间以及它们在各个阶段所处的时间长短上存在区别，如一些拥有世界级自然或文化遗产的观光型产品，都经历了漫长的发展时期，至今没有衰弱的迹象，仍保持着强大的吸引力；然而一些产品犹如昙花一现，在短期的轰动过后，便立即失去了旅游吸引力。因此，不是所有旅游产品的生命周期都呈"S"形。

四、旅游产品空间系统

旅游产品空间系统指不同空间中的旅游产品组合起来形成一个体系，满足旅游者对旅游体验的不同需求，包括区域组合系统、虚实组合系统、功能组合系统、价值组合系统等。

（一）区域组合系统

旅游产品处于不同的地理空间，是不可移动的。然而丰满的旅游产品包括旅游"六要素"，这"六要素"分布在不同的地理空间中，因而区域组合系统特征非常明显。例如，城乡交错带内，依据产业发展模式和区域结构特征，由近及远可以开发文化体育类场馆旅游产品、娱乐类旅游产品、城市公园旅游产品、度假休闲旅游产品、农业旅游产品等。旅游目的地产品开发需要注意把不同地理位置的产品有机组合起来，形成一个空间系统。吴必虎等对环城游憩带进行研究，发现北京周边旅游地在类型上主要分为自然观光旅游地、人文观光旅游地、人工娱乐旅游地、运动休闲旅游地四种。不同类型旅游地的空间分布呈现不同的特征：人文观光旅游地和人工娱乐旅游地在距离城市中心 0~40 千米范围内分布最为密集，在此距离以外，旅游地数量随距离增加急剧减少。

（二）虚实组合系统

开发旅游产品要考虑空间的虚实性。例如，自然景观的旅游产品是实景，如果与文化底蕴这个虚景结合起来，就扩大了产品的空间。典型的是杭州的西湖，白娘子的传说为西湖增添了几许浪漫色彩。北宋诗人苏轼在他的名篇《饮湖上初晴后雨》诗中有"欲把西湖比西子，淡妆浓抹总相宜"的千古绝唱，西子即春秋时越国的绝代佳人西施。比较国内数十个以西湖命名的湖泊，唯有杭州西湖具有如此盛誉。这样，西湖的空间就一下子扩大到历史、文化、名人、诗歌的大格局中。严格地说，西湖如果没有这些看不见的历史、文化、名人、诗歌等效应，也就是一个很普通的湖而已，这样的湖在全国比比皆是、不足为奇。有了这些历史、文化、名人、诗歌的底蕴，西湖景区就成为全国首屈一指的湖类景区。

(三) 功能组合系统

旅游资源的差异以及旅游产品的差异，使其具有不同的功能。把不同功能的旅游产品结合起来，形成一个看不见的空间系统。例如，自然景观的欣赏功能、文化景观的学习功能、生态景观的健身功能、娱乐产品的体验功能等，功能组合性强，游客的满意度相对较高。例如，成都市及其周边的旅游产品功能组合系统相当显著。自然景观有青城山、峨眉山，可以满足游客的欣赏需求及宗教需求；杜甫草堂、三星堆文化景观，可以满足游客的学习需求；农家乐生态景观，可以满足游客的健身功能；成都的小吃美食、麻将等娱乐产品，可以满足游客的体验需求等。

(四) 价值组合系统

旅游产品在一定的意义上是奢侈品。因为旅游者购买的是一次性消费和一次性体验，重复使用需要重新付费。旅游产品的价值可以从多个方面体现出来，如经济价值、时间价值、学习价值、娱乐价值、康体价值、虚拟价值等。旅游产品的开发要把这些价值都体现出来，让旅游者可以感受得到。例如，由于中国香港地区的日常消费水平高于内地，所以到香港地区旅游体现出相对高的经济价值，同时香港地区的物品物美价廉；在香港地区可以学习许多西方的礼仪、习俗等，具有学习价值；香港的迪斯尼乐园具有娱乐价值。

五、旅游产品改进与创新

要根据市场需求对旅游产品进行改进和创新。

(一) 改进原有产品

随着市场热点的转换，有的旅游产品逐渐老化，甚至被市场抛弃。在这种情况下，需要改进原有产品：①完善原有产品的功能，如果旅游"六要素"不完备，就需要增加和完善"六要素"。如果产品缺乏附加价值，就提升产品的附加价值。②增加文化内涵，如广西以《印象·刘三姐》把举世闻名的桂林山水和"刘三姐"的传说巧妙地嫁接和有机地融合，将自然风光、民间传说、壮族民歌、民俗风情完美结合。③增加新的旅游项目，如农家乐旅游产品，除了体验农村生活之外，增加体育健身的项目。④不断提高产品的科技含量，追踪科学技术发展足迹，把科技成果运用在旅游产品中。如将灯光影像技术、LED、AR、VR技术等运用在旅游产品中。

(二) 开发新产品

随着时间的推移和时代的进步，旅游产品需要更新换代，开发新型的旅游产品：①满足旅游者享受需求的产品，如游轮游艇旅游、私人飞机旅游、豪华列车旅游等；②满足旅游者健康需求的产品，包括体育旅游、保健旅游、养生旅游等；③满足旅游者寻求刺激的产品，如探险旅游、秘境旅游、沙漠旅游、狩猎旅游等；④满足旅游者发展业务需要的产品，如修学旅游、考察旅游等；⑤体现旅游者环保意识的产品，如低碳旅游、生态旅游等。

📖 拓展阅读及分析

巴马瑶族自治县健康旅游产品设计开发

巴马瑶族自治县（以下简称巴马）是中国广西壮族自治区河池市所辖的一个自治县，位于广西壮族自治区的西北部，是世界五大长寿之乡中百岁老人分布率最高的地区，被誉为"世界长寿之乡·中国人瑞圣地"。巴马瑶族自治县总面积1966平方千米。2011年总人口27.5699万人。壮族、瑶族、汉族分别占总人口的70.13%、24.58%、12.87%。地处云贵高原向桂中平原过渡的斜坡地带，地势西高东低，海拔大多在500~800米。石山地占30%，土山地占69%，水面占1%。属南亚热带至中亚热带季风气候区，年均日照总时数1531.3小时，年均气温18.8~20.8℃，全年无霜期338天，年均降雨量约1600毫米，相对湿度79%。这里空气中负氧离子含量丰富，根据专家仪器检测，空气中负氧离子含量每立方米最高达20000个以上，比一般城市高出几十倍。

一、巴马健康旅游产品的设计依据

第一，旅游可持续发展观是巴马进行旅游产品开发的理论基础，在开发旅游产品过程中，要注意旅游产品开发与自然生态环境、社会环境之间的关系，运用可持续发展观，协调好彼此的关系，实现旅游良性发展。

第二，巴马长寿自然旅游资源和人文旅游资源是进行产品开发的基础。

第三，对巴马的健康旅游需求市场分析是巴马开发旅游产品的依据，旅游产品的开发要适应市场，最大限度地满足市场需求。

二、巴马健康旅游产品的设计原则

1. 市场导向原则

2. 独特性原则

3. 多样性原则

4. 体验性原则

三、巴马健康旅游产品的开发

巴马健康旅游产品应该以休闲养生度假旅游产品和养生疗养旅游产品为核心产品，以长寿文化体验和科考科研为重点旅游产品，以森林健康旅游和体育康体旅游产品为一般产品。

1. 核心产品：休闲养生度假旅游产品和养生疗养旅游产品

（1）休闲养生度假旅游产品。依托巴马良好的自然生态环境和休闲度假条件，针对各年龄阶层、各种消费群体，发展养生度假、生态度假、乡村度假等各种休闲度假旅游产品。第一，以寿乡休闲养生度假为主题，以巴马县城和盘阳河为依托基地，开发完善高中低档搭配的养生公寓、度假山庄等休闲养生度假设施。第二，配套完善康体健身项目。例如，瑶族药浴、空气疗、食疗、森林生态浴、负氧离子浴，各种保健、按摩、理疗、心疗项目，健身体育运动项目等。第三，开展乡村养生度假。结合社会主义新农村建设，完善村容村貌，配套给排水系统，开展具有寿乡文化特色的乡村养生度假旅游。第四，开展乡村休闲游。让游客充分体验乡村生活，参与垂钓、撒网捕鱼、蔬菜种植、水果采摘等活动。第五，开展水上休闲游。开展游船观光、漂流、竹排漂游、打水仗、垂钓、游泳、水上冲浪、水上自行车、波波球等水上休闲游乐活动。第六，建设赐福湖国际养生休闲度假中心。借助国内唯一获得国际自然医学会颁证认定的"世界长寿之乡"的美誉，以养生度假为主题，突出寿福文化内涵，打造高档次国际性赐福湖养生度假中心。

（2）养生疗养旅游产品。第一，开展长寿修身养性游。以"惟仁者寿"为长寿哲学进行推广，宣扬世界第五长寿之乡宽容、仁义、知足的长寿哲学，引导个人的修身养性。第二，建设老年公寓。满足中老年游客疗养、养生、度假的需求。第三，开展养生讲座。利用巴马长寿之乡的有关研究成果，依托巴马世界长寿研究所，以专家讲座、游客谈切身体会交流等形式推广养生长寿知识，交流心得。第四，推出长寿餐。充分发掘巴马长寿食品，研制针对各种疗养需求，具有不同食用效果的长寿餐饮，针对养生游客提供特色长寿餐，开展饮食疗养。

2. 重点旅游产品：长寿文化体验和科考科研等健康旅游产品

（1）长寿文化旅游产品。第一，长寿文化体验。让游客充分体验长寿之乡的长寿文化，住在寿乡，吃长寿餐、喝长寿水、听长寿歌、访长寿老人、看长寿"命"河、探寻长寿历史，呼吸负氧离子含量高的长寿空气。第二，长寿探秘游。游览长寿之乡，访长寿历史，探寻长寿秘诀，领会长寿真谛。通过嘉庆皇帝长寿诗等各种长寿记载，碑刻、牌匾等长寿历史物证，参悟"惟仁者寿"的长寿真谛。第三，了解长寿历史。了解与参观嘉庆皇帝长寿诗等各种长寿记载，碑刻、牌匾等长寿历史物证，长寿故事与传说等，参悟"惟仁者寿"的长寿真谛。第四，寿乡民俗体验。寿乡长寿民俗"补粮"的参观、了解，备棺、寄石护命、修阴功等延寿民俗的了解，同时游客可以住在长寿村屯，吃长寿餐、喝长寿水、吸高负氧离子空气，参与各种寿乡民俗、农事活动。第五，发展长寿美食文化旅游。建设特色餐饮街，积极发展长寿食品生产与加工业，形成系列绿色长寿食品、粗加工长寿食品和深加工长寿食品，以此为依托发展长寿美食旅游。第六，举办世界长寿文化旅游节。以政府主办、全民参与的形式，每年举办一次或每两年举办一次，与巴马国际长寿论坛同期举行。长寿文化节的主要内容包括寿星评比、"补粮"活动、"惟仁者寿"授匾仪式等。第七，完善长寿文化设施建设。

（2）科考科研旅游产品。第一，开展长寿科考旅游。第二，举办巴马国际长寿旅游论坛。

3. 一般健康旅游产品：森林健康旅游产品和体育康体健康旅游产品

合理安排参与性健康旅游项目，如培养协作精神的球类项目、登山项目、拓展训练项目等；培养冒险能力的健康旅游项目如漂流、蹦极、攀岩等健康旅游项目；培养生活、生存能力的野外生存项目等。

资料来源：孟彦峰. 巴马健康旅游产品开发研究［D］. 南宁：广西大学，2011.

分析：旅游产品需要开发、设计。广西巴马瑶族自治县（以下简称巴马）是世界第五大长寿乡（原苏联的高加索地区、巴基斯坦的罕萨、厄尔多瓜的比尔卡班巴，中国新疆的和田和广西的巴马），这是既成的事实和资源。但是资源不能等同于产品，要把资源变成产品，就需要遵循旅游产品开发的一般规律进行设计、组合、营销、管理。本案例以巴马为研究对象，紧紧抓住其核心资源来设计和开发巴马健康旅游产品，即以休闲养生度假旅游产品和养生疗养旅游产品为核心产品，以长寿文化体验和科考科研为重点旅游产品，以森林健康旅游和体育康体旅游产品为一般产品三个层次，既结合了资源，又有差异化设计；既考量了资源禀赋，又测量了市场需求，可以满足不同层次消费者的消费体验。

旅游产品的开发需要注意两个方面：一是开发与保护的关系，二是开发的成本与收益的关系。任何的旅游目的地都必须正视这两个问题，其实这也是一个普遍的难题，关键是要掌握一个度。在两难选择面前，对于经济发展地区，应该是以保护为主，开发为辅；对于经济落后地区，实际表现可能是以开发为主，保护为辅，但必须掌握好开发的度，要吸取先开发地区的教训，不能重蹈覆辙。否则，悔之晚矣！对于巴马的开发更是如此。假如过度开发，一会影响自然环境，二会影响居民心态，最终的结果就是长寿资源的萎缩。对于旅游来说，资源萎缩就等于"自杀"。

资源的开发还需要进行资源开发的技术性评估，即承载量问题的评估，包括环境承载量、资源承载量、心理承载量、文化承载量等，以保持目的地旅游的可持续发展。

章后思考题

1. 什么是旅游产品？
2. 旅游产品有哪些基本特征？
3. 旅游产品的主要类型有哪些？
4. 开发旅游产品，需要坚持什么基本原则？
5. 开发旅游产品的主要策略是什么？
6. 旅游产品系统开发指的是哪些开发？
7. 如何开发旅游产品的时间系统、空间系统？
8. 应该如何对旅游产品时间系统、空间系统的开发进行整合，以达到时空的完美结合？
9. 旅游产品在开发上应该如何创新？

本章推荐阅读材料

［1］凌常荣，高静，芮雪梅．国际旅游目的地旅游产品代际更迭与价值创新升级路径研究——以桂林为例［M］．北京：中国旅游出版社，2017.

［2］江宏飞．产品生命周期视角下的麻城杜鹃旅游开发策略［N］．中国旅游报，2016-04-11（C02）.

［3］弗兰克·豪伊．旅游目的地经营与管理［M］．丁宁，姜婷婷，马瑾，译．沈阳：辽宁科学技术出版社，2006.

［4］冯卫红．旅游产品设计与开发［M］．北京：中国科学技术出版社，2006.

第六章
旅游目的地市场与营销开发

本章PPT

📖 本章主要内容

本章主要介绍旅游目的地市场的参与者和特征，探讨旅游目的地市场营销的主体和旅游目的地营销组织的构成，分析旅游目的地营销传播的工具和旅游目的地市场营销信息技术与渠道。

读者主要应该掌握旅游目的地市场营销的基本知识，熟悉旅游目的地市场营销的方式、旅游目的地营销传播的工具和旅游目的地市场营销信息技术与渠道。

案例及思考

河南（洛阳）"快手网红文旅大会"系列营销

新媒体营销以其受众广、扩散快、灵活多样而深受人们的青睐。现如今短视频平台已经深入人们的生活，借助短视频的发展浪潮，许多新媒体工作者或业余爱好者创作出了许多优秀的旅拍作品，对旅游目的地起到了十分明显的宣传效果。2020年，洛阳市在河南省文化和旅游厅的指导下，贯彻落实省市文旅大会精神、与短视频头部平台快手深入合作，开展"豫见快手 嗨在洛阳"河南（洛阳）快手网红文旅大会，用好用活新媒体传播，不断扩大释放旅游内需潜力。

启动大会上，快手科技与洛阳市文化广电和旅游局签署了战略合作协议，宣布将在文旅领域深入展开系列合作，还发布了"全国文旅创作者扶持计划"，对河南以及全国的文旅创作者进行重点培训和扶持，鼓励创作优质文旅内容，推广洛阳文旅资源。此外，快手发布了"洛阳专属定制魔法表情"，以天堂、龙门石窟、老君山3个代表性元素，打造3种魔法表情，为洛阳网红地标打造创新网红式玩法。在快手，每天有3.2亿来自世界各地的用户记录生活，其中，来自洛阳的日活用户就有140万，平均每5个洛阳人中就有一位快手活跃用户。快手将通过快手大V"旅拍+直播"的形式，通过百花齐放的创意表达呈现"不一样的网红洛阳"。

启动仪式结束后，参会的300多名快手文旅创作者，还将深入洛阳市核心文化旅游景区和孟津、新安、宜阳、汝阳、洛宁、栾川、嵩县、老城8县区的主要景区展开旅拍创作，将通过"短视频+直播"的方式，全方位展现洛阳的古今交融之美，推广洛阳文旅资源优势。

河南（洛阳）"快手网红文旅大会"历时约3个月，快手还会持续对洛阳本地文旅创作者进行扶持，策划开展系列营销活动，加大对洛阳文旅资源的推广，让洛阳走出中原，通过"文旅+音乐"等模式创新河洛文化的现代化表达和国际化表达。

资料来源："豫见快手 嗨在洛阳"河南（洛阳）快手网红文旅大会正式启动 ［EB/OL］.［2020-07-18］. http://hn.ifeng.com/a/20200718/14418157_0.shtml.

思考：什么是旅游市场？什么是旅游营销？旅游目的地营销如何进行市场的细分？营销组织是怎样运作的？

第一节　旅游目的地市场概述

在市场经济的大环境下，旅游活动受市场因素的影响非常大。一方面，旅游者的消费有敏感性，受宏观经济环境变化的影响，越是经济发展得好的国家或地区，旅游者的旅游消费预算越高。另一方面，每名潜在旅游者的旅游动机都不一样，受制于主观和客观因素，难以把握潜在旅游者在旅游市场上的表现。因此，在"酒香也怕巷子深"的大旅游时代，做好目的地市场和营销开发就是仅次于产品开发的第二重要的工作。

一、旅游目的地市场的参与者

旅游市场是由供应方与需求方共同组成的，任何单方面的行为都难以实现旅游活动。旅游产品的综合性与组合性特点决定了旅游目的地市场的主要参与者分为主体、客体和介体三方。旅游目的地市场的主体构成包括以下三部分：一是政府部门、旅游企业；二是负责组织旅游活动的专业人员；三是被旅游目的地吸引来到目的地的旅游者。旅游目的地市场的客体即旅游目的地的旅游吸引物，包括景区、博物馆、度假村、酒店餐馆等。旅游目的地市场的介体是指为旅游者在旅游目的地进行旅游过程中提供各项服务的相关产业和部门。

二、旅游目的地市场的特征

旅游目的地的市场是开放的、全球性的。旅游目的地就好比一个大商场，里面提供琳琅满目的商品，有"行、住、食、景、购、娱"等众多的类别，到这里购物消费的客人来自五湖四海。旅游目的地市场的特征包括以下六个方面：

（一）广泛性

旅游目的地市场的客源地具有广泛性，客源主要是来自目的地以外的地区，即客源地,少部分是目的地当地的旅游者。可以说,旅游目的地市场的客源涵盖了本地和外地所有的潜在旅游者,如果旅游目的地成功开发,就会吸引大量的本地旅游者和外地旅游者。广泛性还包括客源结构的多样性。

(二)波动性

旅游目的地市场内部环境和外部环境的其中一个因素发生变化,都会引起旅游目的地市场的波动。例如,自然灾害、流行疾病、政治事件等突发事件,就会导致旅游目的地市场发生大波动。经济状况的变化也会直接影响目的地市场的波动。

(三)竞争性

旅游目的地市场之间的相互竞争最大的原因是有部分旅游资源相似,这些类似的旅游资源所开发出来的旅游产品极易发生相互抄袭的现象,产品雷同加大竞争的可能性。同时由于营销手段的缺乏,目的地企业的恶性竞争又会加大竞争的程度。

(四)国际性

旅游业是最容易国际化的行业,表现在产品是国际化的、消费者是国际化的、服务是国际化的、文化是国际化的、美学特征是国际化的,所以旅游市场具有国际化的特征。

(五)增长性

全世界的旅游市场一直处于快速增长的阶段,尤其是近年来亚太地区的经济增长促进了旅游市场的增长。

(六)季节性

由于旅游闲暇时间的不均衡和旅游目的地国家或地区自然条件、气候条件、资源条件的差异而造成突出的季节性特点。

三、旅游目的地市场研究与发展

随着旅游目的地在市场中的竞争趋于白热化,各个旅游目的地都非常重视市场营销的环节,力求通过采取各种市场营销手段提升市场竞争力。旅游目的地客源市场传统的划分方法是依据人口统计特征、社会—经济因素、地理位置因素、旅行过程因素和包括购买行为、消费行为以及对吸引物、经历、服务的主观偏好在内的购买者行为因素来进行细分。[①]不少学者还采用了百分位制、四分之一分位制、因子分析、聚类分析等技术进行划分。目前技术较好的是人工智能神经网络分析(ANNs)和大数据分析,它还对市场具有一定的

---

① Dibb S, Simkin L. Targeting Segments and Positioning [J]. International Journal of Retail and Distribution Management, 1991, 19 (3): 4-10.

预测功能。Mazanec 曾使用人工智能神经网络对奥地利旅游市场做出划分。[①] 劳和努（Law and Au，1999）曾使用人工智能神经网络来预测日本游客到访香港的人次时，发现其准确性要强于其他市场划分技术。

一般情况下，一个新的旅游目的地市场的发展会经历四个阶段。

发现阶段：主要是一些画家、摄影家等，发现了一个地方的风景很美，进行画笔作画、照相机镜头拍摄，作品发表之后被世人认知。例如，湖南张家界模式就是通过这样的方式发现的。

驴友阶段：少数旅游爱好者，喜欢探索新的旅游地，他们发现之后再慢慢地口口相传或把他们的旅游心得发布出去。例如，阳朔西街模式就是通过这样的方式发现的。

规划阶段：有了发现阶段后引起了旅游管理部门的重视，开始进行规划开发，逐步纳入管理范畴，开始有序发展。

发展阶段：产品逐步丰富，市场逐步壮大，成为一个成熟的目的地。

四、旅游目的地市场细分

目的地市场细分是市场营销的基础。俗话说"知己知彼、百战不殆"，只有了解自己的客人是谁，来自何方，才能更好地、有针对性地做好营销工作。

（一）目的地市场细分的作用

1. 目的地市场细分可以捕捉市场信息

只有了解目的地的主要客源情况，才能了解客人的基本需求和消费状况。旅游接待服务才能提高水平，满足客人的个性化需求。

2. 目的地市场细分可以寻找机会市场

目的地对客人的基本需求了解之后，就可以依此寻找机会市场在哪里，从而可以制订更为精确的营销方案，有针对性地开发新产品。

3. 目的地市场细分可以制定竞争策略

不同的市场有不同的旅游动机和消费习惯，在激烈的市场竞争面前，了解目的地的市场细分就可以采取更为灵活和机动的竞争策略，有针对性地开展促销活动，进一步提升营销的主动性和灵活性。

（二）客源地细分

1. 按距离划分客源地

客源地市场与地缘有较大的关系。一般情况下，直径 500 千米以内为近程（目标）市场，直径 500~1000 千米为中程（潜在）市场，直径 1000 千米以外为远程（机会）市场。

2. 按地缘划分客源地

一般情况下，本省区市内为近程（目标）市场，邻近省区市为中程（潜在）市场，

---

① Mazanec J A. Classifying Tourists into Market Segments: A Neural Network Approach [J]. Journal of Travel and Tourism Marketing, 1992, 1 (1): 39-59.

其他省区市为远程（机会）市场。

3. 按洲际划分客源地

一般情况下，周边邻近国家为近程（目标）市场，本洲国家为中程（潜在）市场，其他洲国家为机会市场，或者发达国家为目标市场，发展中国家为潜在市场，其他国家为机会市场。

4. 按交通划分客源地

高速公路 4 小时车程为近程（目标）市场，3~8 小时为中程（潜在）市场，8 小时以上为机会市场。高铁 3 小时为近程（目标）市场，4~6 小时为中程（潜在）市场，6 小时以上为机会市场。

5. 按客人数量划分客源地

按人类学知识划分，客源相对集中占到 40% 为近程（目标）市场，20% 为中程（潜在）市场，其他为机会市场。

6. 按消费档次划分客源地

按游客平均消费水平划分，消费档次占前 40% 为近程（目标）市场，占前 40% 至 60% 为中程（潜在）市场，其他为机会市场。

7. 按收入划分客源地

按国际经验，人均 GDP 达到 1000 美元时人们开始旅游，为近程（目标）市场；人均 GDP 达到 3000 美元时人们开始洲际旅游，为中程（潜在）市场；人均 GDP 达到 5000 美元时人们开始国际旅游，为远程（机会）市场。

（三）游客细分①

美国的菲利普·科特勒（Phlip Kotler）、约翰·保文（John Bowen）、詹姆斯·C. 迈肯斯（James C. Makens）对游客细分有自己的见解。

以游客组织化程度和他们对旅游目的地影响的程度来描述他们的归类方法：①有组织的游客团。这与 GIT 相对应，游客通过旅游巴士的窗口观看景色，待在预订好的饭店里，只有在当地市场购物时才有机会接触当地人。②单独的游客团。这些游客类似上述的有组织的游客团，但他们能够控制旅程。例如，他们可以租一辆车去参观景点。③探险旅游者。这些人属于 IT 类游客。尽管他们可能也通过旅行社，但他们规划自己的旅程，自己找住宿之地。他们大多是好交际的人，喜欢跟旅游地人们交流。④浪游者（Drifters）。这些背包徒步旅行的人很少出现在传统的饭店里，他们可能跟朋友待在青年旅馆里或者野营露宿。他们趋向于和社会经济地位低的当地群体融合在一起，并时常坐着三等舱，他们大多是年轻人。

另一种著名的游客分类体系是普劳格（Plog）分类法（见图 6-1）。其构成与上面提到的群体相似，但他们在自我中心型与多中心型之间分布。普劳格观察到旅游景点首先由多中心型徒步旅行者与考察者发现，一旦本地人发现旅游业的经济收益时，服务和基础设施就发展起来。其次，多中心型旅游者不胜其烦，转而去寻找另一个更远的景点。再次，

---

① 科特勒. 旅游市场营销［M］. 谢彦君，译. 北京：旅游教育出版社，2002.

旅游者的性质发生变化，每一个新的游客群都比上一个游客群更欠冒险性，如在年龄上，会更年老，因而更需要物质和服务的享受。最后，旅游地变得如此常见，使得最不喜欢冒险的游客群——自我中心型旅游者的足迹出现了。

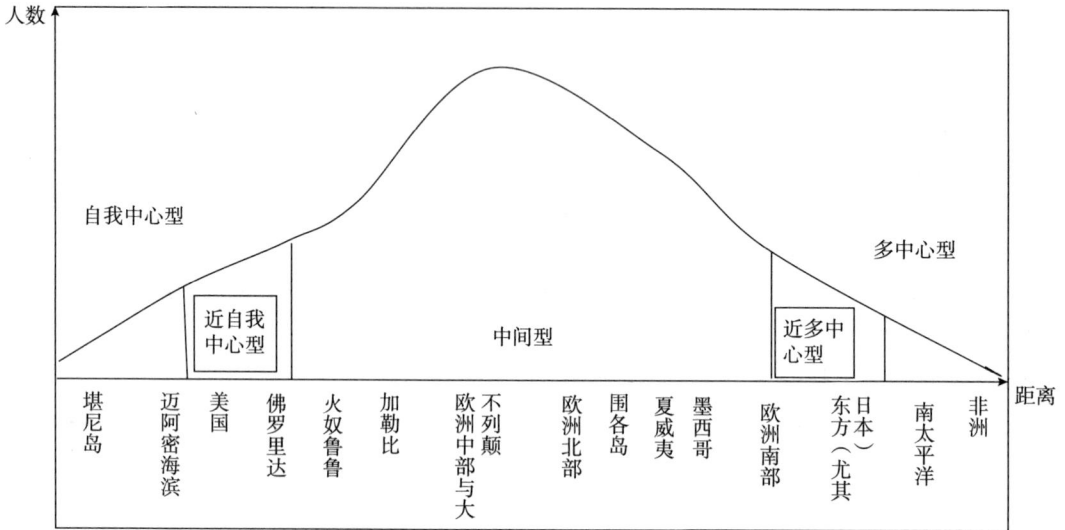

图 6-1　旅游体系普劳格分类法

第二节　旅游目的地市场营销的主体和方式

随着旅游业全球化竞争日益加剧，旅游目的地营销已经成为旅游目的地获取竞争优势的重要管理工具。国外在 20 世纪 70 年代开始了对目的地营销的研究，最早主要围绕目的地形象展开，至 20 世纪 90 年代才大量集中在目的地营销。从研究内容上看，从开始的关注旅游目的地形象到之后的关注旅游目的地营销组织、渠道以及信息技术的运用，研究的深度和广度都在扩展。从研究方法上看，国外运用大量的定量分析，进行大量的实证研究。

国内在 20 世纪 80 年代开始对目的地营销进行研究。内容上，和国外基本一致。研究方法上以定性方式为主，方法单一，需要强化定量分析和实证分析，如因子分析、结构方程模型、聚类分析等。

一、旅游目的地营销概念

目前国内外学者对于旅游目的地营销的概念有着不同的界定。学者 Lundberg 认为，旅游目的地营销包括以下三方面的内容：①确定目的地能够向目标市场提供的产品及其总体形象。②确定对该目的地具有出游力的目标市场。③确定能使目标市场信任并抵达该目的地的最佳途径。① 赵西萍（2002）认为，旅游目的地营销就是要提高旅游目的地的价值和形象，以使潜在旅游者充分意识到该地区与众不同的优势；开发协调、配套、有吸引力的旅游产品，宣传促销整个地区的产品和服务，使目标市场将本地区作为旅游目的地；刺激来访者的消费行为，提高其在本地区的消费额。② 王磊和刘洪涛（1998）在《旅游营销的新观念——旅游目的地营销》中谈道，旅游目的地营销是旅游目的地代表地区所有的旅游企业，作为营销主体，以一个旅游目的地的形象加入旅游市场的激烈竞争，参与者是地区内所有的相关机构和人员，营销的对象是地区内广泛的旅游产品和服务，受益者是这个地区。③ 王国新（2006）认为目的地营销就是要在确定的目标市场上，通过传播、提升、组合目的地关键要素，改变消费者的感知，建立目的地形象，提高旅游消费满意度，进而影响到消费行为，从而达到引发市场需求、开拓旅游市场的目的。④ 袁新华（2006）认为旅游目的地营销是以旅游目的地区域为营销主体，代表区域内各种相关机构、所有旅游企业和全体从业人员，以一个旅游目的地的整体形象加入到激烈的旅游市场竞争，并以不同方式和手段传播旅游信息，制造兴奋点，展示新形象，增强吸引力，引发消费者注意力和兴奋点的全过程。⑤

综上所述，我们认为旅游目的地营销的概念可以这样来表述：旅游目的地营销就是通过多种信息传播手段让潜在旅游者感知目的地价值，提升旅游目的地形象，引导和刺激旅游者前往旅游目的地进行消费体验的过程。

二、旅游目的地营销主体

营销主体的确定是旅游目的地首先要解决的问题。国外更多的是多种组织合作的方式，实施组织联盟化的营销体制。美国学者 Swardbrooke 认为，旅游产业的利益相关者主要包括政府、旅游企业、当地社区、旅游者、压力集团（环境、野生动物、人权、工人权利等非政府组织）、志愿部门、专家、媒体等相关人员。⑥ 在中外学者研究的基础上，结合旅游目的地的发展实践，将城市旅游目的地的利益相关者分为政府、旅游企业、旅游行业组织、当地社区与居民。

在我国旅游目的地营销中，政府发挥着主体地位的作用，是对外宣传旅游目的形象的主力军。无论是人才还是经济实力，政府都有着无可比拟的优势。个别企业既没有力量做目的地的营销，又容易出现"搭便车"现象。但是以政府为主导的旅游目的地营销体制，对市场信息的反馈灵敏度不高，无法有效评估营销效果，各旅游企业在政府积极营造的宣传推广的大伞下，各自为政，政府与企业的分工与合作尚未达到最佳的效果。

① 王晨光．旅游目的地营销［M］．北京：经济科学出版社，2006．
② 赵西萍．旅游市场营销学［M］．北京：高等教育出版社，2002．
③ 王磊，刘洪涛．旅游营销的新观念——旅游目的地营销［J］．旅游科学，1998（5）：28-29．
④ 王国新．论旅游目的地营销误区与新策略［J］．旅游学刊，2006，21（8）：45-49．
⑤ 袁新华．旅游目的地营销应注意发挥好三个"效应"［J］．旅游科学，2006，21（7）：8-9．
⑥ 菲利浦·科特勒．营销管理［M］．上海：上海人民出版社，2001．

三、旅游目的地营销组织

旅游目的地营销管理组织（Destination Management Organization，DMO）。旅游目的地营销组织是以旅游行业协会、旅游主管部门、旅游企业等的组合为营销主体的营销组织系统，它的内部各构成要素之间是一种互相制约、合作和协调运行的机制。目的地营销组织是一种网络组织，是旅游目的地实施营销活动的基础。目前，世界各国均有设立旅游目的地管理机构（Destination Management Organization）和旅游目的地营销组织（Destination Marketing Organization）。在我国，两者统一简称为 DMO。

由于旅游业涉及的企事业单位数量众多且复杂分散，所以旅游目的地在做营销的时候，需要诸多参与方的协调与合作。营销联盟目前主要有两大基本形式：旅游目的地内部营销联盟和旅游目的地之间的营销联盟。因为在旅游目的地营销中，没有单独个体或组织能掌控产品销售的方方面面，建立营销联盟的目的就是增加优势，提高营销效率和机构的信任度。旅游目的地内部营销联盟的模式有三种。模式一：政府和旅游企业合作。英国格温特、加拿大阿尔伯塔、韩国等，都采取政府与企业营销联盟的方式，取得了巨大的成功。模式二：旅游企业相互合作。模式三：企业员工、社区和社会共同参与。旅游目的地之间的营销联盟就是各种旅游组织相互合作，这种合作可以实现互补劣势的效果。斐济和巴厘岛在 1982~1994 年合作对澳大利亚进行市场营销就取得了很大的成功。

美国教授王有成认为 DMO 在旅游目的地营销中扮演着不同的角色（见表 6-1），包括旅游目的地社区营销者/推广者、目的地形象/品牌开发者、产业协调者、提倡者/支持者/旅游项目的服务商、经济驱动力、公共事业的代表、社区荣耀的建设者、合伙/联盟建设者、旅游目的地计划者/管理者、旅游目的地产品开发者等。

表 6-1　DMO 在旅游目的地营销中的角色

战略角色	主要概念
旅游目的地社区营销者/推广者	营销和促销整个旅游目的地的旅游产品，形成大型/小型会议，让旅游团和散客愉快旅游
目的地形象/品牌开发者	开发旅游目的地的整体形象和一个可视的品牌；为会议和游客把旅游目的地定义为富有吸引力的营销地
产业协调者	调整产业和公共部门的组成元素；提供一个明确的重点，并鼓励减少行业零售商，分享旅游业不断增长的好处
提倡者/支持者/旅游项目的服务商	促进旅游业在当地的发展；提高旅游业的意识水平；强调旅游业的经济影响；为旅游业提供领导
经济驱动力	产生新的收入、就业，为当地经济做贡献
公共事业的代表	作为半官方组织法，为行业增加合法性，保护个人和团体游客
社区荣耀的建设者	为居民和游客提高生活质量
合伙/联盟建设者	促进合作，促进实现最宽泛的目的地的和谐；代表买卖双方

战略角色	主要概念
旅游目的地计划者/管理者	针对不同旅游利益相关者的敏感需求，用一种特殊的方式计划和管理旅游目的地；代表利益相关者的利益
旅游目的地产品开发者	像一个"一站式购物中心"一样，为游客开发旅游目的地；在目的地不同阶段的规划过程中，指导和控制目标产品开发；通过旅游刺激城市的复苏

四、旅游目的地整合营销传播

旅游目的地整合营销传播是旅游目的地市场营销组合的一个重要组成部分。通过营销传播，有利于提高目的地的知名度，说服更多的旅游者购买旅游目的地的产品。旅游目的地营销传播的常用工具有以下三种：

（一）广告

广告宣传是目的地营销的重要手段之一，目前可供选择的媒体包括电视、广播、报纸、杂志、互联网、自媒体户外广告牌等。投放旅游目的地电视形象广告是大部分旅游目的地都采用的手段。如广西、四川、贵州等地在中央电视台一套、四套都投播当地旅游形象广告宣传片。

（二）节事活动

节事活动对目的地的营销作用是非常显著的。旅游目的地通过创造层次高、影响力大的活动事件，通过新闻、广告、公共关系等手段扩大影响效应，既能提高知名度，又能提高对旅游者的吸引力，产生较好的经济效益。如世博会、奥运会等特大事件的举办就吸引了全球观众的眼球，举办地在事件举办中及以后的若干年内都能对旅游者有较强的吸引力。

（三）公共活动

旅游目的地的公关营销是旅游目的地政府或企业利用各种传播手段，让政府组织、旅游业组织、居民、新闻媒体、旅游者在内的各方进行沟通，树立目的地良好形象而举办的各种活动。公关营销的方式比较多，如新闻发布会、旅游形象代言人专访、社会公益活动等。广西的旅游大篷车是旅游目的地营销成功的典型。影视旅游成为公关宣传的热门方式，邀请影视作品到旅游目的地拍摄，利用影视剧的传播效应，迅速提升旅游目的地的知名度。如电影《大兵小将》的外景拍摄地是世界著名的地质奇观——云南元谋土林风景区，电视剧《步步惊心》的拍摄地横店影视城是目前亚洲规模最大的影视拍摄基地，被美国《好莱坞》杂志称为"中国好莱坞"。

此外，宣传册、良好的口碑、优惠的价格、展览和网络等也是旅游目的地营销常用的传播工具。不发达地区可以采用直接推广和媒介传播这两种途径来传播旅游目的地。

五、旅游目的地市场营销信息技术与渠道

旅游业除了是劳动密集型产业，还是一个信息密集型产业，当前信息技术已经涉及旅游业的各个环节。信息技术的充分利用是提高旅游目的地市场营销效率的重要途径。

（一）旅游目的地营销系统

旅游目的地营销系统（Destination Marketing System，DMS），又称旅游目的地信息系统（Destination Information System，DIS）是以互联网为平台，提供旅游产品、旅游服务、价格等综合信息，向旅游批发商、旅游者和公众提供咨询和销售服务的旅游信息化应用系统。在日益激烈的市场竞争中，有效高质的信息发挥着重要的作用。信息系统越是完善，越有利于信息的收集、处理和传播，为各项营销决策和预测提供参考。

旅游目的地营销系统的主要作用是为旅游行政管理部门提供宏观政策制定的参考依据，为目的地旅游企业提供市场平台，为旅游者提供在线服务，营造良好的经济效益、社会效益和环境效益。目前 DMS 已经在英国、西班牙、澳大利亚、新加坡等 10 多个国家广泛应用，并且成为一种成熟的旅游营销模式。我国在 2001 年启动建设的金旅工程，实际上就是想要建立一个旅游目的地营销系统（DMS），它覆盖国家、省区市的旅游行政管理部门和旅游企业，为旅游企业从事电子商务提供了良好的服务平台。大连、南海、三亚等城市的"金旅工程"项目早已经建成，并且通过了国家文化和旅游部的验收，在提升旅游目的地知名度、宣传旅游产品和服务等方面发挥着重要的作用。大连、三亚、桂林等全国著名的旅游城市都已经建立了旅游目的地营销系统，在提升旅游目的地知名度、宣传旅游产品和服务等方面发挥着重要的作用。

（二）目的地在线营销

目的地在线营销（Destination Online Marketing）是近年来新兴的一种目的地营销方式。它最大的优点就是可视性、成本低、操作简洁。首先，利用网络及时公布旅游目的地各类旅游产品最新的旅游价格，方便旅游者掌握价格的基本情况，自主选择能满足自身需求的旅游产品。其次，对采用网络订购的旅游者给予优惠，如付费减免优惠、赠送小礼品、附送特别服务等，吸引更多游客。最后，积极开展网络互动，组织旅游者成立主题俱乐部，如自驾游旅游俱乐部、登山者旅游俱乐部等，为旅游爱好者寻找知音共同出行，刺激他们的消费欲望，达到旅游目的地促销的目的。

此外，旅游目的地还可以考虑召开网上旅游交易博览会，制作电子杂志、电子图册、电子导览图等资料供旅游者浏览或下载，既能宣传旅游目的地产品又能为旅游者出行提供便利。

（三）虚拟旅游社区营销

虚拟旅游社区是近年流行的旅游营销工具，目前对虚拟旅游社区的概念尚无统一的界定。虚拟旅游社区打破了时间和空间的界限，为旅游企业和旅游者提供了一个交流平台，

各种视频、微电影、动画、照片、文字等旅游素材帮助旅游者提前获取虚拟旅游感受。这种营销模式最大的优点就是拥有大量的社区成员，他们参与塑造或感受旅游目的地最直观的形象。旅游目的地市场营销信息技术还包括博客营销、网络游戏营销、卫星地图营销等。博客的游记、攻略等信息对于打造旅游目的地的良好口碑有着不可忽视的作用。

六、旅游目的地危机营销

旅游危机对旅游目的地形象有着极大的负面影响，旅游目的地必须提早形成应对危机的处理措施，以期能最大限度地减少危机对营销效果的不利影响。旅游目的地为游客提供"食、住、行、景、购、娱"一体的服务，涉及的行业企业比较广，所以对于内部或者外部的变化都异常敏感。为了确保旅游者在目的地的安全，保持目的地旅游服务环境的稳定，目的地政府必须关注预防和应对旅游危机的相关研究，加强旅游危机营销意识。旅游危机主要是指政治动乱和战争、犯罪恐怖活动、经济危机、自然灾害、流行疾病等。在出现旅游危机的时候，旅游目的地必须要对形势进行评估，处理好与媒体的关系，对危机的处理和重建措施的效果进行及时的跟踪分析。政府特别要做好透明的信息沟通和恢复旅游目的地形象等旅游危机营销措施，才能重新获得旅游者对目的地的信心，培育好旅游市场。

除此之外，20 世纪 90 年代国外就提出以"非价格促销"方式进行旅游目的地营销，避免价格战。然而国内目前对于旅游目的地营销的研究还是以传统营销方式为主，借助广告、电视、报刊、网站等媒体，大打价格战，而先进技术如 Mobile Agent 和 XML 等很少在实际中运用。所以，国内旅游目的地营销中还是需要尽量避免价格战，转而向其他方面开展竞争。

七、旅游目的地情感营销

（一）何谓情感营销

所谓情感营销，是指通过心理的沟通和情感的交流，赢得消费者的信赖和偏爱，进而扩大市场份额，取得竞争优势的一种营销方式。情感营销的核心是站在客户的立场上考虑问题，密切关注客户的需求，向客户提供他们真正满意的产品和服务。目前在国内的旅游业发展中，运用情感手段，成功促销旅游产品的例子还是不少的。焦作旅游实现跨越式大发展，它推行的情感营销起了重要的作用。焦作刚开始推介旅游时，很多人对宣传的旅游景点表示怀疑。面对质疑，焦作开始了广泛的宣传，在焦作、在河南，焦作更是打出了"焦作人游焦作""河南人游焦作"的口号。焦作旅游推介最成功的当属情感营销，每年元旦前，焦作市文化广电和旅游局都要给旅行社邮寄贺年卡；春节前，焦作市文化广电和旅游局领导班子、景点景区负责人组团带着礼品走访慰问给予支持的客源地旅行社，这使得各地旅行社很受鼓舞，发送游客量连年大增。对来焦作旅游的专列，焦作市文化广电和旅游局在车站举行隆重的欢迎仪式，红地毯、军乐队、摄影摄像，游客们很受感动，直夸焦作人"情义重、暖人心"。

（二）旅游目的地实施情感营销的必要性

美国推销大王乔·坎多尔福曾说过："推销工作98%的是感情工作，2%是对产品的了解。"从这一角度来说，情感推动着营销活动，没有情感的营销不是真正的营销，顾客所希望的不仅是好的产品，还有企业好的态度、服务和真诚的感情。旅游产品，不同于一般的产品，通常很多厂家的产品一旦进入商店，就打上了定性的商品烙印，无法改变。然而旅游产品十分特殊，它有个性、动态、不断变化的特点，产品的使用者——游客因为个人的情绪、文化水平、生活背景、经历、气质、信仰、认知能力等的不同，得出的旅游感受也完全不同。在旅游过程中的情感体验成为他们判断产品质量的重要依据，旅游企业不能为做生意而做生意，旅游业务说到底就是做人的工作，做旅游产品就是从事人的研究和定量分析，不能忽略情感投入在旅游活动中的支配、主导地位。

（三）旅游目的地做好情感营销的方法

旅游者对目的地的体验和情感是评价旅游产品的重要参考内容。旅游目的地在开发设计中，必须站在旅游者的角度思考如何把产品设计得合情合理，满足旅游者的各种旅游需求。所以对于旅游目的地而言，情感营销是取得竞争优势的一种有力的营销方式。

1. 对旅游者进行情感宣传

旅游目的地在互联网、电视、杂志等媒体投放宣传广告的时候，根据不同类型的旅游者，应当采取不一样的文字。如以家庭为营销对象的旅游广告，应该设置有家庭成员相亲相爱结伴出游的画面或是文字，才能让潜在旅游者引起共鸣，抓住他们的情感，并在脑海中留下很深的印象，对该旅游目的地建立好感，进而吸引旅游者前往该地。

2. 对旅游企业员工做好情感管理

旅游企业的员工大部分都会与旅游者直接打交道，他们的形象和专业素养会给旅游者留下深刻的印象。企业的管理者必须要尊重员工，给予员工激励，这样的情感投入才能使员工产生对企业的认同感和归属感。员工自己获得满意了，其在服务过程中将展现对企业的忠诚和热爱，以优质的服务帮助旅游者提高对目的地的认识和肯定。

3. 为旅游者提供情感服务

在旅游活动过程中，导游、酒店前台接待员、餐厅服务员等旅游从业人员是直接与旅游者接触的，他们在服务过程中如果能做到真心诚意、细致周到的服务，将是对旅游目的地最好的宣传。每一位服务人员在工作中注入自己的情感，与旅游者树立良好的关系，使旅游者称心如意，将会为目的地赢得良好的口碑，让旅游者相信自己的旅游选择是正确无误的。

八、旅游目的地综合营销

一直以来，旅游目的地都是以零散的形式在市场上开展营销和销售的。在如今竞争日益激烈的市场环境下，只有借助联合营销才能提高目的地的知名度和营销水平，从而进一步提升目的地的竞争优势。美国学者王有成教授提出了目的地综合营销，它指通过更广范围内的多种利益主体通力协作，共同展开目的地营销和促销。在旅游目的地综合营销中，DMO角色如图6-2所示，综合营销的成果是非常明显的，目的地的竞争优势获得了提升，包括营销成本分摊、资源的整合和有效利用、目的地竞争力的增强、竞争性品牌和形象的构建以及产品组合的改进等。目的地营销是一个集体性的活动，需要组织和商业主体通力合作、构建和谐关系来达到共同的目标。各合作方加入合作关系出于不同的利益、目标和动机，这往往也会导致冲突的出现。因此需要形成有效的管治结构，建立规则、标准和纪律，参与合作的各方需要付出大量努力来形成相互间的了解和信任。通过各方合作才能最终实现产品、服务和管理手段的创新，逐渐提升目的地的竞争优势。

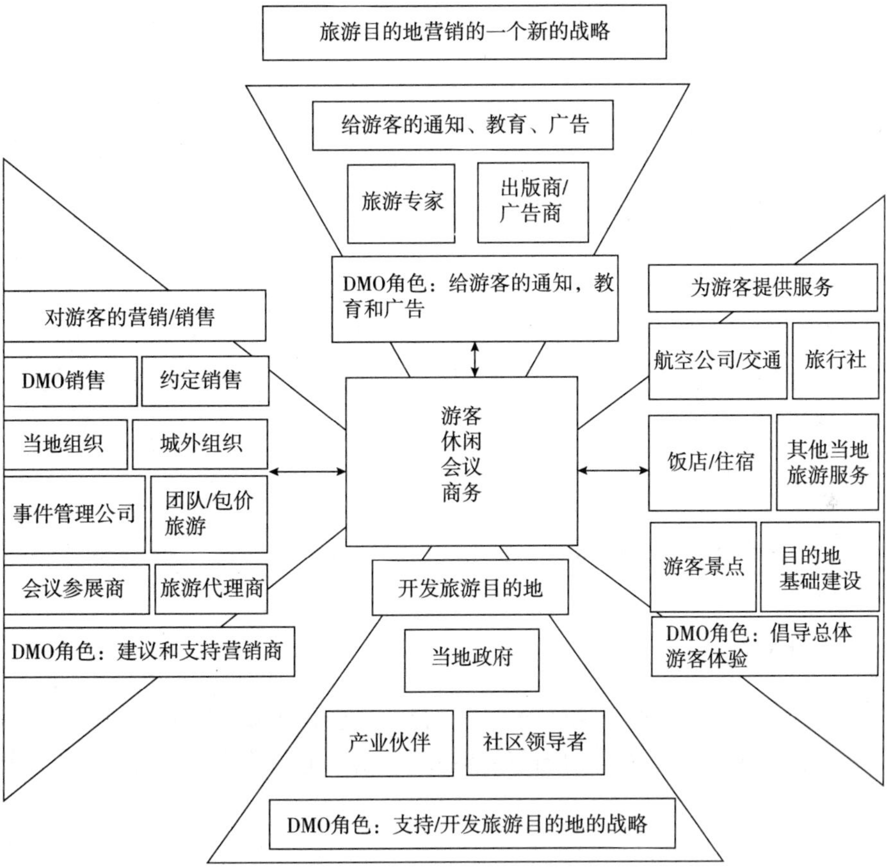

图6-2 王有成的旅游目的地营销战略"地图"

第三节 旅游目的地产品定价策略

旅游目的地产品定价不同于一般产品定价，而且具有很大的差异。如果使用普通商品的方式和方法来定价的话，就不可能完全反映旅游产品的价格与价值。正因如此，一般教科书的营销定价策略在实践中是行不通的。

一、旅游目的地产品定价的原则

目的地产品定价不是个别产品定价，而是整个目的地产品的定价。也就是说需要把整个目的地作为一个整体来进行考量，如果仅仅考虑单一产品进行定价的话，会影响整个目的地的效益。在旅游实践中，旅游产品的定价是很乱的，具体的表现就是"宰客"现象的发生。"宰客"的根源有多个方面，但定价存在问题是原因之一，因此需要把握以下六大原则：

（一）总体效益原则

目的地的产品由旅游"六要素"组成。因此，单一地进行定价是"只见树木不见森林"，应该把所有产品集中起来进行权衡，制定效益最大化的定价策略。目的地需要考虑的是总体效益，而不是个别企业、个别产品的效益。

（二）诱导原则

运用心理学原理，把"入门"价格定得很低，诱导游客进行购买。目的地需要一个诱导突破口，把游客吸引进来，然后一步步诱导消费。譬如，有的省区市高速公路免费或半价就是诱导性消费。

（三）竞争原则

没有竞争的市场是不完全的市场，目的地产品多种多样，产品与产品之间需要有适当的竞争才能搞活市场，但必须防止过度竞争和恶性竞争，维持良性竞争的状态。

（四）补贴原则

出于总体效益的原则和诱导原则的考虑，目的地会有部分产品低价销售，这必然会损害企业的利益，这就需要目的地政府或行业组织予以一定的政策、财政、税收等补贴，弥补企业的损失。

（五）成本原则

产品的定价与社会的平均劳动成本有很大的关系，也与投入的资本及人力成本有关系，所以定价需要考虑成本因素。但是个别产品的成本不足以说明整体产品的成本。我们这里只考虑目的地整体的总成本。

（六）防"宰客"原则

旅游区及旅行社"宰客"是旅游业的顽疾，需要认真地加以对待，尤其是在定价环节要堵住"宰客"的通道。

二、旅游目的地产品定价的方法

旅游产品定价方法很多，但是适用于目的地的方法大体上有以下三个方面：

（一）单一定价

旅游目的地的高端产品或低端产品，与其他产品联系不大，相互之间影响也不大的，可以单独定价。这种产品的价格要么比较高，要么比较低，可比性不强，所以采取单独定价是两个极端产品比较适宜的方法。

（二）组合定价

把一部分差异化产品组合起来，形成组合定价。这既包括同类型产品，又包括互补型产品，把产品组合起来进行捆绑式销售或链式销售，提高产品的销售率。如交通产品、住宿产品、购物产品、景区产品等形成若干个组合，也就是"一条龙"服务式定价。当然一个旅游目的地可以有多个组合，让游客有较多的选择，这样定价可以使各个旅游要素紧密结合起来。

（三）联盟定价

旅游目的地为了提高旅游竞争力组建起旅游联盟，需要充分利用旅游联盟的平台，对加入联盟的企业产品进行联盟定价。一般的做法是设立通票，即一张票可以任意消费加盟的产品。事实上，出于时间的原因或体力的原因，游客不可能消费完所有的产品，只会消费一部分产品。在消费的产品中，价格会大大低于自购单一产品的价格，所以这是一种适合的方法，但联盟内部的分配需要有很好的协调机制。

📖 拓展阅读及分析

"丁真现象"下的目的地营销

2020 年 11 月 11 日四川省甘孜藏族自治州理塘县的 20 岁男孩丁真，凭借一条被摄影师放上抖音的微笑视频爆红，成为网红界的新晋顶流。视频中丁真身着藏族服饰，有着干净澄澈的双眸，笑容温暖又不失自然的野性。因其"野性与纯真"并存，还被网友称为"甜野男孩"。

走红后，四川省甘孜藏族自治州理塘县文旅体投资发展有限公司迅速签下丁真，由此丁真作为理塘县旅游形象大使。2020 年 11 月 25 日甘孜藏族自治州文旅部门推出旅游宣传片《丁真的世界》，使康巴小伙丁真和他的家乡理塘又火了一把。

丁真走红让全国各省区市的文旅部门在社交媒体上吵翻了天，纷纷开展"抢人大战"。丁真在走红后的一次采访中表示自己最想去的地方是拉萨，再加上其本身的藏族背景和地域的藏族特色，让很多网友以为丁真的家乡是在西藏自治区。对此四川在官方微博发文称，丁真的家乡在四川省甘孜藏族自治州，并欢迎广大游客到甘孜藏族自治州旅游，丁真本人则手写汉字"家在四川"为家乡代言。尽管如此，西藏自治区还是抓住机遇开始抢人，《西藏日报》在官方微博里连续更新三条动态，直接喊话丁真，"我们在西藏等你"，同时还放出了大量布达拉宫照片。随后，山东、云南、辽宁、青海等也纷纷加入进来开启了"混战"模式。各地文旅账号纷纷贴出了自己的文旅资源，邀请丁真去自己家乡。截至2020年11月29日9时，"全国各地都在邀请丁真"的微博话题，阅读量多达4.8亿次。网友们看得很开心，也表示喜闻乐见。

丁真的走红使得甘孜藏族自治州理塘的旅游热度大增。携程数据显示："理塘"的热度从2020年11月20日起开始大涨，到11月最后一周，"理塘"搜索量猛增620%，相比国庆时翻了4倍。与此同时，恰逢甘孜藏族自治州70周年庆，当地推出实实在在的旅游优惠，从2020年11月15日到2021年2月1日，甘孜藏族自治州67个A级景区门票全部免费，也助推了这一波理塘旅游热。

资料来源：参考央视报道及相关资料整理。

分析： 丁真的爆红，作为2020年现象级的互联网事件，无疑是一次极其成功的旅游目的地营销，同时也推动了旅游业从"红海"向"蓝海"的探索。事件营销早已不再新鲜，而让人们产生视觉上或者情感上的冲击，是旅游目的地营销成功的钥匙。丁真的走红，让四川、西藏自治区在内的旅游目的地大热。这是一种偶然也是一种必然，川藏地区有独特的自然风光、淳朴的人文风情。丰富的旅游资源因条件的限制，得不到很好的旅游宣传，缺少成功的目的地营销。如今以丁真这样一个"顶流明星"作为切入点，成功地吸引了广大旅游者向西探索。

在此次"丁真事件"下，旅游目的地营销会成功，旅游者会买账的一个重要原因是人们从丁真身上更加真切地看到了一个与城市充满巨大反差的干净、温暖、自然又有野性的世界，与当下快节奏的生活形成鲜明的对比，激发了人们内心深处回归自然、归于宁静的情感。

在这样一个流量为王的时代，迅速反应，抓住营销契机、做好后续策划也是"丁真事件"取得良好营销效果的重要原因。当地文旅企业迅速出手签下丁真作为其形象大使，让丁真为家乡代言，而不是以网红的模式继续发展、被各路资本裹挟。就"丁真事件"来说，虽然各地文旅部门纷纷加入"抢人大战"，但是一个共赢的局面，没有输家，各地的旅游资源都得到了不同程度的曝光宣传。

其实类似于"丁真事件"这样通过互联网平台走红，实现旅游目的地营销并非个案。虽然营销带来了热度，但这些目的地是否能够持续得到旅游者的青睐，还需要不断的营销策划以及优质旅游产品的输出。

章后思考题

1. 什么是旅游目的地市场？如何研究和发展旅游目的地市场？
2. 什么是旅游目的地营销？

3. 旅游目的地整合营销有哪些传播途径？

4. 旅游目的地市场营销信息技术与渠道包括哪些方面？

5. 如何进行旅游目的地情感营销？

6. 如何进行旅游目的地综合营销？

7. 旅游目的地产品定价的原则包括哪些？

8. 如何定位旅游目的地产品？

9. 旅游目的地市场有哪些新颖而有效的营销方法？

本章推荐阅读材料

［1］陆锋. 新媒体时代的旅游目的地宣传和营销［J］. 旅游学刊，2018，33（4）：1-3.

［2］埃尔·李伯曼，帕特丽夏·埃斯盖特. 娱乐营销革命［M］. 谢新洲，译. 北京：中国人民大学出版社，2003.

［3］A. V. 西顿，M. M. 班尼特. 旅游产品营销概念、问题与案例［M］. 张俐俐，马晓秋，译. 北京：高等教育出版社，2004.

［4］阿里斯塔·莫里森. 中国旅游的国际营销［M］. 邵隽，译. 北京：中国建筑工业出版社，2012.

第七章
旅游目的地电子商务

📖 **本章主要内容**

本章PPT

本章主要介绍国内外旅游目的地电子商务发展现状，分析旅游电子商务和旅游目的地电子商务的基本概念、旅游目的地电子商务体系的构成、旅游目的地电子商务网络的构建模式，探讨旅游目的地电子商务在全球的发展情况以及我国旅游目的地旅游电子商务所存在的问题，提出未来我国旅游目的地电子商务发展的策略。

读者主要应该掌握旅游电子商务和旅游目的地电子商务的基本概念，熟悉旅游电子商务体系的构成、旅游目的地电子商务网络的构建模式、了解我国旅游电子商务所存在的问题及未来的发展策略。

案例及思考

海南全域旅游电子商务平台——"海岛乡荟"

由海南华侨城全域旅游发展有限公司主导开发及运营的"海岛乡荟"是集旅游线路、乡风民宿、乡村特产、特色美食为一体的全域旅游综合电子商务平台。平台商城目前已上线各类商品涵盖海南省内中廖村、天涯小镇、鹿回头风景区、好汉坡南田温泉等定制特色游产品，黎族果酒、南非叶茶、海南沉香膏、陵水酸粉、网红椰子鸡汤等省内特色产品和美食，以及活字印刷等美丽乡村体验产品。未来，"海岛乡荟"将持续精选优质产品、丰富品类，做好品质控制、溯源技术应用、品牌打造、包装设计提升等生态体系建设，将产品精选和服务范围从海南省内扩展到全国各地并探索境外电商贸易板块。

该平台结合国家乡村振兴战略要求，深耕乡村，围绕海岛和乡村原本特质，以推进农产品上行、旅游消费下沉为宗旨，打造提供定制化旅游、自营和优选产品的"海岛乡荟"综合平台，为用户提供"海岛+乡村"一站式服务。其中定制化旅游，让用户体验更舒适、省时、安全；自营和优选产品，秉承华侨城高品质服务理念，深入当地，严格把关所有产品产地、工艺，承诺做到原产地直通到家，让用户感受原创精品、原乡真品。

"海岛乡荟"电子商务平台主要有以下特点：一是集吃、住、行、游、购、娱为一体的综合运营平台，弥补现阶段海南美丽乡村电商平台多为单一类别商务运营的不足。二是美丽乡村扶贫农产品展示窗口。该平台采购人员直达全国范围内美丽乡村项目，跟踪精选扶贫产品，全力根植"服农助农"助力美丽乡村项目，立足新起点，助推精准帮扶开启新阶段。三是乡村物资补给站。该平台整合现有海南本土文化及特色的产品，将海岛文化通过补给站形式辐射全国各地。四是定制、推荐和共享精品线路。该平台根据游客需求，个性化定制乡村旅游线路，推荐分享岛内精品景区线路，实现周末特色、亲子游、个性游等精品游线路共享和推荐。

资料来源：海南全域旅游综合电子商务平台将上线 涵盖百样乡村旅游产品［EB/OL］.［2020-10-21］. http：//hi. people. com. cn/n2/2020/1021/c231190-34365168. html.

思考：什么是旅游电子商务？旅游电子商务的市场在哪里？发展电子商务的策略是什么？

第一节 旅游目的地电子商务发展现状

旅游电子商务在全球保持着迅猛发展的势头，吸引了众多学者对其进行研究。目前全球的旅游电子商务正在迅猛发展，网络旅游已经成为全球电子商务排名第一的行业。我国具有一定旅游咨询能力的网站有5000多家，其中专业旅游网站有300多家。其共分成三类：第一类是提供综合性旅游产品信息；第二类是提供某种特色旅游产品信息；第三类是支持服务类网站。

一、国外旅游目的地电子商务发展现状

20世纪90年代国外学者首次提及讨论旅游和电子商务之间的关系。1993年瑞佛·卡拉克塔（Ravi Kalakota）提出电子商务就是旅游产业的信息化。此后，约翰·海格尔（John Hagel）进一步发展了这个概念。

近年来，美国、欧洲和日本的旅游电子商务已经具备了一定的规模，引领着全球旅游电子商务的发展。在国际旅游在线保持龙头地位的美国，根据eMarketer数据，2017年在线旅游的预订业务收入高达1896.2亿美元，占据市场份额的50%。2017年欧洲的在线旅游销售额达到1416.8亿美元。日本旅游电子商务已经形成了成熟的模式，包括B2B模式（网站对交通、住宿、景点等企业）、B2C模式（对游客）、C2B模式（游客"点菜"，企业竞标接盘）和C2C模式（游客发起招募同爱好者自行组团）等。

二、我国旅游目的地电子商务发展现状

1996年中国首家旅游电子商务网站出现，经过二十多年的发展，目前已经形成一批有

一定实力的旅游网站。知名度较高的网站有携程网、去哪儿、同程旅游、途牛、驴妈妈、马蜂窝、飞猪、芒果网、艺龙网等。我国旅游电子商务在东部沿海地区比较发达，那里拥有良好的基础和迫切的需求。如浙江省就拥有良好的旅游电子商务发展环境，新型以网络经营为主的旅游企业逐渐增多。相对于东部地区，西部地区的旅游电子商务发展比较落后，旅游网站缺乏专业性和互动性。

　　艾瑞咨询《2016 年中国在线旅游行业年度监测报告》统计显示，2016 年第三季度中国在线旅游市场交易规模达到 1627.6 亿元，环比增长 11.8%，同比增长 28.4%，呈现出高速增长的态势。艾瑞咨询预测，我国在线旅游市场交易规模将在未来五年里释放出巨大的市场潜力。2017 年我们在线旅游行业市场规模超 8000 亿元，2012~2017 年年均复合增长率为 37.45%。预计未来六年在线旅游行业继续保持高速增长，到 2023 年市场规模有望突破 1.55 万亿元，可以看到中国旅游电子商务的交易额正在逐年增加。前瞻产业研究院发布的统计数据显示，2019 年中国在线旅游市场交易规模达 10866.5 亿元，同比增长 11.4%，2020 年受疫情的影响全年市场交易规模约为 7950 亿元，同比下降 26.84%。预计未来，我国在线旅游交易规模将持续增长，但增速将持续放缓，预计到 2026 年，中国在线旅游市场交易规模将突破 22000 亿元。

第二节　旅游目的地电子商务的概念

　　旅游业是劳动密集型和信息密集型产业，同时具有产业关联性强、带动系数大的特点，这一特点随着科技的发展越来越推进信息技术与旅游业之间的紧密结合，作为两者结合产物的旅游电子商务正在显现出充分的活力和广阔的发展空间。

一、旅游电子商务的概念

　　旅游电子商务（Tourism Electronic Commerce）本身就是一个复合型概念，涉及旅游业和电子商务，属于交叉学科。旅游电子商务是电子商务在旅游业中的具体应用。王欣（2000）认为旅游电子商务是指以网络为主体，以旅游信息库、电子化商务银行为基础，利用最先进的电子手段运作旅游业及其分销系统的商务体系[1]。杨路明和巫宁（2004）指出旅游电子商务是指通过先进的网络信息技术手段实现旅游商务活动各环节的电子化，包括通过网络发布、交流旅游基本信息和商务信息，以电子手段进行旅游宣传营销、开展旅游售前售后服务；通过网络查询、预订旅游产品并进行支付；也包括旅游企业内部流程的电子化及管理信息系统的应用等[2]。

　　目前国际上认可的是世界旅游组织对旅游电子商务的定义，它在其出版物 5E-Business for Tourism6 中指出旅游电子商务就是通过先进的信息技术手段改进旅游机构内部和对外的

---

①　王欣. 中国旅游电子商务的现状与路向 [J]. 社会科学家，2000（3）：30-32.
②　杨路明，巫宁. 现代旅游电子商务教程 [M]. 北京：电子工业出版社，2004.

连通性（Connectivity），即改进旅游企业之间、旅游企业与供应商之间、旅游企业与旅游者之间的交流与交易，改进企业内部流程，增进知识共享①。

可以说旅游电子商务就是通过现代信息技术来实现旅游商务活动。现代信息技术、旅游商务活动与旅游电子商务之间的关系如图7-1所示。

图7-1　现代信息技术、旅游商务活动与旅游电子商务之间的关系

二、旅游目的地电子商务的概念

旅游目的地电子商务是旅游目的地为了应对在线旅游市场的发展而产生的一种新的经营模式。旅游目的地电子商务是指以现代信息技术为手段，以高效整合旅游目的地各种资源为目的的一系列旅游综合服务过程。

旅游目的地旅游电子商务就是旅游目的地的电子商务网系统。设立以电子商务为目标，改善和巩固旅游目的地的竞争地位，从旅游目的地与消费者角度而言，即B2C。我国不少旅游目的地较早就开展了电子商务活动。如四川九寨沟旅游电子商务网向公众提供了景区门票、酒店、餐饮等在线预订服务，既节约劳动力成本，又加快旅游者购买各项服务的速度，可谓方便快捷。

三、旅游目的地电子商务流程

旅游目的地的业务主要由DMO、目的地旅游生产商、旅游中间商、政府和旅游者等实体的活动组成，其业务流程如图7-2所示。

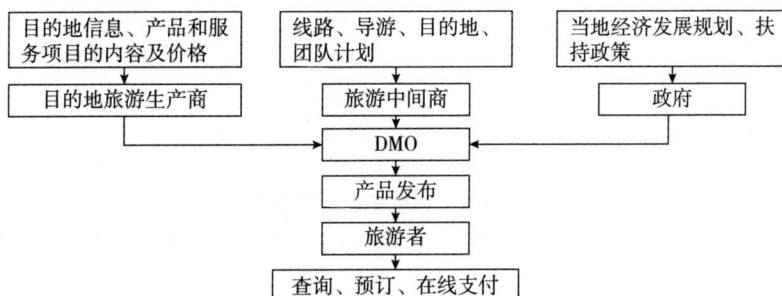

图7-2　旅游目的地电子商务基本流程

只有增强旅游目的地对旅游者的吸引力，才能促成旅游者前来消费，拉动目的地经济呈良性发展。

---

① World Tourism Organizat ion Business Council. E - Businessf orTourism：Practical Guidelines for Destinati on and Business ［M］. Madrid：World Tourism Organization，2001.

四、旅游目的地电子商务预订管理系统与分销系统

　　评价旅游目的地电子商务的发展，很重要的一个内容就是它的预订系统与分销系统。旅游目的地的资源、信息、产品、预订、支付、服务等，以及与消费者的互动都需要在管理系统中展现出来。布哈利斯绘制的预订管理系统值得借鉴和参考（见图7-3）。

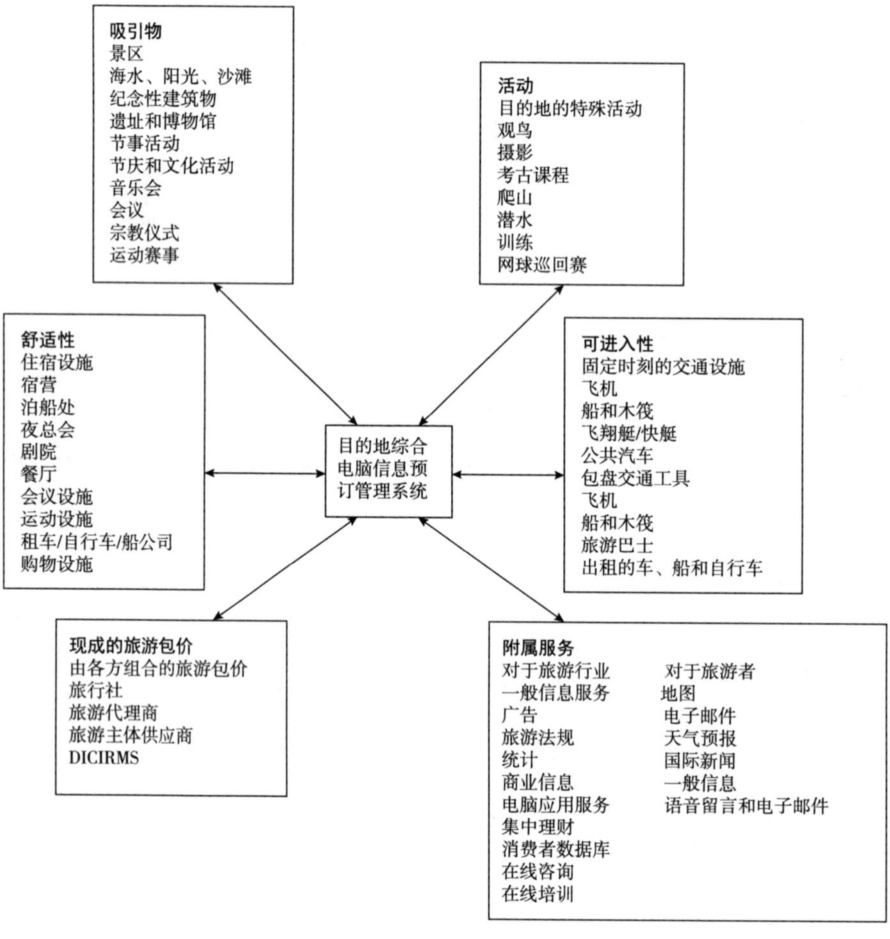

图7-3　旅游目的地电子商务预订系统内容

资料来源：马晓秋，张凌云.旅游电子商务 [M].北京：旅游教育出版社，2004.

　　布哈利斯还对目的地的分销系统进行了研究。在可进入性的框架下，从目的地分销系统和国际分销系统两个方面进行重点分析（见图7-4）。

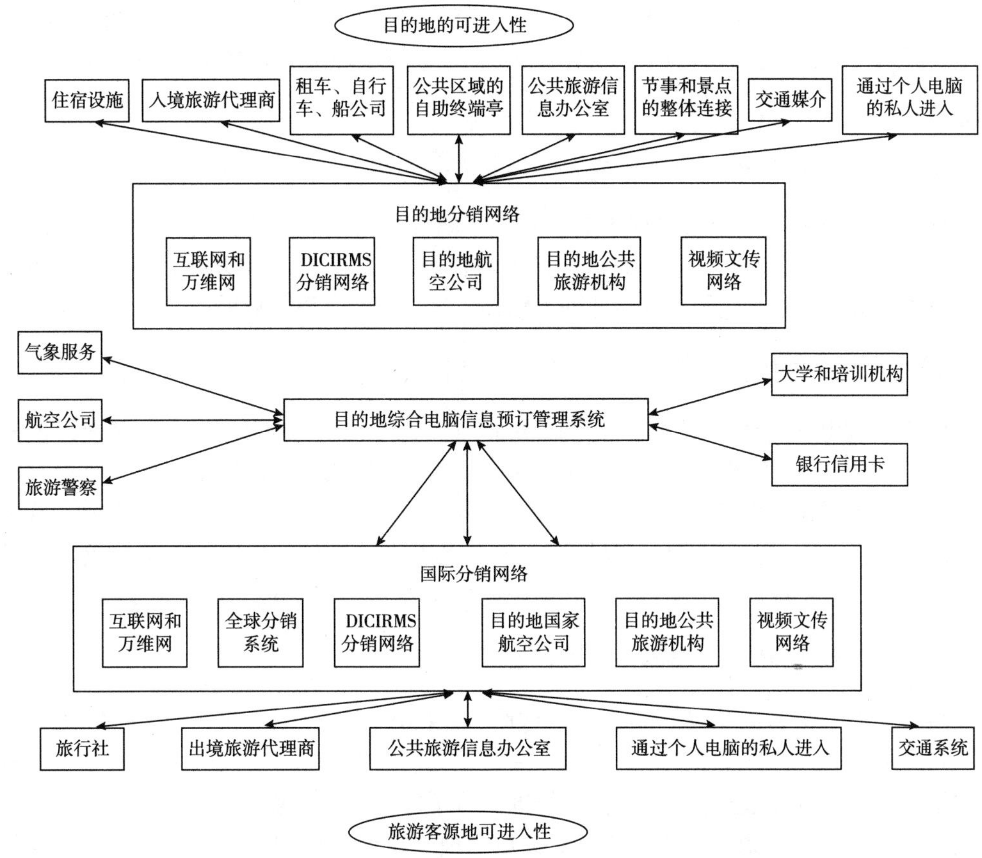

图7-4 旅游目的地电子商务预订管理系统的分销

资料来源：马晓秋，张凌云. 旅游电子商务［M］. 北京：旅游教育出版社，2004.

第三节 旅游目的地电子商务发展存在的问题与策略

目前旅游目的地电子商务正在飞速发展，但其中也存在着不少的问题，需要我们去研究、探讨，找出更好的解决措施。

一、旅游目的地电子商务发展存在的问题

当前旅游目的地电子商务的发展，受各种因素的影响，需要面对和解决一些困难。

(一) 网络技术水平低，产品服务不成熟

政府引导不够、资金投入不足、法律法规不健全、缺乏旅游电子商务专业人才，这些都是网络营销系统存在的问题。网络的发展不具备突出优势，阻碍了旅游目的地电子商务

的盈利。目前国内旅游目的地电子商务推出的产品不够系统全面，给出产品的折扣不高，极少从旅游者角度提供相关的信息集成服务，增值服务范围较窄，网络市场空间的发展受到限制。

（二）旅游者与旅游电子商务企业彼此缺乏信任

目前电子商务企业在经营过程中更多的是考虑自身利益最大化，其次才是满足旅游者的消费需求。一旦发生企业失信事件，旅游者与企业之间的信任度更是难以恢复。因此，一直以来旅游消费者对旅游电子商务企业缺乏信任，这也抑制了整个旅游电子商务的发展。

（三）电子支付仍需加强提醒告知及安全保障

旅游者通过电子商务平台进行预购服务的时候，非常重视网络服务的安全性。随着2019年1月1日起正式实施的《电子商务法》，对于网络交易的监管和纠纷处理有法可依。尽管从国家层面对消费者有了良好的法律保障，对互联网等信息网络销售商品或者提供服务的经营活动有了法律约束，但仍然存在一些不法分子利用旅游电子商务网络技术和《电子商务法》的漏洞，侵害消费者权益，破坏旅游电子商务企业和旅游者之间的信任。

（四）旅游电子商务平台投资运营成本高

旅游电子商务平台的建设、维护和运行都需要投入大量资金。此外为了提高服务效能，电子商务平台的信息需要及时更新，大量人力、物力、财力的投入是必不可少的。为了提高旅游网站的知名度和美誉度，一定量的市场推广费用也增大了旅游电子商务的运营成本。

此外，旅游目的地企业对旅游电子商务运营模式缺乏足够的认识和深入研究，操作经验少等是目前旅游目的地电子商务普遍存在的问题。

二、旅游目的地电子商务发展策略

针对当前旅游目的地电子商务发展的状况，需要政府、旅游目的地生产商、旅游中间商等相关主体积极地适应当今社会的发展潮流，从宏观和微观方面积极地进行完善，政策、技术、舆论、公众等方面都是需要重视的环节。

（一）政府引导和扶持旅游目的地电子商务健康发展

旅游目的地的电子商务的健康发展需要政府给予支持，加强信息技术环境、法律环境、信用环境等宏观环境的建设。从国家到地方，积极扶持旅游企业开展电子商务。各地应由当地旅游行政管理部门通过官方网址发布当地权威性旅游综合信息，为目的地的营销提供良好平台。政府还可以通过舆论积极引导公众养成网上消费的观念。此外，政府应积极扶持旅游目的地电子商务企业通过发行股票或债券，在证券市场中获得融资或者通过风险投资完成融资与投资，让旅游目的地电子商务企业获得更多的有效资本来运作电子商务平台。

（二）加强旅游目的地企业间的电子商务合作意识

各个旅游目的地之间会有相似的旅游资源，因此推出的旅游产品会出现部分雷同的现象，"单兵作战"的旅游企业其特色和实力明显不足。旅游电子商务的合作有利于几个旅游目的地通过构建区域合作的旅游电子商务服务平台，实现优势互补，树立良好的区域旅游目的地形象，提升在旅游市场上的竞争力。各个旅游目的地企业可以通过建立战略联盟，相互合作，发挥各自的长处，将资源进行整合和共享，有利于提供更优质全面的服务，最终实现共赢。

（三）建设有特色和安全性高的旅游网站

旅游目的地电子商务企业要丰富旅游网站的信息，增强其个性化的服务。一方面，要加大信息的覆盖面，满足旅游者多样化的需求；另一方面，要确保信息的及时性和准确性，保证信息对旅游者而言是有效的、实用的，这样才能增强旅游目的地电子商务的信誉度。由于旅游目的地电子商务大部分采取网上支付的方式，这就需要建设安全性高的网上支付系统，以保证旅游者的个人信息、隐私不被泄露。

（四）重视客户关系管理

现代企业的发展，不再是产品的竞争，客源的抢夺也成为竞争的主要内容。以网络为平台的旅游电子商务要比以往更重视客户的需求，除了针对不同的潜在旅游消费群体推出相应的产品和服务外，更要重视与这些消费群体的沟通与交流。一方面，加大对企业的宣传介绍，让消费者真实了解企业和相关旅游电子商务的操作；另一方面，采取团购、赠送礼品等营销手段，推出满足消费者个性化需求的优质产品和服务，获取消费群体的关注与信任。建立先进的客户职能管理服务系统，收集整理目标旅游消费者和潜在旅游消费者的信息，正确分析消费者的需求，与他们进行实时互动沟通，了解使用产品和享受服务的情况，这将有助于提高旅游消费者的满意度，让他们成为回头客并带来新客户。

📖 拓展阅读及分析

鸿鹄逸游推出 4 款升级版环游世界产品 55 天环球游 2020 年出发

2019 年 7 月 2 日，携程旗下高端奢游品牌 HHtravel 鸿鹄逸游宣布推出"2020 年环游世界"系列产品，并正式在当天进行全球发售。这是市场中首家开售 2020 年高端环游世界产品的旅游企业。

本次发布的高端环游世界产品，承接了一直以来的"创作挑战极限、服务精雕细琢"品牌理念。以"2020 年环游世界 55 天"为例，其设计灵感源于"圆梦环游世界·成就无憾人生"，全球发售，限量 10 席，售价 96 万元，于 2020 年 5 月 13 日出发。目前，"2020 年环游世界"产品已正式对外发售，在携程 App 旅游频道的"鸿鹄·奢游"界面可以看到。

据悉，该行程在食、宿、行、游等各方面都体现出高品质：横跨全球五大洲，游历逾 12 个国家和地区，探访 10 余个"一生必游世界之最"的景点，包括深入北极探访北极熊、澳大利亚艾尔斯岩、自然文化双遗产复活节岛石像群、海陆空 3D 体验伊瓜苏瀑布震撼美景等。奢华舒适的硬件配置，包括全球最高端小型邮轮——银海邮轮，全球最佳航空公司——新加坡航空。精选全球高端奢华酒店，法国米其林三星料理、地道名厨国菜品鉴等美食缤享。此外，劳逸结合的行程设计、全程金牌中文领队和 VIP 专属客服一对一服务，彰显高端品质。

针对不同的用户特点，鸿鹄逸游还推出了"为爱环球 22 天·见证恒美爱恋""北极至南极银海邮轮纵贯地球 88 天""私人飞机环游世界·尊享之旅——四季私人飞机环游世界 24 天和安缦私人飞机环游世界 18 天"三款产品。据了解，鸿鹄逸游正在计划"环游中国"、各种主题性环游世界的线路。

"与之前的产品不同，本次发布的新产品，我们做了进一步的升级：在原先的基础上，更重视年轻化、全球化。"鸿鹄逸游 CEO 王涌介绍，"同时，产品本身更强调深度体验，让用户选择最适合自己的方式和节奏，实现环游世界的梦想。"

王涌介绍，根据调研数据，鸿鹄逸游的客群从曾经占比最大的 45~55 岁、夫妻、北上深一线城市的成功企业家，转变为 30~50 岁、单身或朋友、事业有成的企业高管等，其中不乏定居国外的华人。另外，男女比例从 57%：43% 变为 39%：61%，女性客户经济实力和社会地位提高，女性在行程选择上占消费主导权。"我们将持续专注于高端旅游产品研发，用更多更有创意的环游世界产品，来满足不同高端客户的环球梦想。"鸿鹄逸游 CEO 王涌说。

资料来源：http：//sh. sina. com. cn/news/g/2019-07-03/detail-ihytcitk9368761. shtml.

分析：携程旗下高端奢游品牌 HHtravel 鸿鹄逸游上市以来获得了市场的追捧。鸿鹄逸游现象说明了什么？

我们认为，一是旅游产品的价格无天花板，关键是这个产品的价值是否能够满足旅游者的个性化需求；二是旅游产品的创新性如何，在市场上是否具有独创性和垄断性；三是旅游产品销售是否找对消费者，不同层次的消费者对产品的偏好有很大的差异性；四是是否有适销对路的市场渠道，不同的消费者对营销渠道的选择也有很大的差异性。

在旅游市场上常常有人抱怨生意不好做。我们认为关键是谁来做。不同的商家、不同的产品、不同的市场，谁把消费者的需求摸透了，谁的生意就好做；谁把握了消费趋势，谁的生意就好做；谁把消费者当作"衣食父母"，谁的生意就好做。

在旅游线路的开发上，需要有独特的组合性与选择性。鸿鹄逸游的产品其实也就是一种组合，即是线路的组合或产品的组合。当然这种组合不是随意或任意的，而是具有科学性的。这种科学性在于对产品价值的挖掘与把握，在于对消费者需求的挖掘与把握，在于对消费心理的挖掘与把握。

章后思考题

1. 国内外旅游目的地电子商务的发展现状分别是什么？
2. 我国在旅游目的地电子商务的发展上有哪些优势与不足？
3. 什么是旅游电子商务？什么是旅游目的地电子商务？

4. 如何开展旅游目的地电子商务？

5. 现在旅游目的地电子商务发展存在哪些问题？

6. 旅游目的地电子商务发展有哪些策略？

7. 旅游电子商务的发展趋势是什么？我国应该如何顺应这些趋势？

8. 如何进行旅游电子商务的发展创新？

本章推荐阅读材料

［1］葛晓滨. 旅游电子商务教程［M］. 北京：中国人民大学出版社，2011.

［2］阿里斯塔·莫里森. 中国旅游的国际营销［M］. 邵隽，译. 北京：中国建筑工业出版社，2012.

第八章
旅游目的地软实力开发

本章PPT

📖 本章主要内容

旅游软实力是一种文化软实力，指旅游目的地在主客双方的文化对比、形象营销和旅游产品竞争中形成的，使旅游者认同和服膺旅游目的地文化，修正其文化偏好的能力。彰显文化主体性是构建现代旅游软实力的核心工作。

本章主要介绍什么是旅游目的地软实力、如何开发旅游目的地软实力、我国旅游目的地软实力开发中存在的问题及解决的对策等。读者主要应该掌握如何开发旅游目的地软实力。

案例及思考

扬州大运河文化旅游度假区

近年来，习近平同志多次作出重要指示批示，强调"大运河是祖先留给我们的宝贵遗产，是流动的文化，要统筹保护好、传承好、利用好"。扬州大运河文化旅游度假区即原扬州瘦西湖旅游度假区，自2011年正式批准设立以来，结合2014年瘦西湖成为世界文化遗产——大运河扬州段上的重要节点，围绕保护好、传承好、利用好大运河文化和旅游资源目标，全力打造大运河文化旅游的最佳展示区和互动体验区。历经10年建设，度假区完善功能、提升环境、丰富产品，实现了从"观光游"向"度假游"的大跨越、大提升。

度假区围绕大运河文化主题资源，形成了运河园林文化体验、"皮包水·水包皮"三把刀休闲文化体验两大主题产品，开发了文化生态公园、特色酒店集群、人文休闲街区、美食生活体验、主题文创演艺、中西康养健身、多彩夜游活动、大型节庆赛事八类旅游休闲度假产品，整合景点、酒店、餐饮、乡村旅游点、娱乐、休闲街区等200余家涉旅单位，打造了集观光度假、体验参与、休闲娱乐、文创研学、康养运动、生态宜居于一体的全域旅游智慧服务体系，全力建设以文化展示、历史溯源、生态观光、休闲度假为特色的旅游度假胜地，获得了中国温泉之城、国家文化旅游示范区、全国文明风景旅游区等多个国家级称号。

过去看园、看风景；现在能旅游、能度假、能体验。突破扬州市主要封闭式景区传统观光游的门票经济模式，度假区充分挖掘展示运河文化内涵、体现时代脉络、放大文化效应、传承非物质文化遗产、传播扬州传统文化，既有古今交融的"大气"，又有接轨国际先进理念的"洋气"，真正实现从"观光型"向"消费度假型"的华丽转变。

扬州大运河文化旅游度假区除了将运河文化与旅游深度融合外，还不断优化其相关服务，提升旅游软实力。度假区大力推进标识引导系统、线上旅游信息服务、线下综合服务中心、智慧旅游建设、旅游交通服务、旅游厕所革命等旅游公共服务体系建设。聘请了专业旅游标准化咨询机构对区内旅游标识标牌引导系统进行全面核实、规划、设计。构建了由总游客中心、二级游客中心、"微笑扬州"旅游志愿服务点等形成的级配合理、职能完善的综合服务设施体系，提供咨询投诉、导游服务、食宿预订、宣传展示、医疗救护、特殊人员服务等各项服务。

如今，在大运河文化旅游度假区，这一片由自然与人类共同打造的风景，经过传承、守护、修复和历史文化积淀，更彰显出了十里长堤、烟柳画桥、风帘翠幕的惊艳之美。海内外游客无不惊叹，在度假区能"吃出特色、住得舒坦、行得自在、游之尽兴、购得丰富、娱之欢喜"。

资料来源：扬州大运河文化旅游度假区争创国家级旅游度假区——打造中国国际运河文化旅游目的地［N］.中国旅游报，2020-10-22.

思考： 什么是软实力？目的地旅游软实力包括哪些内容？如何开发目的地软实力？

第一节 软实力的概念及其特征

旅游目的地软实力是近年来出现的新名词，研究的文献还不是很多。软实力是随着国际经济、政治、军事等硬实力的发展而提出来的。旅游业借助于这个新的研究成果，引入旅游业的发展中，有利于迅速地提高旅游的地位和产品质量。

一、软实力概念的提出

"软实力"一词来源于英文"Soft Power"，20世纪90年代美国哈佛大学约瑟夫·奈教授在研究国际关系时提出了这一概念，原来指的是某个国家依靠文化和理念方面的因素来获得影响力的能力，即一国文化与意识形态的吸引力，是通过吸引而非强制的方法达到期望结果的能力。他认为，硬实力通常指一个国家的军事和经济实力及领土、人口、科技、自然资源等。软实力包括文化、价值观、意识形态等方面。他认为软实力一般指无形的、抽象的、非物质性的力量。他认为一个国家拥有的军事和经济实力可称为"硬实力"，与之相对应的还有一种"软实力"，即"国家通过自己的吸引力实现国家目标的能力"，这种软实力来源于国家的文化、政治观念和对外政策的吸引力，可细分为文化软实力和体制软实力。这一见解，特别是文化软实力概念的提出，刷新了国情、国力和竞争力的研究方法，开创了全新的研究领域，很快受到各学科专家的青睐。

加拿大著名学者马修·弗雷泽指出："美国一直在仰赖自己的软实力即流行文化进行潜移默化的渗透，从而达到向全球推广美国生活方式和价值观的目的。"英国学者尼古拉斯·欧尚那认为："军事以外的影响力都是软实力，包括意识形态和政治价值的吸引力、文化感召力等。"

国内在区域经济和产业经济研究中引入软实力概念始于 2004 年，研究重点集中于从区域经济和产业经济发展的宏观视野评价软实力的构成和作用，着力点在于如何以区域和产业的软实力发展促进经济发展的问题。

国内学者关于企业软实力的研究主要集中在以下两方面：一方面是关于企业软实力的概念、内涵的理论性探讨，不同的学者站在不同的角度对企业软实力的概念进行不同的界定，如邵奇（2004）、黄牧怡（2004）、曾德国（2005）、高昆（2006）；另一方面是对企业软实力的构成、影响、作用机理等的探讨，如丁政（2007）、邓正红（2007）等的剖析。

左学金（2004）认为软实力是相对于国内生产总值、国防力量等硬实力而言的，是指一国的文化、价值观念、社会制度等影响自身发展潜力和国际感召力的因素。董立人等认为软实力的核心部分主要是文化价值观及其政治价值观念的认同及其影响力。文化价值观包括人们对传统文化与现代文化、外来文化与本土文化、官本位与能力本位、个人与集体、义与利、竞争与合作、统一与个性、封闭保守与开放创新等关系的态度和观念。随着软实力理论的应用范围逐渐向微观领域延伸，企业软实力也逐渐成为理论界研究的热点问题。

软实力概念的提出，反映了全球化进程中国家权力结构的变化，在不同国家的综合国力竞争中，硬实力的地位相对削弱，而软实力的地位不断上升。与此同时，软实力的讨论对象也逐渐从国家层面向下延伸到区域和企业层面，进一步扩大了软实力的实用范围和空间。

二、旅游软实力的概念

软相对于硬而言。"实力"就是实际拥有的力量。旅游硬实力主要指旅游目的地具备的并且已经彰显和认知的旅游发展的综合力量，包括目的地资源禀赋、文化底蕴、企业实力、产品竞争力等的雄厚及其可持续发展。说明这些"实力"是已经硬起来了的，为市场接受了的。旅游软实力主要指旅游目的地具备的，但表面处于隐性状态的旅游发展的潜在综合力量。说明这些"实力"虽然已经存在但没有浮出水面，潜藏于目的地的环境中，但确实已经存在。软不同于弱，软是硬的对立面，软是硬的潜伏状态；然而弱是强的对立面，弱就是没有实力。另外，软实力也不同于影响力。影响力只是软实力的一个方面，影响力也可以称为感召力。

三、软实力的特征

旅游产业的国际和区域竞争归根结底是国家和区域影响力的竞争，国家和区域硬实力和软实力在旅游产业中都会有所反映。从旅游目的地的角度来研究可能更为恰当，但旅游软实力并不等同于旅游影响力，尽管它是旅游影响力的来源之一。旅游目的地软实力是旅游目的地在激烈的市场竞争环境里，对旅游产品筛选和服务力的提升，以及不断适应旅游者偏好的过程中形成的，使旅游者领略和接受旅游目的地文化。旅游影响力是双向的，是客源地与目的地、游客与居民之间的双向作用。既有好的影响，又有坏的影响。

软实力主要有以下三个方面的特征：

（一）软实力是可以感知的、潜在的、隐性的力量

软实力的"软"就像江河里的水，它可以载舟，但自身却是柔软的。这种软的力量具有超强的影响力，虽然"隐性"存在但却有不可忽视的作用。

（二）软实力是核心竞争力

硬实力虽然相当重要但不能居于核心竞争力的位置。软实力产生的效力具有爆发性，而且更具有弥漫扩散性，起到决战未来的决定作用。

（三）软实力具有不可控制性

软实力需要长期的锻造才能形成，硬实力可以通过资金、政策、人才等一蹴而就。软实力主要依靠旅游目的地自力更生，不可以模仿或依靠外援，也不可以通过交易的方式取得，而硬实力却可以依靠外力来完成，可以通过交易的方式取得。因此，软实力具有不可控制性。

第二节　旅游目的地软实力内容

旅游目的地软实力是围绕旅游地竞争力建设来进行的，除了已经存在的硬件设施以外，有利于提升旅游目的地竞争力的因素都是软实力建设的内容。

一、旅游目的地文化软实力开发

旅游目的地文化软实力开发主要是对目的地文化进行挖掘、整理、策划、包装、营销、管理来提升目的地文化吸引力，影响旅游者对目的地的选择。任何一个目的地都有自身的文化底蕴、文化特色、文化事项，对这些文化进行挖掘、整理，形成文化旅游产品。在这里，核心问题是对文化的理解与开发。

何谓旅游文化？旅游文化就是指目的地能够吸引旅游者并以真善美的享受、体验真实生活、扩充知识使其深入思考的特殊文化现象。它包括旅游目的地的思维方式、审美心理、价值观念、艺术表现形式等。旅游者不仅仅是欣赏自然旅游资源的秀丽风光，更注重探究目的地所蕴含的文化本底。

首先，开发旅游资源、挖掘本真的文化内涵。中国旅游资源中蕴含的儒家文化内涵、

农耕文化内涵、民族文化内涵等博大精深。所谓"山不在高，有仙则名；水不在深，有龙则灵"就是最好的诠释。

其次，秀丽的山水蕴含着丰富的文化意象，挖掘其文化内涵可以从文人墨客留下的诗文入手，如桂林的叠彩山中就有众多历代诗文题刻和摩崖造像，整理和编辑有关文人墨客的历史故事，彰显山水的灵性。

最后，形成独具民族特色的文化。如西藏自治区、新疆维吾尔自治区、广西壮族自治区等有形的旅游资源和无形的旅游文化结合起来，虚虚实实，实实虚虚，虚实结合，让游客回味无穷。

旅游资源是旅游业的核心，而旅游文化又是旅游资源的核心。只要填充适宜的文化内涵，就能够提升景点的价值。

解读旅游目的地文化软实力，不仅仅是考虑目的地有什么文化，更在于与客源地和潜在客源地相比有什么差异化的文化。差异性越大，软实力就越显著。如高原文化与滨海文化、城市文化与乡村文化、中国的春节文化与西方的圣诞节文化等。西方的圣诞节文化对中国游客的吸引力远远大于中国春节文化对西方游客的吸引力，这里不是说中国的春节文化没有吸引力，而是说我们没有开发好。就旅游的国际贸易而言，这是非常典型的文化软实力的案例。

二、旅游目的地的形象力

旅游目的地的形象力问题伴随着现代旅游业的发展和区域旅游目的地开发、规划、建设、经营和管理而被提出来。旅游目的地形象力问题研究的最终目的是为利用和设计旅游目的地形象提供依据和指导，从而增强旅游目的地的吸引力和竞争力。

从旅游需求方来看，旅游者在选择旅游目的地时，除了考虑距离、时间、交通方式、旅行成本等一般因素外，还越来越重视目的地形象。现代旅游者作为商品社会的消费者，习惯于采取一般实物型商品的选购思维方式（例如，依据商品的品牌形象）来选择旅游目的地。在旅游者心中，旅游地比单纯的实物消费品要复杂得多，对目的地形象（一种不可触摸的东西）的评价要比对实物产品中那些可见因素（如质地、做工、材料等）的评价更加模糊，而且，为追求地理环境差异感受的旅游者，将永远不断地面临旅游地形象力的认知过程，通过对旅游地形象力的认知决定是否去该地旅游、以实际的旅游经验以及旅游经历的印象决定是否旧地重游。另外，当代旅游者所拥有的丰富旅行经验和对先进信息技术时代的适应使非团队旅游大行其道，在世界国际旅游市场中，散客所占比重越来越大。1980~1990年我国有组织接待的来华旅游者中，旅游部门接待人数是非旅游部门接待人数的2~4倍，团队比重占压倒优势，但到了1992年，团队与散客达到平分市场的局面，之后，访华散客的绝对数和在客源中所占的比重高速增长，各客源市场的信息也反映了散客比重急剧上升的趋势。旅游地形象力的重要性越来越突出。

旅游目的地形象力越来越受到各国政府及旅游开发商的重视，同时在塑造旅游目的地的旅游形象方面都做出了很大努力。由于旅游地本身客观条件千差万别，对于我们认识旅游目的地形象造成了一定的困难。旅游目的地形象力要素如表8-1所示。

表8-1　旅游目的地形象力要素

要素	内容
当地的天气与气候	阳光、气温、降雨量、湿度
自然资源	沙滩、湖滨、海滨、河流、水道、森林、山地、植被、动物
基础设施	供水、排水、能源、远程通信、公路、铁路、港口、航道、机场
旅游服务与游乐活动的气氛	住宿接待、餐馆、旅游机构、商场购物、运动设施、游乐园、动物园、娱乐活动
文化	历史遗迹、影剧院、音乐厅、美术馆、博物馆、建筑、展览、节庆活动
经济、政治、社会因素	工业结构、政府结构、规划体制、语言、宗教、风俗、饮食、好客程度

资料来源：Stabler（1988）.

三、旅游目的地接待能力

旅游目的地接待能力是软实力的重要内容。从行业大类来说，旅游业一般被划入服务业。旅游目的地理所当然地必须提高自身的服务能力，也就是把顾客当作"上帝"。我们虽然不把这个观点当作普遍真理，但它在一定意义上揭示了服务业的宗旨，旅游目的地也不能例外。这里的服务力，也可以说是接待能力：硬件实施的细节要人性化、人员服务要超值化、服务项目要超值化。

（一）硬件实施的细节要人性化

硬件实施的细节要人性化就是设备设施要注意满足游客的个性化需求和文化差异的耦合。如中英文的说明书、便捷的金融服务、无处不在的网络、全覆盖的预订系统、旅游六要素的便利化、集散中心设置的科学化、旅游厕所的高档化等。

（二）人员服务要超值化

人员服务要超值化包括行业人员的服务技巧、服务项目和居民的好客精神等。

全行业的从业人员需要有高超的服务技能与技巧，典型地体现在导游人员中。目前在我们的导游人员中，具备高超服务能力的人员太少，大多数只是起到一个"带路"的作用，既缺乏广泛的文化知识，又不具备高品质的服务素质。关键在于旅行社也未能成为吸引高素质人才的行业，或者出于体制、行业"潜规则"等原因，导游人员"英雄无用武之地"，无法真正体现出高素质导游的水平。换句话说，能够体现导游高素质水平的目的地，就是相对成熟的目的地，也就是能够发挥软实力的目的地。这应该是评价目的地的一个指标。

（三）服务项目要超值化

对目的地而言，所有的元素都可能成为游客的体验对象。旅游企业所提供的产品是否做到全覆盖或相关覆盖？旅游接待人员是否做到知识的全覆盖或相关覆盖？如果服务项目能够超出游客的期望值，游客的满意度就会大大提升。这需要旅游企业和从业人员的共同努力。

目的地居民的好客精神在体验与休闲旅游时代显得尤为重要。过去的观光型旅游时代，游客与居民的接触不多，游客主要是看风景。现在游客已经成熟起来，更多地与居民一起体验生活。居民的接待意识和接待能力本身就是游客的体验对象。目的地居民的旅游意识、文化知识水平、对差异化文化的包容等都需要进一步的修补和完善，进而发展成为目的地的软实力，与其他要素一起成为支撑目的地软实力发展的核心要素。

四、旅游目的地执行力

执行力指的是在充分理解组织战略意图的前提下有效利用资源，保质保量达成目标的能力。在旅游目的地中执行力指的是认真贯彻政策意图，提高目的地市场占有率和经营绩效的操作能力。对行业管理部门来说执行力就是决策能力；对企业而言执行力就是经营能力。衡量执行力的标准，对行业管理部门而言是理解国家旅游政策的能力及其贯彻执行的效果；对企业而言就是在预订的时间内完成企业的战略目标，其表象在于完成任务的及时性和质量，但其核心在于企业的战略定位与布局，是企业经营的核心内容。执行力既反映了旅游目的地的整体素质，又是目的地综合能力的体现。

（一）执行国家旅游政策的能力

我国颁布过一系列发展旅游的政策及其相关的规章制度，如《导游管理条例》《旅行社管理条例》《国务院关于加快发展旅游业的意见》等。所有这些政策、法律法规都是旅游业的护身符和指路明灯。旅游目的地必须认真领会，吃透精神实质，扎扎实实贯彻落实，结合目的地实际加以灵活运用，充分发挥政策的效力。尤其是《国务院关于加快发展旅游业的意见》（国发〔2009〕41号），为我国旅游业新一轮腾飞指明了方向。文件指出旅游业兼具经济和社会功能，资源消耗低、带动系数大、就业机会多、综合效益好。我国幅员辽阔，旅游资源丰富，人民群众日益增长的多样化消费需求为旅游业发展提供了新的机遇。近年来，我国旅游业快速发展，但仍面临发展方式粗放、基础设施建设滞后、服务质量水平不高等问题，必须加强统筹规划，从改革、开放、服务、管理入手，着力提升发展质量，把旅游业培育成国民经济的战略性支柱产业和人民群众更加满意的现代服务业。这是我国一定时期内发展旅游业的"尚方宝剑"。各旅游目的地需要加强协调配合，完善配套政策措施，切实抓好意见的贯彻落实。《中华人民共和国旅游法》的颁布实施，使旅游业步入了法制化的轨道。

（二）目的地的经营管理能力

在明确发展方向的基础上，各目的地的经营管理能力就显得非常重要了。目的地的经营管理能力主要体现在旅游产品的开发设计能力、行业投入与产出的绩效控制能力、行业口碑与社会形象塑造能力、企业合法经营与可持续发展能力。在旅游目的地中，旅游产品的开发设计始终是最重要的因素，特别是旅游线路的设计要科学、合理，有利于游客的游览体验。许多旅游目的地的旅游业发展得不好，在很大程度上是旅游线路设计出了问题。

行业的绩效控制能力是关系能否盈利、能否生存的关键，从现实情况来看，需要避免恶性竞争及零团费、负团费的经营模式。行业口碑与社会形象塑造能力也很重要，这里更多的还是宰客及投诉的问题。旅游行业社会口碑的好坏与宰客及投诉处理有非常密切的关系。旅游目的地需要下大力气从制度上杜绝宰客现象的发生，对于游客的投诉要及时处理，给投诉者合理、公正、满意的答复。企业合法经营与可持续发展能力是行业管理的重要内容，需要规范企业的设置、管理，经营要遵守国家的法律法规，所有这些能力都是需要努力挖掘的。

五、旅游目的地创新力

"创新"是一个时髦的名词，各行各业都在提创新。旅游目的地的创新力就是把"红海"中完善旅游产品及其服务的能力与挖掘"蓝海"中旅游产品与服务的能力相结合。包括管理的创新、制度的创新、观念的创新、产品的创新、服务的创新、营销的创新等。毫无疑问，这些创新的根源在于人的头脑与环境的结合。关于人才，本书有专门一章进行论述。这里强调创新型人才的培养本身也是一种创新，需要有利于创新的大环境支持。

目的地创新力的开发，首当其冲的是旅游专业人才的创新培养，这是创新的根源。人才的教育培养机构与人才的使用机构要营造创新的环境，这是一个问题的两个方面。人才的教育培养机构要围绕创新人才培养来组织教学活动，既要注重理论修养的提升，又要与旅游实践紧密结合，培养复合型人才。在我国，学用不一致的现象比较突出，很值得反思与改正。这需要"官、产、学"的相互配合，而不是相互埋怨。"官、产、学"既要找准自身的定位，又要互相补位。"官"即政府，要宏观指导人才的培养与调控，为人才的培养、使用提供财政与政策支持；满足"产、学"的资金要求。"产"即企业，既要合理、科学使用人才，又要给人才提供实践锻炼机会；满足"官、学"的就业要求。"学"即学校，既要培养高规格人才，又要培养适合企业的使用型人才；满足"官、产"的市场要求。"官、产、学"紧紧扣住创新这一共同目标，就容易劲往一处使。同时，其他方面的创新也不可偏废。

(一) 管理的创新

管理创新包括行政管理与企业管理的创新。行政管理更多的是运用政策杠杆管理市场、管理行业、管理绩效等，如旅游业准入制度、出入境制度、资金制度、税收制度、职业地位、教育培训、产品质量、投诉处理反馈等。企业管理是指旅游企业在国家宏观政策指引下，对自身的组织结构、运行规律、市场开拓、产品质量、员工使用、社会回报等的治理，在于经济效益、环境效益、社会效益的统一与和谐，三者不可偏废。一切的创新都要围绕这三大效益进行。

(二) 制度的创新

制度既可能是行业发展的羁绊，又可能是行业发展的推进器。无论是政府的管理制度，还是企业自身的管理制度，都需要与时俱进，不断适应市场发展的需要，否则就有可能成为市场发展的绊脚石。衡量旅游制度创新的主要因素包括产品质量的价值提升、人才的吸引力度加大、市场的开拓范围扩大、资金的投入宽幅增厚、行业形象的口碑好评、资源开发保护的永续利用等。新的制度必须有利于行业的可持续发展。

（三）观念的创新

旅游事业的发展本身就是随着观念的不断更新而发展起来的。在温饱无法解决的时代，旅游是不可想象的事情。对于旅游的需求方来说，消费旅游产品的结果仅仅是一种经历，旁人看不见也摸不着，与购买一件事物的价值是无法相提并论的。对于旅游供应方来说，必须提供物超所值的产品才能满足消费者的消费愿望。因此，观念的创新就是永远走在市场的前面，起到引领市场走向的作用。观念的创新包括经营观念、产品观念、市场观念、效益观念、人才观念等，都需要进一步的创新。

（四）产品的创新

产品是行业的命脉，没有产品就没有行业。旅游产品必须是创新性产品。要不断地满足消费者的"新、奇、特、异"的消费愿望，否则旅游目的地的市场份额就会萎缩甚至消失。要把握好旅游产品的生命周期，注意更新换代。开发具有新奇效果、特别意义、异样的产品，以此吸引旅游者的注意和消费体验。常规的旅游产品吸引的是消费能力弱的游客，创新的产品吸引的是消费能力强的游客。掌握创新旅游产品的目的地将能立于市场的潮头。

（五）服务的创新

服务是旅游业的特色之魂，包括大服务与小服务。大服务指行业产品的供应创新，不断提供新的服务项目，满足游客的求新愿望。小服务指接待人员的服务技巧、技能，需要不断地提供无微不至的服务，尤其是在细节方面。一个眼神、一个动作、一句问候、一首歌曲等，都可以是创新，游客感觉从未享受过的服务就是创新。既然是创新就不能墨守成规，在执行规范化的前提下进行服务创新，不能把规范化与创新性对立起来。

（六）营销的创新

在网络经济条件下，无论是哪个行业，其市场营销手段都是千变万化的，是最活跃的要素之一，是创新的主要阵地，旅游市场也不例外。目的地营销的创新包括手段创新、技术创新、方法创新、载体创新。一切能够吸引"眼球"的方式方法都可以使用，是"八仙过海、各显神通"的领域，只要能够扩大市场影响力就是成功。

六、旅游目的地影响力

旅游影响力指通过运用适合于他人心理期盼并乐于接受的事件要素使其做出旅游体验决策的能力。旅游目的地需要通过适当的手段，如媒体、影视、广告、口碑、新闻等，运用特殊事件，如节庆、体育比赛、文艺演出、名人效应等，利用人们好奇、参与的心理，满足人们的出游动机，使其做出到目的地旅游的决策。在这里，核心的是特殊事件，事件具有轰动效应。有些事件是传统型的，如习俗、节庆等；有些是需要制造出来的，如现代会展等。

一个典型的例子就是博鳌亚洲论坛（Boao Forum for Asia，BFA），它由29个成员国共同发起。2001年2月下旬在海南省琼海市万泉河入海口的博鳌镇正式宣布成立。博鳌亚洲论坛为非官方、非营利性、定期、定址的国际组织；为政府、企业及专家学者等提供一个共商经济、社会、环境及其他相关问题的高层对话平台；海南博鳌为论坛总部的永久所在地。博鳌亚洲论坛以平等、互惠、合作和共赢为主旨，立足亚洲，推动亚洲各国间的经济交流、协调与合作；同时又面向世界，增强亚洲与世界其他地区的对话与经济联系。

博鳌镇原来名不见经传，一夜之间世界扬名，得益于博鳌亚洲论坛，几乎成为全国最具影响力的城镇。

七、旅游目的地策划力

策划是旅游业的天然属性，旅游产品及其线路都是通过策划开发出来的。无论是旅游资源丰富或薄弱，都要进行策划才能形成有竞争力的产品。策划不是一劳永逸的，需要不断地进行策划。策划力是目的地非常重要的软实力，甚至可以说是最核心的软实力。策划的内容包括产品策划、线路策划、活动策划、营销策划、节庆策划、品牌策划、市场策划等。对于目的地来说旅游策划就是生产力。

第三节　我国旅游目的地软实力开发中存在的问题

旅游目的地软实力开发是一个较新的研究课题，作为新生事物在成长和发展过程中存在很多问题，既有理论上的问题又有实践中的问题，这些都是我们今后要研究和解决的课题。

一、旅游目的地软实力开发理论未形成系统

目的地软实力开发是一个很复杂的问题，解决问题首先要找到问题的本质或者说是根源。旅游活动开展的主体是旅游者，旅游业的整体运作最终也是围绕旅游者的旅游需求而开展的。那么，提高目的地软实力的根源也应该是围绕满足旅游者的需求来开展或是提高目的地对旅游者的吸引力，我们开发旅游目的地软实力最终的落脚点就是旅游者。在旅游目的地软实力开发的理论方面对于如何提高旅游吸引力、如何满足旅游者多样的旅游需求、从哪些方面入手开发目的地软实力，这些问题的理论研究还很少，同时也没有明确针对这些问题来研究，都只是在研究旅游活动、旅游业及景区发展等方面做过一些研究，这些研究之间还存在一些相互矛盾的地方。这样的理论来指导目的地发展必然会带来一系列问题，如重复建设、资源利用率不高和吸引力不足等方面的问题，所以今后我们在研究过程中要集中解决理论的系统性问题。

二、管理层对旅游软实力的研究重视不够

无论是行政管理层还是企业管理层，对旅游软实力的研究仍然是处于"软"的状态。基本上都是重视硬实力的东西，忽略了对软实力的研究，这与领导政绩的评价机制有一定的联系。因为软实力是软的东西，有时处于看不见、摸不着的状态。领导需要那些看得见、摸得到，能够直接体验出来的东西，也就是硬实力的东西，如直接抓一个酒店建设、开发一个新的景区等，所以就偏废了软实力。许多地方还没有形成对硬实力和软实力两手都要抓、两手都要硬的局面，或者说"两条腿走路"的格局还没有形成。

三、旅游目的地软实力在开发实践过程中还存在一些问题

旅游目的地软实力与硬实力有着密切的内在联系，旅游地资源的硬实力通过软实力的文化策划才能凸显其品牌价值，旅游地的基础设施只有通过完善旅游服务质量才能形成旅游竞争力，旅游地资源等硬实力的对外营销只有通过软实力的创意设计才能实现，我国目前在旅游软实力建设上还存在一些问题。

（一）旅游目的地形象定位不明确，影响力不够

在对目的地形象进行定位时，要充分考察目的地的客观条件，如文化背景、特色景观以及受众群体等方面因素，找到其中的主要方面来进行形象定位，这个定位要明确清晰，给游客一种耳目一新却又认为是理所当然的印象，以此提高旅游目的地的影响力。

以广州城市形象定位为例：① 广州地脉与文脉的独特性和唯一性在于岭南文化，岭南文化是由广州的历史发展、商业贸易和都市文化发展而来的，包含了建筑文化、饮食文化、民俗文化、商业文化、园林文化等多种内容，并体现了广州独特的人文特征。如何抓住这个主要方面来构建广州独特的旅游形象，成为广州旅游城市建设和营销的关键。2000年以来，广州市旅游部门进行了大量的旅游形象推广活动，通过积极参与国内外旅游市场营销活动，试图建立一个统一的旅游形象，但广州城市形象定位由于强调的重点不同，呈现多样的城市形象，包括"花城""商都""岭南文化名城""美食都会""国际大都市""区域性经济中心""华南中心城市"等，导致广州城市形象定位不明确，不利于广州旅游地形象的建设和未来的可持续发展，其影响力也大大降低了。广州的旅游形象与其经济形象相比是相对逊色的。

城市的形象直接影响旅游者的本体感知，所以城市的形象直接影响旅游产品的吸引力。城市形象是根据城市的发展战略定位传递给社会大众的核心概念，并期望得到社会的认可。良好的城市形象是城市营销策划的产物，一经形成，便对城市旅游的发展产生巨大的作用，如香港的"动感之都"旅游形象和杭州的"东方休闲之都"旅游形象已经被世人接受。

---

① 胡爱清．国际旅游背景下的广州旅游软实力建设研究［J］．当代经济，2010（9）：84-87．

（二）创意不够，产品同质，特色性差

我国许多地方旅游资源丰富，为旅游产品的开发提供了较大的空间，但是由于受到利益驱动，各地盲目的低水平重复建设现象突出，造成旅游产品始终脱离不了"小而全"的局面，没有培育出有竞争力的特色品牌产品。无论是历史文化村，还是森林公园、自然景区等的建设，在类似旅游资源开发过程中都具有同质化的趋势，没有明显的原创性与独特性。旅游产品结构和旅游产品类型的这种趋同性、相似性，加剧了各市之间旅游产品的竞争，同时，也极易使受众产生审美疲劳。

（三）旅游目的地缺乏对接待力或服务力的开发

对于硬实力的建设早已得到旅游目的地的高度重视，而对于旅游接待力和服务力的建设还是空白，没有得到应有的重视。有些地方虽然已经有所意识但仍停留在口头上。旅游接待力或服务力指吸引和服务游客的能力，包括文化空间的吸引力、地方特色的展示力、包容异文化的接纳力、从业人员的敬业力、全民的好客力。旅游是第三产业，是服务行业或者说是接待行业，对目的地的开发既要从资源角度考虑，更要从客源的角度考虑，达到两者的相对平衡就是软实力的考量标准。例如，我们许多地方都提出要建立国际旅游大都市，开发的资源和产品都是闭门造车，虽然具备了地方色彩，硬件设施也上去了，但是根本没有考虑服务力的建设。例如，在酒店方面，千篇一律的酒店客房有家的感觉吗？客房连一个晾挂洗涤衣物的地方都没有，何来"宾至如归"？旅行社方面，国内旅行社把团餐标准压至最低何来"民以食为天"？导游的知识贫乏何来"文化大使"的称号？软实力的开发任重道远。

第四节 提高旅游目的地软实力的路径[①]

中国拥有丰富的旅游资源，对国内外旅游者的吸引力比较强，但由于我们只注重旅游目的地硬实力的建设，游客来访时看到的景观大同小异，没有给游客很深的旅游印象，使得旅游目的地游客的重访率低，旅游业整体发展缓慢，在各区域旅游硬实力相同或相似的情况下，加强软实力建设任重道远。如何才能扩展软实力的路径？

一、重新认识旅游产品及其管理理论，把握旅游软实力的时代特征

有学者指出，中国传统旅游文化"天人合一"的和谐优美和西方后现代旅游人类学田野作业的理性深沉，向我们展示了高度自觉、充分自律，激动人心的旅游精神。然而，在消费社会、大众旅游的时代，相关操作经验却难以复制和推广，如果一厢情愿地把它们当摹本，就不可能准确把握旅游软实力的时代特征。首先，旅游的认知功能已大大削弱，现

---

① 本节部分内容来源于曹国新的《旅游软实力初论》。

代传媒已构筑起信息透明、读图的时代，已经逐步取代"行万里路、读万卷书"的功能。旅游体验只是简略为单纯的在场感。目的地需要拓展更为广泛的、无法取代的体验空间。其次，旅游的交往功能也遭遇封闭，习惯于"宅"生活的人，其行为往往是"我行我素"、以"自我"为中心的，旅游活动中的社会交往意识淡薄，主动性欠缺。目的地需要开发更有利于人们"交往和沟通"的产品和线路，还原人本身也是旅游吸引物的本真性。再次，旅游的娱乐功能正面临网游、流行音乐、夜总会、选秀节目的挑战，旅游产品的体验性和娱乐性需要吸收更为广泛的现代元素和科学技术，激起人们的参与愿望，获得更多的神经和感官刺激，否则将会变得无足轻重。最后，网络虚拟旅游、智慧旅游一定程度模糊了旅游者享受"新、奇、特"的出游动机。现实产品在真实、服务、体验、感觉上需要优于网络旅游才能使网友脱离网络，走进真实的旅游目的地。

在竞争产品、替代产品、网络产品的冲击下，在全新的"宅"生活、"宅"心理、"宅"时代面前，我们必须反思旅游产品价值、旅游文化和旅游软实力的悖论问题，研发新时代旅游形式，进而再造我国的旅游管理理论。

二、重建我国的旅游实践美学，夯实旅游软实力的价值基础

旅游软实力的本源是旅游者"尝试他种人生的深层欲望"，旅游软实力的本体是旅游目的地充满魅力的日常生活，旅游软实力的本质是旅游目的地所采取的一种旅游实践美学，是旅游目的地所标签的价值观念系统相对于旅游发生地的吸引力，它能对接旅游者的深层欲望，修正旅游者的文化偏好。当前，我国旅游的价值功能挖掘不到位，流于平庸。因此，重建我国的旅游实践美学，提升价值吸引力是强化旅游软实力的基础。

挖掘旅游文化心理的本真性。首先是重塑中华民族"天人合一"的价值理念，发掘中华民族应对生存问题、发展问题和审美问题的伟大成就和文化遗产；其次是展现"中庸"的人格魅力，反映中华民族与时俱进的思维习惯、行为方式和审美理念；最后是表现"包容"的宽广胸怀，反映中华民族统筹兼顾、情理交融、礼让三分、亲善和谐、务实求真的民族品格。一句话，需要充分展示"文化自信"的底气。

三、重组我国的旅游产业结构，强化旅游软实力的产业基础

旅游软实力是旅游产业强国的精神之本，旅游产业强国是旅游软实力的动能之源。纵观国外旅游产业近年来的实践，如明确具有软实力意图的日本"观光国政策"，我们清楚地看到，至少在主题策划、产品组织、文化营销、政策建议这四个领域，最重要的创新主体都是旅游企业或行业组织。我国旅游业的情况则不尽理想，在这四个领域中，旅游企业或行业组织均没有起到创新主体的作用，而仅仅是创新活动的一个环节而已，旅游软实力主体动能明显不足。从这个角度看，重组我国的旅游产业结构是强化旅游软实力的保障。

四、着力区块深耕与价值提升，回归旅游本质

在全球化的竞争格局中，区域旅游处于十分活跃的状态。旅游目的地的区域性有利于

彰显自身优势。自身优势需要着力区块深耕和价值提升。旅游软实力主要指旅游目的地具备的但还没有得到市场认知的，旅游发展的潜在综合力量。所以，旅游目的地需要从区域内挖掘潜在的力量。从旅游产品价值链的视角进行诊断、判别，甄选出具有特殊价值的资源，通过软实力的包装转换成硬实力的旅游产品。

（一）区块深耕

目的地的软实力好比一座深埋地下的宝藏，暂时没有被市场发现或认可，目的地需要把它开发出来。挖得越深，宝藏越丰富，特殊元素含量越高。这个挖掘就是从文化、接待、创新、执行、影响、形象、策划等角度进行深度的开发，需要目的地摸清自身的家底并与硬实力紧密结合，形成综合实力。

（二）价值的提升

对旅游产品的价值进行提升，旅游产品的价值体现在多个方面，不同的旅游者有不同的价值需求。疗养旅游者需要健康的价值，修学旅游者需要知识的价值等。因此，这个价值的提升不是从旅游者的角度考虑的，而是从目的地的角度考虑的。目的地有什么就开发什么，开发出来的是完全本真的东西，不是虚伪的。这个价值与旅游者的需求相吻合就是最大的价值，旅游市场追求的就是这个。

五、诚信经营与行业协调，清洗行业败类

支撑起目的地旅游软实力的根基还有一个元素，就是诚信经营。诚信经营是市场法则，本不该是一个问题。可是在不完善的环境中它是一个较大的问题。这是一个损人害己的行为，究其原因，一是法律法规不完善，被不法分子钻了空子；二是违法成本太低，惩罚措施不得力；三是前期从业者的素质太低，道德感缺失。中国有句俗话"一粒老鼠屎坏了一锅汤"，旅游行业的一些道德败类损害了一个行业。现在需要重新洗牌，通过法规清洗败类，这就需要全行业协调，建立黑名单制度，让败类无处藏身。软实力的构建需要一定的铁腕手段，只有铁拳才能重树旅游威信。这是软实力建设非常重要的一个内容。

六、抓紧人才培养，输送换血式的合格后备力量

在所有的铺垫都已经就位的情况下，就必然需要人去执行。所有工作都到位了但软实力还提升不起来的根源就是缺乏合格的人才。目的地需要借鉴血的教训，抓紧培养事业型的后备人才。这个人才的培养需要大的格局、大的责任，站在民族利益、国家利益的角度进行培养，而不是"宰客"式的无良心的短视。"良禽择木而栖"，木就是软实力，禽就是人才。旅游目的地需要抓紧后备人才的培养，争取"青出于蓝而胜于蓝"！

📖 拓展阅读及分析

讲好红色故事，提升旅游软实力

"半条被子"故事发生在郴州市汝城县徐解秀老人的家里，1934年11月7日傍晚，红军长征经过汝城县文明乡沙洲村。凛冽的寒风中三名女红军战士来到了徐解秀家，徐解秀夫妇倾其所有将剩下的粮食给了女红军战士，徐解秀和三名女红军战士同睡一张床。第二天，女红军战士醒来时，发现男主人一直睡在门口的稻草堆上守护着她们。临走时，女红军战士看到徐解秀家一床被子都没有，只用破絮代替，就将行军棉被剪成两半，一半留给了徐解秀家，并说："等革命成功以后，我们一定会来看你们，再送一床新棉被给你。"

如今故事发生地已成为红色旅游景区，徐解秀老人的小儿子朱忠雄老汉，仔细认真地完成了一场场关于"半条被子"故事的讲解。后来，中惠旅智慧景区管理股份有限公司（以下简称中惠旅）团队在一次走访时，听当地村民讲起徐解秀老人与三名女红军战士"半条被子"的故事，当听到生死攸关时刻女红军战士还把仅存的一条被子分一半给老百姓时，在场的人都非常感动，当即决定将"半条被子 温暖中国"确立为汝城红色旅游主题词。中惠旅推出了"六个一"沙洲红军行红色拓展旅游产品：通过"扩红整编、跟党走听指挥、抢渡金沙江、飞夺泸定桥、爬雪山过草地、三军会师、新长征"等激情澎湃的体验，学员一起"穿一套红军装、吃一顿红军餐（红米饭南瓜汤）、走一段红军挑粮小道、唱一首红军歌、看一场红色电影、参加一场激情四射的红军晚会、听老党员讲述半条被子温暖的故事"，最后胜利会师，团队走上新长征、再出发的征程。

"沙洲红军行"是中惠旅以体验旅游理论为指导，将红色文化与旅游深度融合，让游客在快乐体验和参与互动过程中学习党的优秀传统，感受红军精神，深刻领悟中国共产党人的初心和使命，让"半条被子的温暖"内化于心，让红色文化"活"了起来，大大激发了团队爱党、爱国、爱岗的心灵力量。产品一经推出深受学员好评，3年来累计接待来自湘鄂赣粤等省份进行红色旅游和红色拓展的游客、学员达80万人次。

中惠旅为汝城县文化旅游产业发展做出的一系列努力得到了汝城县委、县政府的高度认同，也为双方进一步合作奠定了基础。2020年2月，中惠旅与汝城县就旅游投资建设、规划设计、智慧旅游、运营管理等事宜进行全域旅游合作开发项目签约，其中，沙洲红色旅游景区是核心内容。

如今，企事业单位和学校来到沙洲，不仅可以参与红色拓展和红色体验旅游，还可以开展研学教育。中惠旅还专门编印了《半条被子 温暖中国》故事手册发放给集团员工和景区周边村民，号召大家都能讲述红色故事。一大批湖南省内外游客陆续来到沙洲红色旅游景区，参观"半条被子的温暖"专题陈列馆和"半条被子"故事发生地旧址，重温红色故事、接受红色教育、传承红色文化。目前，沙洲红色旅游景区累计接待游客突破210万人次，已成为党性教育、廉政教育、爱国主义教育基地。

资料来源：半条被子 温暖中国 [N]. 中国旅游报，2020-10-13（007）.

分析：红色文化是旅游目的地宝贵的财富。各红色景区要利用好红色文化软实力，打造一批红色旅游路线，开展形式多样的红色旅游文化活动。在进行红色旅游文化宣传时，要注重讲好红色故事，以情感人，以情育人。空洞的粗线条的红色文化宣传，往往难以直击人们的内心。如本案例中的"半条被子　温暖中国"就从一个很细的切入点提取当地红色旅游主题词，既有新意又有吸引力，容易引起旅游者的情感共鸣。

红色旅游目的地要真正让软实力发挥更大的效用与价值，光靠宣传还不够。当下，要树立自己的旅游品牌，推出创新的红色旅游产品，还可以与研学旅游相结合推出精品课程。红色文化是红色旅游目的地的核心竞争力，但在开发时不能落入俗套，要有所创新和发展，才能真正让软实力"硬"起来。

章后思考题

1. 什么是软实力？软实力有哪些特征？
2. 什么是旅游软实力？
3. 旅游目的地软实力包括哪些内容？
4. 应该如何对旅游目的地软实力进行整合开发？
5. 我国旅游目的地软实力开发中存在哪些问题？
6. 如何提高旅游目的地软实力？
7. 国外旅游目的地软实力有哪些优势？
8. 我国应该如何借鉴国外的经验，增强我国旅游目的地软实力？

本章推荐阅读材料

［1］曹国新．旅游软实力初论［J］．旅游科学，2010，24（3）：1-11.

［2］曹诗图．旅游哲学引论［M］．天津：南开大学出版社，2008.

［3］王超，郑向敏．中印两国文化旅游软实力——基于系统工程思想的分析［J］．南亚研究季刊，2012（2）：79-85.

第九章
旅游目的地旅游人才开发

本章PPT

本章主要内容

如何培养优质旅游人才和合理使用优秀人才成为一个亟待解决的问题。本章主要剖析了我国旅游管理专业在本科人才和研究生人才培养模式上的主要问题，在此基础上提出了适应我国旅游业发展需要的人才培养的创新模式。

本章主要介绍旅游人才的分类、旅游目的地人才开发措施、旅游目的地人才保障体系建设等。读者主要应该掌握旅游人才的分类、旅游目的地人才开发措施。

案例及思考

文旅大融合下的旅游人才培养

在文旅大融合背景下，新型旅游人才如何培养一直是业内关注的重点，2019年2月13日，《国务院关于印发国家职业教育改革实施方案的通知》发布，职业教育的重要性被提高到了"没有职业教育现代化就没有教育现代化"的地位。

在旅游教育领域，除北京第二外国语学院、中山大学、北京联合大学等优势突出的院校之外，一批新型旅游类人才培训机构先行先试，提供了不少办法、模式。例如，携程大学、美团大学等专注于人才培养的企业学院，以及国家开放大学设立的旅游学院，这些将推进文旅深度融合大势下的旅游人才培养。

目前，我国旅游业需要的精准对口人才仍存在很大缺口。为提高行业人才素养，国家开放大学开始进入旅游板块，开设旅游学院，探索"互联网+"背景下产教融合、校企合作、工学结合的人才培养模式。国家开放大学旅游学院执行院长孔磊说："我们的目标是成为旅游行业内最大的在职培训学院，从而提升行业的整体水平。"旅游学院的教育模式也不是单纯的全日制教育，而是以"线上授课+线下辅导"为主，让在职人员能充分灵活地选择想要学习的内容。

除国家开放大学这种公办在职教育大学外，以携程为首的线上旅游也早已着力培养自己的旅游人才，开办企业大学。为培养和储备适应公司发展所需要的中高层管理人才，

2007 年 9 月 5 日，经过近一年时间的筹建，携程大学正式在携程旅行网上海总部成立。2020 年 10 月 15 日，美团大学正式成立，致力于成为生活服务业数字化人才的大本营，其中旅游人才培养也是重点之一。但是两者也有所区别，携程大学的培养对象针对的是携程内部想要自我提升的中层管理人才，可以报名参加相应课程；美团大学则面向的是平台上的供应商，意图提升平台商合作对象的专业性，美团大学的课程涵盖了餐饮、外卖、酒旅等多个生活服务品类，其中，只有酒旅是专门培养旅游人才的板块。

随着文旅产业进一步纵深融合，对于旅游人才的培养目标、专业设置、课程设计、实践培养等都会产生连锁反应，也会提出新要求。对旅游人才的培养也应顺势而变，才能够更好地为旅游业输送需要的人才。

资料来源：文旅融合下的旅游人才培养之道［EB/OL］.［2019-12-17］. https://www.pinchain.com/article/209466.

思考：什么是旅游人才？旅游人才与其他行业人才有什么区别？如何开发和管理旅游人才？

第一节　旅游目的地人才开发概述

旅游目的地人才的开发同供给与需求有着密切的联系，也就是旅游市场的状况决定了人才培养和开发的方向。

一、我国旅游人才供给基本状况

中国旅游业经过四十多年的发展，从无到有，从小到大，产业形象日益鲜明，产业规模不断壮大，已经成为国民经济中发展速度较快的行业之一。《国务院关于促进旅游业改革发展的若干意见》（国发〔2014〕31 号）中明确提出中国旅游业发展的目标：到 2020 年，境内旅游总消费额达到 5.5 万亿元，城乡居民年人均出游 4.5 次，旅游业增加值占国内生产总值的比重超过 5%。文件中还提出：实施"人才强旅、科教兴旅"战略，编制全国旅游人才中长期发展规划，优化人才发展的体制机制。加强旅游学科体系建设，优化专业设置，深化专业教学改革，大力发展旅游职业教育。建立完善旅游人才评价制度，培育职业经理人市场。推动导游管理体制改革，建立健全导游评价制度，落实导游薪酬和社会保险制度，逐步建立导游职级、服务质量与报酬相一致的激励机制。加强与高等院校、企业合作，建立一批国家旅游人才教育培训基地，加强导游等旅游从业人员培训，不断提高素质和能力。鼓励专家学者和大学生等积极参加旅游志愿者活动。把符合条件的旅游服务从业人员纳入就业扶持范围，落实好相关扶持政策。支持旅游科研单位和旅游规划单位建设，加强旅游基础理论和应用研究。

我国高等院校从 1978 年的第一批几所旅游院校，如上海旅游高等专科学校、原桂林旅游高等专科学校和原北京旅游学院等，发展到 2017 年，全国旅游管理类本科专业共招生 5.9 万人，其中开设旅游管理专业的院校 501 所，全国共招生 3.5 万人；开设酒店管理专业的院校 222 所，全国共招生 1.4 万人；开设会展经济与管理专业的院校 105 所，全国共招生 5121 人。全国旅游管理类高职专业共招生 11.3 万人，其中开设旅游管理专业的院校 869 所，全国共招生 5.5 万人；开设导游专业的院校 90 所，全国共招生 4000 人；开设旅行社经营与管理专业的院校 27 所，全国共招生 616 人；开设景区开发与管理专业的院校 38 所，全国共招生 983 人；开设酒店管理专业的院校 669 所，全国共招生 4.5 万人；开设休闲服务与管理专业的院校 49 所，全国共招生 1176 人；开设会展策划与管理专业的院校 160 所，全国共招生 6831 人。全国旅游类中职专业共招生 10.2 万人，其中高星级饭店运营与管理专业全国共招生 2.2 万人，旅游服务与管理专业全国共招生 4.7 万人，旅游外语专业全国共招生 2122 人，导游服务专业全国共招生 5766 人，会展服务与管理专业全国共招生 647 人，其他旅游类专业全国共招生 2.4 万人。从总体上看，高等旅游院校的数量在逐年增加，而中等职业旅游院校的数量呈下降的趋势，这也说明，我国对旅游人才质量的要求是在不断提高的。

表 9-1　全国旅游专业院校数量及学生人数

项目 年份	旅游高等院校数（所）	旅游中等职业院校数（所）	合计（所）	旅游高等院校学生（万人）	旅游中等职业院校学生（万人）	合计（万人）
1999	209	978	1187	5.40	22.20	27.60
2000	252	943	1195	7.40	25.40	32.80
2001	311	841	1152	10.20	24.10	34.30
2002	407	706	1113	15.70	26.00	41.70
2003	494	713	1207	20.00	25.90	45.90
2004	574	739	1313	27.50	30.40	57.90
2005	693	643	1336	30.80	25.80	56.60
2006	762	941	1703	36.10	37.40	73.50
2007	770	871	1641	39.70	37.60	77.30
2008	852	881	1733	49.80	45.40	95.20
2009	—	—	—	—	—	—
2010	967	1001	1968	59.60	49.00	108.60
2011	1115	1093	2208	59.98	48.34	108.32
2012	1097	1139	2236	57.62	49.72	107.34
2013	—	—	—	—	—	—
2014	1122	933	2055	43.52	31.81	75.33
2015	1518	789	2307	57.10	22.60	79.70
2016	1690	924	2614	44.04	23.20	67.24
2017	1694	947	2641	17.24	10.15	27.39

在中国旅游业高速发展时期，新兴的旅游专业成为相关院校的"香饽饽"，不管是工科、理科、商科院校，还是文科院校，甚至是农林矿业院校，纷纷争办旅游专业教育，结果是不少院校各方面的条件不具备，使得教育水平大打折扣，人才培养模式和质量跟不上市场需要。在旅游专业设置上，一些冷门专业如地理、中文、历史考虑自身的出路问题，通过调整转为旅游相关专业，而原先一度红火的专业如管理、财务、城建、外语等，也向旅游专业靠拢。这种旅游院校的开办和专业的设置，优先考虑的是学校的生存与发展，而不是旅游人才的培养，势必会造成我国旅游人才在供需上的错位现象。

二、我国旅游人才需求基本状况

《国务院关于促进旅游业改革发展的若干意见》（国发〔2014〕31号）中提到"加强旅游人才队伍建设"。2017年旅游直接就业2825万人，旅游直接和间接就业8000万人，对社会就业综合贡献达10.28%。原国家旅游局发布《"十三五"旅游人才发展规划纲要》指出，2020年旅游直接就业人数3300万人。

伴随着旅游市场需求的多样化，将催生新型旅游业态和新型旅游服务方式；旅游规模迅速发展，使得旅游产业内部分工更加明细，专业化程度更高，人才类型将出现大量需求。

第一，旅游企业经营人才队伍。旅游企业经营人才队伍包括高层管理人才、旅游人力资源管理人才、高级旅游营销人才及会员制和俱乐部管理人才。

高层管理人才：随着旅游企业规模化和集团化发展，需要相当一批高层次经营人才，尤其是企业家和职业经理人才队伍。除了传统的酒店高管需求较大外，随着旅游景区的升级换代，将会出现一批景区管理公司，旅游景区高管尤其是新业态景区的高管将十分紧缺。未来对旅游企业高管的能力要求更高，尤其是在综合能力和创新性方面。

旅游人力资源管理人才：随着旅游企业规模的扩大和集团化发展，人才开发和人力资源管理对企业的发展起着支撑作用，将会需要较大规模的旅游人力资源总监等高层次旅游人力资源管理人才。

高级旅游营销人才：旅游市场营销和推广将是企业发展的命脉，营销总监和高级营销师在未来将非常走俏。

会员制和俱乐部管理人才：随着游艇、邮轮和高尔夫等新型业态的出现以及文化娱乐业的繁荣，俱乐部会员管理需求更加突出，俱乐部管理将有着很大的前景。会员制不仅出现在新型业态之中，传统的航空旅行、酒店会员、高档餐饮会员制也不断出现，这方面管理人才需求也在不断扩大。

第二，旅游专业技术人才队伍。旅游专业技术人才队伍包括高层次研究人才，旅游专业师资，旅游资源开发的策划、规划和设计人才，现代旅游科技人才，高级导游人才及现代旅游咨询人才。

高层次研究人才：随着未来旅游产业的快速增长，需要对旅游发展的各个领域进行深度研究，需要高水平的研究成果支撑和引领旅游业发展，必然需要高层次研究人才。

旅游专业师资：旅游业的快速发展，人才培养需求也将跟着快速发展，各级旅游院校和培训机构的专业师资需求将会更加迫切。

旅游资源开发的策划、规划和设计人才：旅游产业的发展、旅游资源开发和项目建设，离不开旅游开发策划、规划和设计人才，尤其是高水平策划人员。

现代旅游科技人才：现代科技在旅游发展中的应用主要体现在旅游信息化、旅游电子商务和现代旅游装备制造业等领域。旅游信息化、旅游电子商务和现代旅游装备制造业的发展需要相适应的旅游工程技术人才。

第三，旅游服务技能人才队伍。未来需要重点培养一支高技能人才队伍，这些人才以提升职业素质和技能为核心，以宾馆饭店、旅行社、旅游景区等旅游企业一线服务人员为主。

第四，乡村旅游实用人才队伍。乡村旅游实用人才队伍包括乡村旅游干部、经营户、从业者等，随着乡村旅游不断发展，对乡村旅游实用人才需求将不断加大。

三、旅游人才开发含义

人才是指具有行业的专业知识或专门技能，进行创造性劳动并对社会做出贡献的人，是人力资源中能力和素质较高的劳动者。旅游人才开发是指根据目的地旅游业发展的需要，把人的智慧、知识、才干、身心按照旅游业发展的需要进行培养、锻炼、塑造，以便促进人才素质的提高和合理使用的过程。旅游人才开发包括挖掘人才、培养人才、使用人才，提高他们的专业技术水平和经营管理能力。旅游人才开发一般包括以下四个环节：

（一）人才的教育培养

人才需要经过教育、培养、选拔，才能逐渐成为有用的专门人才。人才的教育、培养和选拔有多种形式，除了在各层次的学校中进行系统教育和培养外，还可采取培训班、研讨班、进修班等形式提高，或者在岗锻炼。人才的教育培养既可以在国内，又可以在国外；既可以在企业，又可以在学校；既可以脱岗，又可以在岗；既可以发证，又可以不发证。

（二）人才的合理使用

按照人才的成长规律和企业的战略目标，把合适的人才放到合适的岗位上进行充分的锻炼，使人才素质与工作岗位的要求充分磨合，在此基础上不断提升人才质量。

（三）人才的全面管理

人才的全面管理是人才开发的必要条件，建立健全的规章制度有利于人才的成长与企业的发展，是行业发展的需要。人才的全面管理包括人才的招聘、录用、薪酬、绩效、考核、福利、团队、生涯、档案、转岗、提拔等的管理。

（四）人才的技术测评

人才的技术测评是指通过一系列科学手段和技术方法对人的基本素质及其绩效与行业

的匹配程度进行测量和评定的活动。一是测评行业对人才的素质要求，二是测评人才适应行业的要求。

旅游目的地人才开发其实就是旅游目的地企业及当地政府对旅游行业人才的选用、培养、评估、提高的过程。

四、旅游目的地人才开发面临的困境

我国旅游业在面临激烈的市场竞争和良好的发展机遇的时候，对高素质旅游人才的需求也与日俱增，但是大多数旅游目的地对于旅游企业人力资源的开发还处于比较落后的阶段。旅游企业人员流动频繁，缺乏有效的激励机制吸引人才，后续培训力度不够；旅游院校人才培养与市场需求脱节，跟不上产业发展需求的步伐。这与整个环境有很大的关系，一些具体问题不解决的话，今后仍将严重影响旅游目的地开发质量。

（一）旅游行业人才吸引力不够强

旅游业准入门槛低，劳动时间长，从业人员的素质差距很大；绝大多数岗位的起薪点低，总体收入状况不理想，所以对旅游专业的本科毕业生及研究生的吸引力不大。一方面是市场竞争力度加大，另一方面是高素质人才缺乏，最终影响行业管理水平的提升。

（二）旅游行业核心人才职业定位错误

在目前的职业分工里面，旅游业属于服务业，从业人员自然地就划入服务人员。一般地，服务人员与低素质是画等号的。换句话说，旅游服务岗位不需要高素质人才。事实上，情况却恰恰相反，旅游工作岗位需要的是高素质人才。以导游职业为例，导游需要有满足游客体验的服务技巧、抗压力的心理素质、带领团队的组织能力、讲解内容的综合知识、日夜工作的劳动体力。这个岗位没有高学历能够做得好吗？能够与社会上其他行业的服务岗位相提并论吗？

（三）旅游行业对职业的基础岗位认识错误

旅游行业对职业的基础岗位一般指酒店的一线岗位、旅行社的导游岗位等。行业内大多数人都认为这些基础岗位是"吃青春饭""不需要高学历""低薪"等。由于长期错误的习惯性思维，从人才的招聘、使用、待遇等都是按照"服务人员"予以对待，从制度上排斥了高学历人才，从待遇上拒绝了高学历人员，造成的结果是行业从业人员的"低素质"和行业整体水平的低效率运行。

第二节　旅游目的地人才开发措施

旅游人才的开发水平决定了旅游目的地的发展水平，旅游目的地的发展水平又决定了对旅游人才的吸纳能力，这两者是相互依存、相互作用的。但是从产业发展的角度来说，旅游人才的开发应该走在产业发展之前。

一、旅游目的地人才开发的基本原则

目的地人才的开发需要走在前面，为行业的发展奠定基础，做到"粮草未动，兵马先行"，旅游业的"兵马"就是人才。必须从产业未来发展对人才的需要角度，从建设让人民群众更加满意的现代服务业的角度，对人才培养提出更高的要求。

（一）理论化的原则

旅游目的地人才开发所依托的旅游高等教育，不同于其他层次的教育，更不是企业的一般培训，显著的个性特征就是相对深厚的理论功底。旅游学科需要把管理学、经济学两大学科的基本理论知识作为自己的学科本底。在课程设置上，要加大这两个方面的课程设置，保证一定的学时，并作为核心课程对待。同时，旅游专业理论知识也不容忽视。旅游教材要注意吸收最新的理论成果，要聘请全国资深专家编写高水平的教材；摒弃画地为牢的低水平教材编写，保证行业发展，造就专业人才。

（二）素质化的原则

素质教育是人才培养的核心。旅游高等教育除了系统的课程设置和知识框架之外，应着力提升未来旅游从业人员的基本素质，如语言表达、电脑运用、社交礼仪、形体美化等。这需要广泛的多学科知识支撑，如社会学、历史学、地理学、宗教学、艺术学、建筑学、生态学、营销学、气象学、人类学、交通学、休闲学、营养学、文学、林学、农学等。在课程设置上除核心课程刚性"配餐"外，可实行"自助餐"，由学生按需任选课程，突出个性化和因材施教。由于旅游服务具有虚拟性、时效性、体验性、伴随性、灵活性的特点，心理学、文化学知识与训练尤显重要，旅游从业者的素质更多地体现在良好的心理素质与渊博的文化知识层面。例如，导游人员需要"上知天文、下知地理、中晓人间"，学通古今、融汇中西，没有深厚的文化底蕴只能沦落为普通的带路人。

（三）技能化的原则

旅游从业人员需要很强的实际动手能力。在理论化、素质化的基础上，旅游教育要下足力气提高未来旅游从业人员的实操技能。在学生走向岗位之前，可以通过模拟实验教学、操作技能比赛、案例教学等予以解决，学校需要建立自己的旅游实验室。在电子商务、餐饮、客房、导游、规划等方面，直接在实验室锻炼、模拟，如导游实验室通过大屏幕展示旅游景点，学生边看景点边讲解，同时做好讲解时的录像，使学生事后分析自己讲解时的得失，熟练之后走向目的地实际的景点时就可以从容应对。案例教学是技能训练的捷径。全国旅游职业教育教学指导委员会应每年编写大量的典型旅游案例，使学生在校期间可以全面地接触实际并学习和寻找解决问题的途径。学生走上工作岗位，才不会束手无策，还可以降低目的地旅游企业的培训成本。另外，也可以创新思路采取外包的方式，在操作技能方面由旅游企业承担，共同培养人才，减少教学单位和人才使用单位的相关成本。

(四) 市场化的原则

教育的目的是培养人才，人才只有为社会服务才能体现价值。脱离市场的教育是没有前途的。旅游教育适应市场化要求的标志是多数毕业生被目的地旅游企业接纳，在旅游业内求发展、求卓越。应当鼓励在校学生走向市场，到企业去担任兼职导游、兼职策划、兼职服务员等。鼓励学生及早取得导游证等上岗资格证，通过实践检验理论，达到相互促进的目的。对学生采取预就业实习的方式，在实习过程中双向选择，一旦学生选择实习单位就业，毕业后就是正式职工，免去实习期，各种待遇随之提高。企业也无须再次培训，缩短新员工的适应期。同时，旅游教师应该是双师型教师，具备导游证、规划师证等，或者直接任职旅游企业，担任副总经理或总经理助理，一方面为旅游企业服务，另一方面获取更多的市场信息，为课堂教学提供丰富的实战经验。换种说法就是职业化，教师有更强的职业素质，学生有更强的就业技能。

(五) 国际化的原则

旅游业是国际性行业。入境游、出境游逐年上升，尤其是出境游迅猛发展，国际化程度越来越高，旅游教育必须具有国际视野。对外语要求不必多说，引进国外原版旅游教材可以迅速拉近国际差距。同时，与国外旅游院校互派师生、互认学分，进行国际交流也是一种值得提倡的方法，取长补短，相互学习，共同提高，如此培养出来的学生就可以具备国际就业、国际竞争的能力。

旅游教育与市场紧密结合培养出来的理论与实践相结合的人才，一定能够为旅游目的地提供强大的人才与智力支撑。经过逐步换血，极大地提高从业人员的学历及素质，高校教师与企业高层互相兼职，使旅游人才培养与目的地的旅游产供销循环链有效衔接，从而发展壮大旅游目的地产业规模。

二、目的地旅游人才结构体系及其素质要求

旅游目的地开发，涉及行、住、食、景、购、娱各个方面，而目的地旅游人才则相应地涉及产业链相关部门。另外，由于在旅游目的地开发中所扮演的角色不同，重要性也不同。按照不同的标准，可以将旅游目的地人才划分为不同的群体。为了更好地对目的地旅游人才进行研究，本书旅游目的地人才主要是指旅游业的相关人才，包括以下七类：

(一) 旅游智库人才

旅游目的地无论是政府还是企业，都需要聘请高等院校学者、研究机构专家、企业高管等行业内学术造诣深厚、思维独立者担任旅游智库人才，为目的地旅游业的发展出谋划策。这些人"旁观者清"，他们可以比较冷静、客观地看待旅游业的实际，不容易受主观因素的影响。

（二）旅游行政管理人才

目前我国旅游事业的发展仍是以政府主导、企业投入为主的建设体系，地方旅游部门在旅游开发过程中起着不可替代的作用。旅游行政人才主要是指以地方旅游部门为主的行政管理人员。这类人才需要具备较强的政策决断能力、市场洞察能力和社会沟通能力。

（三）旅游企业经营管理人才

旅游企业经营管理人才是指涉及旅游六要素的各个部门内具有较多实践经验，能够独立处理企业经营管理事务的相关人员。这些人员需要具有较强的管理能力、市场经营能力和人际沟通能力。

（四）旅游市场开拓与策划人才

旅游市场开拓与策划人才包括旅游营销人才、旅游策划人才、旅游规划人才，可以说是技术型人才，也可以说是旅游"蹚雷"型人才。旅游的"蓝海"靠这支队伍去探索、开拓、完善。这些人员需要具有较强的心理洞察能力、产品设计能力和创新能力。

（五）旅游教育与培训人才

旅游教育与培训人才是指为旅游业发展培养人才的教师队伍。旅游人才的素质和能力主要是依靠这支队伍来进行塑造的。这支队伍的理论素养、专业素质和职业操作能力及其国际视野的广度，直接关系他们培养出来的人才的实力。他们是旅游行业的核心灵魂。这些人才需要具有良好的耐心、高超的沟通能力和口头表达技巧。

（六）旅游科研人才

旅游科研人才是指以旅游业及其相关行业为研究主攻对象，进行前瞻性和对策性研究的人才队伍。这个队伍为旅游业未来的发展进行探索，为旅游业存在的问题研究解决对策，是为旅游业的发展保驾护航的精英队伍。这些人才需要具有敏锐的社会观察能力、缜密的逻辑思维能力和深厚的文化知识功底。

（七）导游队伍人才

导游队伍人才是指带领游客完善游览全程的领袖。导游是旅游业的核心，处于旅游行业最前沿的阵地，是与游客亲密接触的人，代表着旅游目的地的形象。高素质的导游队伍必须具有崇高的行业敬业精神、健康的身体心理素质、渊博的文化知识、良好的人际沟通能力、娴熟的语言表达技巧和抵制不良诱惑的高尚品质。

三、目的地旅游人才开发措施

明确了旅游人才的基本素质要求之后，必须考虑如何进行旅游人才的开发建设、如何采取正确的方法和措施保证满足行业发展的需要。

（一）引进人才

任何行业的发展都不是故步自封的。旅游业是综合性产业，旅游人才同样需要开放式地吸纳八方贤才。广纳贤才既可以节省成本，又可以吸引具有国际视野且熟悉本国文化氛围、本土化经营理念的优秀人才。引进的人才具体包括紧缺型人才、创新型人才、高学历人才。

1. 紧缺型人才

根据目的地旅游人才结构体系，对本地区的旅游人才进行盘点、筛选、甄别、评估，确定六类人才中薄弱的人才，进行增补、吸纳，以壮大、增厚目的地旅游人才的实力。

2. 创新型人才

可以说每一个行业都缺乏创新型人才，旅游业同样如此。创新型人才是永恒的需求。旅游创新型人才重点需要放在产品创新、市场创新、模式创新上面，这三个方面任何的创新对旅游业来说都是福音。

3. 高学历人才

高学历人才是旅游业发展的原动力，主要指博士学位人才、副教授以上职称人才和大型企业副总经理以上人才。这些人才具有理论水平高或实战经验丰富的特点，能够引领行业发展。

（二）行业自主培训人才

行业自主培训人才主要指通过旅游行业、旅游企业自己进行培训教育来提高人才的质量。行业或企业根据自身的用人计划、用人需求，对自己员工进行培训，既可以实行脱产培训，也可以实行在岗培训，使员工不断融入企业文化，忠诚于企业，不断提高经营、管理、服务能力。

（三）职业资格考试筛选人才

通过设立行业从业资格考试，吸引符合行业要求的人员通过考试进入旅游行业。典型的考试是全国导游资格考试，这个考试在全国分布和要求不平衡，难以做到全国"一盘棋"。为了提高旅游服务质量，在东部地区应该要求本科学历人员才有资格报名参加考试或者从业，中部地区要求大专以上学历参加考试或者从业，西部地区可以放宽至中学毕业参加考试或者从业。

同时，认可国际旅游业职业资格考试，如美国国际饭店职业资格证、英国剑桥大学旅游管理证书等，积极拓展海外培训渠道。

（四）学校教育输送人才

随着旅游业在国民经济中的地位不断增强，我国的旅游教育事业也相应地有了显著发展。我国已经形成了由中职到高等院校的旅游教育体系，为旅游业输送了一批又一批的专业人才。院校课程需要注意进行分层设计，使培养的人才有明确的定位。

1. 博士教育

博士教育主要培养目标是培养旅游院校师资力量、旅游研究型人才、行业高层管理人才。我国的旅游博士教育仍然发展较慢，旅游专业博士生也较少，需要加强。

2. 硕士教育

硕士教育重点培养高级管理人才和后备研究型人才。值得一提的是，在我国旅游业迅速发展的大背景下，国务院学位委员会于 2010 年 3 月批准设置旅游管理硕士专业学位（MTA）。2010 年 9 月，MTA 被国家列入 2010 年全国研究生统一招生计划，允许在全国 24 个省区市的 57 个 MTA 授权点进行招生。作为专业硕士学位，MTA 教育的目标是以旅游专业实践与应用为导向，培养具有扎实旅游理论基础、具有社会责任感和旅游职业素养、具备国际化视野和战略思维能力，适应现代旅游行业实际工作需要的应用型、高层次、务实型专门人才。

3. 本科教育

本科教育培养有实干能力的、高素质的专业型行业从业人才和中级管理人才，如导游、主管、经理、总经理等。

4. 高职教育

高职教育培养有务实能力的、高素质的技术应用型行业基层从业人才和管理人才，如服务员、领班、主管、副经理等。

5. 中职教育

中职教育包括普通中等专业学校、技工学校、职业中学教育等，具体到旅游相关行业，主要是培养高素质的普通服务人员及中级技术骨干，如厨师、调酒师、面点师等。

第三节　旅游目的地人才保障体系建设

吸引人才和培养人才是提高旅游目的地竞争力的基本条件，同样地，如何留住人才，更是保证旅游目的地持久竞争力的关键。旅游目的地政府以及企业需要齐心协力，积极推动和完善旅游人才保障体系建设。

一、旅游目的地薪酬体系建设

《中华人民共和国劳动合同法》要求各企业完善薪酬体系，但是除了北京、上海等发达城市外，大多数中小城市仍然不能保障员工的基本权益，这种现象在旅游行业尤为严重，最为典型的就是餐饮、住宿行业，许多企业不签订劳动合同，员工医疗保险等基本的社会保障都无法得到保证。在激烈的人才竞争中，旅游目的地要想实现对人才的引进和留用，完善的薪酬体系是必不可少的。

薪酬泛指员工因工作关系而从企业获得的工资、奖金、福利、股票期权等。薪酬体系指薪酬的设计目标、设计原则、设计方法、设计依据、发放形式等。

（一）薪酬制度的目标

1. 激发员工积极性

金钱对员工的激励作用毋庸置疑，金钱能够满足人们的生活需要，也能够体现员工的价值。有竞争力的薪酬是吸引人才的关键因素之一，没有竞争力的薪酬是导致人才流失的重要原因。合理的薪酬制度是目的地需要考量的重要内容，可以吸引更多优秀的员工，提高员工工作积极性，降低员工流失率。

2. 提高目的地竞争力

随着旅游业在国民经济中的地位越来越重要，各地对旅游业的支持不断增加，纷纷上马旅游项目，使得各地对旅游人才的争夺越来越激烈。旅游目的地制定科学合理的薪酬制度，能够在很大程度上提高人才吸引力，从而进一步提高旅游目的地竞争力。

3. 维护企业和员工的合法权益

合理的薪酬制度既可以维护员工的基本权益，又可以保证企业依法经营，这就能够避免劳资关系的紧张和纠纷。

(二) 薪酬体系设计的原则

薪酬作为价值分配形式之一，设计时应当遵循按劳分配、效率优先、兼顾公平及可持续发展的原则。

1. 差异性

差异性是指按照每个岗位任职资格条件、知识能力要求的高低、承担责任的大小、完成任务的难易程度、工作绩效高低等的不同，在薪资上合理体现不同学历、职务、能力、绩效和岗位的价值差异。

2. 竞争性

竞争性包括两方面内容：一方面是指保持旅游企业的薪酬在目的地横向比较中有一定的竞争性，才能吸引优秀的人才积极加盟旅游行业；另一方面是指企业内部按照贡献大小、绩效大小拉开距离，有利于员工的竞争。

3. 激励性

通过动态工资和奖金等激励性工资单元的设计，激发员工工作积极性，多劳多得；同时制定相应的制度，使不同岗位的员工有同等的晋级机会，激发员工发奋上进。

4. 一致性

薪酬水平应当与企业的发展状况基本保持一致，员工的薪酬与企业绩效挂钩，从而激励员工努力工作，创造更好的绩效，才有利于企业实现可持续发展。

(三) 薪酬体系的基本内容

通常的薪酬体系包括以下六个方面：

1. 基本月薪

基本月薪即员工根据合同约定的月基本工资，这是对员工基本价值、工作成绩的认同，也是保障员工基本生活条件的前提。

2. 奖金

奖金是对劳动者在创造超过正常劳动定额以外的社会所需要的劳动成果时所给予的物质补偿，包括各种奖金，如销售奖金、节日奖金等。

3. 津贴

津贴是指补偿职工在特殊条件下的劳动消耗及生活费额外支出的工资补充形式。旅游行业常见的津贴形式包括高温津贴、高寒津贴、海洋津贴、野外津贴、林区津贴、山区津贴、保健津贴等，此外，生活费补贴、价格补贴也属于津贴。

4. 福利

福利是指向员工提供的除工资、奖金之外的各种保障补贴、服务补贴、实物补贴等，如交通补贴、餐饮补贴、通信补贴、教育补贴、医疗补贴、休假补贴、独生子女补贴、全勤补助、住房补贴等。

5. 保险

保险也是社会福利的一种，它是一种对长远利益的保证或者对突发事件的预防，社会保险具有强制性意义，我国现行社会保险包括养老保险、医疗保险、失业保险、工伤保险和生育保险，再加上住房公积金，合并称为"五险一金"，其中，"五险"为《中华人民共和国劳动合同法》明确规定。

6. 期权

为了激励员工与企业共进退，旅游企业给予员工一定的股票期权，既使员工获得长期收益，又使员工与企业同呼吸、共命运。

值得探讨的是，在旅游行业尤其是导游岗位，一般情况下薪酬体系是不完善的，这是违背基本薪酬精神的，也是旅游业最严重的顽疾，是旅游"宰客"的祸根，是需要目的地反思和重构的。否则，旅游目的地很难树立良好的社会形象、很难吸引优秀人才。

二、旅游目的地人才管理体系建设

人才的管理是提高旅游业水平与质量的关键，需要从爱护、帮助、使用、提高等多个角度对旅游人才进行管理，进一步发挥好人才的作用。

（一）建立和完善行业资格认证体系

在旅游从业环境中，涉及资格认证的主要有以下四种：

1. 导游从业资格证

导游从业资格证是由旅游行政部门颁发的从业证书，欲从事导游职业的人员应当参加各省区市组织的导游资格考试，考试通过后，经地方旅游行政部门培训合格后方能持证上岗。

2. 导游等级认证

导游等级认证是对导游职业能力的一种认定，目前我国导游等级主要分为初级、中级、高级和特级，由于导游行业的流动性问题，我国高等级的导游非常稀缺，鼓励优秀导游人员提高能力、服务社会是导游等级认证的主要目的。

3. 餐饮从业资格证

餐饮从业资格证在我国并未完全推广开来，但是在部分城市已经开始使用，餐饮从业资格证有利于规范餐饮业人才市场，同时也是对消费者负责的一种体现。

4. 职业经理人资格证

职业经理人资格证是对旅游行业管理人才能力的一种认定，说明获得者从实践经验上和理论上都达到了职业经理人的要求,旅游目的地推行职业经理人资格认证有利于推动地方人才管理体系建设。

(二) 建立和完善行业在岗培训制度

现代企业的竞争是人才的竞争,旅游企业是劳动密集型接待企业,人才的含义更多地体现在员工的整体素质上。随着社会的进步和信息的发展,不管是高级管理人才还是基层服务人才都会因知识的老化而无法适应新的形势,因此,人才的再培训就成为其保持竞争力的一种重要手段。一般情况下,旅游目的地的人才培训可以在地方政府主导下,以企业自主培训为主,形成旅游行政部门、旅游行业协会、旅游培训机构、旅游企业四条培训主干线。

1. 旅游行政部门培训

旅游行政部门培训指目的地政府及其旅游部门主导下的培训,如旅游政策的培训、旅游开发规划培训、旅游投诉处理培训、旅游安全与危机处理培训等,也包括更高级别的培训,如组织高级研讨班、举办区域人才交流会等。

2. 旅游行业协会 (旅游联盟) 培训

旅游行业协会 (旅游联盟) 是由某一区域内同行业的相关企业共同组成的一种松散的协调组织,起着沟通桥梁的作用,同时也根据相关约定履行行业约束和监管职能。旅游行业协会 (旅游联盟) 可以利用自己便利的条件组织企业培训,如人才研讨会、职业经理资格认证、导游服务大赛、酒店服务技能大赛等。

3. 旅游培训机构培训

旅游培训机构是专门以行业技能培训为主要收入来源的机构,有些地方是由地方旅游行政部门设立的,也有很大一部分是由相关行业专业人才建立的,主要从事旅游组织架构培训、入职培训、技能培训、行业礼仪培训等。

4. 旅游企业培训

人才培训最根本的受益者是旅游企业自身,所以旅游企业应当树立起人才培养意识,对企业内的人才进行惯例性的培训,如新政策法规学习培训、服务技巧技能提高培训、商务礼仪培训等,形式可以是脱产学习、在岗学习、高级研讨班、同行业观摩等。

(三) 旅游目的地人才激励机制建设

旅游目的地政府在发展旅游业的过程中,需要营造尊重人才、使用人才的氛围,建立起一整套相关激励措施,为人才脱颖而出创造条件,并且为人才解除后顾之忧,使他们全身心投入旅游事业。

1. 尊重人才

旅游目的地要营造尊重人才的环境,人才是事业最宝贵的财富。旅游目的地要为人才提供较好的环境,如办公环境、经营环境、成长环境、学习环境等。通过广播、电视、报纸新闻等不断地宣传旅游人才的事迹。对做出贡献的人才要授予荣誉称号,给他们出国考察、学习的机会,注意感情留人。

2. 重用人才

旅游目的地要大胆、认真重用人才,目的地政府用人会有一定的导向性。旅游业是制造快乐的产业，是挖掘文化遗产的行业，是节省资源的行业。政府多使用旅游业的人才，就可以鼓励更多有才华的人投身旅游业。相反，如果不重用旅游业的人才，就会打击旅游人才，不利于吸引优秀人才。

3. 排忧解难

旅游目的地要想更好地吸引人才和留住人才，就必须采取必要的措施，为他们排忧解难，家庭问题是主要问题之一，对优秀人才要有特别优惠的措施，包括解决配偶工作岗位、子女入学等后顾之忧。

4. 职称晋升

职称晋升涉及的旅游岗位人才主要是旅游教育工作者和旅游行政管理人才。无论是行政单位还是事业单位，职称晋升都有严格的规定，旅游目的地要想实现人才引进的突破，就必须在职称晋升问题上打破常规，可以破格提拔能力出众、做出突出贡献的人才。

5. 住房优惠

在住房货币化的今天，住房问题成为困扰大多数人的一个重要问题，尤其是东部沿海发达城市，房价高出一般人的承受能力。旅游目的地政府要出台针对旅游业高级人才的住房优惠措施。

三、旅游目的地人才培养体系建设

在充分了解旅游目的地旅游人才培养的优势与劣势、机会与威胁（见表9-2）的基础上，确定适合目的地旅游人才的创新模式，进而保障旅游事业长期、稳定、健康的发展。

表9-2　一般目的地旅游管理人才培养环境分析

内部因素 外部因素	优势（S） 旅游教育已成为就业不可或缺的一部分 旅游院校分布较广，渠道已形成 政府的支持	劣势（W） 资源不足：师资（经验） 硬件：实训基地，网络服务 课程内容单薄 课程整合较差 人才质量管理和评价手段有待提高
机会（O） 旅游人才市场需求大 先进的人才培养资源（专著、软件等）不断涌现 旅游人才的培养国际合作机会增加 我国旅游产业发展迅速	优势与机会（SO） 强调人才培养中的产、学、研结合，充分利用国际合作，依靠政府支持，提高旅游人才的培养质量，为旅游产业服务	劣势与机会（WO） 充分利用合作来弥补我国旅游人才培养中资源不足的问题，完善课程设置和人才质量管理手段，以适应旅游市场的发展需要
威胁（T） 国外旅游院校的进入 毕业生就业的压力 企业内部的培训	优势与威胁（ST） 利用我国旅游高速发展的优势、文化优势、政策优势、政府支持来吸引好的生源，从而提高旅游人才整体质量	劣势与威胁（WT） 对于资源不足，不具备培养高素质旅游管理人才的大学旅游专业或院校采取停办的政策，从而整合、精化我国旅游人才培养市场

在全面考量自身人才环境、知己知彼的基础上,对人才的培养环节和健康成长制定一套切实可行的措施,保证目的地发展的需要。

(一)人才培养师资模式——注重师资建设

高素质的旅游专业教师队伍是培养高质量旅游人才的前提条件和直接保障。旅游专业教师不仅要具有广博的知识,而且还必须能针对旅游业中的现实问题调整教学内容、传授先进的科研方法,因此旅游专业教师应深入旅游实践领域,了解旅游业发展的最新动态。目前我国旅游专业教师很大一部分是研究生或博士毕业后直接从事旅游教学事业,缺乏实际的工作经验。在美国所有旅游高等院校的师资都由专职教师和兼职教师两部分组成。前者主要为有多年实践经验或经受过实际训练的人士,其中一部分由成功的企业家组成,后一部分由成功企业家和旅游专家组成,专职、兼职教师基本上都是博士学位获得者。我国旅游专业师资队伍可采用多元化建设,如委派旅游骨干教师去其他学校进修、考察、互换教师;鼓励教师在完成教学任务的基础上与旅游界多接触,使旅游教学的理论与实际密切结合;可以聘请校外名师、旅游企业家、政府官员等为兼职导师或举办讲座;同时重视国际交流,采取"送出去,请进来"的模式,与其他国家在旅游教学领域开展多方面的合作。

(二)人才培养目标模式——合理确定培养目标

目前我国旅游高校本科教育存在着"目标定位过高和教育专门化"的问题,同时研究生的教育"本科化"问题严重,这些问题的根源就是没有合理确定人才的培养目标。培养目标的确定决定着旅游院校要培养何种规格的人才,它直接影响旅游课程开设和学习的广度和深度。本科生的培养应注重掌握扎实的基础理论专业知识和必需的实际操作技巧,其应定位于培养经理型管理人才。硕士研究生要更加深入地了解基础理论和专业知识,同时还要掌握相关学科的专业知识,注重将所学运用到实际工作和科学研究中去,使之成为具有一定实践经验的高层次、应用型、创造型人才,其应定位于培养理论型人才和面向市场的战略型管理人才(见表9-3)。

表9-3 旅游相关领域及所对应的人才

领域	对应的人才	举例
A "旅游"活动本身	1. 直接进行旅游活动的人才(实践性人才) 2. 研究"旅游"现象和影响的人才(研究性人才)	1. 旅游企业家 2. 旅游(研究)专家(以文化性为主)
B 旅游产业	1. 为旅游者活动提供服务的应用性人才(面向企业、产业) 2. 业态的研究性人才(面向宏观经济领域)	1. 酒店管理人才 2. 旅游产业(研究)专家(以经济性为主)
C 旅游事业	1. 为旅游活动提供管理和服务的应用性人才(面向事业) 2. 研究旅游事业的研究性人才	1. 旅游行政管理部门人才 2. 旅游事业(研究)专家(公共领域)

（三）人才培养教学模式——"学校+企业+科研"

"学校+企业+科研"的教学模式通过企业和科研互动、学校和企业结合的形式，把教育与科研、行业生产等活动或资源有效整合起来，同时实现旅游人才培养、科学研究和社会服务三大功能。这种教学模式通过与旅游界企业的紧密沟通将旅游教学自然延伸到实践，使老师和学生通过这个平台得到更多的锻炼和提升。同时，旅游院校可以整合资源和师资力量开设自己的旅游企业（如旅行社、酒店）和科研机构（如旅游规划设计院、旅游发展研究所），开展旅游商业和科研活动，这对旅游人才培养、旅游学科建设及教学都有极大的促进作用。总之，"学校+企业+科研"教学模式，是我国旅游专业人才培养的合理教学模式，只有通过教学、实践、科研三个阶段的发展，才能为社会培养和输送更好的旅游人才，才能实现"以产办学、以产辅学、以研带产、产学研相互促进"的良性循环。

（四）人才考评模式——完善质量考评

根据旅游专业人才特点和各院校实际情况，制定并逐步完善易于实施的旅游人才质量考评方法和标准。对于旅游人才质量考评来说，应该坚持"过程重于结果"的原则，强调知识的获得过程而不是结果，这样将更加有利于旅游人才的成长。学生的质量考评包括两个方面：一是学习过程的评估；二是学习结果的评估。学习过程评估具体包括师生之间、学生之间的交流，学生的课外学习，平时的考察等。学习结果评估具体包括学位论文的质量、通过教学课程的成绩等。同时，由于旅游教育系统的多样性，旅游人才的质量考评也应该是多样的。多样化的人才考评，就是要根据社会对旅游人才的不同需求来确定相应的旅游人才培养目标，并以实现这些目标的程度作为衡量旅游人才质量的基本依据。

拓展阅读及分析

海南创设"旺工淡学"新模式破除旅游人才"潮汐"现象

为有效解决旅游淡旺季之间存在的"流动性大和用工荒"并存的人才"潮汐"问题，海南省创造性地开展"旺工淡学"旅游业人才培养模式，在旅游淡季积极开展旅游从业人员在职学历教育和职业技能培训。海南省有关部门、职业院校、酒店企业等探索构建了"政校企"三方合作机制，为旅游从业人员发展搭建良好平台，实现了多方共赢，成为职业教育紧密结合地方产业实际、服务区域经济高质量发展的创新实践。

第一，产教融合、工学交替培养专业人才。海南省创新旅游人才使用和培养机制，通过旅游旺季时输送人才、旅游淡季时储蓄人才，采取自学为主、辅导为辅、工学结合及校企联合培养等方式，把学校和教育机构作为旅游人才储备基地，将旅游人才在企业员工和学校学生之间不定期身份切换，使企业员工和学校学生形成复合体。

第二，精心组织、择优遴选培养学校和专业。《海南省印发关于申报开展酒店业学历继续教育专业工作的通知》，明确了酒店业等旅游业人才申报专业范围和培养方案要求，并成立专家组，对报名参加的 27 所学校进行遴选，最终选出 18 所学校，确定了酒店管理、旅游管理、烹饪、人力资源管理和会计等 10 个招生专业，基本满足旅游业对人才培养的需求。

第三，回炉深造、单列招录保障入学规模。海南在全省层面将旅游从业人员全面纳入学历教育体系，探索成人高等教育的"自主招生"，由各院校自主命题、自主考试、自主招生，推动旅游从业人员重返学校学习深造。针对报读成人教育的旅游业人才，专科层次由省统一组织院校进行面试和技能操作考核评价后择优录取；本科层次（专升本）由省统一组织院校进行面试和技能操作考核，评价合格后再参加全国成人高考统一考试，实行单列划线录取。

第四，注重实践、优化课程，实现课岗证融通。海南省针对教学和实践脱节的矛盾，在旅游人才培养中不断加大现场面试、技能操作、实践应用的学分比例，确保人才培养与实践岗位无缝衔接，解决专业技能教育与社会实际需求错配问题，促进教育机构人才培养质量标准与行业人才需求相衔接。创建"1 个学历证书＋X 个职业资格证书"制度，引进国际知名饭店专业认证体系，主动对标国际通行标准，不断优化课程设置和课程体系，着力提升各类教育机构毕业生技能应用水平。

第五，需求导向、全额补贴鼓励从业者深造。海南省针对当前旅游人才紧缺情况，将需求较大的星级酒店、非星级酒店、社会旅馆、家庭旅馆、房车营地、乡村民宿等旅游业从业人员纳入在职学历教育和技能提升培训计划，并将人才培养对象从高端家政、旅游管理外籍人员等逐渐扩大到景区、旅行社及整个旅游行业。参加学历教育和职业技能培训的费用由财政全额补贴，参照成人教育（业余）、自学考试教育的学费标准，确定每学年每生学费 2770 元，每生补助共 10125 元，为海南旅游业人才培养培训提供财政保障。

资料来源：创设"旺工谈学"新模式破除旅游人才"潮汐"现象［EB/OL］．［2020-08-14］．http：//www.hainan.gov.cn/hainan/5309/202008/d097dcc37f624cd3b88ab02b1c9c0154.shtml.

分析：旅游目的地人才开发首先是大力实施人才引进机制。不论是就国家还是地区而言，人才开发都有"请进来"开发和"送出去"开发两种方式。旅游业是一个开放的行业，因此，更需要有开放的思想和观念。旅游人才开发要突破区域，不仅"请进来"，还要"送出去"。20 世纪 80 年代以来，我国旅游人才开发的国际合作一直持续进行，通过"请进来""送出去"，不仅为我国培养了一批旅游骨干专业人才，而且还为我们学习和引进国外先进的旅游管理经验和服务经验打下了较好的人才基础。目前，我国旅游行业的有关部门和单位与世界上多个国家以及世界旅游组织、亚太旅游协会、国际饭店协会等国际旅游组织的教育培训机构建立了广泛的旅游人才开发合作关系。当然，随着我国旅游国际竞争力的增强和旅游国际地位的提升，面向其他国家培养旅游人才也必将成为我国旅游人才开发培养机构发展的一大趋势。

其次是大力实施人才培养机制。旅游院校是旅游人才开发培养的主力军，它们在人才开发中发挥着基础性作用。院校培养人才是基础，但有研究表明，在学习终身化的社会，个人在工作中应用的知识只有不到 10% 是在学校中学到的，另外 90% 的知识都靠工作之后的继续教育。因此，对于职工学历层次普遍较低的旅游行业来说，继续教育是旅游人才开发一个不可忽视的部分。但现实是全行业对旅游继续教育和旅游培训地位的认识还不到位，也缺乏深入的研究，导致这方面的需求巨大，但有效供给严重不足。旅游人才开发管理部门要形成一手抓院校教育、一手抓继续教育的长效机制。

最后是大力实施人才保障机制。对于人才流动，旅游企业一方面要转变观念，适应这种形势和现实，同时又不能单纯地看企业走了多少人，要看走的人是不是企业想要留住的核心人才，是不是在内部或外部人才市场上能够找到替代的人。另一方面为保持人才队伍的相对稳定性，企业要走出传统单一的"卡压"方式，采取有效措施想办法留住人才。要想留住人才，在招人时就要考虑本企业的实际情况和市场竞争力，不求最好，但求人才能力与本企业一致；要鼓励内部轮岗，培养全面了解本企业的人才，进行战略性的人才储备；企业管理者和人力资源管理部门平时要多和员工沟通，多为员工创造适合发展的空间和不断成长的机会。对于那些员工多年不变的太稳定的企业，也要采取措施促进适当的人才流动，激发员工的活力和创造性。从宏观管理看，政府部门主要是制定人才规划和人才政策，为建立人才市场搭建平台，促进各地区、各部门人才市场平衡发展，培养旅游业发展急需的重点人才，提高旅游人才总体素质，调整旅游人才市场结构，使旅游人才供给更好地适应旅游业发展的需要。从微观管理看，旅游院校要根据人才市场的需求，调整教育教学要求和培训要求，大力培养适销对路的旅游人才；各企业要从配置、培养、使用、激励等环节，从增强企业竞争力和可持续发展的角度，整体性开发人才。作为从事旅游人才开发工作的人员一定要加强专业学习，了解和掌握旅游人才开发的基本规律，不断提高旅游人才开发的专业化水平。只有这样，才能真正形成整体开发旅游人才的格局。

章后思考题

1. 我国旅游目的地人才供给、需求的现状是什么？
2. 什么是旅游人才开发？
3. 现在旅游目的地人才开发面临哪些困境？
4. 旅游目的地人才开发需要坚持哪些基本原则？
5. 目的地旅游人才结构体系由哪些部分构成？
6. 如何开发目的地旅游人才？
7. 如何建设旅游目的地人才管理体系？
8. 如何建设旅游目的地人才培养体系？
9. 降低旅游目的地人才流动率的方法有哪些？降低旅游目的地人才管理成本的方法有哪些？
10. 应该如何在旅游目的地人才开发上充分发挥每个人的优势？

本章推荐阅读材料

［1］艾弗森．饭店业人力资源管理［M］．张文译．北京：旅游教育出版社，2002.
［2］彭国平，陈吉瑞，叶珍．旅游职业素质修炼［M］．天津：天津大学出版社，2011.
［3］严伟．旅游企业人力资源［M］．上海：上海交通大学出版社，2011.

第十章
旅游目的地节庆旅游开发

本章PPT

📖 本章主要内容

节庆的英文是 Festival and Special Event，意思是"节日"和特殊事件，包括一些传统节日、庆典活动和竞技比赛等。我们认为节庆旅游就是把节庆作为吸引物进行旅游开发的一种旅游形式，是一种典型的文化类旅游产品。本章主要介绍节庆及节庆旅游的概念、节庆旅游开发的内涵与外延、节庆旅游开发的原则以及开发的方法、需要注意的事项等。

读者主要需要掌握旅游目的地节庆的继承性和节庆旅游的创新性。

案例及思考

溧阳"两节"，以节促旅

溧阳是全国十大最具幸福感休闲城市、国家生态文明建设示范市、世界长寿之乡。这里绝佳的山水资源孕育出了一张溧阳引以为傲的物产名片——天目湖白茶。溧阳从1991年起举办茶叶节，随着旅游业的崛起，又举办了天目湖旅游节。2011年，该市"两节"获中国最具国际影响力节庆奖，2012年又获中国最具创新价值民族节庆。

溧阳以节促旅，依托茶园资源，盘活乡土文化，推动茶旅融合发展。溧阳现有茶园面积7万多亩，其中天目湖白茶面积近4万亩。茶叶企业300多家，年产值超10亿元。茶园催生百家茶舍，由此培育了乡村高端休闲的新品牌"清风明月，溧阳茶舍"。为了进一步整合茶产业资源、释放茶文化优势，顺应不断扩大的休闲度假生态康养游需求，溧阳还将打造一批"溧阳茶舍"精品民宿作为引领全域旅游特色产品的重要标杆，由此，一批别具情调、会"讲故事"的民宿产品与游客见面。不断升级的溧阳茶舍正完美连接乡村与城市、传统与现实，成为溧阳旅游的全新爆点。

截至2019年，溧阳拥有17个省级美丽村庄，266个星级旅游农庄，是江苏特色田园乡村建设试点较多的县市之一。2019年全市接待游客2103.14万人次，实现旅游总收入257.38亿元。2019年溧阳蝉联中国旅游竞争力百强市，乡村旅游"溧阳模式"在全国推广。

1995 年至今，溧阳积极发挥外事资源优势，已经缔结了 8 个国际友城，国际"朋友圈"不断扩容。探索友城共建，加强友城产业合作，推动项目落地，为溧阳经济发展增添了新动能。这也促进了"两节"走向世界，扩大国际影响力，以此为窗口让国际友人认识溧阳，助力溧阳旅游迈上新台阶。

资料来源：参见《2020 中国·溧阳茶叶节暨天目湖旅游节成功举办》。

思考：什么是节庆旅游？如何充分利用中国的传统节日开发旅游活动？

第一节　节庆旅游的概念与范围

旅游需要以文化为底蕴，节庆是文化的典型形式，无论有没有旅游，节庆都是存在的。因此，旅游需要把节庆作为主要的吸引物来丰富旅游产品。那么，什么是节庆及其节庆旅游呢？

一、国内外对节庆旅游的研究

西方研究旅游节庆比我国早。节庆旅游研究集中在旅游与节日（Catrice，1962）、旅游与特殊事件（Lindheim，1963）、旅游与体育（Petrak，1966）及旅游与仪式（Jeu，1972）等。Meyer（1970）按照节庆主题对旅游节进行了分类，对美国与加拿大两国的节庆旅游进行了对比研究。20 世纪 80 年代出现了专门研究节庆的论文和专著（Ritehie J R B，1984；Flassi A，1987）；20 世纪 90 年代，节庆旅游的研究更加活跃和深入，研究包括案例研究和比较研究等，多采用数学方法和比较方法。

唐纳·盖茨（Getz D.）1991 年出版了节庆旅游的专著 *Festivals，Special Events and Tourism*，1997 年他又出版了另一本专著 *Event Management and Event Tourism*，他还创办了一份专门研究节庆旅游的刊物 *Festival Management and Event Tourism*，这两本专著和刊物在后来的研究中被广泛引用。随后多位学者从不同的角度对节庆旅游的营销、组织、参与、消费、影响各方面进行了研究。总的来说，国外研究多集中在大型或特大型节庆旅游的影响分析上，特别是节庆旅游与城市关系方面；更侧重于个案研究，案例研究是一种主流研究方式，都是以案例的真实数据作为理论依据。

国内对节庆旅游的研究理论滞后于开发实践，更多的是传统民俗文化节庆的研究，缺乏对商业旅游节庆的开发、形成、功效机制的研究。

我国的节庆旅游首先在非热点旅游城市创办起来。1983 年，河南省洛阳创办了中国的节庆旅游——牡丹花会。1984 年和 1985 年，山东省、黑龙江省也在当地民俗活动的基础上分别创办了潍坊国际风筝会和哈尔滨冰灯节，它们不仅补充丰富了旅游产品，提高了举办城市的知名度，更揭开了中国节庆旅游发展史。到了 20 世纪 90 年代，随着中国经济的快速推进，旅游业也得到了高速发展，极大地刺激了各地发展节庆的欲望，中国的"黄金周"也应运而生。除传统节庆以外，各种名目繁多的节庆四处开花，文化旅游节、山水旅游节、美食旅游节等层出不穷，旅游节庆呈现主题广泛化、多样化的格局。现今国内比较有代表性的旅游节庆有广西南宁壮族"三月三"、四川自贡灯会、山东潍坊风筝节、江苏盱眙国际龙虾节等。

目前，我国节庆活动的规模和数量已十分惊人。传统的节日没有很好地利用，新的节庆仍在不断涌现。但同时也存在一些问题，如缺乏长期的办节思路，节庆旅游形象不鲜明，地方特色不浓，节庆主题雷同，品牌意识淡薄，缺乏文化内涵，产业化程度低，投入的人、财、物与效益不成比例，游客参与性不强等。

二、节庆概述

研究节庆旅游，需要了解节庆、节庆旅游及开发的概念、理论和方法。

（一）基本概念①

事件（Event）：事件是短时发生的（Transient）、一系列活动项目（Activity Program）的总和；同时，事件也是其发生时间内环境/设施（Setting）、管理（Management）和人员（People）的独特组合（Getz D，1997）。

1. 特殊事件（Special Event）

特殊事件有两个方面的含义：一方面，与事件的赞助者或主办者的例行事务（Routine）不同，特殊事件是发生在赞助主体或举办主体日常进行的项目（Program）或活动（Activity）之外的事件，具有一次性或者非经常性（Infrequently）的特点；另一方面，与消费者或顾客的日常俗事（Mundane Affairs）不同，特殊事件是发生在人们日常生活体验或日常选择范围之外的事件，它为事件的顾客提供了休闲、社交或文化体验的机会（Givean Opportunity for a Leisure，Social，or Cultural Experience）（Getz D，1997）。"特殊事件经过事先策划，往往能够激发起人们强烈的庆贺期待"（Goldblatt J，1990）。

2. 节事（FSE）

在事件及事件旅游研究中，常常把节日（Festival）和特殊事件（Special Event）合在一起作为一个整体来进行探讨，在英文中简称 FSE（Festival & Special Event），中文译为"节日和特殊事件"，简称"节事"。

3. 标志性事件（Hallmark Event）

标志性事件是指一种重复举办的事件（Arecurring Event），对于举办地来说，标志性事件具有传统、吸引力（Attractiveness）、形象（Image）、名声（Publicity）等方面的重要性。标志性事件使得举办事件的场所（The Host Venue）、社区（Community）和目的地（Destination）赢得市场竞争优势。随着时间的消逝，标志性事件将与目的地融为一体（Getz D，1997）。例如，安大略斯特拉特福（Stratford，Ontario）的莎士比亚节（Shake-

---

① 戴光全，保继刚.西方整件及事件旅游研究的概念、内容、方法与启示（上）［J］.旅游学刊，2003，18（5）：26-34.

spearean Festival）已经成为其旅游主题。新奥尔良的狂欢节（Mardi Gras，New Orleans）也因其突出的表现，在市场竞争中获得了优势。泰国的宋干节、意大利的狂欢节等也比较突出。

4. 重大事件（Mega-Event）

从规模和重要性来看，重大事件是指能够使事件主办社区和目的地产生较高的旅游和媒体覆盖率（Media Coverage）、赢得良好名声（Prestige）或产生经济影响的事件。在实际运作中，重大事件一般称为"大型活动"，如奥林匹克运动会。

5. 事件旅游（Event Tourism）

事件旅游有两个方面的含义（Getz D，1997）：一方面，事件旅游是对事件进行系统规划（Plan）、开发（Development）和营销（Marketing）的过程，出发点是使事件成为旅游吸引物、促进旅游业发展的动力、旅游形象塑造者、提升旅游吸引物和旅游目的地地位的催化剂，事件旅游发展战略（Event tourism Strategy）还要对新闻媒体（Media）和不良事件（Megative Event）的管理做出规划；另一方面，事件旅游要对事件市场进行细分（Market Segment），包括分析和确定什么人将进行事件旅行（Travel to Event）、哪些人可能会离开家而被吸引前来参与事件。

（二）节庆、节庆旅游的概念

学者们对节庆旅游内涵和外延的界定不尽相同。分析各类研究成果及借鉴西方观点，有学者倾向于从广义和狭义两方面定义节庆及节庆旅游（见图10-1）。广义的节庆即前文所阐述的节事 FSE（Festival & Special Event），狭义的节庆指节日（Festival）。我们认为，更直观的理解应该是节就是节日，庆就是庆典。节庆就是为纪念节日而举办的一系列庆祝活动，因节庆引起的旅游现象称为节庆旅游。节庆旅游就是把节庆作为吸引物而开展的旅游活动。在旅游目的地开发中多指广义的节庆，更多地把节庆视为一类"活动"，是一种在特定的时间段内，有很多人参与的、有目的且有固定内容的系列活动。

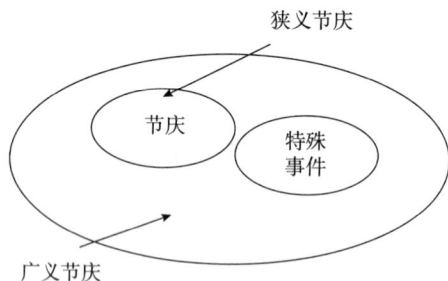

图 10-1 广义和狭义的节庆

资料来源：戴光全，保继刚．城市节庆活动的整合与可持续发展———以昆明市为例［J］．地域研究与开发，2007（4）：60-63.

需要指出的是，节庆本身就是事件的一种，而随着节庆的发展，越来越多的节庆已成为某一目的地的标志性事件，并且影响越来越重大，所以在界定节庆时一定要考虑节庆与事件、特殊事件、标志性事件、重大事件等相关概念外延的扩展问题（见图10-2）。

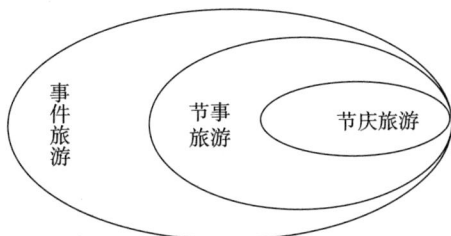

图 10-2 节庆旅游、节事旅游和事件旅游之间的关系

资料来源：黄翔，连建功. 中国节庆旅游研究进展［J］. 旅游科学，2006，20（1）：45-49.

（三）节庆开发的内涵与外延

1. 内涵

内涵是本质属性的反映，节庆开发的本质属性可归纳为以下几点：①节庆期间，旅游行为具有时间上的短暂性和非日常性，使得节庆开发与其他旅游产品的开发不同。②节庆的开发必须考虑社区（即旅游目的地）的真实性，目的地的社区居民对节庆的大规模积极参与是其显著特征，若节庆活动对社区居民自身没有任何意义，那么节庆开发就会浅薄。③节庆在旅游发生的空间中是以固定的场所为吸引物的特殊产品。④节庆开发的核心是文化内涵，社区居民和旅游者都是被节庆的这种文化性质吸引而参与其中。

2. 外延

外延是概念所反映的本质属性的对象。把握节庆开发的外延需考虑以下几点：①节庆开发必须是"引导+满足"型的开发。满足旅游目的地的发展和旅游者需求，取得竞争优势，从而诱发人们前去参加，引导旅游消费。②节庆开发必须细分相应的客源市场。③节庆开发对信息流、物流、良好的基础设施、人气流等有很强的依赖性。

三、节庆的内容分类

节庆的内容包罗万象，把它们归类有利于进一步地了解节庆内容、方式等，按主题可以分为十种。

（一）传统节日类

传统节日类主要是集中在中国传统节日，包括春节、端午节、中秋节等。这些传统节日，人们都会开展相应的活动来欢度，如春节里的元宵灯会、端午节的划龙舟比赛、中秋节赏花灯等。

（二）民族文化类

中国有 55 个少数民族，每个民族都有自己独特的节日，并且都有相应的活动，这些活动反映了少数民族的生活、习俗、观念、文化等，具有丰富的民族特色，如壮族三月三歌圩、侗族多耶节、内蒙古那达慕大会等。

（三）地方特产类

每个地方都有自己的特产，以此为主题开展节庆的不在少数，如景德镇陶瓷节、青岛啤酒节等。

（四）历史文化类

浓厚的历史文化一直是不少旅游城市吸引中外游客的制胜法宝，借文化色彩举办旅游节事，让游客在游览之际进行一次文化熏陶，如孔子文化节、赤壁文化旅游节、丝绸之路文化节等。

（五）强身健体类

以强身健体作为节庆的主题，既满足旅游者健康体魄的需求，又能带动全民健身的风潮，吸引各个年龄阶层特别是中老年消费者，如泰山国际登山节、郑州国际少林武术节等。

（六）民俗文化类

"百里不同风，千里不同俗"，各地的民俗文化已经成为凸显地方特色的旅游牌，以民俗为主题的节庆更成为那些想要感受不同地方气息的旅游者的吸引物，如潍坊国际风筝节、客家恳亲大会、自贡恐龙灯会等。

（七）宗教文化类

全球有众多的宗教信徒，各个宗教节日也成为节庆的重要组成部分，吸引各个宗教的信仰者前往参与，以示虔诚，如西双版纳浴佛节、伊斯兰教宰牲节等。

（八）景观特色类

生物景观是组成旅游资源的重要内容，在很多自然风景中起主导作用，随着绿色旅游、森林旅游等健康方式旅游的升温，以景观为主题的节庆也越来越受旅游者欢迎，如伊春森林节、兰州桃花节、黑龙江冰雕节、青岛国际沙滩节、横县茉莉花节、洛阳牡丹节等。

（九）娱乐表演类

汇集各种综艺娱乐表演的节庆，受到许多青年旅游者的追捧，如南宁国际民歌艺术节、中国吴桥国际杂技艺术节、国际小姐选美大赛等。

（十）商品展销类

以各种商品展销为主题的节庆，在取得直接经济效益的同时，带动一个地区或一个城市相关产业的发展，达到促进经济和社会全面发展的目的，如大连国际服装节、北京国际汽车节等。

四、节庆的特点

(一) 时间性

节庆的时间性非常强。节庆一定是在特定的时间里举行，时间是固定的，而且是在不长的时间里，一般是一两天或三五天。超过十天时间的很少有，所以时间性非常明显。

(二) 周期性

绝大多数的节庆都是一年一次，呈周期性，周而复始，年年相传。

(三) 体验性

节庆的目的是愉悦。当地居民都会亲身参与节庆活动，都会体验节庆的快乐，一般不会做旁观者。因为只有少数人参加的节庆是没有生命力的，也是不可能长久的，孤芳自赏的节庆只能是昙花一现。

(四) 主体性

节庆的主体对象明确，以传统节日、民俗文化、民族文化为主题的节庆，其主体是当地居民；以地方特产、商品展销为主题的节庆，其主体是各类物品。

(五) 区域性

部分节庆以地方特色为主，所以体现出一定的区域性。例如，景德镇陶瓷节凸显了景德镇作为中国"瓷都"的地位，旅游者前往当地可以了解陶瓷的制作、历史等。

(六) 民族性

以民族文化为主题的节庆，主要由少数民族同胞组织参与，有浓郁的民族风情。例如，壮族三月三歌圩反映的是广西壮族自治区壮族人民在农历三月三齐聚欢度歌圩节。

(七) 文化性

旅游者在参加各类节庆的时候，还会获得文化上的熏陶、知识上的收获。

(八) 形式性

目前大部分的节庆都采取"节庆搭台，经济唱戏"的方式，节庆举办期间，参加节日的旅游者延长了在当地的逗留时间，增加消费支出，为当地经济收入做贡献。

五、旅游节庆的影响

节庆活动是一种既定的短时间聚焦的地方性大众娱乐活动，对于旅游来说，其影响主要表现在以下三个方面：

（一）旅游经济影响

节庆活动对目的地旅游经济的影响，积极方面包括旅游人数增加、增加旅游外汇收入、增加就业机会、增加客源带动相关产业；创造无限商机、提升国际形象；完善城市的市政建设、基础建设、城市旅游设施和自然环境等硬件设施；提高旅游企业的服务质量和经营水平。消极影响包括城市物价上涨、交通噪声、废弃物等方面影响当地人正常生活；给非受益人群带来生活受损、低谷效应和挤出效应。另外，节庆能弥补旅游的季节性，既可吸引游客，又可调节旅游资源结构，解决淡旺季市场需求不足的问题。

（二）目的地形象影响

节庆的无形影响是难以衡量的，特别是对旅游目的地形象所造成的长期影响更是不可估量的。可以这么认为，开发节庆的目的之一就是塑造和延伸目的地形象，甚至可以针对目的地吸引主题来塑造形象，丰满目的地形象。通过节庆的举办提高了目的地的知名度，形成较高的形象认同，并通过游客的重游意愿和口碑效应来衡量长期的、潜在的形象影响。

（三）后续效应影响

后续效应的正面影响不仅局限于当时的即期效应，更多的是一些潜在的、无形的持续效应。改善目的地基础设施，优化目的地社会环境，创造良好的投资环境，给旅游者、参加者留下良好印象。这些效果不一定在当时就能够看得出来，而是作为一种力量渗透到目的地社会各个领域，经过长时间才显现。负面影响包括节庆后旅游人数的萎缩、旅游设施供需失衡等。

第二节　旅游目的地节庆开发

节庆活动是目的地的文化盛宴，能够典型地反映目的地的各种风俗习惯，不仅是旅游者了解目的地的窗口，更是彰显其文化底蕴的一大契机。把节庆与旅游结合起来开发，有利于发挥文化的魅力，给目的地带来可观的经济效益。

一、旅游目的地节庆开发的原则

把握好节庆旅游开发的原则，有利于围绕节庆的特点、内涵、对象进行开发。目的地的节庆开发需要遵循以下八个方面的原则：

（一）传承性原则

节庆需要以本土的元素为依据，节庆也是本土元素集中的展现。办节庆的根本目的就是为了传承本土文明。如果缺乏了这个原则，旅游节庆就会缺乏核心吸引力而失去生命力。

（二）本真性原则

节庆可以是拿来主义，但那只是形式上的拿来，内容上不能采取拿来主义。无论是继承还是创新，都必须注意文化核心的本真性。

（三）特色化原则

只有形成特色、突出特色，旅游节庆的旅游吸引力才强，才可能形成自己的品牌；只有特色突出，才能保持可持续发展。

（四）市场化原则

旅游节庆的首要任务是发展目的地经济，因此在旅游节庆开发中，要减少政府干预的行政行为，发挥市场在资源配置中的决定性作用。依据市场规则、市场价格、市场竞争进行资源配置，激发市场活力，提升旅游市场经营主体的创业、创新积极性，从而实现旅游经济的新发展。

（五）系统化原则

旅游业是一个相关性很大的产业，涉及社会生产的许多主体部门。旅游节庆在开发和举办中，需要各行各业诸多部门的参与和配合，旅游节庆才可能开展得更好。

（六）创新性原则

时代在发展，节庆也不能墨守成规，需要融入现代元素，如技术上的现代方法等。同时要适合年轻人的口味，"人无我有、人有我优、人优我特"。旅游节庆策划应做到求新、求奇、求特、求异、求变。求新即概念创新、理念创新、内容创新；求异即寻找差异，差异是最吸引人的地方；求变是指节庆内容在基本主题不变的前提下，每一次节庆都要不断丰富内容，改变内容，更新表现手法。

（七）产业性原则

旅游业是生产力发展的增长点和动力源之一。为此，发展节庆旅游，要发展新兴"节庆经济"、培育"节庆产业"，要积极推进旅游与工业、农业、林业、体育、科教等产业的融合发展，带动服务业上规模、上水平，推动农业、工业的优化升级，打造多元化、市场化、国际化的产业体系。

（八）国际性原则

旅游活动的国际化趋势日益成熟，旅游节庆作为旅游活动的重要内容，对于游客的吸引力巨大。旅游节庆策划原则就是要用开阔的思维，设计更适合国际化的节庆活动，以节庆旅游国际化来推动旅游文化国际化。

二、旅游目的地节庆开发的方法[①]

旅游目的地节庆开发是有一定的规律可循的，总结目的地各类节庆活动有四种开发的思路（见图10-3）。

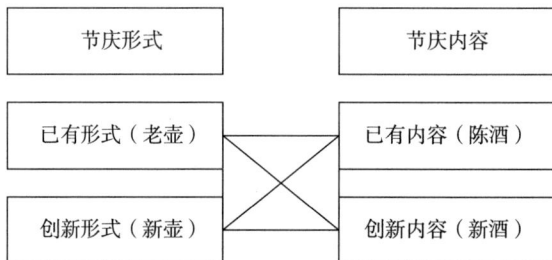

图 10-3　旅游节庆的开发思路

（一）回归经典的方法——"老壶装陈酒"

传统节庆是源于传统社会与历史文化，具有浓郁地方民俗风情特征的周期性民间节日庆典，是旅游目的地的标志性事件。

旅游节庆回归经典的方法指继承目的地千百年来传统节庆的内容和形式，不改变历史原貌，"原汁原味"地以体现地方文化的原真性，向旅游者展示"真我"风采的一种旅游节庆策划方法。在我国偏远的少数民族地区保留着许多传统节日"养在深闺人未知"。在新的社会转型时期，从继承民族传统文化的角度，可以进行保护性开发；同时，可以从发展经济的角度进行生产性开发，使传统节庆走上为地方经济发展和社会进步服务的前台。

例如，大理白族的三月街，古代又称观音市或观音会，是一个有着1000多年历史的大理各民族物资文化交流的传统盛会，也是大理白族自治州人民一年一度的民间文艺体育大交流的盛大节日。1991年，云南省人民政府将大理三月街定为"大理白族自治州三月街民族节"。如傣族的泼水节，本来是傣族的节日，现在越来越多的游客参与其中，成为一个旅游的亮点。

（二）提升传统的方法——"老壶装新酒"

旅游节庆提升传统的方法指继承目的地千百年来传统节庆的形式，加入新时代的内容，使传统节庆焕发新的生机的一种旅游节庆策划方法。"老壶"是指各种各样的民俗节庆旅游资源，"新酒"是指在传统基础上重新定位旅游节庆名称、节庆理念以及所开发的活动内容。主要是通过注入时代的新元素，迎合旅游者的新口味以及满足市场发展的需要。

例如，许多目的地对中国历史悠久的"端午节""火把节""龙舟节"进行重新策划，注入新的内容，为旅游目的地增辉不少。如广西"三月三"歌圩是壮族的传统节日，在此基础上策划举办的南宁国际民歌艺术节，就是在保护山歌传统文化的基础上，推出了老歌新

---

① 参见北京绿维创景规划设计院郭彩霞的观点。

唱、新人唱新山歌,既保留了传统文化,又使山歌艺术更好地传承和发展。南宁国际民歌艺术节,2004 年开始与"中国—东盟博览会"同期举办,已经成为我国重要的大型节庆活动。

(三) 主题创新的方法——"新壶装陈酒"

主题创新的方法指挖掘旅游目的地现实和潜在的传统文化、民俗风情及土特产品等旅游资源并进行充分整合,将其中具有代表性或垄断性的主题提炼出来,加以节庆包装,使之产生旅游吸引力的一种旅游节庆策划方法。

这种方法要求旅游节庆的主题、形式和内容与举办地的文脉特征高度一致。即"主题"这个陈酒是历史存在的,"新壶"这个节庆是策划出来的。例如,山东曲阜孔子文化节、陕西黄陵祭祖等旅游节庆的开发都与当地的历史文化发展有着高度关联性。

(四) "拿来主义"的方法——"新壶装新酒"

"拿来主义"的方法就是指跳出目的地的资源局限直接引进或模仿其他国家或地区旅游节庆名称、形式和内容,为我所用的一种旅游节庆策划方法。节庆名称与形式的"拿来"需要两地有相似的旅游资源作为依托;然而节庆开发内容的"拿来",既可以是相似的旅游产品内容,又可以是异域完全不同的文化。例如,青岛国际啤酒节、大连服装节、哈尔滨冰雪节以及许多地方的选美节、赛车节等,都是此类开发模式中的经典品牌项目。如云南陆良国际彩色沙雕节,就是结合舟山国际沙雕节和国外沙雕节开发出来的一个节庆。

三、旅游目的地节庆开发的过程

节庆开发思路确定之后,需要按照一定的步骤和方式进行合理的开发,从而保证其有序性和规范性。

(一) 旅游目的地节庆开发内容和步骤

旅游目的地节庆开发可以说是一个复杂的系统工程,需要有一整套技术方法和技术人员来进行操作。从过程来说,一般包括规划任务、形势分析、蓝图和目标、市场研究、战略阐述、管理系统及战略优化七个方面的内容和步骤。图 10-4 可以直观地反映出来。

在规划任务阶段,以目的地旅游规划总体目标和战略为大前提,提出举办或开发节庆的意向。在形势分析阶段,主要分析目的地地方基础条件,包括旅游资源与节庆开发载体条件分析、客源市场需求特征分析、目的地旅游业发展基础、经济与社会支撑条件、空间竞争态势等。根据节庆开发的方向与宗旨,确定旅游节庆活动的主题,确定合作伙伴和活动组织机构。在市场研究阶段,开展各种可行性分析,包括节庆市场潜力分析和细分、投资估算与效益分析、经营风险分析等。在方案制订与实施阶段,制订相应的具体方案,包括节庆具体活动、费用预算、招募公关、宣传营销等,实现潜在参与者向现实参与者的转变、与有关部门协调、宣传营销、活动实施过程中所需实体设施的设计与制作。对节庆中的任务进行分解与分工,完善节庆管理、危机处理等配套系统。在评价和总结阶段,对整个节庆开发的效应进行评价和经验总结，进而有所感悟，并在原来工作的基础上争取再创新，让节庆取得更好的发展。

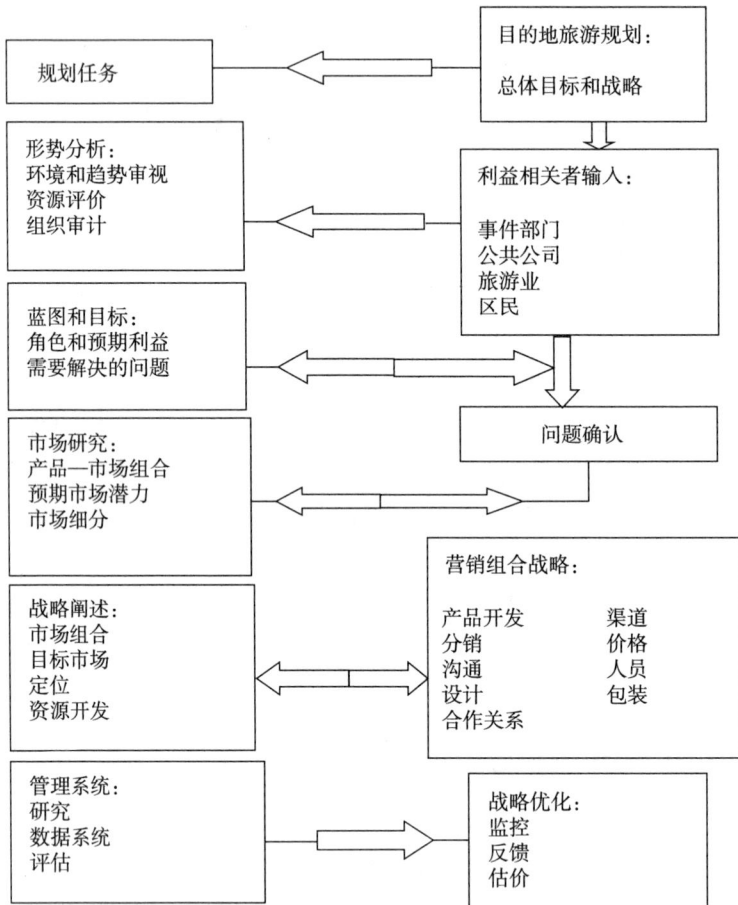

图10-4 目的地节庆开发过程

资料来源：转引自 Getz D. （1997）.

（二）旅游目的地节庆开发的方向

1. 由规划向策划发展

旅游规划指在区域范围整合资源，围绕市场目标，指导旅游系统开发的可操作的战略性方案。旅游规划要有系统观、全局观、市场观，着眼于旅游要素的综合整体优化，全面提升硬实力和软实力，从发展和优化的视角来规划未来。因此，旅游规划必须从高屋建瓴的角度统筹全局，为旅游开发提供指导性的方向。旅游规划是基础性、实践性工作。

旅游策划是指旅游策划者为实现旅游组织的目标，通过对旅游市场和旅游环境等的调查、分析和论证，创造性地设计和策划旅游方案，然后付诸实施以求获得最优经济效益和社会效益的运筹过程。旅游策划是常年性、创新性工作。

因此，随着消费者旅游需求的不断变化、旅游市场的不断完善、旅游产业结构的不断优化，旅游目的地的节庆要注意往策划方向发展。

2. 由活动向文化发展

过去的策划主要是谋划一项活动，以单一性为主，涉及的面比较窄，已经不能适应形势发展的需要。策划实践已经发展到注重文化性阶段，着重反映旅游目的地的综合硬实力以及文化软实力两个方面，要尽量全面地反映目的地的文化要素，展现目的地的历史底蕴和人文风采。

3. 由政府主导向市场主导发展

在基础资源薄弱、配套设施不完善、市场发展不充分的初期阶段，旅游节庆开发需要政府发挥主导作用。在旅游发展相对成熟阶段，旅游节庆开始向市场方向发展。从消费者入手，充分了解旅游者的心理需求变化，根据对市场的认识，分析出旅游市场状况可能会在节庆项目上出现的限制因素及节庆活动的市场价值，根据旅游流状况、市场前景预测以及所折射出来的社会价值进行旅游节庆的创意开发。

4. 由资源向品牌发展

旅游发展初级阶段，更多关注对旅游资源的规划与开发；旅游高级阶段更多关注如何培育优质的旅游品牌。随着我国旅游业的迅速发展，旅游节庆也越来越多地开始注重品牌的培养，以品牌效应带动旅游要素的综合协调发展。传统节庆是源于传统社会与历史文化，具有浓郁地方民俗风情特征的周期性民间节日庆典，是旅游目的地标志性事件。过去人们习惯自己过节，现在要邀请更多的客人来一起过节。

5. 由节日向旅游发展

旅游节庆开始更多突出资源整合、规划开发、创意策划，力求充分展示目的地的独特形象与吸引力。最终把传统节庆策划成产品，向旅游可持续发展迈进，这是开发的重要方向，是目的地开发节庆的原动力，也是目的地文化开发的原动力。

第三节　旅游目的地节庆开发应注意的问题

旅游节庆的开发需要了解节庆活动存在的问题，要本着解决这些问题的思路进行开发，同时要注意一些技巧性的工作。

一、我国节庆领域存在的主要问题

我国节庆很多，但有名气的不多，存在的主要问题有以下五个方面：

(一) 千篇一律与盲目跟风

我国节庆活动虽多，但克隆现象非常普遍，个性鲜明的节庆太少，缺乏创新性，个性化不够。具有国际影响力的品牌节庆屈指可数，能持续举办并发展成为国际节庆活动的更是凤毛麟角。有节办节、无节编节，编不出的就拿洋节克隆，商业化和庸俗化现象严重，缺乏创新性、民族性和文化性。很多新的节庆是轰轰烈烈地开幕，热热闹闹地办节，没过几年就冷冷清清收场。主要是因为开发者和策划人急功近利，追求政绩，不了解节庆的基本特性和规律。

（二）首长意志与追求政绩

目前我国的节庆活动中，一些节庆项目主要是由地方政府官员的意志决定的，看到节庆的轰动效应，于是就盲目跟风。太过于注重追求节庆品牌化效应，在没有经济文化基础托底情况下盲目跟风、急功近利，忽略了节庆要围绕当地的文化、资源、产业、人才来办的根本原则，致使科学办节的指导思想流于形式，在实践过程中演变成无文化之本的凭空造节和无端渲染，从而损害了节庆活动的生命力。

（三）孤芳自赏与自娱自乐

许多地方为了追求节庆的光环效应，在缺乏专业技术人员支持的前提下举办的节庆没有与地域的基础条件结合，也没有考虑民众参与的积极性。只是很少群体参与，局限于自娱自乐、自我陶醉，造成孤芳自赏的现象，没有产生应有的外部效应。

（四）巨大的投入与极少的产出

不少地方的节庆为了造势，花费巨资在渠道宣传、明星助演等环节，忽视市场规律，缺少商家入驻，没有游客来体验，无法产生消费，基本处于接待型节庆，最终没有任何的经济效益。旅游节庆投入产出不成比例是几乎所有政府主办的旅游节庆的大问题。旅游节庆投入数百万元甚至千万元，而且其中大量是地方政府的财政开支，然而旅游节庆的直接经济收入却少得可怜，往往只有少量的门票收入和广告赞助收入。尽管作为主办方的政府往往扩大宣传旅游节庆的效益，但产出少于投入造成经济亏损的现实压力使旅游节庆不能长久下去。

（五）节游分离与难以为继

许多地方办节庆仅仅局限于节，没有与旅游活动结合起来，没有把节庆作为旅游吸引物，因而没有游客的参与，成为"深闺"式的地方性娱乐活动。既没有达到传播文化的目的，又没有达到扩大经济效益和文化效益的目的。仅靠地方政府支撑，形成了孤掌难鸣的局面，难以为继。

二、我国节庆旅游需要注意的技巧

节庆开发是有其自身规律与技巧的产品创作过程，需要把节庆与旅游的特性结合起来才可能形成有效益的产品。

（一）节庆开发组织的智库化

许多旅游节庆活动基本上是"吃喝玩乐""晚会+经贸""文化搭台经济唱戏"的旧模式，具体活动档次质量参差不齐、管理混乱，缺乏统一的活动标准、规划流程和管理机制。一些组织者对为什么办节、能办什么节以及怎样办节等，均不做市场信息调查和可行性预测，缺乏科学的决策依据。这就更说明节庆的开发需要后台智库的支撑。

节庆开发组织必须有自己的智库，智库应该由既有理化造诣又有实践经验、既懂经营又懂管理、既会筹划又能沟通的专家组成。如大学教授、文化机构的学者、旅游企业负责人等。应注意避免经常使用临时性组织和人员，临时性的组织不利于团结协作，也不利于制度化管理，临时的人员也没有经过专门的培训，工作能力差、工作积极性低，也不利于活动的组织与开展。

（二）节庆建设品牌化

目前旅游节庆五花八门，种类繁多，但是能形成地方特色的却很少。有的地方看到举办节庆能产生"井喷效应"，便纷纷模仿或兴办，有的地方节庆举办了一两次后就销声匿迹了，各地"昙花一现"的旅游节庆数不胜数。既浪费资金，又没有对当地的旅游业产生应有的推动作用。

解决这个问题就要以长时间的品牌塑造为目标，也就是以文化为底蕴、以资源为依托、以特色为宗旨、以市场为动力，开发属于自己的品牌化节庆。树立品牌有利于提升游客感知，有利于增加节庆旅游产品的附加值，有利于延长旅游节庆的生命周期，从而产生更长远的品牌效应，促进旅游经济发展。青岛的啤酒节、大连的服装节已经成为城市符号，哈尔滨国际冰雪节如今已经走向了世界，同日本札幌冰雪节、挪威奥斯陆霍尔门考伦滑雪节、加拿大魁北克冬季狂欢节一起荣获"世界四大冰雪节"殊荣。

（三）时间安排季节化

中国的传统节庆具有明显的季节性、地方性、习俗性，现代节庆也有很强的时间性。目的地在节庆开发上可以通过时间序列将其规律地分布于各个季节，避免无序和混乱。主要体现在以下三个方面：一是节庆旅游的开发按季节或时间节律进行分布，使游客可以明确感知。二是旅游节庆除时间性外，每个节庆都会有不同的主题及其活动项目，使游客有所选择。三是旅游节庆的时序化和差异化，既形成系统又具备特色，便于开发和推广。

例如，按照"春之恋""夏之绿""秋之语""冬之韵"四季来策划同一目的地不同的旅游节庆，就具有非常显著的季节性。如西安曲江新区按一年12个月进行节庆策划，每个月都策划出主题各异的节庆活动来吸引游客。

（四）空间分布协同化

有的时候某个品牌或市场形象属于一个区域，不属于某个城市，如果一个城市"占为"己有，容易产生混乱或纠纷，甚至失去文化本真。区域内城市需要协同开发，有效组合，实现区域内节庆旅游共同有序发展。采取集团优势策略，整合旅游资源，提升旅游目的地的整体旅游形象，为该区域带来整体的旅游效益，由资源共享实现效益共享，避免因为内部恶性竞争而产生各种不良后果。

例如，"三国故里""夜郎古国"等历史资源，多个区域在争夺品牌，都有资料佐证，互相说服不了对方，缺乏协同机制，难免引起纷争。

（五）节庆内容体验化

举办节庆旅游的目的除了获得经济效益外，更重要的是对文化的传承。要达到这两个目的，就需要节庆内容开发更具有针对性，增强游客体验。让游客从视觉、听觉、嗅觉、触觉、味觉等方面与旅游产品进行相互交流，满足个性化旅游需求。尤其是让游客"有所游、有所感、有所想、有所思、有所乐"，从而对旅游目的地产生良好的品牌认同感，提高旅游节庆对游客的吸引力。游客参与程度越高，体验效果越好，市场效益就会越好。

拓展阅读及分析

云台山电音节

2020年7月17日，继云台山音乐节之后的又一音乐类大IP活动——云台山电音节正式开启。短短15天的时间，"云台山电音节"抖音、微博等相关话题关注量高达3亿多次，使活动的举办地"云台山岸上小镇"再次成为热门打卡地，变身网红小镇，到云台山"观美景、品美食、住美宿、赏夜游、逛小镇、共狂欢"成为暑期新时尚。

云台山电音节于每天19：00~23：00举办，持续两个月的时间，邀请国内知名DJ、摇滚乐队加盟，为广大游客带来充满激情的音乐狂欢季；2020年7月17日电音节举办以来，吸引了近300名网红达人主动参加活动，进行拍摄传播。"电音狂欢""热闹的小镇夜市""精致的民宿"成为全网热门词汇。云台山电音节的举办，有力地拉动了景区及周边小镇的消费热潮，通过"活动+政策+宣传"的营销方式，不仅为景区带来了20万人次的新增量，还带动周边民宿、旅行社、购物、餐饮、交通等文旅链条业态的快速复苏，"岸上小镇"民宿周末入住率达100%，云台山再现"一房难求"的喜人局面。

云台山不断完善夜间经济发展体系，丰富夜间特色产品，打造了大型山水实景灯光秀——云台山夜游。2018年7月6日，云台山夜游正式开景，该项目运用大量声、光、电、全息投影等高科技技术照亮了云台山的夜晚，完美呈现了太行山脉的梦幻夜景，为广大游客带来了山水夜景的视觉盛宴。据了解，云台山夜游充分挖掘了云台山所处的太行山文化、太极文化、"竹林七贤"等文化内涵，与现代科技深度融合，让游客能够眼前一亮，在开景三个月的时间内迅速吸引了河南省周边近30万人次游客，当仁不让地成为中原地区夜游新地标。此后，云台山精心打造的饮食文化项目"云台山小吃城"开始营业，小吃城集吃、喝、玩、购于一体，汇聚了全国各地200余种传统特色小吃及网红美食，为游客打造一站式的美食体验。同时小吃城所处位置紧邻夜游项目，完全结合云台山夜游的运营时间，进一步丰富夜游产品，增加游客体验。

近年来，云台山以美学经济为引领，以民宿为重要切入点，邀请国内外知名设计师，针对"岸上小镇"打造民宿美学新亮点，帮助并引导群众从普通酒店向优质民宿升级，推动乡村度假小镇的建设发展。短短几年时间，景区内的古洞窖、黑石岭、岸上等游客服务区建成民宿50余家，以云上的院子、朴居、汀澜系列、花筑系列等为代表的云台山民宿群逐渐形成。云台山的夜色更加有故事、有风味，云台山民宿成为游客休闲度假的又一亮点，并逐渐形成了"南有莫干山，北有云台山"的民宿品牌。景区所在的云台山镇，依托着云台山每年 700 万人次的客流量，成为备受游客追捧的民宿小镇，人均年收入从景区开发建设前的 260 元提高到现在的 5 万元，成为第二批全国乡村旅游重点村、河南省百村万户旅游富民示范村、河南省第一批美丽小镇。

资料来源：亿万流量的云台山电音节 引爆民宿小镇夜经济 ［N］. 中国旅游报，2020-08-13.

分析：云台山通过电音节燃爆"旅游+夜经济"，电音节的成功主要源自于以下几个方面：第一，深度挖掘音乐 IP 价值，结合当下网络平台进行宣传。云台山采取了人们喜闻乐见的音乐表达方式，邀请国内知名 DJ、摇滚乐队加盟，以及网红达人的参与，提高了电音节的知名度。联合短视频平台和社交媒体进行宣传，以较低的成本获得了亿万流量。一个节庆的成功不是孤芳自赏和自娱自乐，而是需要人气的支持，由此才有可能和旅游结合获得经济效益。第二，打造夜经济，紧跟市场需求。当下，夜经济越来越活跃，经历了从一元到多元的转化过程，由此夜经济下的产品也在不断创新。电音节正好顺应夜经济下消费升级这一趋势，打造了一批创新的夜间产品，将高科技与当地文化相结合，取得了理想的效果。第三，政府部门的支持、企业与民众的配合。电音节要成功举办，光靠某一企业的力量是办不起来的，政府要在电音节总体规划上把关，在资源调配上进行协调。企业和民众要积极配合，深度参与，通过各方力量促成电音节的成功。

章后思考题

1. 什么是节庆？
2. 什么是节庆旅游？
3. 旅游节庆的影响有哪些？
4. 旅游目的地节庆旅游开发需要坚持什么原则？
5. 如何开发旅游目的地节庆？
6. 旅游目的地节庆的开发方向有哪些？
7. 我国节庆旅游存在哪些主要问题？
8. 我国节庆旅游需要注意哪些技巧？
9. 我国应该如何更好地开发节庆旅游？
10. 如何看待节庆旅游的商业化？对此有何发展建议？

本章推荐阅读材料

［1］徐红罡，刘阿兰. 事件旅游及旅游目的地建设管理 ［M］. 北京：中国旅游出版社，2005.

［2］戴光全. 节事旅游概论 ［M］. 北京：中国人民大学出版社，2011.

第十一章
旅游目的地旅游集散中心管理

本章 PPT

📖 本章主要内容

旅游集散中心功能的发挥和运行机制的好坏直接影响城市的出游系统，影响城市形象和旅游市场的发展。本章分析了国内外旅游集散中心的发展背景、比较国内外主要旅游集散中心的建设模式，提出了基于集聚和扩散功能的集散中心建设模式、建设原则，建议对策等。

读者需要了解旅游集散中心的功能、建设的模式和基本方法等。

案例及思考

南京南站旅游集散中心助游客便捷游南京

2017 年 12 月 29 日，南京汽车客运南站旅游集散中心正式启用，以南京南站为始发站，途经雨花台、侵华日军南京大屠杀遇难同胞纪念馆的"南京环城游"观光巴士第 10 条线同期开通，与南京南站旅游集散中心无缝对接，外地游客自由玩转南京更加便捷。

南京南站旅游集散中心位于南京南站北广场，依托南京南站长途客运、高铁交通枢纽地位，拥有直达禄口机场的 S1 号线及连接主城区的 1 号南延线、S3 号线、3 号线等地铁交通网络优势，将针对高铁、长途客运及空港落地旅客提供旅游集散服务。据南京市旅游委员会主任金卫东介绍，南京南站旅游集散中心不仅是南京市委、市政府为民办实事工程之一，也是南京 3 个一级集散中心之一，南京采用多点式三级集散体系，一级集散中心设置于高铁站、汽车站等交通枢纽，二级集散中心则设置在郊区及重要景点附近，三级集散中心则遍布南京各个景点周边，通过三级集散体系的建设，串点成线、连线成网，为市民游客提供便捷的旅游服务。

南京南站旅游集散中心的启用，切实提升了游客游览的便捷度。南京南站旅游集散中心除了提供南京旅游宣传页发放、中英文旅游咨询、旅游商品展销、景点门票销售服务外，该集散中心还是"南京环城游"观光巴士、美丽乡村游直通车服务点，这意味着南京旅游公共交通系统与高铁、长途客运、空港、城市公共枢纽之间实现无缝对接。更值得关注的是，与南京南站旅游集散中心同期开启"南京环城游"观光巴士第10条线，以南京南站为始发站，途设雨花台、侵华日军南京大屠杀遇难同胞纪念馆两站，均为"南京环城游"观光巴士换乘中心，真正做到了串点成线、连线成网，从南京南站出发的游客可快速直达南京各大景区，方便、快捷、自由。

除了三级集散体系外，为方便游客，2017年初南京开通了"南京环城游"观光巴士，将城区各大主要景区进行串联，让"快行慢游"成为现实。据统计，此前开通的9条游线截至2017年底共接待游客17.45万人次，是同期"南京风光一日游"团队游客接待量的2.18倍，2017年五一劳动节、十一国庆节期间，环城游分别接待游客3104人次、2.37万人次，分别是同期"一日游"团队游客接待量的2.88倍、5.2倍。

从数据来看，"南京环城游"观光巴士已成为一日游产品的良好补充。金卫东说："'南京环城游'观光巴士的打造旨在进一步优化南京公共服务配套体系，为自由行游客提供便捷。"为不断优化南京"快行慢游"体系，自2018年起，南京市旅游委员会对"南京环城游"观光巴士实行在线实时监控，对客源不足、确实承载率不高的景点，在协调景点进一步丰富旅游产品的同时，采取以热门景点带动冷门景点的方式，科学整合线路，以提升线路的市场影响力。

此外，金卫东表示"南京环城游"观光巴士将坚持走市场化经营之路，下一步，南京市旅游委员会根据实际，指导企业加大市场推广力度，进一步整合优质资源，如通过在外地游客抵达南京的欢迎短信中纳入观光巴士介绍、增加"城游卡"附加值等方式提升其影响力和美誉度。同时，引入市场竞争机制，使观光巴士步入"良性循环"的运营态势，切实办好民生实事，提高游客满意度，真正让市场为南京旅游的"快行慢游"点赞。

资料来源：串点成线、连线成网，南京南站旅游集散中心助游客便捷游南京［N］.中国旅游报，2018-01-04（A01）.

思考：什么是旅游集散中心？旅游集散中心具有什么功能？如何发挥旅游集散中心在旅游目的地建设中的作用？

第一节　旅游集散中心发展的背景分析

一、我国旅游集散中心形成的基本原因

除了旅行社传统组团旅游外，随着大众自行出游能力的不断增强，散客和自助游的客流量迅速增加。面对这个市场，旅游集散中心成为一种新兴的旅游选择。这种模式因倡导"不找旅行社，不用找导游，自主选择，自定时间"的个性化旅游消费形式而被称作"旅游航母超市"。

我国的旅游集散中心最早在上海出现，隶属于上海市旅游委员会，成立之初即成为全

国旅游界关注的热点。在其成功运作的示范效应下，我国很多大中型城市和地区都已经拥有了自己的旅游集散中心，但是许多旅游集散中心并没有发挥其应有的功能。

旅游集散中心在我国的形成主要基于以下两个基本原因：

第一，游客出游方式的变更。随着经济的快速发展、人们生活水平的不断提高，我国居民用于旅游消费的支出增加，结伴旅游已成为人们生活的一部分。游客的出游方式也逐渐呈现出以下几个特点：出游动机趋于理性化、体验方式趋于个性化、出游方式散客化。

散客市场的迅速崛起，带动了旅行团市场的需求多样化，同时也提高了单位游客的接待成本。传统旅行社也意识到了散客的巨大市场，但是由于散客旅游时间性强，再加上旅行社自身实力和获利有限，一般不将其作为主要业务来发展。一些外出旅游的本地散客也因为人单力薄，不被旅行社看好，难以组团成行。

因此，在市场需求增长和供给有限的情况下，整个旅游市场出现了供需不平衡的局面，这也促进了旅游集散中心的发展。旅游集散中心能够通过其规模经济的优势，汇集大量散客和旅游信息，提供多样化的旅游产品来迎合散客多样化的需求。旅游集散中心的交易方式往往呈现超市化自选的方式，降低了搜寻和讨价还价等交易成本，而且提高了交易的成功率。

第二，符合旅游目的地的发展战略。由于旅游产业具有提高经济和社会效益的双重性，再加上带来的巨大的乘数效应，我国的很多地区都把旅游业作为当地的支柱产业来发展。如何实现旅游地从可持续发展到可持续竞争优势的构建，打造面向自助旅游市场的城市旅游公共服务平台，已成为国内许多旅游目的地持续发展、不断强化旅游品牌形象的策略选择。

很多地区根据其自身特点制定了旅游发展战略。旅游集散中心的建立，是提高区域旅游服务水平的重要方式，因此，旅游集散中心的出现是符合当地的旅游发展战略的。

二、国内外主要旅游集散中心的建设模式比较[①]

旅游集散中心的建设模式实际上是借鉴了美国"灰狗巴士"和日本"鸽子巴士"的模式。"灰狗"是美国的一家长途客运公司，在美国旅游乘"灰狗巴士"既方便又节约。"鸽子巴士"是日本的一家客运公司，在日本各地均设有站点，采取把各地的游客集中起来、统一送往相同的目的地、相互联动的方式。[②]

从旅游集散中心的组建方式来看，主要可以分为以下三种建设模式："政府"模式、"政府+企业"模式和"企业+企业"模式。

（一）"政府"模式

模式的基本特征。"政府"模式即旅游集散中心是作为政府管理机构的事业单位而建立的，属于公益性质，不以营利为主要目的，主要是为当地其他旅游企业服务，以旅游宣传及咨询服务为主，大都设在机场、车站、码头和风景名胜区，内有各种图文并茂的推介

---

① 凌常荣. 集散与扩散功能的旅游集散中心研究［J］. 科学月刊，2010（23）：38-40.
② 李太兴，于曰美，江珊. 国内外新型旅游业态的发展动态（上）［N］. 中国旅游报，2009-02-13（006）.

资料和交通游览图，免费供游客取阅。这类集散中心一般不含任何商业色彩，一切服务都是免费的，同时承担一定的社会责任，目的是促进当地旅游的协调发展，这种模式一般属于政府主导型。

模式运作存在的问题。经济发达地区如欧美等国家由于旅游基础设施较为完善，宣传及旅游促销资金充足，服务意识较强，大多选择了这种政府模式。国内的上海旅游集散中心在建设初期也是作为政府管理机构的事业单位，但是随着中心的发展，其逐步转变为自负盈亏的市场化运作单位，并在逐步发展壮大。

政府模式纯粹是政府职能的延伸，整个集散中心的建设、运营和管理都需要政府提供充分的资金、人力、物力、政策、法规等方面的保障，长此以往，会给政府带来过大的财政压力。另外，在运营过程中，政府要有完备的监督机制对集散中心进行考核，以保证中心的社会经济效益，否则会导致责任不清。因此，此模式比较适用于发达地区，对于经济发展水平不高、旅游基础设施建设不健全的地区，不建议采取这种模式。

（二）"政府+企业"模式

模式的基本特征。"政府+企业"模式一般由当地政府、交通局、旅游管理机构或旅游协会等牵头，由政府和当地若干有实力或能力互补的旅游企业共同组建，运营上大多实行市场化和企业化运作，政府可以给予政策或者财政资金方面的支持，依具体情况而定。在旅游咨询的基础上以旅游产品的组合和经营为主，为旅客提供旅游信息咨询、出行方案设计、车船旅馆预订、开通旅游直通车等多功能、全方位、全过程的接待服务。

模式运作需要注意的问题。这种"政府+企业"模式在国内普遍采用，苏州、杭州等旅游集散中心的建立均属于这种模式，而苏州、杭州两个集散中心在建设模式上的区别在于是否有政府的财政资金支持。上海旅游集散中心也正在逐步由"政府"模式向"政府+企业"模式转化。这种模式集散中心能够得到政府的大力支持。在经营过程中，可能会出现政府的行政性命令过强的状况，因此在采用这种建设模式时要注意走市场化运作道路，集散中心要自由经营、自负盈亏，不能只靠政府财政支持，而且要加强市场竞争能力的开发。

（三）"企业+企业"模式

模式的基本特征。"企业+企业"模式是由旅游企业如景区、旅行社、宾馆、饭店、度假村、车队、购物点等旅游企业设立或组合而成，纯企业化、市场化运作，实际是旅游企业拓展服务范围的一种形式。这种模式可能会得到相关政府部门的授权、指导或监管，但受政府的影响较小，在具体业务的运作方面较前两种模式具有更大的自主性和灵活性。

模式运作存在的问题。这种混合模式在国内有很多范例，如青岛国际旅游集散中心隶属于青岛交运集团，属于典型的"企业+企业"模式。这种无政府参与的模式授予集散中心更大的自由，在旅游层面的市场开发、旅游产品设计方案制订等方面占有优势，在一定程度上符合市场化运作的大潮流。但是随着集散中心的不断发展，入股企业如果没有全局观念，强调各自集团利益，中心的前途将不容乐观。另外，这种模式实际上是各类旅游企业的联合体，需要严格的行业自律，没有了政府的具体指导，会不利于中心的顺利运营。因此强化内部管理力度、资源整合、统一调配、精诚合作，才能使旅游集散中心真正做大做强。

以上建立旅游集散中心的三种模式各有利弊，不同的国家和地区因条件不同而选择不同的形式，国内则三种形式并存。从发展前景看，第二种纯经营模式较为符合我国目前的经济发展水平和旅游业的发展情况。总而言之，旅游集散中心应着眼于本地实际情况和旅游需求特点，因地制宜，选择适合自己的运营机制，突出本地特色。

第二节　旅游集散中心的概念和建设原则

旅游集散中心的基本概念是什么？在开发和管理过程中要遵守什么样的原则？这是需要把握的基本问题。

一、旅游集散中心的概念

旅游集散中心是在通畅的地理集聚点为游客提供咨询服务、空间位移、游览体验、食宿康体等旅游消费行为链的旅游业态。旅游集散中心作为游客购买旅游产品的人性化超市，也具有"集聚"和"扩散"两大功能，"集聚"功能是指集散中心具备汇集各地旅游信息及游客的功能；"扩散"功能是指信息及游客通过旅游集散中心传导出去的功能。

现代旅游业的发展和繁荣，需要科学合理的出游系统、接待系统和高质量的服务。市场发展到一定程度，必然要求服务专业化。为此，近年来产生了旅游集散中心这个"旅游航母超市"，在服务旅游市场、整合旅游资源方面具有重要的作用。特别是它作为出游系统、接待系统的中心环节对构建科学合理的出游和接待起到了至关重要的作用。同时，由于具有双向流动的功能，它可以有效地促进入境游客的增长，对入境和出境的游客进行有效的疏通和引导。以旅游集散中心为核心的出游系统结构见图 11-1。

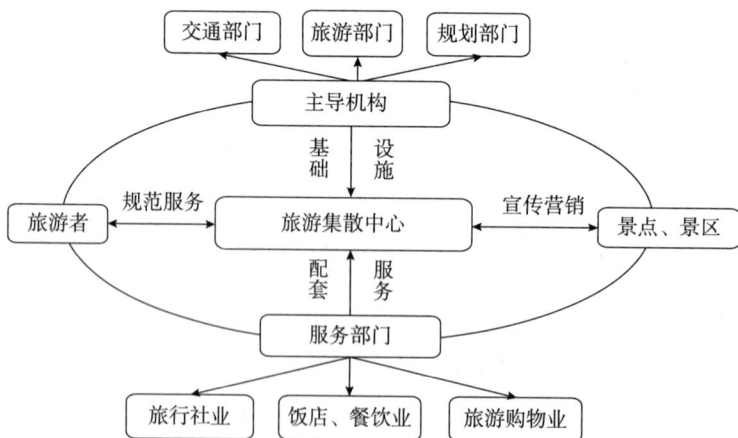

图 11-1　以旅游集散中心为核心的出游系统结构

可见，旅游集散中心的建立，可以有效地整合地区旅游资源，优化出游和接待系统的结构，使游客"进得来、散得开、游得好、回得去"，可以给旅游市场提供有效的管理和服务，所以说建立区域性旅游集散中心是十分必要和有利的。但是对于不同的地区而言，它的旅游环境和发挥的作用是有差异的。

二、旅游集散中心建设的原则

建设旅游集散中心需要把握好建设的基本原则，为运营和管理打下良好的基础。

（一）景点化

在旅游集散中心逐步发展壮大的过程中，需要与相关旅游企业建立融洽的合作关系，并进一步完善中心内的旅游基础设施，使中心朝着景点化的方向发展。旅游集散中心作为一个景点，不仅可以为旅游者提供完美的旅游服务，同时也能为市民提供日常生活所需的各项饮食、交通、购物、休闲娱乐服务，市民在工作生活之余可以到旅游集散中心畅游。不同的消费受众群体能够为旅游集散中心带来更多的人流量并增加知名度，完善城市旅游功能，达到更好的社会效益和经济效益。

（二）市场化

旅游集散中心在规划建设初期要解决好打牢基础与经营和发展的关系问题，应将主要的精力放在市场的研发和培育上，要考虑未来旅游市场发展的趋势和需求。在保证经营效益快速增长的同时，突出社会效益。

在管理和经营的过程中，要有一定的超前性。政策和管理要遵照市场经济规律的要求并有所突破；经营要按照现代企业制度和管理模式，不断加强内部管理，提高管理人员和业务人员素质，如可以在集散中心开展场地分块租赁业务，既符合旅游市场发展的趋势，为中心带来可观的经济收益，又丰富了中心的经营业务内容，满足广大旅游者的需求。

（三）品牌化

旅游集散中心要做大品牌、树好形象，既要将中心作为当地城市形象的品牌，又要将其作为当地旅游形象的品牌加以培育，并按照市场化的方式实施品牌战略。除此之外，还需政府的支持和相关部门的配合。首先，作为城市旅游基础设施，集散中心具有较强的公益性；其次，旅游产业涉及旅游、交通、城建和工商等多个部门，必须由政府负责组织协调和整合相关资源；最后，在运营初期由政府扶持，提供资金帮助，出台优惠政策，以规范中心内企业的经营行为，保证旅游集散客运中心健康稳定发展。通过一个时期的品牌宣传、市场培育和内部"磨合"，实现社会效益和企业效益的"双赢"。

（四）核心化

从面向散客到作为旅游资源的整合系统，旅游集散中心的地位会随着其功能的完善不断得到提升。在旅游集散中心的前期规划过程中，应对当地的经济发展水平、旅游基础设施的发展水平、散客市场规模、当地居民对旅游集散中心的接受程度等进行深入了解。旅游集散中心的建立和发展需要一个过程，综合国内旅游集散中心的发展历程来看，都经历了先亏损、逐渐扭亏为盈的过程。因此，在一般情况下，一个中型城市只配备一个旅游集散中心，以保证有充足的客源流量和足够的旅游企业来支撑集散中心的发展壮大，这必然对资源的优化配置起到促进作用，有利于旅游业健康发展。

三、旅游集散中心的必要性

旅游集散中心不仅仅是游客的集聚点，还是旅游目的地的一个综合性很强的窗口，对于旅游目的地来说具有特别重要的意义。

（一）加强对散客市场管理和服务的需要

首先，由散客自身的特点决定。散客出游具有很强的自主性、随意性和创新性，这就给旅游业的管理和接待带来很大的困难。其次，管理体制的原因。管理职能的分化使旅游管理部门失去对旅游业的有效控制，缺乏统一的规划和管理。特别是相关的法律法规缺失，使散客市场缺乏有效的监管，而且由于手续上的繁杂，在一定程度上制约了散客市场的发展。最后，旅游服务产品的缺陷。目前旅游服务产品无法适应散客旅游者的要求。市场结构单一，大部分旅游产品都是针对团队旅游设计的。作为旅行社，在一定程度上是把散客当作团队旅游来经营，把散客拼成一个"团队"。这与散客旅游的决策自主性和活动灵活的特性相悖，体现不了旅游的本质。

（二）整合旅游资源的需要

旅游集散中心在整合地区旅游资源方面发挥着重要的作用，大多数目的地的旅游资源缺乏有效的整合，很多景区在经营中"孤军奋战"，不仅效益低，而且也造成资源的浪费。通过建立旅游集散中心可以有效地调整和分配各种资源，统一规划、合理布局，打造旅游精品路线，提高旅游经营效益。

（三）汇集旅游信息的需要

我们处于信息泛滥的时代，旅游信息铺天盖地，但是缺乏完整性、集中性和权威性。游客收集信息难度大、有效性低、针对性差，使得游客无所适从。旅游企业发布信息的成本高、收益率低，需要一个中心进行汇集。

第三节　集聚和扩散视角下旅游集散中心的功能

旅游集散中心在目的地旅游开发中处于什么样的地位？具有什么样的功能？

一、集聚和扩散的含义

旅游集散功能是将游客聚集到旅游集散中心，并将其送往目的地不同的旅游区，不仅让游客"进得来",更要"出得去"。

具体来讲，集聚功能是指集散中心具备汇集各地来旅游的游客的能力，扩散功能是指让游客在旅游集散中心就地换乘后通过旅游专线到达旅游景区的能力。

二、集聚和扩散的途径

旅游集散中心作为游客购买旅游产品的"旅游航母超市"，是一种全新的旅游形态。中心通过整合各种旅游要素，搭建旅游销售平台，游客可在此得到完备的旅游信息服务，选择合适的旅游套餐，并自行组合旅游产品，获得行、住、食、景、购、娱"一条龙"服务，真正享受自助游的快乐。旅游集散中心集聚和扩散的路径见图11-2。

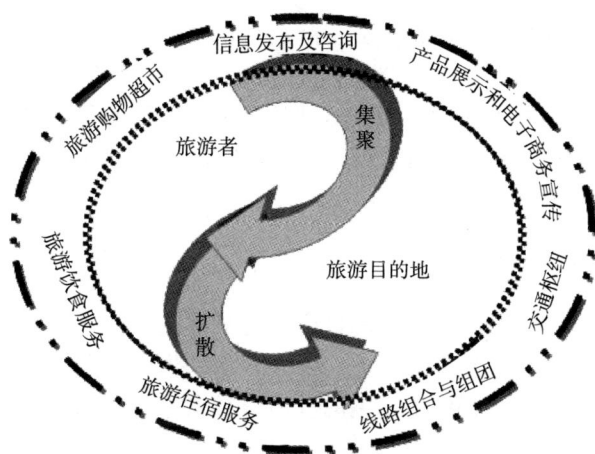

图11-2 旅游集散中心集聚和扩散的路径

(一) 信息发布及咨询

旅游集散中心的成立，仅仅是个良好的开端，要真正成为"散客之家"，管理和服务要跟上。通过提升软件和硬件水平，将旅游集散中心建成一个旅游展示、咨询和销售的平台，集中收集和发布旅游信息。为游客提供现场接待咨询、热线电话咨询、多媒体电脑查询、旅游指南以及一切有关旅游各要素的咨询服务；设立滚动大屏幕、声讯台、触摸式查询屏等，为游客提供全方位的旅游咨询服务；在机场、车站等场所设立针对外地游客的免费咨询服务网点。

(二) 产品展示和电子商务宣传

旅游集散中心可以利用灯箱、展台、电子显示屏、虚拟旅游视频等媒介为本省区市乃至全国的景区景点以及其他旅游企业提供展示旅游产品的机会。游客可以在旅游集散中心了解旅游景区的概况，取得相关的资料。与此同时，通过电子信息技术，建立以集散中心为依托的旅游产品电子商务平台，通过实时销售实现网上订购各类旅游套票及景区景点的门票、车票、机票、船票、客房等。

（三） 交通枢纽

旅游集散中心应建立游客接待中心、出发亭，为游客提供等候出发的休息场所；建立停车场，容纳旅游集散中心的旅游班车和各旅行社散客的旅游车辆，以保证散客有序地进出旅游目的地。

同时，在交通基础设施已经比较完善的地区，可以通过现代高新技术的应用、交通信息的获取和处理、交通量的预测和各种交通方式的衔接与协调，促进交通智能化的应用，为旅客提供方便、舒适、安全的交通服务。例如，通过引入交通地理信息系统和全球定位系统，对重点景区道路车流进行合理引导和监控，为旅客提供方便、快捷、安全的交通环境。

（四） 线路组合与组团

旅游集散中心可以通过各种途径充分了解旅游市场信息，以及旅游客源市场的需求偏好，并据此设计出满足游客需求的个性化精品旅游线路，迎合散客多样化、个性化的需求。同时，旅游集散中心能够通过其规模经济的优势，汇集大量散客和旅游信息，可以根据不同散客的出行时间、旅游目的地的不同来组团拼团，使游客既能享受团队门票的优惠，又能享受旅游包车的待遇。

（五） 旅游住宿服务

旅游集散中心可以与各旅游目的地的订房系统紧密联系，一方面，游客可以通过网络预订系统在全国范围内预订特惠客房服务。另一方面，当地的星级酒店、宾馆在旅游集散中心内设有专门的接待中心，并配备相关的宣传资料来进行展示，如大幅海报、视频、宣传册等，游客可以在旅游集散中心内"货比三家"，根据价格、星级、住宿环境、地理位置等因素来选择适合的酒店，使游客能享受旅游集散中心带来的方便。

（六） 旅游饮食服务

由于旅游集散中心作为一个大型的"旅游超市"，是对零散游客进行"集聚—扩散"的枢纽，所以旅游集散中心"饮食广场"的功能不可或缺。各地的名小吃、口碑好的特色饭店、中西式快餐店、当地美食店等都可以在集散中心设点，既可以增加企业的营业额，提高知名度和影响力，又能满足旅客的不同需求。

（七） 旅游购物超市

旅游集散中心作为游客购买旅游产品的"旅游航母超市"，通过整合各种旅游要素，搭建旅游销售平台，游客可在此享受行、住、食、景、购、娱"一条龙"服务。因此集散中心可以设立旅游商品超市，展销各旅游目的地与景区的图文、音像资料和特色旅游产品，使游客得到真正的实惠方便，享受自助游的快乐。

三、旅游集散中心的功能

旅游集散中心是完善旅游产业链的核心，是实现旅行者出游和以人流带动资金流、信息流，实现旅游中心聚集辐射作用的基本功能载体，是对零散游客进行"集聚—扩散"的枢纽。旅游集散中心让游客的出行更经济、更便捷、更安全、更舒适。旅游集散中心功能见图 11-3。

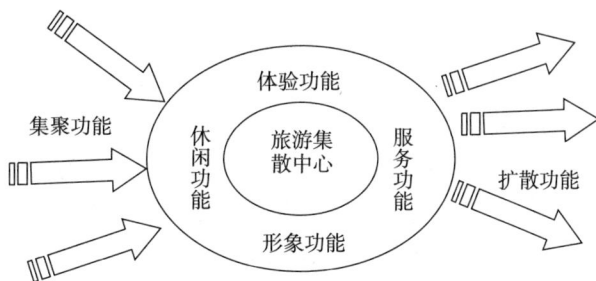

图 11-3　旅游集散中心功能

（一）集聚功能

旅游集散中心作为旅游超市，首先，通过对各种旅游要素资源的整合，调动旅游集散中心主体主动开拓本地和外地旅游市场的积极性，增加来本地旅游人数。其次，旅游集散中心要确保旅游者进入集散中心的路径畅通无阻，提供舒适的基础设施和接待设施。最后，中心要做足品牌的宣传工作，通过媒体、网络、宣传册等方式，让越来越多的市民了解旅游集散中心，吸引更多的旅游者来访，真正发挥集散中心"集"的功能，让游客"进得来"。

（二）扩散功能

旅游集散中心在做足宣传工作、吸引旅游者来访的同时，需要与相关旅游企业、景区、景点合作，与住宿业、保险公司等密切配合，保持资源共享、信息互通、优势互补、客源互送，确保"住、食、行、景、购、娱"各个环节的良好对接，树立"班次频、线路广、景点多、购票便、车况好、服务优、价格惠"的品牌，充分发挥中心的"扩散"功能，为游客提供放心服务，免除后顾之忧，让游客"出得去"。

（三）体验功能

旅游集散中心设计和开发的思路，要以本地特色景区为代表并辐射周边地区的众多精品旅游线路，并能提供大量旅游班车，成为旅游者近中程出游的主要集散地。同时，集散中心配套建设旅游交易推广中心、旅游商品购物中心、旅游咨询服务中心、旅游信息中心、旅游休闲服务等几大功能体。

旅游集散中心可以根据旅游景区景点以及散客特点，设计文化与自然互相搭配的各种旅游精品线路，如历史游、文化遗产游、非物质文化遗产游、风光休闲游等，同时提供个性化服务，使游客能自主挑选旅游线路，真正享受"自助超市"所带来的便捷服务。

（四）休闲功能

根据旅游集散中心的性质，作为"旅游超市"，它理所当然应该具备旅游的综合功能，旅游集散中心是宾馆饭店、旅行社、景点（区）、交通部门、美食城、购物天堂等连接网络的交汇点，不仅发挥着旅游中介的作用，还发挥着协调和优化的作用。旅游集散中心的发展方向是服务的综合化和多元化。随着旅游集散中心的不断完善，它将为游客提供餐饮、购物、住宿、通信、咨询、预订、交通等一系列的综合服务，极大地满足游客的旅游需求。

（五）服务功能

旅游产品具有综合性、复杂性、不可转移性等特点。旅游产品的这种性质决定了生产或提供旅游产品的部门与行业众多，旅游产品吸引力的大小成为旅游企业经营成败的关键，信息的流通、交通的便利显得格外重要。旅游集散中心作为联系旅游者和旅游目的地的重要纽带，要分别与景区、宾馆饭店、旅游纪念品行业、旅行社等形成良性互动机制，共同开发适应市场需求的旅游产品，从而能够为旅游者提供高品质的旅游服务。

（六）城市形象功能

良好的城市形象有利于吸引更多的游客，而游客的体验则是对城市形象认知的主要手段。旅游集散中心是游客首先接触和最后告别的地方，给游客的是第一印象和最后印象，所以旅游集散中心在目的地建设中起到特殊作用。通过专业的规划设计，提供规范且有品质的服务，建立高效的旅游市场，与游客建立良好的互动，引导游客融入当地环境，塑造城市文明旅游的共识与氛围。

第四节　旅游集散中心的产品模式与运作机制

旅游集散中心建立之后，承载了目的地游客的交通及相关活动，需要选取合适的产品模式及其管理模式，发挥其独特的作用，使目的地旅游有序地运转。

一、旅游集散中心的产品模式

旅游集散中心本身也是一种旅游产品，需要进行合理的开发，具体的开发模式有以下六种：

（一）自助游模式

自助游模式主要是针对散客市场开发的旅游方式，游客针对集散中心提供的旅游信息、旅游线路、交通工具进行选择，然后进行自由化的旅游。

（二）全程导游模式

游客对新的目的地往往缺乏认知，甚至在文化背景差异大的情况下还会有恐惧感。因此需要在旅游集散中心聘请专职导游，在导游的带领下进行游览。

(三) 拼团旅游模式

游客可以通过网上预订或到旅游集散中心购票的方式选择合适的时间，与其他散客临时拼团，以团队购买方式节省相关费用。

(四) 社区旅游模式

旅游集散中心进到社区，在社区组团，在指定的地点集散，方便游客出游，节省游客时间与费用。

(五) 专题旅游模式

以特定的旅游目的或文化活动为主题，策划特色的旅游路线，给游客全新的体验，满足游客多样化需求。

(六) 假期学生旅游模式

假期学生旅游热已经成为旅游的亮点。中国在校生人数超过两亿，还有陪同的家人，针对庞大的学生旅游市场，集散中心可以开辟假期学生旅游专线，策划符合学生特点的旅游线路，迎合学生的旅游消费需求。

二、旅游集散中心的运作机制

根据旅游集散中心的功能和运行环境以及借鉴目前国内外旅游集散中心的经验，旅游集散中心的运作机制可以分为以下四种：

(一) 市场化机制

专业化的服务要符合旅游市场的需要就必须进行市场化的运作。市场化的运作有利于资源的优化配置、提高服务的效率、减轻政府的负担、加快成本的回笼。

由于旅游集散中心具有公共产品的性质，因此市场化的运作机制也不能完全脱离政府的引导和配合。从旅游集散中心的筹划到运作，政府的作用是不可替代的。政府在集散中心的规划、融资、选址、建设以及各个部门的协调等方面发挥着重要的作用。旅游集散中心如果脱离了政府的引导和支撑，其经营会有一定的风险，它真正的功能也不能充分发挥。因此，在强调旅游集散中心需要市场化运作机制的同时也不能忽略政府的作用。

(二) 整合机制

集散中心整合旅游资源涉及的主体可以概括为以下四类：以交通、道路为代表的协调部门；以旅行社、宾馆、饭店为代表的服务部门；以景点、景区为代表的游览部门；以游客为代表的消费者。旅游集散中心可以优化它们之间的联系，使它们的结构更加合理，交通更加顺畅，运营成本更低；从而既有利于游客出游，又有利于促进旅游企业的发展。不仅如此，由于旅游集散中心的综合作用，游客从旅游信息的收集到旅游景点和出行方式的选择，从酒店、票务的预订到参观的全过程及旅游投诉都可以享受"一站式"的服务。特别是在整个过程中都有主管部门的监督，从而能够保证旅游服务的质量，减少旅游投诉。

（三）创新机制

发展旅游集散中心就必须引入创新机制，包括营销模式、管理模式、线路模式。对交易方式进行创新，通过网上进行票务的预订和费用的支付，不仅节约成本而且方便游客。对旅游线路进行创新和整合，对旅游景点进行改造和美化，对历史文化、民族风情进行深度挖掘和整理，推出复合型旅游产品。

（四）人才战略机制

旅游业准入门槛低、人们对旅游业的认识往往停留在规模经营上，忽视了从业人员素质的重要性。目前，我国旅游业从业人员素质还比较低，高水平的专业人才不足。作为城市形象窗口标志的旅游集散中心，更加缺乏专业人才。必须加大对人才的引进和培养力度，提升从业人员的业务素质和道德修养，提高经营管理水平，通过高质量服务为游客的出游"保驾护航"。

第五节　旅游集散中心的建设要求

旅游集散中心作为一个集"行、住、食、景、购、娱"于一体的城市旅游公共服务平台，通常配有区域内短途旅游线路，经营景点门票、火车票、飞机票代理，提供酒店订房、餐饮、旅游咨询等服务。游客可以在旅游集散中心任意选择、组合旅游线路，自主安排旅游行程，真正享受自助旅游的乐趣。在我国旅游集散中心的发展过程中，或多或少存在建设方面的问题，需要加以注意。

一、优化运营模式

旅游业是关联性很强的产业，具有很强的综合性。作为新兴旅游业态，旅游集散中心的成功运营需要政府、企业、市场三管齐下。特别在旅游集散中心成立初期，更需要政府的引导和监督管理，从资金、税收、土地等各方面予以优惠政策，从而提高旅游集散中心的办事效率，减少无效益的社会成本。

在旅游集散中心经过一段时间的品牌宣传、市场培育和内部磨合后，政府可以因地制宜地引入现代企业经营模式，并不断开发独具特色的旅游精品线路和针对特定消费群体的个性化旅游产品，使旅游集散中心的规模逐步扩大，功能不断完善，以适应激烈的市场竞争。

二、规划与选址的要求

旅游集散中心在规划时应着眼于本地的实际情况和旅游需求市场特点，明确自己的服务对象。服务对象不同、市场定位不同，旅游集散中心的经营选址等就会有差异。集散中心的位置应该结合当地的具体情况合理规划，综合考虑规模效益、城市整体布局等各方面因素，才能充分发挥集散功能。

从入城旅游者的角度来说，旅游集散中心应该与高速路口、铁路、地铁、机场、水上旅游、公交等交通网点形成良好的对接，实现外地游客在各种交通方式、旅游集散中心与景点的"零距离"、无缝隙转换。

从出城旅游者的角度来说，为了更有效地将当地居民输送到各个周边景区和城市，可以将旅游集散中心安排在居民聚居的区域，方便居民使用旅游集散中心的资源，从而成为市民出游的首站。

这里需要强调的是，在科学、先进、合理的城市道路系统中，道路是由市中心向四面八方发散出去的，在这种城市里旅游集散中心应该在相对中心的位置选址。然而在相对落后、封闭、错误的城市道路系统中，其道路是环形的，缺乏向外发散的道路，车流总在市里环绕，在这样的城市里旅游集散中心只能在城市边缘交通相对合理的位置选址。

三、构建互联网络营销体系

旅游经营具有高度的相互依赖性，旅游产品具有无形性和综合性。网络是旅游集散中心运营的关键，合理的网络营销布局可以提高旅游集散中心的运行效率。旅游集散中心网络营销体系的构建应充分考虑当地的城市整体布局、旅游市场定位、客源状况、产品优势及区域特色，选择不同的网络构建模式和销售渠道，与智慧旅游服务平台有机结合起来，既满足当前市场实际需要，又具有一定的前瞻性。为实现旅游产品联合开发、旅游线路一体化设计、定位和塑造，为游客与景点间搭建高效快速的现代化信息沟通平台，推动无障碍旅游区的创建提供了条件。如旅游集散中心可以利用超市、音像连锁店形成网络，也可以根据不同的客源、人流量的密集程度安排网点，如针对本地居民，在超市、银行、报刊亭等设点宣传售票；针对外地游客在宾馆饭店设点，这样游客就能得到全方位的旅游信息。

📖 拓展阅读及分析

西安："客运站+旅游集散中心"差异化竞争是关键

随着旅游业的不断升温，越来越多的投资者进入旅游业，与旅游紧密相关的公路客运企业也纷纷将目光投向了这一领域。不久前，陕西西安市依托城南客运站建立的"城南旅游集散中心"正式运营，这是西安市首家依托客运站建立的旅游集散中心。依托四通八达的客运线路、成熟高效的客运服务、层层把关的安全保障等优势，该集散中心迅速赢得了旅游市场，彰显出差异化的竞争力。

"这次要带家人去西安马嵬驿转转"来自西安的游客赵晓唯说，"以前去马嵬驿或袁家村，要多次倒车，拖家带口很是头疼，现在到城南旅游集散中心买票上车，直达景区门口。"

西安城南旅游集散中心宽敞干净的大厅、健全的安检设备、舒适的大巴、透明统一的票价，给外地游客吕鑫留下了深刻印象。"上次来西安游玩时，还没有这样的集散中心，在火车站坐上了一辆'黑车'，一路上都担心安全问题，车内环境也不好，严重影响了游玩的心情。"吕鑫说，这次来西安，城南客运站建起了旅游集散中心，提供优质服务，这使他对陕西旅游服务的印象提升了很多。"以前坐'黑车'去景区，到了景区附近就停车了，到景区门口的话还要额外收费，现在终于可以放心坐到售票口了。"

在城南旅游集散中心，大厅内的大屏幕滚动播报旅游线路信息，大屏幕下还设立了特价提示牌，在旅游集散中心购买景区门票比在景区购买还要便宜。

据城南旅游集散中心工作人员介绍，目前比较热门的线路有兵马俑、乾陵、华山、太平森林公园、朱雀森林公园，还有法门寺、袁家村等，冬季热门的线路有汤峪温泉、壶口瀑布、流峪飞峡等。旅游集散中心每日平均运送旅客近200人，旺季时每日运送旅客可达千余人。

"城南旅游集散中心区别于传统旅行社，是散客的集散中心，是家门口的旅游公交车，直接点对点到景点，这样给游客的出行带来了非常大的方便。"西安城南旅游集散中心总经理方华介绍，除交通更加便捷外，旅游集散中心的车辆也更为安全，"集散中心拥有50辆具有合法旅游资质的高端旅游车辆，实行'公车公营'的运营模式，对于参加旅游运输的车辆每次都要进行安全例检，确保车辆符合安全运行标准，同时，对参加旅游出行的游客，在上车前全部进行'三品检查'，确保没有危险品，从根本上避免了旅游客运的安全隐患。"

"平日里，客运站的客流比前些年有所下滑，倒是集散中心很是热闹。"城南旅游集散中心的工作人员介绍，集散中心自2015年4月试运行以来，增开的旅游线路逐步增多，在春夏旺季之时，平均每天载客量能达千人之多。

方华介绍，城南旅游集散中心依托城南客运站，建立了一整套完善的旅游服务体系，"从出行到景区门票，再到餐饮、住宿，我们都能为游客提供相应的服务"。

方华说，城南旅游集散中心成立之初只开通了3条线路，经过近一年的努力，如今的集散中心已经开通了30余条旅游线路，全面覆盖了西安周边的县域，并向周围城市及其他省区市发展。目前，旅游集散中心的线路以西安为中心，已经辐射到了陕北及四川等地。

据介绍，除交通服务外，城南旅游集散中心还与景区、酒店、旅行社等展开了深度合作，推出丰富的旅游产品。此外，城南旅游集散中心还拥有自主运营的城际旅行社。

游客可以选择单独乘车出行，也可以选择旅游集散中心下设的旅行社出行，还可以依托旅游集散中心找到其他旅游服务项目。对于客运站拓展旅游业务的前景，任立新说，面临民航、高铁发展对公路客运市场的冲击，拓展旅游业务，发展一日游、多日游、短途游，是公路客运站场转型升级的好机会。依托现有班线和沿途景点，目前西安市各客运站场已尝试开通旅游班线60余条，累计发送班次2000余班，输送游客近10万人次，公路客运站已逐渐探索出一条政府主导、企业管理、市场化运作的旅游集散中心运营新路径。

"客运站与旅游的深度结合是客运市场创新发展的趋势。"长安大学旅游管理系丁华说，"交通作为旅游发展的第一要素，在旅游发展中扮演着至关重要的角色，交通的便捷程度直接决定了当地旅游业发展的速度和质量"。客运站与旅游的深度结合，正说明了交通对于旅游的重要性，依托客运站成立的旅游集散中心将自身优势运用得当，将有可能发展成陕西"交通+旅游"的市场典范。

此外，丁华建议，西安的旅游集散中心应做好客源分析，做好定制化服务及网络宣传营销，并开通特色路线，主打民宿、原生态品牌，在让市区及外地游客感受到旅游集散中心便捷服务的同时，还能体验到特色产品带来的精神享受。

资料来源：西安客运站+集散中心差异化竞争是关键［N］. 中国旅游报，2016-03-14（001）.

分析：随着人民生活水平的不断提高，人们对出游的意愿更加强烈，尤其是近年来，短线城郊游兴起，成为人们周末休闲甚至是"黄金周"旅游的主角。散客市场规模的扩大和需求的旺盛，必然要求相关的配套设施和服务跟上，旅游集散中心正是在这样的背景下应运而生的。作为新兴的事物，它创新的运营模式已经在实践中取得了成效。事实证明，旅游集散中心对服务旅游市场、整合旅游资源具有重要的作用。

随着人们旅游观念的进一步发展，游客更追求旅游服务质量的独特性，这就要求旅游集散中心能够根据旅游者的消费习惯、经济实力、职业特征等量身设计旅游产品，实现DIY城市旅行定制服务、一站式管家服务。同时能满足不同旅游者的要求，完善各项服务设施，不断开发新的旅游产品，实现全客群旅游服务。针对不同客群提供特色交通服务，让出行也成为一种旅游新体验。

章后思考题

1. 如何对比国内外主要旅游集散中心的建设模式？
2. 如何定义旅游集散中心？
3. 旅游集散中心建设的原则是什么？
4. 为什么建设旅游集散中心是必要的？
5. 旅游集散中心在目的地旅游开发中处于什么样的地位？
6. 旅游集散中心具有什么样的功能？
7. 集聚和扩散的途径有哪些？
8. 旅游集散中心有哪些产品模式？
9. 旅游集散中心有哪些运作机制？
10. 我国旅游集散中心的发展建设需要注意什么问题？

本章推荐阅读材料

［1］李爽. 旅游公共服务体系建设［M］. 北京：经济管理出版社，2013.

［2］凌常荣. 客源地出游系统的构建——兼论南宁旅游集散中心的建设［J］. 学术论坛，2011，34（4）：112-115.

第十二章
目的地旅游企业联盟管理

本章PPT

📖 本章主要内容

随着旅游业的不断发展，旅游业上下游企业的旅游联盟特征表现得越来越突出，国内外关于旅游联盟的研究也越来越多。近年来，在国际工商企业、旅游企业战略联盟浪潮的影响下，我国旅游企业也纷纷组建联盟，组成饭店联合体、旅行社联合体、委托管理、旅游网站联盟等联盟形式，并取得了一定的经济效益和社会效益。

本章主要介绍国外及国内旅游目的地联盟管理情况。读者主要应该掌握如何做好我国旅游目的地联盟管理。

案例及思考

77家文旅企业集结！四川省文化旅游企业联盟成立

2019年5月13日，由四川77家文旅企业联合组建的四川省文化旅游企业联盟（以下简称"联盟"）在四川锦江宾馆授牌成立。

据悉，联盟由四川省旅游投资集团有限责任公司、四川日报报业集团、成都文化旅游发展集团有限责任公司、腾讯科技（成都）有限公司等8家首批"四川文化旅游产业优秀龙头企业"共同发起，包括雅安文旅、阿坝文旅、北川九皇山生态旅游股份有限公司、稻城亚丁景区旅游开发有限责任公司在内的77家文旅企业。

成立仪式上，联盟第一届理事长，四川省旅投集团党委书记、董事长任丁宣读了《四川省文旅企业联盟成立宣言》，未来联盟将从行业引领、政策研究、资源共享、项目对接、推广宣传、抱团发展、标准制定、行业自律、人才培养九个方面展开合作，服务四川文旅发展大局。其中，联盟将集中力量重点打造四川文旅企业发展综合服务平台，通过定期公布文化旅游产业发展数据和发展趋势分析报告，为企业开展文化旅游领域的合作提供全方位的综合信息支持和服务。

联盟成员单位雅安天全县二郎山生态旅游开发有限公司相关负责人表示，希望通过联盟平台，搭建与大型文旅企业的合作关系，把二郎山喇叭河景区和雅安的文化旅游品牌打造得更好。

据了解，未来联盟将聚焦文旅融合，创新机制、汇集动力、激发活力，着力做大做强引领发展的市场主体，深度推进"文化+""旅游+""文旅+"，打造出四川特色鲜明的文化旅游发展新平台。

资料来源：http：//www. sc. xinhuanet. com/content/2019-05/14/c_ 1124492014. htm.

思考：什么是目的地旅游企业联盟？旅游企业联盟有什么功能？如何保证联盟的成功？

第一节　什么是旅游企业联盟

联合国教科文组织于 1948 年在法国创立了世界自然保护联盟，截至 2021 年，已有来自 161 个国家的 200 多个国家和政府机构会员、1000 多个非政府机构会员，其下设的国家公园与自然保护区专业委员是世界各国国家公园的国际组织。

自 20 世纪 90 年代以来，集团化的一种新方式——战略联盟在国际市场上日益流行，并迅速波及国际旅游业，我国许多旅游企业纷纷组成饭店联合体、旅行社联合体、委托管理、旅游网站等联盟形式，并取得了一定的经济效益和社会效益。

一、旅游企业联盟的概念

随着经济全球化脚步的加快和竞争的加剧，企业之间越来越诉求于建立战略联盟来增强自己的竞争力、抗风险能力并千方百计提高联盟的稳定性。"战略联盟"这一概念最早是由美国 DEC 公司总裁简·霍普罗德和管理学家罗杰·内格尔提出来的。国外关于企业战略联盟理论研究比较早的哈佛商学院教授、著名战略管理学家迈克尔·波特指出，联盟是指企业之间进行长期合作，它超越了正常的市场交易但又未达到合并的程度，"是介于一般市场交易关系和企业一体化之间的中间组织"[①]。国内也有学者从不同的角度研究旅游企业战略联盟，但遗憾的是，鲜有学者直接告诉我们什么是旅游企业战略联盟。从目的地开发与管理的角度来说，我们倾向于旅游企业联盟的提法。我们认为旅游企业联盟就是基于价值链和供应链上的旅游产业合作的一种市场组织，简称旅游联盟。企业通过"利益共享、风险共担"的联盟方式来提升竞争力，从而共享联盟内各个环节的核心资源，形成联盟管理，它强调旅游目的地间长期稳定的紧密合作关系，以达到"1+1>2"的效应。

旅游联盟不同于区域旅游合作。区域旅游合作是利用各地之间的资源进行深层次合作和开发，互利共赢。区域内部不同地区之间的旅游业态依据一定的目标、原则和制度，将旅游系统要素在地区之间进行重新配置、整合与优化，形成规模更大、结构更佳、品牌更

---

① 迈克尔·波特. 竞争战略［M］. 陈小悦，译. 北京：华夏出版社，2015.

高的旅游供给，以便获取最大的经济效益、环境效益的一种旅游组织互动行为。区域旅游合作是旅游业发展到一定阶段的必然产物。构建区域旅游圈成为各地发展旅游的共识，目前，国内形成了诸多旅游圈，如大香格里拉生态旅游圈、武汉大旅游圈、环太湖旅游带、北部湾经济区旅游圈、澜沧江—湄公河区域旅游合作、珠江三角洲、京津冀一体化、环渤海区域发展等共同旅游市场的建设是国内旅游区域合作的典型。区域旅游合作具有巨大的发展潜力，而旅游联盟是一定区域间的企业联合体，是企业为了扩大市场，分担风险，延长产品价值链，提高经营效益而建起来的企业联合体。

旅游联盟是区域合作的一种方式。区域旅游合作更多的是以旅游行政部门为主体，行政干预成分大，目的是打破行政壁垒。旅游联盟更多的是以企业为主体，目的就是经济效益。区域旅游合作是跨区域的，而旅游联盟不一定跨区域，两者有相同也有差异。

二、建立旅游企业联盟的原因

在旅游企业联盟的动机研究方面，一些学者有过探讨。陈明哲、腾斌圣和克林顿指出联盟中旅游企业合作的主要动机在于获取多样化的促销渠道，赢得更大经济效益，降低成本，加强竞争优势，提高售价，巩固并加强其形象地位以及提高业绩等。[1] 尼格尔（Nigel，1993）则提出旅游企业间的横向战略联盟的形成是出于学习知识、技术转移、信息交流、风险均摊、资源共享以及共同应对全球化竞争等多重目的。帕拉哈拉德等指出，战略联盟作为旅游企业选择专业化生产模式并试图获取专有核心资源的决策结果而出现，当各联盟成员以其专有核心资源投入联盟时，可以创造出分工协作的经济性——规模扩大带来的生产可能性边界的扩张以及专有资源溢出所带来的成本节约，这两种效应都使得联盟成员能够共享联盟带来的市场竞争力的提升。[2] 查尔德等（1998）把旅游企业间战略联盟的动机分为外部动机和内部动机两种类型。国外旅游企业战略联盟的外部动机主要有以下两点：一是世界市场的高度不稳定性。如由美国航空公司和汉莎航空公司等24家航空公司结成的星空（Star）航空联盟，为了公司的发展它们在网络联结、采购和顾客关系上展开合作。二是行业竞争导致的对投资日益增长的需求。如万豪（Marriott）酒店集团为了扩大在英国的酒店连锁，同时节省投资，通过向英国连锁酒店Whitbread公司出售集团酒店特许经营权的方式建立联盟。内部动机主要有以下两点：一是进入他国市场，获取竞争优势。如2004年3月16日，美国艾可亚公司与我国天津泰达旅游集团签订换股协议，通过股份置换的形式建立联盟，成功进入中国市场；2005年7月，法国雅高集团的豪华酒店品牌索菲特连续在苏州、厦门、西安、东莞等地落地，通过特许经营的形式组建战略联盟，占领中国市场。二是获取规模经济、范围经济。如1965年初创于法国的欧洲原野屋与露营车（Eurocamp）旅游集团，其早期业务是在法国提供帐篷野营服务，后来把业务范围扩展到瑞士、德国、意大利等国，同时提供移动房屋，1995年与1400家英国酒店以品牌联盟

---

① Yoshino M，Rangan U S. Strategic Alliance［M］. Cambridge，MA：Harvard Business School Press，1995.

② Prahalad C K，Hamel，Gary. The Core Competence of the Corporations［J］. Harward Business Review，1990（3）：79-91.

的形式展开合作，把业务拓展到为游客提供酒店短期休息等多种类的相关业务服务。①

目的地建立旅游联盟的原因有以下八个方面：

（一）旅游产品专利少

在旅游实践当中，旅游资源的开发也好，旅游线路设计也罢，只要有一家企业开发出来之后，其他企业就可以迅速模仿，而且还可能比原创做得更好。也就是说，在不规范的市场里，旅游产品基本上没有专利可言。在这种市场条件下，单靠一家企业来做市场创新的可能性不大，并且每一家企业都不愿意做"第一个吃螃蟹的人"。由此，建立企业联盟就顺理成章了。

（二）旅游经营模式容易模仿

旅游业的准入门槛低，旅游"六要素"的产品缺乏专利，旅游的经营模式不可能保密，任何企业都可以直接模仿和学习，而且几乎不需要任何的模仿成本。因此，目的地的同行需要结成联盟来生产或者设计新的产品，以降低创新成本。

（三）旅游企业实力小

由于行业的特殊性，旅游企业的规模普遍都比较小，俗称"小、弱、散"，实力不强，难以依靠自身的实力进行市场开拓，遇到大的风浪更是难以抵御，需要大家抱团依靠集体的力量来发展自己。

（四）旅游企业利用"六要素"紧密联系

"行、住、食、景、购、娱"需要合并才能成为有效的游线，游客才能体验到完整的游览元素，单一的元素市场空间非常有限。"六要素"涉及的产业分布较广，只有实力非常雄厚的企业才可以提供全部服务，大多数企业都是各自经营，这些企业需要联合起来共同提供完美的产品让游客体验。

（五）减少经营节点

游客出游需要"一条龙"服务，接待企业也同样需要减少节点和中间环节，只有"无缝衔接"才能节省时间成本和提供更丰富的旅游产品。对游客和经营者来说，这是一种有效需求。

（六）便于标准化

在不违反国家标准化要求的前提下，每家企业都会有自己的经营方式和手段，所提供的服务也会千差万别，这会使游客无所适从。建立联盟使产品和服务有一个基本的、大致相同的标准，能够让游客更多地享受超值服务是联盟的追求。

---

① 耐杰尔·埃文斯，大卫·坎贝尔，乔治·斯通休萨. 旅游战略管理 [M]. 马桂顺，译. 沈阳：辽宁科学技术出版社，2005.

（七）提高旅游体验质量

旅游的核心是体验，只有好的体验才有广阔的市场，好的体验需要高品质的产品和高技巧的接待服务做基础。在目前市场条件下，仅靠一家企业很难提供高品质的产品和接待服务，需要与同行联合起来，按照一定的标准共同提供无差别的产品与服务。

（八）降低游客费用

在统一的联盟里面，由于环节减少、市场扩大，各种交易费用会大幅降低，也就是减少了产品的成本和经营的成本。相应地，游客的购买力会上升，无论是在纵向上还是横向上，都会获取更多的体验对象，因而就可以获取更多的满足感。反过来说，就是降低了旅行费用，提高了购买力。

第二节　旅游企业联盟的原则、内容、形式

旅游目的地的建设必然包容当地旅游业的发展，但旅游业的发展不能等同于旅游目的地的建设。旅游目的地是全面性、综合性的，旅游业是主体性和主导性的。从两者之间的关系可以看出，在旅游业发展过程中，如果站在旅游目的地建设的高度上，就会使旅游业发展的领域逐步拓宽，内涵逐步深化，达到与社会经济文化资源的全面结合和深化利用。在这一过程中，旅游业首先要全面扩大产业面，从传统的饭店、旅行社、景点开始，产业领域扩大到社会的方方面面，如城市建筑色彩、居住环境、文化气息等。其次，逐步延伸产业链，从下游产业逐步延伸到上游产业，形成一个完整的产业链条。最后，形成产业集群，以旅游企业为基础逐步扩大，使各类企业在旅游目的地的建设中都有自己的一席之地，从而形成一个完整的产业集群。在这样一个发展过程中，旅游业与目的地的契合程度越来越高，也就自然而然地成为当地经济的主导产业，甚至是主体产业，组建旅游联盟有利于这个产业的进一步发展。

一、旅游企业联盟的原则

目的地旅游资源在管理上是由各个部门、各个层次及各级政府多头进行管理，有的属于文化部门，有的属于林业部门，有的属于国土部门等，从而构成了一个烦琐复杂的管理体制和运营体系。旅游"六要素"也同样如此，各种利益链、价值链错综复杂，平衡这些利益相关者，需要考虑联盟的基本原则。

（一）优势互补

组建旅游企业联盟各方之间需要考虑各自的优势，同时也要规避各自的"短板"。利益各方更多的是考虑强强联合，能够做到强强联合固然最好，但在现实当中难遂人愿，所

以在组建旅游企业联盟时需要考虑组建的对象是否可以优势互补。从产品来说，组建的对象是可以共同打造完整供应链的，对消费者来说组建的对象是可以共同打造体验价值链的。因此，优势互补是原则的重要基点。

（二）风险共担

市场经济就意味着风险，否则就不是真正的市场经济，组建旅游企业联盟需要对市场风险有足够的认识。旅游企业联盟组织间需要对风险进行分担，不能只让个别组织或部门承担，旅游企业联盟应该是"一荣俱荣、一损俱损"的紧密合作体。在中国国情下，不能是松散型的。理由是松散型的旅游企业联盟只能同甘，不能共苦，容易"心怀鬼胎"，见风使舵，不利于抵御风险。这与国际上的研究有很大不同，这是必须注意的。

（三）利益共享

旅游企业联盟是供应链与价值链上的紧密型组织，除了风险共担以外，谋求的应该是利益共享。当然这个利益不是平均分配，而应该是在大的环境下各自发挥比较优势，谋求自身利益的最大化。在一些特殊的情况下，旅游企业联盟组织需要制定出补偿机制，以便给为了大局而做出牺牲的成员一定的补偿。

（四）目标一致

旅游企业联盟组织的目标就是为了谋求市场的扩大化和利益的扩大化。当然这是在给消费者带来超值享受的前提下获取的。任何损害消费者利益和损害环境生态和谐的行为都是可耻的，这是一般的市场要求。对于旅游业来说，还需要加上一条，任何跨文化的凌驾也一样是可耻的。在政治、经济、文化、生态、民族、宗教平等的前提下发展旅游业才是目的地旅游企业联盟的原则之一。因此，目的地旅游企业联盟目标一致性包含两方面的含义：一是自身的市场和利益，二是外部的平等。

（五）组织独立

紧密型的旅游企业联盟不等于集团化的联盟，集团化就不是旅游企业联盟了，这在理论研究上也有误区。旅游企业联盟的成员在内部是各自独立的企业，按照自身的战略和规则进行经营。组织构架、人员、财务、领导等都是独立的，与其他企业毫无关联。企业之间既不是控股关系，又不是连锁关系，更不是总公司与分公司的关系。参与旅游企业联盟是外部行为，是为了扩大市场和盈利而做出的一种策略。

（六）合作竞争

旅游企业联盟的企业是合作与竞争的关系。如果仅有合作没有竞争，旅游企业联盟就会缺乏活力；如果仅有竞争没有合作，就失去了旅游企业联盟的意义，所以旅游企业联盟里企业的关系是合作中的竞争，竞争中的合作。

（七）成员动态

旅游企业联盟的成员既是自愿的，又是动态的。加入旅游企业联盟与退出旅游企业联盟由企业自己做主，不能有强迫的成分存在。随着市场的变化，经营者需要做出判断，是独立经营还是联盟经营，需要企业权衡利弊大小。旅游企业联盟成员来去自由，但也要遵守章程，履行一定的手续与承担一定的责任。申请加入旅游企业联盟，要交纳旅游企业联盟活动费，提高企业信息等，不能没有任何约束。

（八）长期战略

旅游企业联盟不是临时的组织，更不是一次性活动，当然也不是旅游行政部门偶然性的联合行动，而是基于长期合作的一种紧密型、战略型组织。有长远的规划和战略目标，有共同的使命、共同章程、约束机制等。

二、旅游企业联盟的主要合作内容

旅游企业联盟就是要有效整合可利用的资源来增强旅游目的地的实力。旅游企业联盟不是简单的"1+1"，而应该是优势互补，横向、纵向整合可利用的有效资源，来达到"你中有我，我中有你，以我为主"的目的。如果各种形式的旅游企业联盟仅仅限于某一类资源的简单叠加，那么其生命力必然是脆弱的。如果是松散型的或有一方是非真诚的、只是碍于面子不得不联盟的，那么其效果可想而知，事实上这类旅游企业联盟还不少。一般而言，景区类企业是资源，旅行社类企业是渠道和营销，开发类企业则是资本，这三者之间如何进行有机的整合，是旅游企业联盟成败的关键。

（一）统一规划、差异化产品

旅游企业联盟是一个紧密型的组织，有着共同的目标和任务，事实上也承担着旅游目的地旅游业的发展重任，需要进行统一的规划。这个规划指的是旅游联盟的产业规划，依据成员的企业规模、市场份额、产业链的宽幅、资金的实力、人力资源状况等，结合目的地的政治、经济、文化状况及其未来发展方向，做出具有前瞻性的战略规划，明确旅游企业联盟的战略目标、战略步骤，打造旅游企业联盟自身具有市场竞争力、分工合作的旅游产品。

旅游企业联盟规划包括企业战略规划、项目策划规划、产品开发规划、市场营销规划、品牌形象规划、智慧旅游规划、人才战略规划、服务品质规划等。描绘旅游企业联盟的远大战略抱负，使各企业依据旅游企业联盟规划设计自身的发展蓝图，做到彼此相匹配、相适应。

旅游产品差异化包括两个层面：一个层面是旅游企业联盟内外，另一个层面是"旅游六要素"内外。

旅游企业联盟内外产品差异化。在旅游企业联盟之外，产品需要有比较强的竞争力，这些产品能够覆盖目的地的大部分市场，统领目的地的市场走向。在旅游企业联盟内部，应该是差异化的产品，各企业间是环环相扣的链条式的产品，发挥旅游企业联盟的核心作用，满足不同旅游者对差异化产品的需要。

"旅游六要素"内外产品差异化。一是旅游企业联盟内部所有企业供给的产品包含

"旅游六要素",即在"行、住、食、景、购、娱"各个环节中,都要有一体化的配套产品,让游客享受全程的超值服务。二是"旅游六要素"之外的创新型产品,以及新的"旅游六要素"即"商、养、学、闲、情、奇",使旅游企业联盟成为创新基地。如度假旅游产品、研学旅游产品、健身旅游产品、美容旅游产品、医疗旅游产品、学艺旅游产品、会议旅游产品、展览旅游产品、考察旅游产品、冒险旅游产品、信息旅游产品、民俗旅游产品、体验旅游产品等,不一而足。

(二) 共建游线、提供精品

旅游线路是最核心的旅游产品。一家企业很难完成全套的产品服务。建立旅游企业联盟最大的贡献就是获得了一体化的、无障碍的供应链,就是能够联合上下游企业供应一体化的旅游产品供旅游者消费。旅游企业联盟提供的游线应该是多层次、多核心、多文化、多组合、多时空、动态的游线,能够满足不同年龄、不同文化背景的游客状况的游线。

精品旅游线路对于目的地供应链来说,包括文化清晰、时间清晰、接点清晰、空间清晰、特点清晰、组合清晰。文化清晰就是产品具有目的地独特的文化气息,能够典型地反映目的地鲜明的文化特色。例如,杭州的西湖与山东的泰山,文化气息非常浓郁。时间清晰就是指某一产品的供应时间必须非常清晰,常年供应还是特殊季节供应?游览1小时还是3小时?在一条游线上,产品的游览时间及其产品与产品之间的连接时间都必须是科学的,要符合旅游产品美学节奏、劳逸结合、"游览3小时"(3小时加上路途时间约为半天即4小时为单位的要求)原则。许多目的地的线路由于设计不科学,游客游览没有起伏,不能按时用餐,连续游览时间太长,致使体力消耗很大。接点清晰就是一个景区与另一个景区之间有清晰的衔接点。游客游览之后有一个回味、思考、交流、总结的时间过程。例如,游客彼此交流感受,可以释放情怀、增进友谊、提高游览体验质量。空间清晰就是线路上的空间变化明显,能给游客带来更多的惊喜。特点清晰就是能够突出目的地的历史文脉和自然景观的个性化特色。组合清晰就是产品的搭配科学合理,既有美感,又符合消费心理。

精品旅游线路对于旅游者来说要符合消费心理、消费习惯、消费选择、消费逻辑、消费文化。消费心理就是旅游者旅游动机的满足。对于目的地来说,必须研究消费者的旅游动机,也就是旅游者为什么来目的地旅游。精品旅游线路必须能够满足旅游者的心理动机,否则其满意度就会大打折扣。消费习惯就是旅游者长期形成的购买特性。旅游线路要以人为本,强调人性的回归,满足游客体验的欲望。不同民族、不同信仰的游客会有自己独特的习惯,目的地需要有针对性地提供相应的服务。消费选择就是游客有较大的消费选择权,目的地旅游企业联盟需要提高多种产品组合,既能满足团队游客,又能满足自驾游游客,还能满足背包游游客等。酒店客房既有单间又有标间,还有多人间等,满足不同层次的游客需要。细致入微的服务还要包括床板的舒适度等。消费逻辑就是旅游者的付出与收获具有悖反性。旅游者外出旅游本是体验快乐,可是现实中获得的往往是劳累。旅游者平日很节俭,外出旅游时却变得很大方。旅游者外出旅游的本质是体验,可是现实中往往有些游客在常住地喜欢吃辣椒,而目的地饮食习惯多为吃甜食,可是游客体验的不是吃甜食,而仍是吃辣椒,这就是悖反。目的地产品就需要适应这种消费逻辑。消费文化就是游客文化层次、文化原真背景的具体表现，影响和制约着旅游者的活动和行为。精品旅游线路各要素的设计需要考虑游客的文化背景及其消费接受程度。尤其是大众化的产品，与旅游者文化背离的产品经营的风险较大。

（三）共建品牌、形成优势

在信息化时代与旅游"潮涌"时代，旅游开发成为一种经济发展的手段，各地都在加大对旅游投资的力度。旅游产品遍地开花，大到一座山，小到一座庙，新到一个会所，远至几千年的遗址，都可能成为开发的对象。旅游产品包罗万象，星罗棋布，绝大多数产品都默默无闻。旅游企业联盟的构建就是要把众多的产品集中起来共同打造市场品牌，形成联盟优势。许多的目的地资源很好，产品也很好，但是旅游业并不发达，很大程度上是因为没有形成品牌。目的地品牌优势主要体现在以下六个方面：

1. 资源优势

资源有显性的，也有隐性的；有自然的，也有人文的。好的资源就像一颗颗珍珠散布在目的地的各个角落。这些珍珠靠什么聚集起来形成优势？就靠品牌这条链，把散落的珍珠串联起来。

2. 信息优势

在信息海洋、信息泛滥的时代，品牌可以把众多信息筛选出来，集中于少量信息，减少了搜寻的时间成本和精力成本。

3. 形象优势

建立了品牌就要靠形象来提升地位。旅游产品的形象可以抓住游客的眼球，吸引游客的注意力。只有这样，营销才有了基础。

4. 营销优势

营销就是推销产品以满足客户的需求。品牌的营销更易受到消费者的接受与喜爱。目的地集中营销有利于降低成本，有利于突出重点，有利于聚焦。强大的营销优势容易使消费者更体面地消费。

5. 价值优势

旅游产品是一种奢侈品，也是一种文化产品、一种精神产品。这个产品的知名度越高，价值就越大；这个产品的功能越独特，对特殊消费者的价值也越大；这个产品越难以购买，其价值也越大。品牌产品就是这样的一种产品，它集合了所有产品的优势，因此是消费者重点购买的产品。

6. 竞争优势

竞争来源于产品的可选择性以及可替代性。可选择产品越多竞争越激烈，可替代性产品越多，竞争越惨烈。共建品牌就是减少可选择性和可替代性，强化影响力。

（四）统一形象、"抱团打天下"

企业面对的市场是共同的，难以分割，受众是全社会的。单一的企业一方面势单力薄，另一方面如果做营销也相当于为他人作嫁衣；如果大家都不做营销工作，目的地的影响力就不可能建立起来，就不可能吸引更多的外地游客，就不会有新的增长点。只有联合起来形成统一的市场，既可以节约企业的时间成本和费用成本，又有利于抗击市场和突发事件，使企业集中精力做好自身分内事情，打造自身拳头产品。旅游企业联盟的重要任务就是做好市场营销工作。从供应链和价值链的角度全方位进行统一的营销，抱团打造统一的旅游形象，做单一企业做不到的事情，做单一企业不愿意做的事情。

目的地的形象涉及多个方面的要素，单一企业只会考虑自身的因素来维护自身的形象。单一企业不可能站在整个目的地的立场来做市场，自身的力量也是有限的。无论是人力、物力还是财力都会比较薄弱；单一的企业在市场形象的塑造上也会力不从心，缺乏足够的研究力量和市场分析队伍。各个企业只有联合起来，抱起团来才能共同打造统一的市场形象。旅游企业联盟既可以有效弥补企业的"短板"，又加长了所有的"长板"，实现了资源整合、优势互补，有效地提升了市场容量和知名度。

（五）共享信息、集成智慧

当今社会是一个信息化的时代也是大数据时代，旅游业更是需要信息支持的产业。这些信息既包括政治、经济、文化、外交、军事、历史、天文、地理等宏观信息，也包括工业、农业、金融业、交通业、互联网等中观信息，当然更包括旅游产品、旅游动机、旅游住宿、旅游餐饮、旅游工艺品、旅游满意度等微观信息。所有这些信息散布于不同图书、互联网络、新闻媒体、民众、市场当中，而且很多信息处于不断变化的动态之中，同时没有任何人或任何企业可以全部捕捉或掌握。即使是旅游企业联盟也只能是相对于单一企业来说能更大范围地获取信息，而且信息还需要经过筛选、分析、诊断等程序才能为其所用，所有这些还得依靠人力资源、知识能力和市场经验来加以处理。如此复杂、艰难的信息化过程，旅游企业联盟当然比单一个体企业更利于把握。集合了大家智慧，就能够进退自如，争取主动。在战略上可以做出市场规划、策划有效的营销、设计相应的线路、推出时效的广告。掌握了正确的信息，就能够立足于市场，随机应变。在战术上可以调节适价的产品、提供周到的服务、掌握大数据、获取游客真诚的反馈等。

三、旅游企业联盟的主要形式

旅游企业联盟管理是为了增加经济效益、降低成本、加强竞争优势、提高售价、巩固并加强其形象地位以及提高业绩；Rita、Diego、Juan、Judi 和 Dennis 均认为多做沟通、彼此信任、分工明确、互相配合是旅游企业维持长期稳定合作的重要因素。Prakash 和 Michael 将旅游接待企业联盟的类型粗略地分为合资与协议合作两种。Tomas 和 Victor 把酒店企业运作中外包策略的目标理解为降低成本、提高质量和适应性以及改善服务，同时外包在资源和酒店绩效方面也有着深远的影响。可以说，国外对于这方面的研究比较丰富和规范，而国内关于旅游企业联盟的研究主要集中于关于旅游企业联盟建立的必要性和可行性、旅游企业联盟建立和失败的影响因素、旅游企业联盟的形式和内容、用博弈论等理论来分析、关于个案的研究等方面。虽然我国关于旅游企业联盟的研究也比较丰富，但是大都集中于同业战略联盟的研究，对供应链联盟、混业联盟的研究比较少，而战略联盟却包括很多种类型，必须根据不同的条件，区分不同的旅游企业联盟方式。

　　我们研究的旅游企业联盟，主要是面对旅游者或旅游业的企业联合组织，否则就不是我们所指的旅游企业联盟。如一般意义的咖啡连锁店、洗浴中心连锁店、茶叶连锁店就不是旅游企业联盟。虽然与旅游也有一点关联，但不是旅游的主业。旅游企业联盟主要是景区联盟、酒店联盟、旅行社联盟、旅游交通联盟、互联网络等，或许未来会出现与其他的相关者结成联盟的现象。如旅游业与农业、航空业、信息产业之间的跨产业混业战略联盟正成为国外旅游企业战略联盟发展的新方向。2004 年，世界最大的在线旅游服务公司 IAC 注资 6000 万美元与 e 龙（eLong. com）组建战略联盟；日本的 Rakuten 注资 1109 亿美元与携程网合作等。随着大众旅游时代的到来，出现了旅游和各个行业的融合发展，如"旅游+农业""旅游+工业""旅游+文化""旅游+养老""旅游+体育"等一系列跨行业的产业融合。

　　对于具体的旅游企业联盟形式，很难用一种统一的模式来衡量。不同的市场条件、不同的企业状况、不同的区域经济、不同性质的企业会有不同的旅游企业联盟形式。

　　一般地，旅游企业联盟的形式有品牌联盟、战略伙伴关系、特许经营、渠道联盟、旅游行业协会。

（一）品牌联盟

　　品牌联盟指各旅游企业共同以某知名品牌冠名或其他形式结成联盟。莫里森教授认为，旅游目的地品牌推广是旅游目的地营销的一部分，也是旅游目的地管理的一部分。目的地某一品牌已经成名，如某一景区名、酒店名、地方特色的文化代表等，有一定的市场份额，已经被市场接受。用这个品牌进行联盟容易被市场认同，节省品牌推广的费用，降低联盟的风险。例如，美国的 TIPC（Travel Industry Partners Corp）旅游联盟就是由两个核心成员组成：一家是 Central Holidays，专长于意大利、欧洲和北美的滑雪游以及地中海游；另一家是 Swain Tours，专长于新西兰和南太平洋地区旅游产品的开发。两家旅行社共同推出一系列精致的旅游线路。[①]

（二）战略伙伴关系

　　战略伙伴关系指各旅游企业之间因为高度的产业利益相关性、共同的市场、共同的竞争对手而结成联盟。尤其是旅游"六要素"涉及的上下游产业链，这条链上的企业既有产业相关性，又有利益相关性。当然，随着旅游业成为目的地的支柱产业，在横向上也会与其他产业结成战略联盟，发挥比较优势。如与房地产企业、高速公路企业、文化产业、电子产业、汽车产业、农业产业、移动互联网等结成旅游企业联盟。

（三）特许经营

　　特许经营指参与合作的各旅游企业通过品牌或商标特许组成战略联盟，以同行业的企业结成联盟为主。

---

① 耐杰尔·埃文斯，大卫·坎贝尔，乔治·斯通休萨. 旅游战略管理［M］. 马桂顺，译. 沈阳：辽宁科学技术出版社，2005.

（四）渠道联盟

渠道联盟指旅游企业之间为了拓展销售渠道扩大市场份额而结成的联盟。2004年8月10日，中青旅控股与胜腾TDS中国控股公司签订协议，以后者对中青旅电子商务有限公司增资并购买部分股权的方式组建中青旅—胜腾旅游服务有限公司，共同提供电话查询热线、市场推广、酒店房间议价等专业服务。渠道联盟有利于企业间的信息共享，有利于优势互补。

（五）旅游行业协会

旅游行业协会遵照国家的法律、法规和有关政策，代表和维护全行业的共同利益和会员的合法权益，在政府和会员之间发挥桥梁纽带作用，促进旅游行业内企业的持续、快速、健康发展。

第三节 旅游企业联盟成功的要素

旅游企业联盟是强强合作还是弱弱合作？抑或强弱搭配合作？旅游企业联盟获得成功的要素是什么？有没有一些共同的东西来衡量？

一、价值链的认同

旅游业是世界性产业，加强国际合作，共同推动国际旅游发展十分重要。旅游目的地建设要有国际眼光、开放眼光，开展全方位的、多层次的联合。通过与国际接轨整合资源，打造统一的旅游目的地，树立总体的旅游形象，可以增强旅游吸引力和竞争力。同时，一个旅游目的地，除了需要大量的外部市场需求扩大市场之外，最根本的市场需求还应依靠内需，这是实现旅游目的地可持续发展的根本保障。因此，城市之间应该相互开放市场，互送客源，把内部市场做大做强。为此，需要构建"区域联动、资源共享、优势互补"的格局，实现多赢。无论对外还是对内，都要建立一套共同的价值体系，尤其是处于目的地主体地位的旅游企业联盟。

（一）目标具有战略性

战略指的是宏观方向的谋划与把握，带有使命的成分。我国旅游业的战略就是把旅游业培育成国民经济的战略性支柱产业和人民群众更加满意的现代服务业。目的地的旅游企业联盟相应地就应该是把行业培育成区域的战略性支柱产业和游客更加满意的现代服务业，承载着目的地的重大使命。组建旅游企业联盟也必须从这个角度来衡量成员的价值认同，只有价值观、使命一致，才能更好地达成共同的战略目标。

1. 市场战略

我国旅游市场保持着高速发展的趋势，是成长型的市场，为旅游企业联盟的发展奠定了基础。旅游企业联盟需要把握市场的发展趋势和方向，致力于发展海外市场、新兴市场和"蓝海"市场，只有开辟更大的国际、国内市场才能保持可持续发展。

2. 产品战略

产品都会有一定的生命周期。旅游产品层出不穷，旅游企业联盟需要生产适合游客消费动机的超出其预期的产品，使游客获取更大的回报。

（二）成员的共赢性

成员加盟就是为了降低成本、提高形象地位、壮大实力、加强竞争优势及获取更高的业绩。旅游企业联盟需要考虑各个成员的资源状况和特殊性，让各个成员在产业链上有机会发挥自己的竞争优势，通过自身的服务获取利益，达到多赢的局面。

1. 市场的共赢

通过旅游企业联盟优势的发挥，各成员企业通过比较优势与核心竞争力使市场扩大，单一市场的扩大同样为整体市场做出贡献。

2. 形象的共赢

旅游目的地是一个整体形象，旅游企业联盟也是如此。整体形象的扩大，也就辐射到了单一企业。通过旅游企业联盟组织扩大市场的外部影响力，联盟成员得到的是形象共赢。

3. 效益的共赢

产业链的效益大体上呈均衡分配格局。这是由"旅游六要素"决定的，一家独大的可能性不大。例如，景区的游客多，餐饮需求一定多，交通需求一定多；相反也是如此。在效益上共赢是旅游企业联盟的主要目标，也是旅游企业联盟成功的关键。

（三）组织的独立性

旅游企业联盟组织成员由利益链组织起来，这是基于价值链与产品链导出的。旅游"六要素"涉及的链带比较长，需要由较多的企业组成。但是这些企业组织互相不干涉内部的运营，每个企业都是独立的、自负盈亏的，只是外部的合作，这个合作通过旅游企业联盟章程来规范企业的经营。

（四）竞争中的合作性

没有竞争就没有发展，旅游企业联盟也不可能独立于社会法则。旅游企业联盟有同业的竞争，有外部的竞争，但这个竞争不是无序的，也正是为了一个有序、合理的竞争环境，旅游企业联盟才得以生存、发展。在大的竞争格局中，有较好的分工合作，才能避免近距离的重复产品建设，最终显示旅游企业联盟的优势。

（五）利益的动态性

旅游企业联盟有自身的利益，但利益更需要让旅游企业联盟成员共享，这是成功的关键。当然成员获取利益不是平均分配的，利益大小依据的是各自的市场份额与经营效率。市场份额与经营效率是一个动态的过程，可以制订一套完整的绩效考核方案，用数据来说话，因此利益也是处于变动之中。

二、加强旅游企业联盟的管理

科学、合理管理旅游企业联盟，有利于更好地了解和把握旅游企业联盟的复杂性，维护旅游企业联盟的稳定，从而更有效地推进旅游企业联盟的发展。旅游企业联盟管理的技术方法主要有以下四个方面：

（一）加强沟通

信息的沟通是使旅游企业联盟和谐的重要途径，可以避免误会和不必要的曝光。旅游企业联盟是一个集合体，但不是一个集团，是由不同企业文化背景的个体集成的组织，有着不同的经营理念和组织行为原则。在旅游企业联盟里面难免会发生摩擦或者纠纷，把旅游企业联盟集合在一个相互认同的文化丛里，就必须加强相互之间的沟通。通过报纸、网站、会议、文体活动等多种形式进行沟通，使旅游企业联盟内部企业不断磨合、不断认同、不断融合，逐步形成一个能够相互理解、相互包容的紧密组织。

需要加强"官、产、学"的沟通，这是不可或缺的。旅游企业联盟是企业组织，但却是在旅游行政部门领导下的行业组织，需要与旅游行政部门保持密切的联系，在其指导下开展业务工作。旅游行政的政策、规章、制度对旅游企业联盟具有指引、鼓励、制约等作用，旅游企业联盟需要自觉接受领导或指导，获取更多的资源，为旅游企业联盟的发展保驾护航。"学"指教学和学术界，企业界需要加强与学界的沟通，获取更多的理论成果。

（二）共订协议

协议是旅游企业联盟正常运作的重要手段和桥梁。协议有三重功能：鼓励旅游企业联盟的发展、维持旅游企业联盟的关系、约束旅游企业联盟成员的行为。好的协议更加鼓励成员创新产品、创新市场、创新客户、创新盈利模式。协议一般包括旅游企业联盟章程、旅游企业联盟制度等，规定各成员的责任、义务等。

（三）相互监督

旅游企业联盟成员是平等的组织。在市场经济时代，难免会有个别成员为了蝇头小利而不顾大局的情况，所以需要有监督机制进行协调。这包括监督协议、监督组织机构及组成人员等，甚至可邀请第三方人员参加监督组织。如邀请政府管理机构人员和高校的专业人员，以便于更加理性和公正地做出决议，还要有一套完整的奖惩方案，要做到有奖有罚，只有这样才能实现可持续发展。

（四）投诉反馈

旅游企业联盟是紧密型的组织，还需要有处理投诉的反馈机制。投诉既包括成员的投诉，也包括市场的投诉。尤其是成员庞大的旅游企业联盟，难免会出现一些不和谐的甚至违反市场及旅游企业联盟章程的事件。如果威胁到旅游企业联盟的市场、声誉、利益、生存等，就需要投诉机构进行处理，还可以建立退出机制，投诉率较高的企业一定要退出旅游企业联盟，不然会影响整个旅游企业联盟的声誉。

📖 拓展阅读及分析

河北航空旅游联盟

河北航空旅游联盟由河北省旅游发展委员会和河北机场管理集团有限公司共同发起，成员单位包括河北省内各设区市旅游局、省内各机场、航空公司、相关旅行社、景区、旅游酒店、地面交通运输公司等。河北航空旅游联盟的成立，实现了河北航空与旅游的深度融合，进一步促进河北航空与旅游业的协同发展，成为河北航空旅游发展的"助推器"。

民航和旅游渊源深厚，是良好的战略伙伴和天然的同盟军，"航空+旅游"发展模式在各地日益兴起、发展壮大。航空运输业离不开庞大的旅游市场支撑，旅游业的繁荣也推动了民航的快速发展。在"互联网+"时代背景下，河北航空旅游联盟进一步推动河北省航空与旅游的资源整合、深度合作和协同发展，全面建立常态化交流沟通机制和新型合作模式，促进航空、旅游等产业的对接融合，共同打造大众化航空和旅游产业链，切实提高发展质量和服务水平，实现业务互相支持、资源优势互补、谋求共同发展、全面融合共赢，开启"大众化航空+旅游"出行新时代。

河北省旅游发展委员会和河北机场管理集团根据协议共同开拓航空旅游市场，定期在新开航线和重点航线的客源市场协同开展航旅互动营销活动，并充分利用石家庄机场空铁联运，重点针对长三角、珠三角、成渝经济区等重要的旅游消费市场，联合省内景区、旅行社与上述地区大旅行商深入对接，共同策划产品，开展营销推广活动。设计开发包含"机票+酒店+景区"在内的观光游、商务游、度假游等丰富多彩的旅游产品。策划设计航空旅游产品，同时机场配合设计开发全程旅行服务产品、中转服务产品，以及旅客定制服务等。双方还联合推动国际旅游包机业务，培育国际航空旅游市场，扩大河北在入境旅游市场的份额，促进旅游客流由季节性向常规性转变，使旅游包机向定期航班转换。

河北航空旅游联盟首批成员有河北省旅游发展委员会、河北机场管理集团、省内各设区市（含定州、辛集市）旅游委（局）、30家旅行社、12个景区、7家酒店、5家机场、13家航空公司及地面交通运输公司等88家单位，成员涵盖河北省所有地市。河北航空旅游联盟成员将共同打造大众化航空和旅游产业链，切实提高发展质量和服务水平，开启"大众化航空+旅游"出行新时代。河北航空旅游联盟将通过资源整合、产品包装、形象宣传、联合营销等方式，开发航空旅游市场，合力拓展航空旅游客源，促进河北航空旅游产品一体化开发和推广，共同拓展航空、旅游市场。河北航空旅游联盟成员可以享受销售奖励政策、机场内优惠服务政策、游客招徕奖励政策、景区门票优惠政策、机票优惠政策。

航空旅游联盟成立后，河北省内航空旅游旅客出行将享受到更优惠的价格以及更舒适的服务。

更多的旅游航线开通。河北航空旅游联盟成立后，石家庄机场在夏秋重点开通旅游城市航班航线，换季后石家庄机场新开和增加石家庄至丽江、大连、海拉尔、包头、杭州、青岛等旅游城市的航线。国际航线方面，旅客可以从石家庄机场直飞日本名古屋，韩国首尔、济州岛，泰国曼谷等旅游城市。旅行社则围绕石家庄机场现有和新开航线，积极设计更多的精品航空旅游线路，形成满足不同客源群体需要的旅游产品体系。

旅客下飞机去旅游更方便。河北航空旅游联盟成立以后，石家庄机场在2号候机楼内建设河北航空旅游集散中心，并逐步开通至周边主要景区的旅游直通车。到石家庄机场下飞机的旅客在机场候机楼不仅能够进行旅游咨询、预订酒店，还可以在候机楼内直接签订旅游合同，直达旅游目的地。

旅客乘机旅游更实惠。河北航空旅游联盟的成立，会带来航空旅游产品价格的走低。一方面河北航空旅游机场对旅行社提供一系列优惠措施以及奖励，降低了航空旅行的成本；另一方面河北航空旅游联盟内旅行社也会让利于旅客，旅客乘坐飞机将更实惠。

资料来源：张毓. 资源共享平台共建河北航空旅游联盟成立 [J]. 空运商务，2016（4）：46-47.

分析： 做大做强产业链是文化旅游业的主要方向。中国文化旅游业普遍存在的一个问题是单个企业实力偏小，要把企业做大，就是打造产业链，通过上下游的关联性，把相关企业组合起来，形成链式组合，互相"抱团"形成产业联盟以壮大实力。形成产业联盟之后，一是可以获取更大的市场份额；二是可以共同抵御外部风险；三是可以实现信息共享，捕捉发展先机。

河北航空旅游联盟设计开发包含"机票+酒店+景区"在内的观光游、商务游、度假游等丰富多彩的旅游产品，形成了所谓的"一条龙"服务，实际上就是迈出了延伸产业链的步伐。旅游联盟既有利于企业的发展，也可以利用自身的优势让利于消费者，从而提升市场竞争力。

河北航空旅游联盟只是省内的联盟，事实上还可以跨省或区域组建更加大型的旅游联盟或更长的延伸产业链。有朝一日，需要面向全球，组建全球化的旅游联盟。中国的文化旅游企业需要有这样的勇气和担当，勇敢地走向全世界！

章后思考题

1. 什么是旅游企业联盟？
2. 为什么要建立旅游企业联盟？
3. 旅游企业联盟需要坚持什么原则？
4. 旅游企业联盟的主要合作内容有哪些？
5. 旅游企业联盟的主要形式是什么？
6. 旅游企业联盟成功的因素有哪些？
7. 如何加强旅游企业联盟的管理？
8. 应该如何寻求合适的旅游企业联盟？
9. 当旅游企业联盟内企业的价值链发生变化时，应该如何处理企业间发生的分歧？

本章推荐阅读材料

［1］王兴斌．旅游产业规划指南［M］．北京：中国旅游出版社，2000．

［2］程金龙．旅游目的地管理［M］．北京：中国旅游出版社，2019．

［3］贺小荣，徐少阳．国外旅游企业战略联盟的现状及对我国的启示［J］．旅游学刊，2007，22（1）：72-76．

［4］凌常荣，黄波，粟丽芳．利益相关者理论下北部湾旅游业竞争与合作研究［M］．桂林：广西师范出版社，2013．

第十三章
旅游安全与危机管理

本章 PPT

📖 本章主要内容

本章主要介绍旅游安全与危机的基本概念及其特点、危机处理的基本流程、危机处理的原则、危机的基本分类、危机爆发后的应对措施等。

读者需要了解旅游安全与危机的基本知识，重点需要掌握危机处理的流程和应对措施。

案例及思考

泰国普吉岛游船倾覆事故

2018年7月5日17时45分左右，"凤凰"号和"艾莎公主"号在泰国普吉岛附近海域突遇特大暴风雨，船只发生倾覆并沉没。"凤凰"号上载有101人，其中游客89人，87人为中国籍。"艾莎公主"号载有42人，其中包括35名乘客、5名船员、1名导游和1名摄影师。遇难和失联人员均来自"凤凰"号。截至2018年7月11日18时，该沉船事故所造成的中国游客遇难人数定格在47人。

一、紧急救援

事发后，普吉府府尹立即赴现场指挥救援，海军、水警和旅游警察等相关部门派出数艘救援船和直升机持续进行海上联合搜救，海事局、防灾减灾中心、游客协助中心及各大医院均前往码头参与后续救援工作。事故发生地风高浪急，搜救难度极大。

2018年7月6日，泰方共出动十几艘大船、5架直升机和70多名海军士兵参与救援，空军也安排多名飞行员待命。

除此之外，泰国旅游警察局也派人前往普吉岛，一方面协助军方做好搜救工作，另一方面协助办理涉事游客返程及遇难者家属前来普吉岛的相关手续。

二、应急机制

中国驻宋卡总领馆第一时间启动应急机制，派工作组连夜赶赴现场，敦促泰国有关部门全力搜救，慰问安抚受伤游客，组织志愿者教师和留学生赶赴医院为游客及家属提供必要协助。

三、领导指示

事故发生后，中共中央总书记、国家主席、中央军委主席习近平作出重要指示，外交部和我驻泰国使领馆要加大工作力度，要求泰国政府及有关部门全力搜救失踪人员，积极救治受伤人员。文化和旅游部要配合做好相关工作。习近平强调，目前正值暑期，外出旅游人员较多，一些地方雨情汛情等情况突出，各地区各有关部门要及时进行风险提示，提醒旅行社和游客增强风险防范意识，消除安全隐患，加强安全检查监测和应急工作，切实保障人民群众生命财产安全。

中共中央政治局常委、国务院总理李克强作出批示，要求全力搜救我失踪游客、救治伤员，妥为做好善后工作。要重视做好外出旅游人员安全防范工作，通过境外中国公民保护机制，切实维护好我公民合法权益，确保出行安全。

按照习近平指示和李克强要求，外交部和我驻泰国使领馆已启动应急机制，积极协调泰方全力开展搜救工作、救治受伤人员。泰方正持续增派救援力量，全力开展搜救。

外交部、交通运输部、文化和旅游部已组成联合工作组赶赴泰国普吉参与现场处置。

四、赶赴救援

2018年7月6日中午，中国驻泰国大使馆参赞兼总领事李春林率使馆工作组飞抵普吉，与事发后连夜赶赴现场的驻宋卡总领事馆工作组共同会见了泰方相关人员，敦促泰方有关部门全力搜救。由中国外交部牵头的多部委联合工作组也于2018年7月7日晚抵达。

李春林在会见中请泰方务必动员一切可以动员的力量，争分夺秒搜救中国公民，全力医治受伤人员，妥善照料已获救的中国游客，尽快查明事故原因，及时向中方通报搜救进展。

泰方表示，将联合各个相关单位全力搜救，包括普吉及周边甲米、攀牙等。计划依照风向和洋流测算的可能范围持续搜救，直到找到全部失联人员。

资料来源：笔者根据网络资料整理。

思考：什么是旅游安全？什么是旅游危机？它们的危害是什么？如何进行正确处置？

第一节　旅游安全与危机的概念及其特点

旅游业是脆弱的行业，尤其是突发事件随时都可能对旅游业造成危害，需要进行及时的应对和处理。2020年突如其来的新冠肺炎疫情就是明显的例证。因此，旅游目的地对旅游安全与危机要有清醒的认识。

一、旅游安全

自从人类社会出现旅行活动开始，安全便是旅游者关心的首要因素，而且旅游业越往高级方向发展，旅游安全问题就越受到重视。

（一）旅游安全的概念

安全，即平安、不受威胁、没有威胁。1943年，美国心理学家亚伯拉罕·马斯洛提出了著名的"需要层次理论"，即生理需要、安全需要、社交需要、尊重的需要以及自我实现的需要，其中，安全的需要包括安全感、稳定性、秩序以及在社会环境中的社交安全需要。马斯洛指出，安全需要是人类除生理需要之外最基本的需要。

旅游安全是指旅游活动中各相关主体的一切安全现象的总称。它既包括旅游活动各环节的相关现象，也包括旅游活动中涉及的人、设备、环境等相关主体的安全现象；既包括旅游活动中的安全观念、意识培育、思想建设与安全理论等"上层建筑"，又包括旅游活动中安全的防控、保障与管理等"物质基础"。没有安全，便没有旅游。旅游安全是旅游业的生命线，是旅游业发展的基础和保障。

旅游活动中，游客离开了日常生活的地方，在陌生的环境里会造成心理紧张，其人身安全、身体安全、财务安全等问题需要得到保障，旅游目的地必须予以承诺和落实。

我们认为旅游安全有狭义与广义之分：狭义的旅游安全是指旅游者安全，包括旅游者在旅行游览全程的人身、财产和心理安全。广义的旅游安全是指旅游活动过程中所有要素的安全，具体包括旅游者安全、旅游产品安全和旅游安全管理。

（二）旅游安全的特点

旅游安全的显著特点表现在以下六个方面：

（1）脆弱性。旅游业是脆弱的行业，旅游安全也同样是脆弱的。任何的风吹草动都有可能对旅游业造成不利的影响。

（2）心理性。旅游安全会在游客心目中造成阴影，心理作用非常明显。

（3）影响性。旅游安全对旅游者、旅游企业都会有较大的影响。

（4）负面性。旅游安全基本上是负面的影响。

（5）隐蔽性。旅游安全往往是难以预料的。

（6）突发性。发生在旅游活动中的各种安全问题，往往带有突发性。

二、旅游危机

旅游危机是旅游安全的升级版，是旅游安全出现问题后造成一定的危害所呈现的一种状况。

（一）旅游危机的概念

世界旅游组织（UNWTO）认为旅游危机是影响旅游者对一个目的地的信心并扰乱继续正常经营的非预期性事件。这类事件可能以多样的形式不断发生。我们认为旅游危机就是旅游活动过程中出现的困难、影响其正常活动并带来一定危害的事件。这些事件是非预期性的，并且扰乱了旅游者的信心，对目的地的管理和企业的经营造成了困难，甚至带来一定的危害。如果不加以解决、任其发展扩散的话，可能会对发生地造成严重的影响。

（二）旅游危机的特点

旅游危机具有以下非常明显的特点：

（1）隐蔽性。旅游危机具有非常强的隐蔽特征，是在人们意想不到、没有做好充分准备的情况下突然爆发的。如自然灾害造成的危机、食物中毒事件造成的危机等。

（2）紧迫性。旅游危机爆发后，会以十分惊人的速度以及出人意料的方式演变或恶化，并且会引发一系列的后续问题。例如，游客的安置、转移的难度、旅游外部声誉的损害、旅游企业经营环境的恶化等。

（3）危害性。旅游危机发生后会在短时间内对旅游业造成严重的影响甚至会造成一定的打击，而且涉及面较广、后续影响持续时间较长，可能对旅游"六要素"造成连带影响等。

（4）双重性。双重性即危险与机遇并存。危机处理及时就能够挽回影响，把坏事变成好事。如果危机处理不及时或处理不当，会加重危机的负面影响。

（5）扩散性。危机爆发之后，扩散会非常快速，会冲击到其他地区，甚至影响到全球。

三、旅游灾难

旅游灾难是旅游危机的升级版，是比旅游危机更为严重、造成重大生命财产损失的一种境况。

（一）旅游灾难的概念

旅游灾难就是由于自然或人为的原因破坏了旅游业表面的和潜在的经营并造成重大人员和财产损失的旅游事故，如洪水、飓风、火灾、火山爆发等自然灾害以及政治动荡、恐怖袭击、重大犯罪、恶性疾病等。

（二）旅游灾难的特点

（1）突发性强。旅游灾难是在人们毫无防备、根本不可能预防的情况下突然爆发的。它是偶然发生的，没有规律可循。

（2）波及面广。旅游灾难的波及面会非常广，可能是全国性，也可能是全球性的。

（3）破坏性大。旅游灾难性事件会造成重大人员伤亡和财产损失，具有较大的破坏性。无论是对游客还是旅游企业，甚至对社会都会造成很大的负担。

（4）影响深远。旅游灾难使人印象非常深刻，在很长的时间内人们仍然记忆犹新，难以忘怀，甚至永远无法抚平悲痛。

（5）恢复困难。灾难发生后，永远不可能挽救对人员的损失。对旅游基础设施的破坏难以恢复，需要大量的人力、物力、资金、时间、科技才有恢复的可能。

第二节　旅游安全与危机管理的原则、分类

旅游安全与危机对旅游业的危害是非常大的，需要加强管理，使损失降到最低程度，这就需要旅游目的地做好相应的工作。

一、旅游危机管理

管理是指通过计划、组织、领导、控制及创新等方法和手段，综合运用人力、物力、财力、信息等资源，使组织目标能够顺利达到的过程。旅游危机管理（Crisis Management）就是指目的地为避免和减轻旅游突发事件所带来的严重后果，并通过危机预测、危机预警和危机救治达到恢复旅游经营秩序和环境、消除旅游者紧张心理的非程序化决策过程。

这里的旅游突发事件，是指自然灾害以及政治动荡、恐怖袭击、重大犯罪、恶性疾病等对旅游业造成破坏性影响的事故。因此，为了提高旅游危机管理的针对性和有效性，旅游危机管理的出发点和落脚点应该是旅游者。一方面要高度重视旅游安全，旅游企业需要加强安全意识的教育和培训；另一方面需要为旅游者着想，努力排除他们的心理阴影。

二、旅游危机管理的原则

旅游安全与危机的管理需要掌握一些基本的原则和方法，以便于进一步做好预防和处置工作，尽快消除其负面影响。处理旅游安全与危机的管理原则主要有以下六点：

（一）预防性原则

旅游安全与危机虽然有其突发性的特点，但是，一些带有共同性的规律或现象还是可以提前预防的。需要分析旅游安全与危机的特点、概率，做到未雨绸缪。例如，下雨天容易出现泥石流灾害，需要加强防范；在南方夏季进行野外活动时要预防毒蛇；在北方冬季进行野外活动时要预防冻灾等。

（二）公开性原则

现在是网络时代和信息时代。任何重大事情发生后都会有无数相关的信息在网络上传播。旅游安全事故或灾难出现后相关部门必须及时公开信息，不能隐瞒或包庇。公开信息有利于占主动地位，否则会造成"屋漏更遭连夜雨"的困境。

（三）公众利益原则

无论是自然因素还是人为因素造成的旅游安全与危机事件，处理的原则必须要牢记"生命至高无上""人民利益高于一切"的原则。

（四）诚实性原则

诚实性原则包括信息的公开、安全的处理、危机的处置，都需要出自真诚和真实，不能歪曲事实真相，更不能嫁祸于人、逃脱责任。

（五）及时性原则

旅游安全与危机事件发生后，都会成为社会的焦点，所以必须果断决策、迅速处理，并及时发布信息，在第一时间公开事实真相，以防不明真相的人或媒体随意猜测，发布谣言，增加处理难度。此外，更要防备别有用心的人扰乱视听，制造更大灾难。

（六）权威性原则

旅游安全与危机的事件发生后，出面决策者、信息发布者和事件评论者必须是有权威、有公信力的人物。不能随意让毫无相干者或公信力低下者出面，否则会失去大众及受害者的信任。

三、旅游安全与危机的分类

旅游安全与危机可分为两大类：空间尺度和动因尺度。空间尺度又可分为企业尺度、区域尺度、国家尺度和国际尺度。动因尺度又可分为外因危机和内因危机。具体见图 13-1。

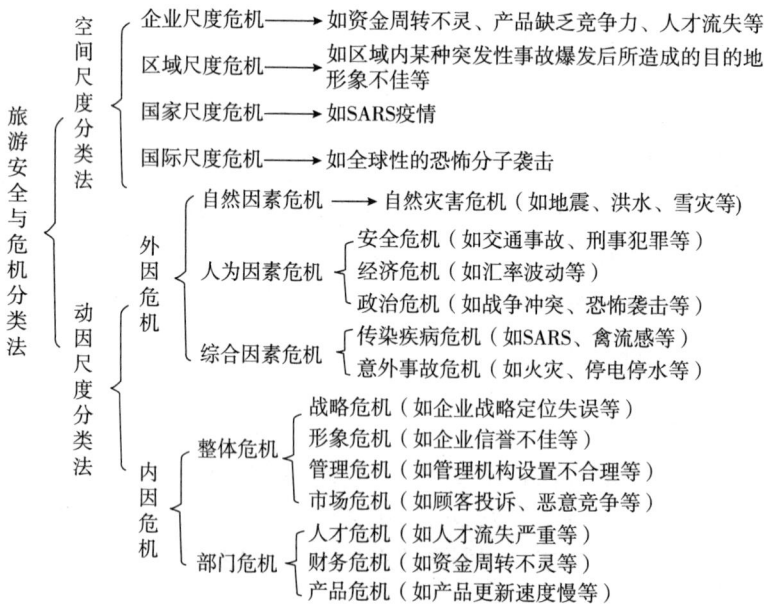

图 13-1　旅游危机的分类

四、颁布和实施旅游安全政策法规

为了尽量避免旅游安全与危机事故的发生，需要从国家和行业的角度依法进行管理，使管理有法可依。因此，我国出台了一系列的旅游安全政策法规。一方面，提高了行业人员的旅游安全与危机的意识；另一方面，为处理或处置旅游安全与危机提供了法律依据，以便做到步骤清晰、职责分明、奖罚分明。我国可参照的旅游安全与危机政策有以下几个：《WTO 旅游业危机管理指南》《突发公共卫生事件应急条例》《旅游突发公共事件应急预案》《国家突发公共事件总体应急预案》《中国公民出境旅游突发事件应急预案》《中华人民共和国突发事件应对法》《旅游者安全保障办法（初稿）》《中国饭店行业突发事件应急规范（试行）》《旅游安全管理办法》。

除此之外，还需要注意旅游者的保险制度设计。为旅游企业和旅游者提供意外保险。据世界有关权威机构测算，平均每 1.5 万名旅游者中就有 1 人在旅游途中出现意外，需要进行紧急救助。随着各国保险业的发展和完善，各类保险已经成功应用到旅游业。原国家旅游局在 1990 年就与中国人民保险公司共同发布了《关于旅行社接待的海外旅游者在华期间统一实行意外保险的暂行规定》，规定旅行社在接待入境旅游者时，必须为旅游者办理旅游意外保险。1997 年，原国家旅游局又制定发布了《旅行社办理旅游意外保险暂行规定》，明确指出旅行社组织团队旅游，必须为旅游者办理旅游意外保险，这为旅游者出游提供了意外事故保障。

第三节　旅游安全与危机处理的流程

随着全球化进程的推进和信息化社会的快速发展，在世界旅游发展过程中，由突发事件而引发的旅游危机现象日益频发，这就给旅游从业者提出了新的问题和新的挑战。旅游目的地的从业者需要掌握危机处理的流程、方法、技巧，处置得当才可能化解危机。

一、旅游安全与危机的总体要求

旅游安全与危机出现后，传播快、影响大、社会聚焦，不及时处理会造成人心惶惶，容易出现二次危机，所以必须认真加以对待，迅速进行处理。

（一）应急反应自动化

旅游安全与危机出现后，所有相关部门、人员必须按照预案及时到位，各司其职，迅速做好各项工作，使应急反应呈现出自动化的程序，不能互相扯皮、互相推诿，贻误处理危机的最佳时机。

（二）应急预案精细化

必须做好旅游安全与危机的预案。这个预案需要有很强的可操作性。各个部门、岗位都能够清楚自己的职责、权利以及相互之间的协调程序和方法，保证预案的精细化。坚决避免粗线条、职责不清的预案。

（三）联动机制效率化

目的地需要组建旅游安全与危机应急联动机制。由政府办公室、旅游部门、安全监察部门、公安部门、消防部门、卫生部门、医院、电视台、广播电台、商业部门、交通部门、林业部门、水利部门、供水公司、铁路公司、民航部门、供电公司、移动公司、电力公司等组成。

（四）生命财产优先化

人的生命是最宝贵的，必须放到第一位。旅游安全与危机处理首先需要抢救人员生命以及财产，在最佳的时间里把人员抢救出来安顿好，并防止次生灾害发生。只有把人员生命放到优先位置，才能得到社会的认同。

（五）宣传舆论透明化

旅游安全与危机处理需要媒体的配合，要把事件发生的原因、处理过程、相关人员信息、目前的状况等信息及时公之于众，让大众了解事实真相。宣传舆论必须是透明的，便于大众及时知道事件并对事件的进展进行监督。

（六）网络信息共享化

网络是新时期信息传播的最佳途径。旅游目的地需要把所有的信息让其他部门共享，方便掌握更多的情况，有利于处理旅游安全与危机。

二、旅游危机处置流程

旅游目的地需要制定一个完善的应急处理流程或称为处理路径，这样才有利于目的地做到"临危不惧"，有节奏、有章法、有条不紊地进行危机处置。一般情况下，按照下列流程处理会比较顺利：一是信息沟通保证第一时间让相关部门知情；二是先期处理，尽快争取时间应对，防止事态的扩大化；三是现场处置，把情况了解清楚、展开救援等；四是稳定秩序；五是做好善后工作及恢复重建等。具体见图13-2。

三、制订旅游危机预案

旅游业的脆弱性和敏感性决定了旅游目的地对于旅游的安全等需要事先做好预案，以防"风吹草动"对旅游业的影响和冲击。

| 危机发生 | → | 发生地拨打救援 | → | 110/120/119/122或应急联动中心 | → | 技巧：电话通畅、手机电量充足 |

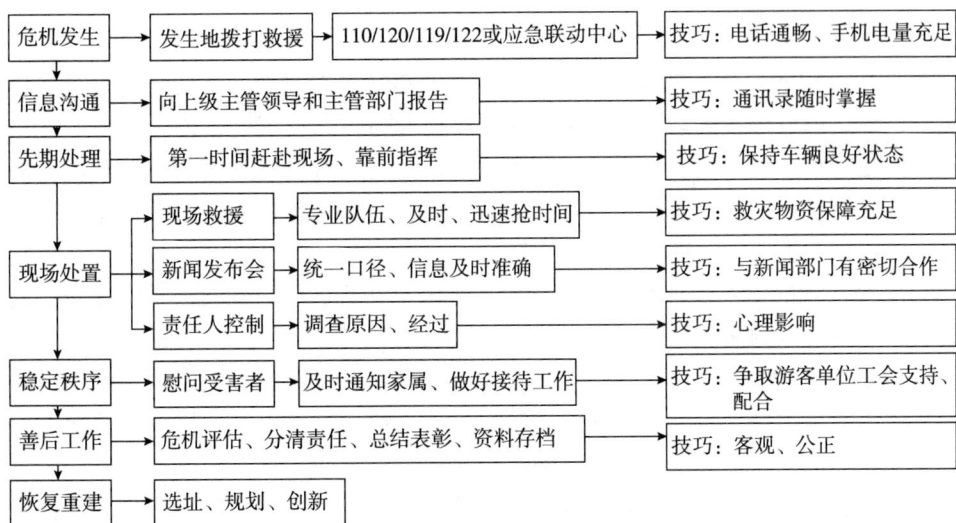

图 13-2 危机处理流程

（一）旅游危机前的预警系统

旅游安全与危机的处置首先是要做好预警工作，这是预防的前提。有了预警工作，能够使目的地更加清楚安全与危机发生的概率与位置，也就为后续处置提供了依据。

（二）危机预警原理

危机预警的原理主要是根据以往发生事件的频率、事物的普遍联系性等予以推理。主要有类推原理、因果原理、概率原理。

类推原理：依据历史因素进行相关的推断。例如，夏天容易发生中暑、游泳溺水等事件。

因果原理：依据事物的普遍联系性原理。事物总是有内在的联系，如大的自然灾害之后容易发生瘟疫、政治冲突事件发生后会影响旅游业等。

概率原理：依据变量之间的互相作用原理。例如，食物中毒的概率、缆车的事故概率、汽车的事故概率等。

（三）预警等级

按照国外危机情景的不同状况，境外旅游危机预警可以选择不同的词语来表示。

按照国际惯例，国外目的地的危险程度、警示的危险级别常用的词语有以下几个：旅游警告、旅游劝告、旅游忠告、旅游建议、旅游提醒。

我国在 2006 年之前并没有旅游警示发布形式。2006 年 4 月公布的《中国公民出境旅游突发事件应急预案》当中，第一次有了危机预警等具体内容。该应急预案中明确规定，我国将按照旅游安全的轻重程度，采取提示、劝告、警告三种警示形式发布旅游预警信息。

（四）平时做好教育、培训工作

（1）危机意识的教育。加强对旅游从业人员和旅游者的教育。旅游从业人员要树立危机意识，正确认识危机，主动承担社会责任，积极参与自然灾害的救治，加强职业培训与学习，掌握相关救护处理技能。教育旅游者培养良好的应对自然灾害的心理素质，面对灾害不惧怕、不惶恐；提高个人应对自然灾害的能力，学会紧急自救、逃生技能和灾害的常识，能正确辨认灾害发生的征兆，提前预防。

（2）安全法规的学习。加强对旅游从业人员安全法规的学习和对旅游者安全活动的教育，提高其旅游安全的法律意识。

（3）危机防范的技巧培训。加强对旅游从业人员危机防范的技巧培训。如怎样防止食物中毒、如何防止中暑、山洪发生如何躲避、遇到火灾如何逃生等。旅游目的地需要对从业者进行专业培训，通过比赛、考核、演练等办法进行。

（4）危机处理应急能力的提高。旅游从业人员对旅游安全与危机有一定的知识和处理能力的话，在某些情况下就可以避免或减少损失。尤其在发生初期，事件还没有蔓延开来，如果处置得当，可以把危机消灭在萌芽状态。

第四节　旅游安全与危机管理的应对措施

旅游安全与危机管理是旅游目的地必须面对的问题，这是由旅游的特性决定的。加强管理是政府和相关部门义不容辞的责任，那么不同的部门应该怎么各司其职？

一、旅游各部门的危机管理

安全与危机的管理需要由政府直接组织。只有政府才具备这样的能力和相关资源，但仅有政府是不够的，旅游业其他相关部门必须配合政府做好分内的工作。

有学者经过研究提出了旅游危机管理框架（SSTCM）（见图13-3）。

旅游危机的发生具有很大的不可知性，当危机发生时，危机形势的变化多端，要求我们迅速地拿出合理的应对方案并采取应对措施。为了保证危机管理的科学性和危机管理的效率，专家们提出了旅游危机管理框架，并以此作为危机管理的指导工具。

（一）政府旅游安全与危机管理

对旅游安全与危机进行管理是政府部门的责任，具体来说包括以下六个方面：

（1）成立旅游行业安全与危机处理应急工作领导小组。领导小组下设办公室作为协调机构，由政府旅游主管部门、相关政府部门及危机管理专家共同组成，确保所有的信息都进入这个机构，统一管理信息发布，研究应对策略和措施，提出前瞻性的建议和操作性的方案，从而提高行政效率，降低行政成本，发挥政府行政资源的作用。

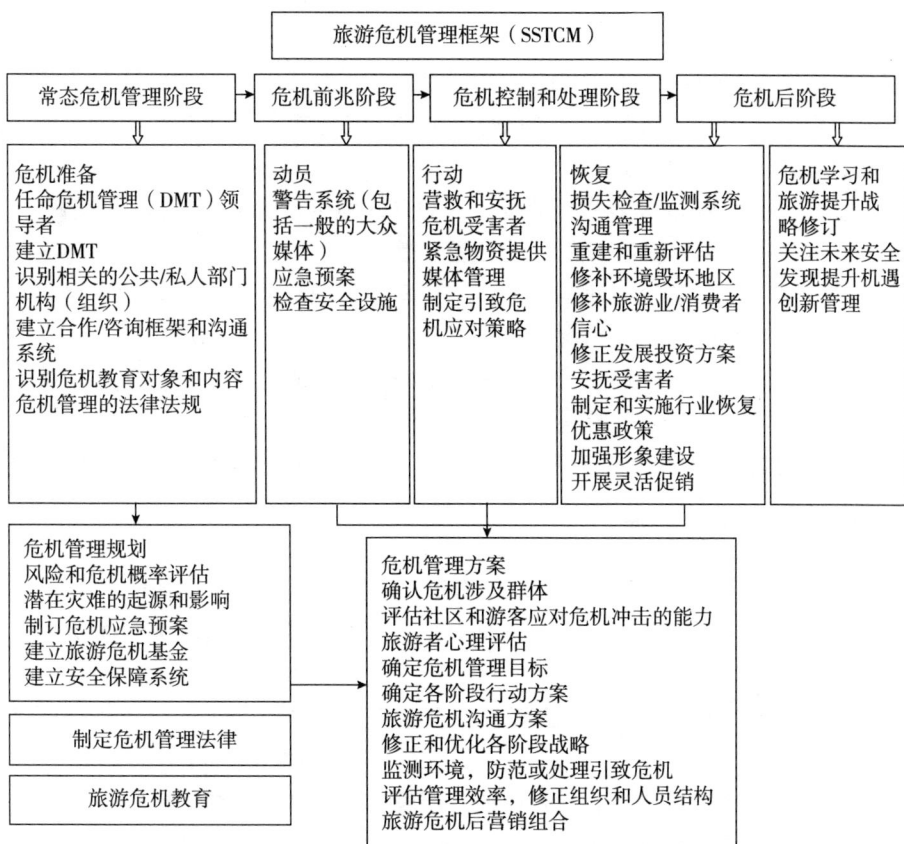

图13-3 旅游危机管理框架（SSTCM）

资料来源：Faulkner B. Towards a Framework for Tourism Disaster Management ［J］. Tourism Management, 2001, 22 （2）：135-147.

（2）制订旅游行业危机处理预案、危机处理程序。通过出台相关的制度，发布覆盖政府相关部门、旅游行业社团、旅游及其相关企业的具有行政约束力的危机处理预案、危机处理程序。尤其要完善旅游行业计算机网络系统，以便必要的时候政府能够调用网络信息。

（3）加强旅游行业组织的领导、交流与合作。这样政府就能获取相关信息，保证政府决策的正确性。

（4）加强与媒体的合作与沟通，及时在媒体上发布行业危机处理政策和行业应对危机的动态信息。

（5）密切与旅游企业的沟通与合作，对旅游行业的管理人员、从业人员进行职业资格证书培训与认定。培训与认定必须包括旅游安全与危机管理的内容。

（6）加强对危机消除后的拯救领导。危机消除后，政府需要根据旅游者的消费心理和消费行为的改变，推出旅游整体促销计划，培育旅游者消费信心，提振旅游市场人气，恢复旅游市场的秩序。

（二） 旅游行业社团危机管理

行业社团组织是政府和企业之间的纽带和桥梁，行业社团组织对旅游企业和旅游从业人员的情况了解得比较全面和系统，是政府解决安全与危机不可或缺的得力助手。旅游行业社团需要做好以下五方面的工作：

（1）成立应对安全与危机影响行动小组，对目的地全行业危机进行深入调研，全面分析，并从专业和技术的角度提出行业应对的基本指南。

（2）掌握行业状况，研究应对措施，争取更多政府应对危机的政策和资金。

（3）定期组织会员企业交流情况，分享经验，提高信息沟通的能力。

（4）利用社团的会刊、QQ群、互联网及相关媒体等渠道把政府、行业应对危机的信息传达给会员，并及时回应会员的反馈。

（5）经常举办各种旅游安全与危机主题活动，使旅游企业提高安全与危机意识。

（三） 旅游企业危机管理

有统计资料表明，80%的企业寿命只有不到3年，10%的企业寿命不到8年，只有2%的企业寿命能达到40年以上。这2%的企业幸存的基础是什么？国际著名成功企业的经验给出的答案是危机管理。

为了企业的长远发展，旅游企业需要根据企业的实际状况，建立起规范、全面的危机管理系统。

（1）组建危机管理行动小组，由企业的高层管理人员和沟通能力较强的专业人员组成小组成员，负责企业的安全与危机处理。

（2）制订企业旅游安全与危机预案。根据政府的要求，企业需要制订自己的预案处置程序。

（3）预测和评估危机对企业造成的影响和损失的程度。

（4）及时处置安全与危机事件。充分调动员工的积极性并利用社会资源，最大限度地减少企业的损失。

（5）加强与政府和媒体的沟通。争取政府的支持。通过媒体向公众传达企业有效处理危机的信息，提高企业的知名度和美誉度。

（6）及时与保险公司取得联系，共同处理相关赔偿事宜。

（7）安抚企业员工，争取尽快恢复生产。

（四） 旅游从业人员危机管理

危机能考验一个人的整体素质，危机管理不仅是个人生存的需要，而且是不断学习新知识、不断适应新环境的一种社会化的能力。

（1）从业人员要学习旅游安全与危机的基本知识，企业要培训他们处置安全与危机的基本技能。

（2）从业人员要主动参与到企业安全与危机管理中，提高自救能力，为企业的复兴积极献计献策。

（3）参加职业培训和学历教育，增强安全与危机的职业意识和敏感性，提高应对危机的素质和能力。

（4）必要的时候从业人员要与企业齐心协力，共渡难关。

二、旅游危机管理的应对措施

旅游安全与危机的发生发展会呈现出一定的阶段性。在每个阶段应该采取不同的应对措施，才能有的放矢地处置危机。

（一）危机的阶段性

危机的发生有着一定的阶段性，危机管理需要分阶段、分步骤地进行。李锋提出的"7R"模式具有一定的参考价值。他把危机分为七个阶段：侦测、缩减、预备、反应、恢复、重振、提升。

旅游危机管理"7R"模式见图13-4。

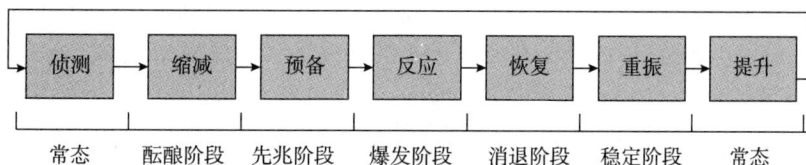

侦测	缩减	预备	反应	恢复	重振	提升
常态	酝酿阶段	先兆阶段	爆发阶段	消退阶段	稳定阶段	常态

图13-4 旅游危机管理"7R"模式

侦测（Reconnoitre）：收集分析和传播信息是危机管理的首要和直接任务。

缩减（Reduction）：提高危机意识、化解危机根源，尽量避免危机生成因素的恶化和危机的形成。

预备（Readiness）：成立危机管理小组，选取危机应急预案。

反应（Response）：依据管理过程中的信息反馈灵活地执行危机应急预案。

恢复（Recovery）：评估旅游危机的影响和发展趋势，采取合理措施，恢复旅游业。

重振（Rejuvenate）：旅游形象的修复和重振。

提升（Raise）：从危机中寻求机遇，促进旅游业素质的提升。

（二）旅游危机中的应对措施

由于旅游危机的阶段性特点，处理危机的应对措施也要根据不同阶段的特点采取不同的策略。根据以往的经验，比较有效的方法有以下七个方面：

（1）迅速反应，把握危机的最佳应对时机。危机发生以后，必须在第一时间迅速做出反应，充分利用第一个"24小时"的宝贵时间，控制危机局势，最大限度地降低危机造成的损害。实际上，社会公众关心的可能并不仅仅是旅游危机事件本身，而是决策者对于危机事件的反应速度和态度。所以，迅速做出反应是第一位的措施。

（2）查找危机根源，果断做出危机决策。首先，对危机的性质进行清楚的而且非常明确的界定。第一时间告诉公众到底发生了什么事情，属于什么性质的事件，等级如何。其次，初步判断出影响有多大、范围有多广。最后，要判定引发危机的原因是什么，并要告知公众。

（3）实施危机隔离与救助。对危机的范围进行划定，必要时进行适当的隔离或分离，避免危机造成更大范围的公众伤害。组织军队、警察、医疗机构、相关的专业救援队伍马上采取救援行动，在危机现场进行施救。对受到伤害的旅游者实施专业救护。

（4）积极面对公众，争取外界援助。通过媒体和网络，告知了解到的事件真相，不留任何隐瞒，充分告知大众。如果事态比较严重，需要与外界（甚至国外）救援组织建立联系，争取外界救援组织参与救援。一方面可以在短时间内争取更大范围的施救，另一方面可以借机学习国外先进的救援技术和方法。

（5）发挥政府职能，寻求权威支持。在危机处理过程中，政府直接出面将提高话语权威性，而且政府领导直接参与现场指挥，可以最大限度地组合利用各种资源，减少危机引起的内部混乱，能让公众看到政府的诚意和能力，提升公众面对危机的信心，从而起到稳定局面、避免事态进一步扩大的作用。

适当运用第三方权威机构发布正面信息，邀请权威专家进行分析和评判比目的地的旅游企业自身的说法更具有说服力，更容易被公众接受。

（6）加强信息沟通，统一消息口径。在危机发生的第一时间，指定新闻发言人，召开记者通报会，统一对外宣传口径。在实事求是的前提下，确保发布的信息统一、客观、严谨（见图13-5）。

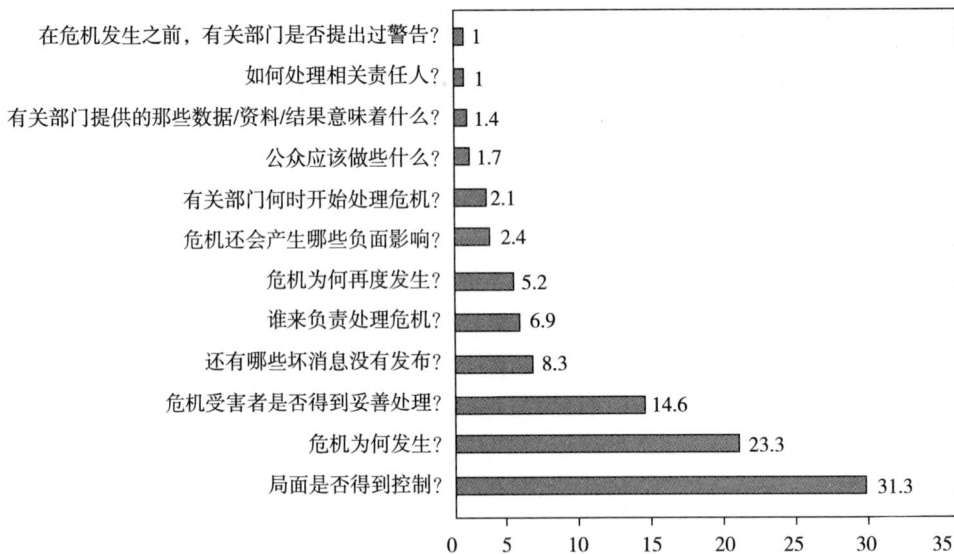

图13-5　媒体在危机传播中的议题排序

如果出现其他人员发布不同的说法会让公众产生宣传部门"掩盖事实"的不良印象。

信息发布，紧扣"三个议题"。调查结果显示，有三大议题是最重要的：①局面是否得到了控制，也就是说现实状态如何。②危机为何发生，也就是说危机的诱因何在。③危机当中的受害人是否得到了妥善安置，也就是说受害者的命运如何。国内外的学者列出了几十个危机之下媒体和公众可能关心的议题。指定的新闻发言人应集中精力回答这三个议题，其他议题不是不重要，而是越纠缠将越混乱。

在以往的个别案例中，一些没有受过训练的危机管理者，往往纠缠于边缘议题。例如，危机发生后，上级工作组到出事地点的第一件事往往不是救灾，而是宣布主管行政一把手或者分管领导停职检查。事故责任人虽然要依法处理，但应该在危机结束后再根据党纪国法、功过得失进行处理。在危机处置过程中，首要的工作是救灾，而不是奖惩。奖惩工作要放到总结阶段再进行。

（7）收集舆论动态，及时调整应对策略。对于媒体和网络就危机处理过程中的某一问题提出的猜测，旅游目的地政府要及时地进行回复或公告，排除"非议"。对于媒体提出的正当批评，旅游目的地及其相关企业要认真思考，如果媒体批评得正确，要勇于承认错误，而不是敷衍了事。根据舆论动态信息，目的地要调整危机处理的方式和方法，提高危机处理的能力。

三、危机之后的恢复战略

面对旅游危机对区域旅游发展已经造成的物质损失、信誉损失和形象损失，需要进行恢复重建。其中对旅游基础设施和旅游接待设施的恢复重建工作相对简单一些，比较困难的工作是恢复旅游形象。旅游形象恢复工作的重点应该是旅游者，要采取多种措施重新树立旅游目的地的安全形象，抚平危机给旅游者造成的心理阴影，逐步恢复公众对目的地的旅游消费信心。旅游危机后的恢复措施主要包括以下八个方面：

（一）旅游危机后评估

全面评估旅游目的地物质和经济损失，对危机造成的破坏性后果，掌握详尽的损失情况，以便更新预警数据库，为今后的预警工作提供必要的信息。危机后评估内容包括旅游损失评估、游客影响评估、危机时长评估、危机恢复管理评估。

（二）政府做出扶持反应

危机后旅游目的地的政府为了保证以后旅游业的恢复和发展，通过财政和税收等宏观经济政策进行扶持，如对受损的旅游企业等提供低息贷款、对旅游从业人员发放津贴、通过财政拨款恢复旅游基础设施等。

（三）制订旅游恢复计划

根据旅游危机影响程度和旅游危机影响时长的评估，制订出旅游恢复规划方案，确定危机后旅游发展战略，明确规划年限和各期限内的目标和任务，推动旅游业尽快恢复。

（四）基础设施的重建和资源的二次开发

基础设施的重建不是简单地把建筑物重新建起来，或者把道路、供电、供水、供气设施恢复起来，而是根据对危机的评估结果，考虑再次发生危机时，基础设施抵抗危机的能力。重建必须讲究创新和速度。例如，广西桂林市虽然在2008年遭遇百年不遇的冻灾，但其旅游业能够迅速恢复，与其采取一系列强有力的措施是分不开的，尤其是重视重建工作。

桂林市通过下发相关通知文件对全市旅游设备设施进行了改造与重建，使之能够快速恢复正常。

（五）进行心理干预，重塑旅游者信心

旅游危机后有效的心理干预能够帮助人们获得生理上和心理上的安全感。目的地需要提供给旅游者最基本的旅游安全信息，满足旅游者恢复心理平衡状态的内在需要，增进旅游者出行的心理安全和身体安全的信心，重新塑造旅游者的信心。

（六）重新树立目的地形象

旅游危机之后需要重新树立目的地的安全形象，重新对旅游形象进行推广。重点是纠正危机事件对潜在旅游者造成的形象偏差。一方面要积极宣传政府采取的抗灾救灾措施以及旅游主管部门采取的恢复措施，及时向新闻媒介通告旅游业的复苏计划和具体措施。另一方面可以邀请媒体等重返目的地，向他们展示恢复工作所取得的成绩，注意关注当地居民的心理状态，督促旅游基础设施的恢复重建，消除危机在旅游者心目中造成的不利影响。

（七）重新激活旅游市场

旅游危机消解后要恢复目的地旅游业，需要通过对供需结构的调整与优化，重新激活旅游市场。一方面，调整产品价格以更大优惠吸引旅游者，逐渐恢复旅游市场；另一方面，调整市场结构以优化旅游需求。重点是距离目的地最近的客源市场，因为该市场的旅游者对目的地更加熟悉。由此，由近及远地恢复旅游市场。

（八）加强多边合作和国际合作

旅游危机后，实行区域合作是化解旅游危机的有效办法。在旅游形象的恢复和重塑过程中，要善于利用各类国际旅游组织的力量，由于国际旅游组织的国际性和客观性，发布的信息具有很高的权威性，受众的信任度高。因此，需要不断地加强与相关国际组织的联系与合作，在关键时期争取得到他们更多的支持和帮助。

拓展阅读及分析

国务院应对新型冠状病毒感染肺炎疫情联防联控机制
关于做好新冠肺炎疫情常态化防控工作的指导意见

国发明电〔2020〕14 号

各省、自治区、直辖市人民政府，国务院各部委、各直属机构：

在以习近平同志为核心的党中央坚强领导下，经过全国上下艰苦努力，我国新冠肺炎疫情防控向好态势进一步巩固，防控工作已从应急状态转为常态化。按照党中央关于抓紧

抓实抓细常态化疫情防控工作的决策部署，为全面落实"外防输入、内防反弹"的总体防控策略，坚持及时发现、快速处置、精准管控、有效救治，有力保障人民群众生命安全和身体健康，有力保障经济社会秩序全面恢复，经中央应对新型冠状病毒感染肺炎疫情工作领导小组同意，现提出以下意见。

一、坚持预防为主

1. 科学佩戴口罩。在人员密集的封闭场所、与他人小于 1 米距离接触时佩戴口罩。医疗机构工作人员，在密闭公共场所工作的营业员、保安员、保洁员、司乘人员、客运场站服务人员、警察等人员以及就医人员等要佩戴口罩。

2. 减少人员聚集。注意保持 1 米以上的社交距离。减少非必要的聚集性活动，减少参加聚集性活动的人员。尽量不前往人员聚集场所尤其是密闭式场所。

3. 加强通风消毒。室内经常开窗通风，保持空气流通。公共场所、场站码头、公共交通工具要落实日常清洁、消毒等卫生措施。

4. 提高健康素养。养成"一米线"、勤洗手、戴口罩、公筷制等卫生习惯和生活方式。咳嗽、打喷嚏时注意遮挡。

二、落实"四早"措施

5. 及时发现。落实公共场所体温检测措施，加强预检分诊和发热门诊排查，做到对确诊病例、疑似病例、无症状感染者的"早发现"，并按要求"早报告"，不得瞒报、漏报、迟报。

6. 快速处置。24 小时内完成流行病学调查，充分发挥大数据等优势，尽快彻底查明可能的感染源，做好对密切接触者的判定和追踪管理。落实"早隔离"措施，及时对确诊病例、疑似病例进行隔离治疗，对无症状感染者、密切接触者实行 14 天集中隔离医学观察。对可能的污染场所全面终末消毒。

7. 精准管控。依法依规、科学划定防控区域范围至最小单元（如楼栋、病区、居民小区、自然村组等），果断采取限制人员聚集性活动、封锁等措施，切断传播途径，尽最大可能降低感染风险。及时公布防控区域相关信息。

8. 有效救治。指定定点收治医院，落实"早治疗"措施，加强中西医结合治疗。及时有效全面收治轻症患者，减少向重症转化。坚持"四集中"，对重症患者实施多学科救治，最大限度提高治愈率、降低病亡率。患者治愈出院后，继续集中或居家隔离医学观察 14 天。

三、突出重点环节

9. 重点场所防控。按照相关技术指南，在落实防控措施前提下，全面开放商场、超市、宾馆、餐馆等生活场所；采取预约、限流等方式，开放公园、旅游景点、运动场所，图书馆、博物馆、美术馆等室内场馆，以及影剧院、游艺厅等密闭式娱乐休闲场所，可举办各类必要的会议、会展活动等。

10. 重点机构防控。做好养老机构、福利院、监所、精神卫生医疗机构等风险防范，落实人员进出管理、人员防护、健康监测、消毒等防控措施。养老机构内设医务室、护理站等医疗服务机构的，不得超出医疗许可服务范围对外服务。医疗机构举办养老机构或与养老机构毗邻的，应按照医疗机构分区管理要求开展交叉感染评估，评估有风险的应采取必要的控制措施。

11. 重点人群防控。指导老年人、儿童、孕产妇、残疾人、严重慢性病患者等重点人群做好个人防护，并开展心理疏导和关爱帮扶等工作。

12. 医疗机构防控。加强院内感染防控，推广分时段预约诊疗，严格落实医疗机构分区管理要求，及时排查风险并采取处置措施，严格探视和陪护管理，避免交叉感染。严格预检分诊和发热门诊工作流程，强化防控措施。落实医务人员防护措施，加强对医务人员的健康管理和监测。

13. 校园防控。实行教职员工和学生健康情况"日报告"、"零报告"制度。做好健康提示、健康管理和教室通风、消毒等工作，落实入学入托晨（午）检、因病缺课（勤）病因追查和登记等防控措施。

14. 社区防控。加强基层社区网格化管理，发挥社区志愿者作用。做好健康教育、环境卫生治理、出租房屋和集体宿舍管理、外来人员管理等工作。出现疫情的社区要加强密切接触者排查和隔离管理、终末消毒等工作，必要时采取限制人员聚集性活动、封闭式管理等措施。

四、强化支撑保障

15. 扩大检测范围。各地可根据疫情防控工作需要和检测能力，进行科学评估，对密切接触者、境外入境人员、发热门诊患者、新住院患者及陪护人员、医疗机构工作人员、口岸检疫和边防检查人员、监所工作人员、社会福利养老机构工作人员等重点人群"应检尽检"。对其他人群实施"愿检尽检"。人群相对密集、流动性较大地区和边境口岸等重点地区县区级及以上疾控机构、二级及以上医院要着力加强核酸检测能力建设；鼓励有资质的社会检测机构提供检测服务，扩大商业化应用。"应检尽检"所需费用由各地政府承担，"愿检尽检"所需费用由企事业单位或个人承担；检测收费标准由各地物价部门确定并公示。各地要及时公布检测机构名单。

16. 发挥大数据作用。依托全国一体化政务服务平台，全面推动各地落实"健康码"互通互认"一码通行"，及时将核酸和血清抗体检测结果、重点人员等信息共享到"健康码"数据库，推进人员安全有序流动。做好全国一体化政务服务平台"防疫健康信息码"入境人员版的推广应用，加强入境人员闭环管理。

17. 强化科研与国际合作。推进疫苗、药物科技攻关和病毒变异、免疫策略等研究。加快检测试剂和设备研发，提高灵敏度、特异性、简便性，进一步提升检测能力、缩短检测时间。加强与世界卫生组织等国际组织、有关国家的信息共享、技术交流和防控合作。

五、加强组织领导

18. 落实党委和政府责任。各地党委和政府要落实属地责任，加强组织领导，坚持依法防控、科学防控、联防联控，加大经费投入，加强医疗物资动态储备，提升防控和应急处置能力，严格落实常态化防控各项措施要求。国务院各有关部门要落实主管责任，继续加强联防联控、统筹调度，强化对各地常态化防控工作的指导和支持。

19. 落实企事业单位责任。各企事业单位要落实主体责任，严格执行疫情防控规定，健全防控工作责任制和管理制度，制定完善应急预案。

20. 动态调整风险等级和应急响应级别。各地要按照分区分级标准，依据本地疫情形势，动态调整风险等级和应急响应级别。要因地制宜、因时制宜，不断完善疫情防控应急预案和各项配套工作方案，一旦发生疫情，及时采取应急处置措施，实施精准防控。

境外疫情输入防控在落实常态化防控工作的同时，按照中央关于做好防控境外疫情输入工作的指导意见实施。

国务院应对新型冠状病毒感染肺炎疫情

联防联控机制

2020 年 5 月 7 日

资料来源：http://www.gov.cn/zhengce/content/2020-05/08/content_5509896.htm? ivk_sa=1023197a.

分析：2020 年暴发的新型冠状病毒感染肺炎疫情对世界旅游业造成了毁灭性的打击，联合国世界旅游组织估计，2020 年国际旅游业及其密切相关的部门估计遭受了 2.4 万亿美元的损失。2021 年 1 月，全球国际游客人数同比下降了 87%。尽管中国的旅游业也受到了巨大的损失，但是中国应对新型冠状病毒感染肺炎疫情成为世界样板。

为什么中国能在短时间内控制住疫情、恢复经济社会秩序？有人认为，国家治理能力和信息技术的应用是关键所在。中国共产党和中国政府强大的执政能力、高效的动员能力，是中国有效防控疫情的根本保证。在中国共产党的坚强领导下，全体中国人民迅速行动，投入到这场疫情防控阻击战中。一是在社区进行"网格化"管理，民众遵照防疫建议进行居家隔离、佩戴口罩等，同时保障社区居民的日常生活用品之必需；二是在很短时间内建起新冠肺炎专门收治医院、方舱医院等；三是动员全国的医疗力量支援疫情严重的地区；等等。打出了一系列的组合拳，展现了中国政府应对公共卫生危机的超强能力。

中国的技术力量为防控疫情立下功劳。中国率先通过智能手机把先进的定位技术与应用程序相结合，利用大数据进行轨迹追踪和溯源分析，研判疫情形势，帮助有效遏制疫情。发达的电子商务和高效的物流运输，让很多人可以不用外出就能保证基本的生活供应，从而有效推动居家隔离，避免更多感染情况的发生。利用机器人为患者送药和食物、用无人机"空中喊话"进行宣传劝导等，为防控疫情提供了支持。疫情稳定控制后及时进行了复工、复产、复学等。在应对疫情常态化的过程中，中国采取的"熔断"机制使疫情得以控制在很小的范围内，遏制了传播和扩散，不但避免了经济的衰退，相反还取得了好成绩。2020 年我国 GDP 总量首次突破 100 万亿元，达 1015986 亿元，增速达 2.3%！中国应对新型冠状病毒感染肺炎疫情成为世界样板。

受新型冠状病毒肺炎疫情影响，2020 年国内旅游人数 28.79 亿人次，比 2019 年下降 52.1%。其中，城镇居民国内旅游人数下降幅度更大，达到 53.8%，农村居民国内旅游人数下降 47.0%。2020 年国内旅游收入 2.23 万亿元，比 2019 年减少 3.50 万亿元，同比下降 61.1%。其中，城镇居民国内旅游花费下降幅度更大，达到 62.2%，农村居民国内旅游花费下降 55.7%。2020 年国内旅游人均花费 774.14 元，比 2019 年同比下降 18.8%。其中，城镇居民人均花费 870.25 元，下降 18.1%；农村居民人均花费 530.47 元，下降 16.4%。

2020 年文化和旅游部通过积极争取纾困政策、指导地方用足用好政策、抓好项目建设、推动产业创新发展、加大金融支持产业高质量发展等措施，推动旅游业复苏取得显著成效，国内旅游呈现分季度降幅收窄趋势。

章后思考题

1. 什么是旅游安全？什么是旅游危机？什么是旅游灾难？

2. 什么是旅游危机管理？旅游危机管理的原则有哪些？

3. 旅游安全与危机有哪些分类？

4. 旅游安全与危机有哪些总体要求？

5. 旅游危机处置流程是什么？

6. 如何制订旅游危机预案？

7. 各旅游部门应该如何管理危机？

8. 旅游危机管理的应对措施有哪些？

9. 如何做好危机之后的恢复工作？

10. 各旅游部门基层人员应该如何配合上级做好危机准备？

本章推荐阅读材料

[1] 李锋. 目的地旅游危机管理——机制、评估与控制 [M]. 北京：中国经济出版社，2010.

[2] 刘德艳. 旅游危机管理 [M]. 上海：上海人民出版社，2010.

[3] 郑向敏. 旅游安全学 [M]. 北京：中国旅游出版社，2003.

[4] 德克·格莱泽. 旅游业危机管理 [M]. 安辉，译. 北京：中国旅游出版社，2004.

[5] 邹统钎，高舜礼. 探险旅游发展与管理 [M]. 北京：旅游教育出版社，2010.

第十四章
旅游目的地"智慧旅游"管理

本章PPT

📖 本章主要内容

"**智**慧旅游"是一种基于网络环境的旅游信息服务体系，是旅游、经济与信息科学技术的结合，是一门综合性的科学技术。互联网的普及和地理信息系统的运用使"智慧旅游"成为旅游业发展的必然趋势。在旅游业飞速发展的今天，游客对信息化的依赖程度越来越高，旅游企业经营方式也正在改变，旅游的发展正在步入智慧时代。

本章主要介绍智慧旅游的基本概念、智慧旅游的基本内容、智慧旅游体系的建设、智慧旅游的发展方向。

读者主要应该掌握智慧旅游的特点、功能及其应用。

💡 案例及思考

杭州西溪向世界分享"智慧"

2017年2月15～17日，首届联合国世界旅游组织智慧旅游目的地大会在西班牙穆尔西亚召开。西溪湿地洪园作为本次大会中国地区唯一受邀景区参会，西溪国家湿地公园（余杭）管委会办公室主任郭迎辉在大会上做了题为"西溪国家湿地公园·洪园智慧景区的探索和实践"的专题演讲，分享了西溪湿地洪园在信息化和可持续发展方面的创新实践，为世界各旅游目的地的智慧旅游建设提供了中国样板。

"早在2009年，西溪洪园就开始了智慧旅游的探索之路。"郭迎辉介绍，西溪洪园是中国较早开始智慧旅游建设的景区之一，从2009年至今，西溪湿地的探索历程可以分为三个阶段。

2009～2012年，是智慧旅游探索期。这个阶段，西溪洪园首先从游客体验入手，以科普宣教、互动体验作为核心，结合西溪湿地绿色生态的特色定位，突出科技与环境和谐共生的主题和原则。"我们通过打造绿色环保的游客服务中心建筑，践行节能、环保、低碳的理念，通过AR、MR技术，给游客带来沉浸式的互动体验，并与浙江大学生态环境研究中心合作共建教育区，为小学生、中学生甚至浙大本科生提供校外教育基地，实现科普宣教与互动体验的融合。"郭迎辉说。

2013年后，西溪洪园将目光转向游客服务，西溪洪园打造了PC端、手机端的门户网站、APP和微信平台，开发了多项应用。同时，西溪洪园基于3DGIS引擎为游客提供的智能导游服务，为智慧旅游后期的管理、保护创新与发展提供了坚实的基础。

郭迎辉说："游客服务端的不断提质和完善，让我们越来越感到信息化建设在景区管理服务中的重大作用。与此同时，随着中国大众旅游时代的到来，散客化出行和个性化出行越来越成为主流，更对景区管理和生态资源保护提出了新的要求。为此，我们在2016年进入了智慧景区全面升级期。"目前，西溪湿地洪园正全力推进信息化设备更新、网络基础设施、云数据中心、指挥调度中心、3DGIS引擎等系统建设，并完成智慧管理、智慧服务、智慧营销、智慧保护四大应用体系建设，实现西溪洪园智慧景区的全面升级和跨越式发展。

回首西溪洪园的探索之路，郭迎辉最后分享了旅游建设的三点启示：一是发展旅游必须依托科技的力量，始终贯彻可持续发展的原则。二是当景区变得"智慧化"，社会、生态、经济效益最终才能实现最大化。三是智慧景区的探索之路永远不会结束，永随时代不断发展。

会后，郭迎辉接受了多家国外媒体采访，再度向世界展现了西溪洪园的智慧风采。她表示，后G20时代，西溪洪园将继续与国际旅游市场接轨，全面推进可持续发展战略，以更开放的姿态和更智慧化的服务接纳来自五湖四海的朋友，感受西溪洪园的历史文化、自然野趣以及永不停止的智慧创新。

资料来源：陶李. 杭州西溪向世界分享"智慧"［N］. 中国旅游报，2017-03-03（A01）.

思考：什么是旅游目的地智慧旅游？如何充分利用现代科技手段为旅游业创新发展服务？

第一节 "智慧旅游"的概念

科技的进步为旅游的发展扩充了新的空间。旅游业需要善于利用互联网技术了解市场、开发产品、沟通受众、降低成本、增加效益，进一步提升发展质量，不断满足旅游者追求和体验科技新产品的需要。

一、"智慧地球"和"智慧城市"的提出

"智慧旅游"的概念不是凭空提出来的，是依托一定的技术条件和现实背景应运而生的。

当代网络技术的发达，使其他学科的概念可以迅速被旅游学科学习和借用。如同当年"生态旅游"一样，"生态"一词被各学科使用，如今"智慧旅游"也不例外。"智慧旅游"

出自"智慧地球"（Smarter Planet）。2008 年国际商用机器公司（International Business Machine，IBM）首先提出了"智慧地球"的概念，其核心是利用新一代信息技术的方法来改变政府、公司和人们的交互方式，使其更加智慧，以便提高各方交互的明确性、效率性、灵活性和响应速度。①

随着"智慧地球"的提出，其技术及其方法运用到"智慧城市"（Smarter Cities）里。IBM 认为，21 世纪的"智慧城市"能够充分运用信息和通信技术手段，感测、分析、整合城市运行核心系统的各项关键信息，包括民生、环保、公共安全、城市服务、工商业活动等，都能够根据需求做出智能的响应，为人类创造更美好的城市生活。IBM 的"智慧城市"理念把城市本身看成一个生态系统，城市中的市民、交通、能源、商业、通信、水资源构成了一个个子系统。这一个个子系统形成一个普遍联系、彼此影响、相互促进的整体。②"智慧城市"通过利用现代技术智能化、物联化、感应化的方式，使城市的各个系统、各个部门实现信息共享、协同响应、达到发展与管理的最优化。

国际上也迅速响应"智慧城市"的观点。美国、瑞典、日本等都提出了自己的建设目标。亚洲的新加坡提出 2015 年建成"智慧国"的计划，中国台湾地区的台北市提出建设"智慧台北"的发展战略。

李梦在《2012 中国旅游科学年会论文集》中对国内外"智慧城市"的发展状况做了介绍。③

2009 年 9 月，美国中西部爱荷华州的迪比克市与 IBM 共同宣布，将建设美国第一个"智慧城市"。迪比克市将完全数字化，并将城市的所有资源都连接起来（水、电、油、气、交通、公共服务等），因此可以侦测、分析和整合各种数据，并智能化地做出响应，服务市民的需求。

瑞典的"智慧城市"建设在交通系统上得到了最大的体现。瑞典当局在 2006 年初宣布征收"道路堵塞税"，在 IBM 公司的助力下，斯德哥尔摩在通往市中心的道路上设置了 18 个路边控制站，通过使用 RFID 射频识别技术以及利用激光、照相机和先进的自由车流路边系统，自动识别进入市中心的车辆，自动向在周一至周五（节假日除外）6：30 到 18：30 进出市中心的注册车辆收税。通过收取"道路堵塞税"减少了车流，交通拥堵降低了 25%，交通排队所需的时间下降了 50%，道路交通废气排放量减少了 8%~14%，二氧化碳等温室气体排放量下降了 40%。

智能科技在爱尔兰自然环境方面得到了成功应用。在爱尔兰戈尔韦湾（GalwayBay）的"智慧湾"项目（Smart Bay）中，系统从装在数百个浮标上的感应器获取信息，并从渔民那里获得短信，以了解水面漂浮的危险物体。信息被利用到各个渠道，包括避免渔船失事、向管理员发送涨水警告，以及帮助渔民把捕获的鱼直接卖给餐厅，让他们可以获得更高的利润。

①　智慧地球赢在中国，IBM 商业价值研究院 ［EB/OL］.［2010-01-12］. http：//www.ibm.com/smarterplanet/cn/zh/overview/ideas/index.html.

②　IBM：智慧城市在中国 ［EB/OL］.［2017-12-04］. http：//www.ibm.com/smarterplanet/cn/zh/sustainable_cities/ideas/index.html.

③　李梦."智慧旅游"与旅游信息化的内涵、发展及互动关系 ［A］//中国旅游研究院.2012 中国旅游科学年会论文集 ［C］.中国旅游研究院，2012.

日本 2009 年 7 月推出"I-JAPAN（智慧日本）战略 2015"，旨在将数字信息技术融入生产生活的每个角落，将目标聚焦在电子化政府治理、医疗健康信息服务、教育与人才培育三大公共事业。

中国学者也迅速捕捉到国际前沿的走向，对"智慧城市"提出自己的观点。如国家信息化专家咨询委员会副主任、中国工程院副院长邬贺铨认为，智慧城市就是一个网络城市，物联网是智慧城市的重要标志①。武汉大学教授、两院院士李德仁认为数字城市+物联网=智慧城市②。中国的上海、杭州、南京、武汉、成都、深圳等许多城市推出了"智慧城市"的发展战略，用科技技术建设美丽中国。

二、"智慧旅游"的提出

2005 年，美国科罗拉多州 Steamboat 滑雪场第一个推出为游客配置的 RFID 定位装置反馈系统 Mountain Watch，装置反馈系统由有源 RFID、无源 RFID 标签和 Rfcode 组成，能够检测游客的位置、推荐滑雪线路、反馈游客消费情况，为游客提供安全便捷的可见化服务，Mountain Watch 的推出成为"智慧旅游"的发端。

中国学者对"智慧旅游"提出了自己的看法。

叶铁伟（2011）认为"智慧旅游"是利用云计算、物联网等新技术，通过互联网或移动互联网，借助便携的终端上网设备，主要感知旅游资源、经济、活动和旅游者等方面的信息并及时发布，让人们能够及时了解这些信息，及时安排和调整工作与旅游计划，从而达到对各类旅游信息的智能感知、方便利用的效果，通过便利的手段实现更加优质的服务③。

黄超和李云鹏（2011）认为"智慧旅游"也被称为智能旅游，就是利用云计算、物联网等新技术，通过互联网或移动互联网，借助便携的上网终端，主动感知旅游资源、旅游经济、旅游活动等方面的信息，达到及时发布、及时了解、安排和调整工作与计划，从而实现对各类旅游信息的智能感知和利用④。

吴学安（2011）认为"智慧旅游"是利用移动云计算、互联网等新技术，借助便携的终端上网设备，主动感知旅游相关信息，并及时安排和调整旅游计划⑤。

刘军林和范云峰认为智慧旅游系统是"智慧旅游"的技术支撑体，它以在线服务为基础，通过云计算中心海量信息存储和智能运算服务的提供，满足服务端和使用端便捷地处理掌控旅游综合信息的需求。

张凌云等（2012）认为，"智慧旅游"是基于新一代信息技术（也称信息通信技术，ICT），为满足游客个性化需求，提供高品质、高满意度服务，而实现旅游资源及社会资源

① 邬贺铨，刘健，戴荣利，等.信息化与城市建设和管理 [J].信息化建设，2010（6）：12-13.

② 李德仁，龚健雅，邵振峰.从数字地球到智慧地球 [J].武汉大学学报（信息科学版），2010，35（2）：127-132

③ 叶铁伟.智慧旅游：旅游业的第二次革命（上）[N].中国旅游报，2011-05-25（011）.

④ 黄超，李云鹏."十二五"期间"智慧城市"背景下的"智慧旅游"体系研究 [A] //北京联合大学.2011《旅游学刊》中国旅游研究年会会议论文集 [C].北京：北京联合大学《旅游学刊》编辑部，2011.

⑤ 吴学安."智慧旅游"让旅游进入"触摸时代" [N].人民日报（海外版），2011-06-09（08）.

的共享与有效利用的系统化、集约化的管理变革。从内涵来看,"智慧旅游"的本质是指包括信息通信技术在内的智能技术在旅游业中的应用,是以提升旅游服务、改善旅游体验、创新旅游管理、优化旅游资源利用为目标,增强旅游企业竞争力、提高旅游行业管理水平、扩大行业规模的现代化工程。"智慧旅游"是智慧地球及"智慧城市"的一部分。

我们认为,"智慧旅游"就是利用不断发展和创新的现代科学技术,围绕旅游产品的开发,对旅游者的体验、旅游供应商、旅游业的管理等旅游业态之间进行信息感知、智能协调、相互优化、品质提升,减少摩擦与浪费的一种便捷和自由的效益型旅游平台。

"智慧旅游"的实践在中国是迅速和及时的。江苏省镇江市于2010年在全国率先创造性提出"智慧旅游"概念,开展"智慧旅游"项目建设。2010年3月镇江接受了文化和旅游部"智慧旅游"命题,在全国较早开展了"智慧旅游"的研发。在2010年第六届海峡旅游博览会上,福建省文化和旅游厅提出建设"智能旅游"概念,并在网上建立"海峡智能旅游参建单位管理系统"。福建启动了"智能旅游"的先导工程——"三个一"工程建设,即一网(海峡旅游网上超市),一卡(海峡旅游卡,包括银行联名卡、休闲储值卡、手机二维码的"飞信卡",以及衍生的目的地专项卡等),一线(海峡旅游呼叫中心,包括公益服务热线和商务资讯增值预订服务热线)。

2011年5月26日,中国旅游电子商务大会暨旅游信息化"十二五"发展论坛在常州召开,会议通过《常州宣言》。在该宣言中提出要在全国旅游行业中推进"智慧旅游"建设,并呼吁建立全国性旅游信息化合作联盟,以此在全国范围内实施旅游咨询、投诉、应急救援等旅游服务一体化。

从此,"智慧旅游"开始在中国普遍提出并开始建设。

三、"智慧旅游"与数字旅游、旅游信息化的关系

"智慧旅游"与数字旅游、旅游信息化既有区别又有联系。

数字旅游是指旅游信息的数字化。基本功能包括旅游信息采集、存储、管理、查询、分析和发布等。即通过网络技术、信息技术把旅游数据、资料、影像等进行数字化处理,供旅游业者使用的一种技术形态。

信息化是指充分利用信息技术,开发利用信息资源,促进信息交流和知识共享,提高经济与社会发展质量,推动技术革新。旅游信息化从狭义上讲是指旅游信息的数字化,即把旅游信息通过信息技术进行采集、处理、转换,使其能够用文字、数字、图形、声音、动画等来存储、传输、应用;从广义上讲是指充分利用信息技术,对旅游产业链进行深层次重构,即对旅游产业链的组成要素进行重新分配、组合、加工、传播、销售,以促进传统旅游业向现代旅游业的转化,加快旅游业的发展速度。因此,信息化与旅游信息化既是过程又是结果,过程的理解侧重于实现信息化的过程,结果则侧重于"信息化了"的结果。然而,由于信息技术的不断发展,信息化在实践中更侧重于是一个随着信息技术的发展而不断进行的过程。"智慧旅游"则可理解为旅游信息化的高级阶段,其并不是旅游电子政务、旅游电子商务、数字化景区等用"智慧化"概念的重新包装,而是要能够解决旅

游发展中出现的新问题，满足旅游发展中的新需求，实现旅游发展中的新思路以及新理念①。

第二节 "智慧旅游"的技术基础与功能

"智慧旅游"的发展不是凭空捏造出来的。它依托于现代数字技术的发展，如物联网技术、移动通信技术、云计算技术、人工智能技术等，可以说是技术远远走在旅游业之前，目前只是旅游业如何利用好现有的科学技术来发展自身。有朝一日，旅游业的发展到了很高的水平时，会对科学技术提出要求，换句话说，旅游业对科学技术提出要求时，就是旅游业真正发达之时。

一、"智慧旅游"的技术基础

"智慧旅游"需要善于利用已经成熟的而且还处于飞速发展的信息技术基础。借助于这些技术来发展自己。旅游目的地不能错失发展良机。在全新的技术发展机遇面前，人人都是平等的，谁率先抓住机遇，谁就抢占了先机。因为"智慧旅游"还没有标准、没有规范、没有固定模式，全世界处于同一个起跑线上。因此需要下大力气，善于把旅游业的发展融入新的技术。

（一）移动通信技术

所谓移动通信就是移动体之间的通信，或移动体与固定体之间的通信。随着时代的发展和科技创新的日新月异，世界移动通信技术发生了巨大的变化。移动通信特别是蜂窝小区迅速发展之后，使用户彻底摆脱终端设备的束缚、实现完整的个人移动性、可靠的传输手段和接续方式。移动通信将逐渐演变成社会发展和进步必不可少的工具，改变整个社会，让人与人的沟通能随时随地进行，方便、随意地渗透生活的每个角落。移动通信技术也随之进入爆炸式大发展阶段，当今社会已经进入信息化社会，更多的技术应用在生活中，让我们的日常更加方便，让我们的生活更加优越……可以说，我们已经离不开移动通信技术。

移动通信可以说从无线电发明之日就产生了。1897年，马可尼完成的无线通信实验就是在固定站与一艘拖船之间进行的。蜂窝移动通信的发展是20世纪70年代中期以后的事。移动通信技术自诞生以来迅猛发展，已经从第一代发展至第三代，并正在向第四代前进。第四代移动通信可以在不同的固定、无线平台和跨越不同频带的网络中提供无线服务，可以在任何地方用宽带接入互联网，包括卫星通信和平流层通信等，能够提供定位定时、数据采集、远程控制等综合功能。第四代移动通信系统是集成多功能的宽带移动通信

---

① 张凌云，黎巎，刘敏. 智慧旅游的基本概念与理论体系［J］. 旅游学刊，2012，27（5）：66-73.

系统，是宽带接入 IP 系统。移动通信综合利用了有线、无线的传输方式，为人们提供了一种快速便捷的通信手段。由于电子技术（尤其是半导体）集成电路、计算机技术的发展，以及市场的推动，使物美价廉、轻便可靠、性能优越的移动通信设备成为可能。

移动通信的终端主要是人们日常使用的手机。手机功能日益强大，早已不只拥有打电话这么简单的功能了，它是多功能的现代科学技术的结晶。除语音通信外，文字传输、图像处理、影视演播、网络互动、远程遥控等都可以做到。

移动通信技术在"智慧旅游"中体现的是满足游客个性化需求，提供高品质、高满意度的服务。"智慧旅游"中的移动通信技术为旅游者提供丰富的高质量服务，如全程（游前、在途、游后）信息服务、无所不在（任何时刻、任何地点）的移动接入服务、多样化的用户终端（个性化以及语音、触觉、视觉等多方式人机交互）以及智能服务（智能移动代理，Intelligent Agent）等。"智慧旅游"的移动通信技术应用将极大改善旅游者的旅游体验与游憩质量，提升旅游目的地管理水平与服务质量，使旅游管理与服务向着更加精细以及高质量方向推进。

（二）云计算技术

云计算技术是通过网络将庞大的计算处理程序自动分拆成无数个较小的子程序，再由多部服务器所组成的庞大系统搜索、计算分析之后将处理结果回传给用户。通过这项技术，远程的服务供应商可以在数秒之内，达成处理数以千万计甚至亿计的信息，达到和"超级电脑"同样强大性能的网络服务。由于信息技术的发展，网络渐渐成为人们生活中不可缺少的一部分，人们使用互联网越来越多，通过互联网产生的各种交易也不断增多，这就意味着关于互联网的业务也以一种无法计算的速度激增起来，"云"就是将海量资源统一起来，通过现代科技实现信息搜索的自动化。云计算的工作内容就是处理海量的信息，云计算就是基于互联网相关业务增加、使用和交付模式，涉及通过互联网来提供动态易扩展且经常是虚拟化的资源。

云计算在中国很多行业中不断推广、应用，目前虽然云计算的应用只是"冰山一角"，但已经在很多重要行业领域中发挥着越来越显著的作用。目前，国内不少地方正在或准备建设云计算中心。"智慧旅游"中云计算技术的应用主要侧重于云计算应用，即搭建旅游云计算平台，将大量甚至海量的旅游信息和相关数据储存于旅游云计算平台，旅游者、旅游企业、旅游行政部门、旅游研究部门等通过查询、网上预订、支付等，任意获取、存储、处理、交换、分析、利用这些信息。从某种程度上讲，云计算技术在"智慧旅游"中体现的是旅游资源与社会资源的共享与充分利用以及一种资源优化的集约性智慧，使其发挥知识的共享和创新的作用。

（三）人工智能技术

人工智能（Artificial Intelligence，AI）也称机器智能，它是研究、开发用于模拟、延伸和扩展人的智能的理论、方法、技术及应用系统的一门新的技术科学。人工智能自诞生以来，理论和技术日益成熟，应用领域也不断扩大。

人工智能领域的研究是从 1956 年正式开始的，这一年在达特茅斯大学召开的会议上正式使用了"人工智能"这个术语。随后的几十年中，人们从问题求解、逻辑推理与定理证明、自然语言理解、博弈、自动程序设计、专家系统、学习以及机器人学等多个角度展开了研究，已经建立了一些具有不同程度人工智能的计算机系统，如能够求解微分方程、设计分析集成电路、合成人类自然语言，进行情报检索，提供语音识别、手写体识别的多模式接口，其中，应用于疾病诊断的专家系统以及控制太空飞行器和水下机器人等更加贴近我们的生活。

将人工智能技术应用于旅游行业，就是用此技术来有效处理与使用数据、信息与知识，利用计算机推理技术进行决策支持并解决问题。在旅游研究领域，人工智能可以为旅游市场预测、旅游产品开发、旅游服务质量评价、旅游突发事件预警、旅游心理感知、旅游文化影响等提供技术支撑。

(四) 物联网技术

物联网（Internet of Things）这个词，国内外普遍公认的是 MIT Auto-ID 中心 Ashton 教授 1999 年在研究 RFID 时提出来的。自 2009 年 8 月温家宝同志提出"感知中国"以来，物联网被正式列为国家五大战略性新兴产业之一，写入"政府工作报告"，物联网在中国受到了全社会极大的关注。"智慧旅游"的一个特点就是全面物联，这依赖于物联网技术。物联网指通过射频识别、红外感应器、全球定位系统、激光扫描器等信息传感设备，把任何物体与互联网相连接，进行信息交换和通信，实现对物体的智能化识别、定位、跟踪、监控和管理的一种网络形态。

将物联网技术应用于旅游行业，能够提供安全可控和个性化的实时在线监测、定位追溯、报警联动、调度指挥、预案管理、远程控制等管理和服务功能。利用物联网就可以用智能传感设备将旅行社、旅游景区、旅游交通、购物娱乐设施等全面联网，对旅游产业链上下游运行的核心系统实时感测，这样就能够掌控行业的实时状况，便于根据需要采取灵活的应对措施。

二、"智慧旅游"的功能

在先进的技术时代，"智慧旅游"为旅游业的发展提供了无限的发展空间，并且需要对旅游业进行重新认识。

(一) "智慧旅游"能够满足旅游个性化需求

在旅游市场上，组团旅游的人数越来越少，而自主旅游人数越来越多。自主旅游不同于自助旅游。自助旅游是游客按照旅游供应商提供的旅游产品进行消费，不能够完全按照自己的需求进行任意组合产品，最多是半个性化的旅游。典型的是自驾旅游，自驾旅游可以依托旅行社预订酒店、机票、门票等，但是沿途没有讲解，更没有预先对所有产品进行预体验或虚拟体验，没有纳入旅游行业的监管范围，没有"一揽子"的旅游保险系统予以保障，而且需要自己设计线路，并且自己设计的线路还不一定是合理的线路，因为事先不知道这条线路有多少游客。自主旅游是在"智慧旅游"平台上，完全按照自己的意愿进行旅游,也就是完全个性化、便捷化的旅游。无论多么庞大的数量,"智慧旅游"平台都可以处理。

(二)"智慧旅游"能够促进旅游产业升级

传统旅游是劳动密集型的,以人面对面的接待服务为主,并且许多服务人力难以胜任。例如,人工组团,需要耗费许多人力资源,需要上门面对面才能把团队情况说得清楚;对景区的历史文化、菜肴的典故营养等的讲解,难以在短时间内说得明白,也不直观。有了"智慧旅游",旅行社可以大力开展网上业务,新的商业模式既节省了时间又提高了效率,使旅行社进入电商时代或智慧时代。

如旅游线路,过去的旅游线路是虚无缥缈的,游客无法预先了解更多的信息。线路组合以固定化为主,游客不能任意自由组合。有了"智慧旅游"平台,线路可以任意拆装、组合,可以随时任意消费、知道线路的流量情况等,极大地提高了旅游产业的效率。

(三)"智慧旅游"能够提升旅游产品的价值

市场上对旅游产品价值的认识还是缺失的,理论研究也不够。无论是旅游产业界还是学界都没有足够地重视旅游产品的价值。旅游产品的价值不仅体现在物质层面,而且更体现在精神层面,或者说体现在心理层面。道理很简单,游客没有带产品回家,游客消费的是一种经历,其价值体现在游客的心理及其满意度上。"智慧旅游"能够给游客更多的心理享受、更高的满意度。通过"智慧旅游",游客获得更多的知识、更全面的信息、更便捷的服务、更综合的享受。"智慧旅游"能够把旅游产品的物质价值与精神价值统一起来;能够把游客的需求与供应商的供给统一起来;能够把现实市场与预测市场统一起来;能够把旺季与淡季统一起来。总之,"智慧旅游"极大地提升了旅游产品的价值。

(四)"智慧旅游"能够提升管理水平

旅游业的管理包括行政管理、市场秩序管理、安全管理、信息管理、数据管理等。非智慧旅游时代基本上是条块分割,各自为政,而且信息不透明,无法及时互动。以我国的"旅游黄金周"为例,游客到了景区才知道人满为患,根本无法游览,景区为了一己私利,不停地售票。在"智慧旅游"时代,景区设立最大环境容量,售票系统网络公开,管理部门可随时掌握实情。

第三节 "智慧旅游"的运用与发展方向

"智慧旅游"是一个全新的命题。数字旅游还没有普及,就迅速地步入"智慧旅游"时代。科学技术的发展日新月异,旅游业必须紧跟科技发展的步伐,否则就会被市场淘汰。目前,国内信息技术界、旅游学界和旅游消费者,对"智慧旅游"都没有清醒的认识,一切都还在探索之中。尽管如此,我们必须未雨绸缪,把触角深入科技的最前沿,紧密地结合旅游实践，最大可能地把握其发展脉络，避免机械地运用科技成果。

一、"智慧旅游"的内涵

"智慧旅游"一定要紧紧围绕旅游产品的开发、以消费者的高品质体验为评价标准、获得较好的社会效益和经济效益这三个方面，偏离了这三个方面，一切技术和投入都将无从谈起。

以物联网、云计算、5G甚至6G技术、高性能信息处理、智能数据挖掘等技术为支撑建立起来的"智慧旅游"，不是为了技术而技术，而是为了提升旅游产品的质量，使旅游者获得更高品质的甚至全新的旅游体验。"智慧旅游"的数据中心、服务端、使用端这三部分，利益相关者感知互动、供应商的服务高效、信息使用便捷化。互联网、物联网和传感网等相互联结起来的技术网络，能提高行业管理的协同化水平。

（一）产品开发智能化

旅游产品是综合性的，综合性越强，旅游者的体验越丰富。过去的产品开发人工化、单一化、大众化比较明显，科技化、综合化、人性化不够。"智慧旅游"需要通过技术化，综合考虑资源状况、市场状况、旅游者偏好状况、旅游时间状况、资金状况等，进行旅游开发，满足不同旅游者对产品需求的组合，最大限度地提高旅游产品的市场价值，并且这些价值能够让旅游者事先感知。

例如，一名旅游者参加旅游活动，消费的目标是获得愉快的休闲度假、目的地的特殊美食，"智慧旅游"供应商就必须能够提供这样的产品组合来满足他的诉求。如一条旅游线路，过去往往是旅游者游览完之后才知道自己消费的产品和感受，事前基本上不知道产品情况，包括居住酒店的客房状况及其酒店的周边环境，而"智慧旅游"必须使旅游者在旅游前能够通过网络了解或认识这些环境。

（二）信息传播便捷化

互联网时代信息泛滥，旅游利益相关者了解准确的旅游信息是比较困难的，至少是不够全面的。在"智慧旅游"平台上，无论是管理者、旅游者还是经营者，都能够无障碍地获取所需要的信息。

例如，管理者对旅游目的地景区客流的实时监控与调控，对旅游交通的监控与疏导，都能够做到智能化，并且可以实时发布信息让社会知情。旅游者确定行程之后，对于旅游目的地的资讯，如天气状况、民俗风情、历史典故、美食佳肴、剧院场馆、咖啡酒吧、特色名产、社会治安、体育赛事、院校专业、困难求助等信息，"智慧旅游"平台可以让旅游者通过综合网站、搜索引擎、手机终端等各种渠道随意获取信息。经营者可以全方位掌握市场动态、客源结构、消费偏好、游览时间等信息，便于及时生产或提供相应的产品和服务。

（三）旅游体验个性化

"智慧"旅游时代，组团式旅游、大众化旅游越来越淡化，而个性化、品质化旅游越来越受到推崇。经济发展和信息技术的传播,大大改变了人们的出游习惯,无论是旅游方式、旅游时间、旅游价值还是旅游对象等都注重个性化。

"智慧旅游"可以满足每一位游客的特殊旅游需求。在确定了旅游目的和产品价值后,游客只要提交旅游目的、旅游方式、目的地特色、经济预算、特殊要求、游览时长等信息,智慧旅游网站就会自动生成旅游行程,并给出相关的景区、酒店等信息。在游览过程中能够为游客提供独特的贴身服务,可通过智能导览设备或手机二维码获得相关信息如手机支付、手机讲解、注意事项等。在游览遇到紧急情况时,可以通过 GPS 定位及时呼救,并把现场情况发送给施救组织,使救援组织做好相关准备工作。

(四)行业管理协同化

旅游业是综合性行业,涉及"旅游六要素"的多个部门,行业上也有旅游行政、旅游行业组织、旅游协会、旅游联盟等,"外围"涉及公路、铁路、航空、公安、土地、税务、工商、新闻、银行、消防、电信、移动、电力、水务、城管、公交、商场、剧院、娱乐、体育等部门,如何信息共享、协同管理,"智慧旅游"平台都可以互动和协调。对客流、交通流、资金流、消费流等都可以观测和调控,最大限度地为旅游者提供服务。

"智慧旅游"的内涵目前无法穷尽,因为技术不断发展、实践不断更新、认识不断提高,"智慧旅游"的平台会越来越丰富。

二、"智慧旅游"的特点

"智慧旅游"以自身的优势将统领旅游业的发展方向。

(一)网络管理

旅游主体、客体、介体的活动与管理已经全面网络化,包括产品开发、旅游政策、市场营销、社会评价、游客流动、假期分配等,都通过"智慧旅游"平台进行管理。"智慧旅游"将游客的所有信息反馈给客体与介体,包括旅游动机、满意度、游览时间、消费偏好等都可以通过网络了解;客体的所有产品、营销、容量、服务等也可以在网络上查询与组合;介体的线路、导游、车辆等服务及其社会评价都在网络中反馈。

(二)散客自主

信息的广泛化是游客不再依靠旅行社组团,而是在网络上组团或自己安排线路。决定权完全在游客手中,不再是旅行社组团时代生产权由旅行社决定,游客只是"跟团",毫无自由可言。"智慧旅游"平台一切都是游客说了算,由游客自主,旅游企业只是根据游客的需要提供相应的生产和服务。

(三)依托手机

"智慧旅游"的所有信息、产品、服务、支付、评价、监控等都通过手机终端进行使用,所以手机是"智慧旅游"的基本依托,除非有能够替代手机的网络终端新产品面市。

（四）产品多样

"智慧旅游"时代，旅游产品不再局限所谓的"旅游六要素"，只要与旅游相关、能够成为游客消费对象的都将是旅游产品。正如我们给旅游产品所下的定义那样，旅游客体即旅游企业向旅游者提供或出售的消费品，它是旅游者的消费对象。旅游是消费者为了取得某种真实经历与体验的时空上的位移活动。旅游产品的范围非常广阔，哪怕是游客为了体验一下坐动车的感觉、到农村去体验摘果的感觉、到画家的画室观摩绘画等都是旅游的一种形式。

三、"智慧旅游"的 CAA 框架体系[①]

张凌云等认为应构建由智慧旅游的能力（Capabilities）、智慧旅游的属性（Attributes）以及智慧旅游的应用（Applications）三个层面构成的 CAA 框架体系（见图 14-1）。

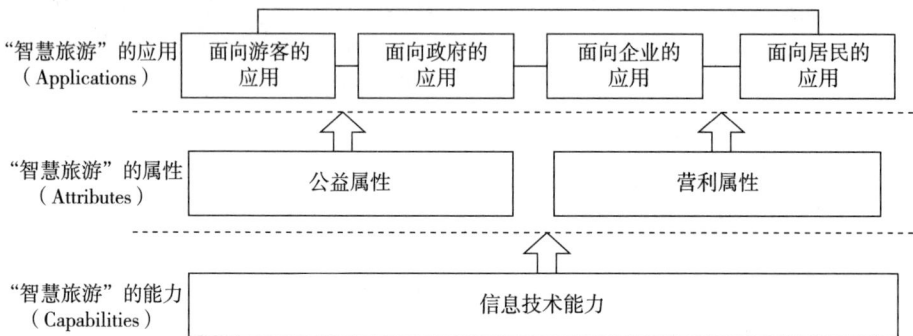

图 14-1　CAA 框架体系

能力（Capabilities）是指"智慧旅游"所具有的先进信息技术能力；属性（Attributes）是指"智慧旅游"的应用是公益性的还是营利性的；应用（Applications）是指"智慧旅游"能够向应用各方利益主体提供的具体功能。公益性指"智慧旅游"的应用由政府或第三方组织提供，以公共管理与服务为目的，具有非营利性。营利性应用由市场化机制来决定服务提供商。"智慧旅游"的属性能够决定其开发主体、应用主体以及运营主体。"智慧旅游"的 CAA 框架体系的内涵可归结为三点：第一，以"智慧旅游"目的地的概念来明确应用主体。因此，除了一般"智慧旅游"所涵盖的旅游者、政府、企业之外，CAA 框架还包含了目的地居民，即"智慧旅游"涵盖了景区、城市（街区、社区等）、区域性旅游目的地概念。第二，公益和营利属性是信息技术能力和应用的连接层，即纵向可建立起基于某种（某些）信息技术能力、具有公益或营利性质的、面向某个（某些）应用主体的"智慧旅游"解决方案。第三，公益性"智慧旅游"和营利性"智慧旅游"的各种应用以及两者之间具有某种程度的兼容性和连通性，可最大限度地避免信息孤岛并填补信息鸿沟。

---

① 张凌云，黎巎，刘敏. 智慧旅游的基本概念与理论体系［J］. 旅游学刊，2012，27（5）：66-73.

四、"智慧旅游"的运用

旅游活动的参与各方都可以合理、科学地利用"智慧旅游"平台,在目的地管理、旅游产业管理、旅游体验管理等方面,不断地开发和创新"智慧旅游"的功能。

(一) 目的地管理的运用

旅游目的地的管理千头万绪,包括系统管理、资源管理、营销管理、安全管理、人力资源管理、品牌管理、节庆管理、联盟管理、规划管理、政策管理、网站管理、统计管理、信息管理、投诉管理等。如果缺乏统一的互动平台,旅游目的地管理将面临许多困难,信息的不对称会造成行业管理的紊乱。"智慧旅游",跨越了数字管理、信息管理时代,进入智能管理时代。

旅游目的地可以通过网络发布对旅游的市场预测、活动咨询、信息发布、客流调控、体验反馈、质量评估、数据统计、形象塑造、口碑传播、人才培训、政策法规、导游考试等信息。

旅游所有的资讯都在"智慧旅游"平台上。按照使用者的要求,可以任意组合,进行切割、互动,提高行政办事效率,加强交流沟通,进行宏观调控。

(二) 旅游产业的运用

旅游企业在"智慧旅游"时代的生产及其运作不同于以往,基本上以网络为支撑。在人力资源方面会颠覆过去劳动密集型的传统看法,也许会强化"吃青春饭"的看法,"智慧旅游"由高科技作为后台,这个后台需要大量具备网络知识的年轻人加入。

"智慧旅游"带来的是新的商务模式,具体在产业管理运用方面,只要懂得利用,都可以在"智慧旅游"的平台上进行开发与管理。如企业内部管理方面的工作汇报、人员安排、线路设计、车辆调度、流量监控、生产调整、质量测评、酬金发放、资金转账、数据统计等,都可以在现有平台中体现出来。

在面对客人方面,从生产到评价,从组团到带团,都可以发挥网络的作用。例如,旅游信息发布、广告传播、市场营销、产品展示、形象塑造、随机组团、消费反馈、景区讲解、咨询服务、结账支付、投诉处理等,都可以通过平台进行。以景区讲解为例,游客通过手机可以阅读多种文字介绍或接听景区的多语种讲解,甚至可以提问互动,更深层次地理解景区及其所在地的文化背景、历史渊源、民情民俗等。只要游客有需要的诉求,旅游企业都可以供给。

(三) 旅游体验的运用

"智慧旅游"可以给游客带来全新的旅游体验和产品享受。游客可以事先了解产品性能、咨询价格、熟悉消费环境、随机参团、游线自主、在线支付、质量评价、分享体验。以游线自主为例,过去参团要么是大规模出行,要么是缺乏帮助的自助游,很难给予全方位的即时指导。在"智慧旅游"时代,游客完全可以根据自身的需求,任意组合旅游产品，不需要考虑其他游客的感受和旅行社的能力，可以随时随地参加旅游、更改行程、消费产品、反馈感受。

当然，"智慧旅游"并不能完全解决旅游发展过程中的所有问题。首先，旅游业的人力资源中，能够适应"智慧旅游"的人才凤毛麟角，短期内恐怕还不能掌握科技发达给旅游带来的便利。其次，技术只是工具，不能解决旅游者的动机问题，对旅游者旅游动机的研究及其旅游产品的开发，还需要另辟蹊径。再次，制度设计需要配套。例如，旅游政策的研究、旅游人才的开发、企业劳动关系等存在的问题，不是靠技术就可以解决的。最后，"智慧旅游"给旅游业带来的是全新的商业模式。目前，这种商业模式还处在探索期，并不成熟。旅游业基本上还停留在电子商务时代，不少旅游目的地甚至还没有进入电子商务时代。因此，"智慧旅游"还任重道远。

五、"智慧旅游"的技术趋势

"智慧旅游"成为现代旅游接待业与科技产业结合的样板，扩大了产品空间，创新了运营模式，增强了管理技巧，扩大了竞争优势，提高了服务质量，满足了个性需求。"智慧旅游"有着广泛的应用前景，不断引领世界旅游的发展潮流。旅游目的地必须不断与时俱进，保持技术的前沿性。

（一）元宇宙与区块链技术

元宇宙（Metaverse）不是一个新的概念，它更像是一个经典概念的重生，是在扩展现实（XR）、区块链、云计算、数字孪生等新技术下的概念具化。1992年，美国著名科幻大师尼尔·斯蒂芬森在其小说《雪崩》中这样描述元宇宙："戴上耳机和目镜，找到连接终端，就能够以虚拟分身的方式进入由计算机模拟、与真实世界平行的虚拟空间。"

元宇宙很难描述，并非一个产品或者游戏，是还未出现的一种新的交互模式和商业生态。有人说元宇宙 = 物联网+区块链+云计算+大数据+5G/6G+超高速互联网+智能手机+虚拟现实+人工智能。最终成熟的元宇宙将有三个构成要素：用户经济、硬件和网络基础设施以及区块链技术。在元宇宙的形成过程中，三者互相作用，缺一不可（见图14-2）。

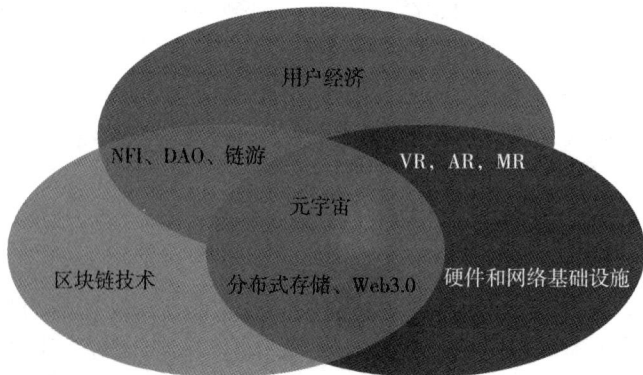

用户经济

NFI、DAO、链游

VR、AR、MR

元宇宙

区块链技术

分布式存储、Web3.0

硬件和网络基础设施

图14-2　元宇宙的构成要素

互联网经济的核心是用数字技术满足用户的各种需求，这里包含休闲放松的需求、便捷社交的需求、高效办公的需求、获取知识的需求等。硬件和网络基础设施是元宇宙实现的支撑，这方面的驱动力一是来自于 VR、AR、MR 等技术和脑机接口技术的进步，二是来自于互联网数据传输、数据处理、数据存储技术的革新。VR、AR、MR 技术如今被视作未来元宇宙的入口，这些技术的主要推动者仍然是互联网科技巨头。VR、AR、MR 技术的主要区别如表 14-1 所示。

表 14-1 VR、AR、MR 技术的主要区别

	虚拟现实 VR	移动端增强现实 AR	头衔增强现实 AR	混合现实 MR
显示可见	否	可	可	可
体验方式	沉浸式	手机屏	投射式	融合式
活动范围	固定或有限	不适用	固定	无限
运算性能	移动-桌面	移动	桌面	移动
适用场景	商场投币娱乐 VR 影片欣赏	小游戏 移动应用	专业领域	商业领域
典型人群	大众消费者	大众消费者	专业技术人员	企业工作者

区块链技术作为元宇宙的驱动力，是元宇宙能够实现的核心要素。区块链本质上是一个去中心化的互联网数据库，凭借加密算法的力量，区块链技术用数学的方法为人们提供了一种新的信任和协作机制。

在技术演进和人类需求的共同推动下，元宇宙场景的实现和元宇宙产业的成熟只是一个时间问题。作为真实世界的延伸与拓展，元宇宙所带来的巨大机遇和革命性作用是值得期待的。

文化旅游业如何通过技术平台的黏连实现虚拟空间与现实空间的对接，使旅游者获得前所未有的体验，需要目的地文化旅游部门以及相关企业密切跟踪技术发展的步伐，使之与时俱进，保持技术的先进性与时尚化水平，避免被技术淘汰。

（二）5G 技术

5G 技术广泛应用于云计算、大数据、物联网、智慧旅游等行业。5G 具有高速度、泛在网、低功耗、低时延、万物联网、重构完全体系等特点，基于 5G 网络的大规模高速网络可以在更大范围内于多种传输任务中实现更高性能的业务性能。在文化旅游业中，5G技术可以广泛运用于旅游目的地营销、旅游景区宣传、旅游者自驾旅游、智慧酒店、旅游信息反馈、主客互动等。

5G 技术使"智慧旅游"具有感知、自动反应、主动服务、辅助决策等特征，成为旅游发展与科技进步结合的世界时尚潮流，使整个产业集群化、产品开发市场化、游客游览自主化、信息反馈自动化。旅游产业在逐步发展壮大的前提下，管理的科技化水平越来越高，效益也会越来越好。5G 技术使"智慧旅游"促进旅游业信息化水平提高，有利于旅游业成为信息含量大、知识密集型的现代服务业，从而促进旅游行政管理、行业管理、联

盟管理、景区管理、旅游团队管理等迈上新的台阶。

5G 技术使"智慧旅游"为旅游者提供全天候、全景式和个性化的旅游服务，具备导游、导航、导游和导览等服务功能。它通过与交通、公安、卫生、质检等部门信息共享，提高旅游预警和应急处理能力，有效处理旅游投诉，实现更加科学的管理和决策。

（三）大数据技术

大数据技术特指对大量的用户行为数据、非结构化数据的存储和计算。"数据"是指用来记录和辨别客观事件的符号，是对客观事物的性质、状况和相互关系等的物理符号或这些物理符号的组合，这是一个可识别的抽象标志。

最原始的数据采集一般采用问卷调查的方式，由专门的调查人员，借助设计好的调查问卷，通过现场询问、测量等方式获得数据。这种方法已经沿用了 400 多年，经典的统计学、管理学理论都是建立在此之上的。非常耗费人力、时间，且准确度低。网络大数据技术是通过系统采集譬如银行、航空等交易数据与信息数据，基于这些基础数据采集，能延伸出更多数据应用，如模型类数据进行行为预测、推荐算法，画像类数据进行用户画像，等等。

互联网产品的最大优势在于 APP/小程序/H5 本身就是数字化产品。此时不但有条件记录用户的点击、登录等行为数据，而且能将用户 ID、手机号等信息整合成统一 ID，效率比依赖线下纸质单张申请的流程强无数倍；还能将视频、图片、文章等内容打标签，通过用户点击、转发次数、浏览时长，反推用户需求。

旅游目的地可以利用大数据，对旅游者的消费热点、消费特性、消费趋势进行分析，把握旅游发展方向，满足旅游者的诉求，提高旅游者的满意度和获得感。

拓展阅读及分析

成都：崛起的"智慧旅游"中心

近年来，成都文旅产业发展势头迅猛。2019 年，成都接待游客 2.8 亿人次，同比增长 15.24%；旅游总收入 4663.5 亿元，同比增长 25.6%。成都还跻身猫途鹰（TripAdvisor）"旅行者之选"中国最佳目的地榜单第四位，获得亚洲旅游红珊瑚"最受欢迎文旅目的地"奖。在迈向世界旅游名城的过程中，成都的城市吸引力进一步彰显，不断更新的"智慧旅游"成为成都吸引游客纷至沓来的重要原因之一。比利时前驻华大使、欧盟中国联合创新中心联合创始人帕特里克·奈斯赞叹说："成都在发展智慧旅游方面拥有众多优势，正成为一个具有重要影响力的智慧旅游中心。"

一、转型升级："智慧旅游"趋势更强

作为一名长期活跃在中欧外交领域的外交官，帕特里克·奈斯深知旅游对于促进国际关系的重要作用。谈到近年来全球旅游产业呈现出哪些发展趋势，帕特里克·奈斯表示："许多城市纷纷转向，改变传统旅游开发模式，在加大环境保护力度基础之上，不断发展智慧旅游。"如马德里、赫尔辛基、布宜诺斯艾利斯、迪拜等城市，纷纷加速建设"智慧旅游"城市，在完善出行、互联互通、医疗和公共安全等领域表现突出。

事实也的确如此。以广州为例，2020年"国庆黄金周"期间，广州文旅行业大力促进科技与旅游融合，打造"智慧旅游"主题活动、搭建智慧服务平台、丰富"云游"业态，助力旅游产业实现迅速复苏。

二、科技赋能：成都实现快速反弹

新型冠状病毒肺炎疫情发生以来，成都在文化旅游领域主动作为，出台措施，采取"文创通同舟行动"，大力发展"智慧旅游"，实现文旅快速反弹，为未来文旅产业高质量发展夯实了基础。

在各项政策积极推动下，成都旅游整体复苏态势良好。2020年7月，成都接待游客1800万人次，恢复到2019年同期的80%，接待人次在副省级城市中排名第一，恢复率在副省级城市中排名第二。科技赋能"智慧旅游"是成都文旅产业迅速"回血"的关键，也是未来的发展方向。

作为商务部评选的"全国示范步行街"，当前，宽窄巷子已经逐步形成"一巷一主题、一院一景"形态与业态的融合布局。在此基础上，宽窄巷子聚焦时下火热的5G示范街建设，着力打造"科技+消费"智慧旅游街区，不断提升智慧化水平，引领未来"吃住行游购娱一体化"旅游消费潮流。

全国首个5G文化旅游示范街区——成都"夜游锦江"航段也曾引来多方关注。灯光旖旎，流水潺潺，"夜游锦江"航段实现5G网络对航线和附近片区的全覆盖。这不仅让人们身临其境感受"古代东方音乐之都"的独特人文魅力，还迈出了"5G+8K"融入城市文化旅游产业的新步伐。以8K为代表的超高清视频业务，将是5G时代的重要应用之一，能够满足在赛事、演出直播、游戏等消费娱乐领域发展的需要，在生活、交通、医疗、工业能源、教育等领域具有广阔的前景。

三、历史底蕴：成都打造"智慧旅游"的天然优势

作为欧盟中国联合创新中心联合创始人的帕特里克·奈斯对成都有着长期观察。他认为："成都在高新科技与传统旅游结合领域发展得非常迅速，这里汇聚了大大小小的科技公司，数字化趋势非常明显。跟新加坡一样，成都吸引着来自全球各地的优质要素，不断迈向一个具有重要影响力的智慧旅游中心。"

除科技优势外，帕特里克·奈斯认为，成都拥有悠久的历史文化传统，这是成都打造"智慧旅游"的天然优势。他说："成都可以从传统文化中获取给养，转变原来旅游业粗放发展方式和管理方式，深入挖掘文化元素的同时，不断提升城市治理服务水平。"

"智慧旅游"城市发展的根本目的，就是为城市居民和游客提供高效能、智慧型、人性化城市服务，旅游城市需要不断提升城市治理和服务水平，不断为世界旅游发展提供更多具有本土文化特征的旅游产品，才能实现旅游业长远健康发展。

资料来源：成都：崛起的智慧旅游中心［EB/OL］．［2020-11-01］．http：//sc.pe-ople.com.cn/n2/2020/1101/c379471-34386827.html.

分析：现如今，"智慧旅游"是目的地发展的一个必然趋势。通过高新科技，旅游目的地可以优化景区管理，创造出多元化的旅游产品，增强旅游项目的交互性，给旅游者带

来更加深刻的旅游体验。有时对同一景区同一景点，旅游者不仅可以身临其境，还可以"云旅游"，享受现实景观与虚拟视角的切换带来的别样体验。在旅游服务上，由于"智慧旅游"的引入而呈现出便捷化、流畅化、人性化的特点，从购票到景区内部服务，以及最后的体验反馈，实现无障碍一条龙服务。

总体来看，"智慧旅游"的发展程度，体现了旅游目的地城市的发展水平，这直接影响旅游服务水平和目的地的竞争力大小。"智慧旅游"发展的背后是各旅游目的地科技和人才的较量，涉及高科技产品的运用、数据库的建立、管理理念的创新、高端科技人才和旅游人才的引进等。因此，"智慧旅游"需要政府牵头进行宏观指导和政策支持，需要政府和企业相互配合，找准定位，共同助力"智慧旅游"的发展。

章后思考题

1. 什么是"智慧旅游"？
2. "智慧旅游"有哪些内涵？
3. "智慧旅游"的依托技术有哪些？
4. "智慧旅游"的基本功能有哪些？
5. "智慧旅游"的总体框架是什么？
6. "智慧旅游"与数字旅游有什么异同？
7. 如何建设智慧景区？
8. "智慧旅游"有哪些具体运用？
9. "智慧旅游"有哪些发展趋势？
10. 应该如何提高"智慧旅游"的整体水平？

本章推荐阅读材料

[1] 贾帝许·N.谢斯，阿普杜勒扎·艾希吉，巴拉奇·C.克里士南. 网络营销 [M]. 喻建良，译. 北京：中国人民大学出版社，2005.

[2] 张凌云，黎巎，刘敏. 智慧旅游的基本概念与理论体系 [J]. 旅游学刊，2012，27（5）：66-73.

第十五章
旅游目的地研学旅游开发管理

本章 PPT

📖 **本章主要内容**

本章主要介绍研学旅游的发展过程、发展现状、开发方向、管理重点等。读者主要应该掌握研学旅游开发的主要内容、理解研学旅游管理的核心。

案例及思考

福州开启"夏一站，趣福州" 2020 年研学旅游季

每年暑假都是研学旅游旺季。2020 年受新型冠状病毒肺炎疫情影响，研学线路只能选择国内游或者周边游。随着国内跨省（区、市）团队游恢复，来福州（榕城）旅游的游客大幅增加，研学游也持续升温。2020 年暑假，福州市文化和旅游局开启了为期一个月的"夏一站，趣福州"2020 年福州研学旅游季，得到各方的积极响应，同时配套举办相关活动，进一步催热了福州研学旅游，促进了当地全域旅游发展，让"有福之州幸福之城"品牌叫得更响。

一、搭建平台为研学市场拓宽路径

每年暑期，许多家长为了让孩子度过一个充实而有意义的假期，都会选择报名参加研学旅游，不断开拓孩子的视野。

2020 年 8 月 1 日上午，由福州市文化和旅游局主办的"夏一站，趣福州"2020 年福州研学旅游季在永泰欧乐堡海洋世界正式启动，并推出了 30 个研学旅游点，30 条亲子自驾游线路，充分满足市民游客研学旅行需求。活动时间从 8 月 1 日持续至 8 月 31 日，为期一个月。

据了解，此次推出的 30 个研学旅游点有知识科普类型的福州罗源湾海洋世界、海峡（福州）大熊猫研究交流中心等；有自然观赏类型的闽侯龙台山生态园、永泰三状元油茶研学实践基地等；有文化研学类型的福州三坊七巷文化景区严复翰墨馆、中国船政文化景区、福州林则徐纪念馆等。这些研究旅游点涵盖了知识科普、自然观赏、文化康乐等研学旅行主要类型，可以满足各类研学团体的需求。

在 30 条亲子自驾游线路中，主题也是十分丰富多元。有"慢生活，诗意民宿之旅""迎世遗，古厝风情之旅""去赶海，滨海度假之旅""手牵手，亲子欢乐之旅""露营去，夏夜观星之旅""文艺范，闽都文化之旅""醉民俗，畲乡风情之旅""夜福州，魅力榕城之旅""森呼吸，清凉避暑之旅""品福果，生态采摘之旅"等。

为进一步提振市场信心，激发市场活力，促进文旅消费，经福州市政府同意，福州市文化和旅游局将《关于促进文旅消费的七条措施》的部分奖励措施延续到 2020 年底。

其中，鼓励旅游企业积极拓展旅游市场，招徕游客来榕旅游，2020 年 4 月 15 日至 2020 年底，本市旅行社通过组织外地游客（福州辖区以外）在福州市参观 1 家 A 级收费旅游景区（点），并在福州住宿 1 晚及以上的，入住星级饭店、温泉景区（含 A 级旅游景区配套住宿），住宿一晚到三晚的，将按 40 元/人、60 元/人、80 元/人奖励；对旅行社组织来榕专列旅游，每列游客达 500 人次及以上的，按 5 万元/列的标准给旅行社奖励。以上单项奖励单个旅行社最高不超过 50 万元。

同时，鼓励"福州人游福州"，挖掘本地旅游潜力，2020 年 4 月 15 日至 2020 年底，对旅行社组织福州本地游客参加福州市文化和旅游局推荐的乡村旅游线路、乡村旅游精品示范村、福州古厝游等旅游活动的，按 5 元/人标准给旅行社奖励。单个旅行社最高奖励不超过 10 万元，以进一步推动福州市文旅市场加快复苏振兴。

二、多方响应合力做"热"研学市场

随着研学旅游季的启动，福州旅游界也迎来了旅游复苏的重要机遇，许多景区、旅行社纷纷抓住机遇，结合自身实际，推出各式研学旅游产品和相关服务。许多旅行社相关负责人表示："十分看好福州的研学旅游市场，尤其是温泉养生和乡村亲子两大主题，非常适合疫情防控常态化下游客的研学需求。"

为了做大研学游市场，福建省旅游有限公司专门成立了研学主题项目小组，创新推出了"智创未来·STEAM 创客主题营""大国工匠·桥梁工程主题营"等产品，学员们可以学习智慧机器人编程、参与 3D 打印、百造饰品、陶艺泥巴艺术等创客工坊体验，还有搭建木之穹顶等创客思维实践以及团建等活动；推出"探寻人与海洋共生之美"的福建生态研学产品，吸引学员们探寻海洋的奥秘，以挚美之心守卫蓝色海洋。

"我们推出这些研学产品，旨在开拓学员们的视野，提升他们的创新思维，为他们以后的人生职业规划起到指引作用。"福建省旅游有限公司总经理叶霜红表示。为了做好出行防护，公司提前备好口罩等防护用品，对出团车辆进行每日消毒，同时分散就座，严格筛选入住酒店，用餐实行分餐制等，为学子们提供了温馨的研学旅游环境。

此外，福建中旅旅行社推出了海丝精灵谷亲子研学体验官自驾一日游、罗源福湖文化村畲山水汽车一日游、连江"赶海一号"滩涂赶海一日游；福建青旅国际旅行社推出了闽越民俗文化之旅、福州古厝经典两日游、名人故居一日游、福州马尾船政文化罗星塔一日游；福建省环球国际旅行社推出了东湖小镇琅岐采摘一日游；福建省假期旅行社推出了长乐九龙山景区象鼻澳网红沙滩一日游；福州市文投国际旅行社推出了船游晋安河活动；福州建发国际旅行社推出了福州三坊七巷鼓岭鲤鱼洲度假三日游等产品。

与此同时，各大旅游景区也纷纷推出相关研学产品。福州欧乐堡海洋世界景区相关负责人说："为了吸引更多学子来研学，欧乐堡海洋世界采用'专家讲解+社会实践+全科体

验+智慧启迪+道德感悟+景点游历'相结合的教学模式，让学生们近距离亲近自然、感知生命。"

据介绍，景区还成立了专业课程研发团队，有研学旅行指导师、专职讲师等；注重完善研学配套设施，景区内可满足3000余人同时进行科普讲座和观摩活动；特色主题餐厅可供1000人同时用餐，还配套了可同时容纳1000人入住的福州欧乐堡海洋科普研学基地；为了营造安全稳定的研学环境，每次研学活动前景区都提前部署、充分做好各项安全预案，开展全员应急演练，景区切实把旅游安全放在第一位。

为催热福州暑期旅游市场，丰富青少年暑期文旅生活，福州市文旅部门还联合全市旅游企业推出30条特价研学游线路，直接让利游客，减少游客门票和线路支出费用。

三、活动精彩开心研学"乐享福州"

研学旅游季期间，福州市还推出了30个暑期文旅配套活动，包括"福州十大网红打卡点评选"活动以及"十里古厝赏非遗"等系列文化惠民演出，为市民和游客献上文化旅游盛宴。

福州市是国家历史文化名城、海上丝绸之路发祥地之一，这里人文底蕴深厚，孕育了三坊七巷文化、船政文化、昙石山文化等，拥有鳌峰坊、南公园、烟台山等15个特色历史文化街区。研学旅游季期间，福州市举办了"承遗风传薪火""古厝非遗""十里古厝赏非遗""鹊桥会七夕情"等文化惠民演出以及"乌塔书场""八旗书场""白塔书场"等公益惠民演出，吸引更多游客来福州感受浓浓的闽都文化。

与此同时，全市各旅游单位也纷纷推出系列研学活动，三坊七巷历史文化街区推出"坊巷研学·古厝记忆"中小学生夏令营，在百年院落中了解古厝文化、名人故事，体验非遗手作；朱紫坊历史文化街区举办古厝微电影研学活动；琅岐阡陌农庄举办"践行农耕文化拥抱自然健康"研学活动（三天两夜），可以体验农耕实践，加强农耕文化认知，开展休闲娱乐活动；索佳艺陶瓷文创产业园每周六举办"非遗小传人"研学活动，每周日举办"非遗小传人"户外课堂，开展非遗艺术研学活动；中国船政文化景区举办"我们都是'船承人'——探寻船政工业遗产之美"一日研学活动，积极组织开展研学旅游活动，让学子们在学中游，寓教于乐。

资料来源：福州开启"夏一站，趣福州"2020年研学旅游季［EB/OL］．［2020-08-27］．http：//www.ctnews.com.cn/rcjy/content/2020-08-27/content_83941.html.

思考：什么是研学旅游？作为旅游企业或者旅行社应该如何更好地抓住研学旅游兴起的契机，实现市场的快速扩张？

第一节 研学旅游的发展

研学旅游（教育部门称为研学旅行，本书把两个概念混同使用）的主体是学生群体（本书聚焦于学生群体，实际上研学旅游包括所有旅游者），与其他旅游类型不同，研学旅游是学生集体参加的有组织、有计划、有目的的校外社会实践活动。那么什么是研学旅游？研学旅游的主要形式是什么？旅游企业应该如何抓住这个契机，实现企业的跨越式发展？

一、研学旅游的概念

就目前而言，对于研学旅游的概念和定义有多种说法。我们认为，可以从狭义和广义的角度给研学旅游下一个定义。狭义的研学旅游是学生在学校和老师的组织下，通过集体旅行和集中食宿的方式，以课程为核心，以认知为目标，带领学生到社会上进行考察、调研、参观、学习的一种旅游活动。研学旅游达到了课本知识与实践知识结合起来的目的，开阔了学生视野，增强了学生实践能力，把课堂教学移动和拓展到社会领域，通过社会的资源和力量拓宽了学生的培养途径。广义的研学旅游即学习型旅游，以学习、考察、培训为目的的旅游就是研学旅游，无论哪个年龄段、哪种职业的人，都有成为研学旅游者的可能。本书采用的研学旅游的概念主要是从狭义的角度进行分析和研究的。

与传统教学模式相比，研学旅游打破了单一的课堂教学模式，将认知学习与实践体验紧密结合，引导学生走近大自然、考察大自然、了解大社会，弥补学校教育和课堂教学的不足。研学旅游有三个方面的特殊属性：第一，研学旅游属于教育投资，较少受经济波动的影响；第二，研学旅游的主体是学生；第三，研学旅游具有一定的目的性和计划性，研学旅游的决策者是教育部门和学校，而不是学生。

研学旅游的重点是"研"和"学"，是"研学+旅行"，是"教育+旅游"，是基于研学的旅行，是教育与旅游的一次亲密接触，是两者深度跨界融合的产物。研学旅游是推动素质教育的杠杆，是传统教学方式的创新，研学旅游不同于一般意义上的旅游，它要做到全科育人、全程育人、全员育人，实现育全人的价值追求，因此研学旅游必须课程化。

二、研学旅游的提出和演变

2013年2月2日国务院办公厅印发《国民旅游休闲纲要（2013—2020年）》。《国民旅游休闲纲要（2013—2020年）》中明确提出："在放假时间总量不变的情况下，高等学校可结合实际调整寒、暑假时间，地方政府可以探索安排中小学放春假或秋假"，并提出了要"逐步推行中小学生研学旅行"以及"鼓励学校组织学生进行寓教于游的课外实践活动，健全学校旅游责任保险制度"。研学旅行被首次提出，国内学术界对研学旅游的关注日渐密集，同时与研学旅行有关的投资、开发和经营活动也与日俱增。2015年国务院办公厅发布《关于进一步促进旅游投资和消费的若干意见》，提出"支持研学旅行发展"。

为了中小学生的身心健康发展，国家大力支持研学旅行，近年来发布多项重要文件，要求为学生创造更丰富的研学旅程，创造更安全的研学环境。

2014年8月21日国务院发布《关于促进旅游业改革发展的若干意见》，首次明确了"研学旅行"要纳入中小学生日常教育范畴，"按照全面实施素质教育的要求，将研学旅行、夏令营、冬令营等作为青少年爱国主义和革命传统教育、国情教育的重要载体，纳入中小学生日常德育、美育、体育教育范畴，增进学生对自然和社会的认识，培养其社会责任感和实践能力。按照教育为本、安全第一的原则，建立小学阶段以乡土乡情研学为主、初中阶段以县情市情研学为主、高中阶段以省情国情研学为主的研学旅行体系"。

2016 年 12 月 19 日教育部等 11 部门联合颁布《关于推进中小学生研学旅行的意见》，该意见明确中小学生研学旅行是由教育部门和学校有计划地组织安排，通过集体旅行、集中食宿的方式开展的研究性学习和旅行体验相结合的校外教育活动，是学校教育和校外教育衔接的创新形式，是教育教学的重要内容，是综合实践育人的有效途径。开展研学旅行，有利于促进学生培育和践行社会主义核心价值观，激发学生对党、对国家、对人民的热爱之情；有利于推动全面实施素质教育，创新人才培养模式，引导学生主动适应社会，促进书本知识和生活经验的深度融合；有利于加快提高人民生活质量，满足学生日益增长的旅游需求，从小培养学生文明旅游意识，养成文明旅游行为习惯。

2017 年 11 月教育部发布《第一批"全国中小学生研学实践教育基地或营地"公示名单》，正式官方公示了研学旅行示范基地。

2017 年教育部发布《中小学综合实践活动课程指导纲要》，进一步明确了研学旅行的具体实施方向和细则。

2019 年文化和旅游部人才中心组织有关专家制定了《研学旅行指导师职业能力等级评价标准》，为评价文化和旅游人才提供科学、规范的依据。

2020 年 3 月 20 日中共中央、国务院发布《关于全面加强新时代大中小学劳动教育的意见》，就全面贯彻党的教育方针，加强大中小学劳动教育进行了系统设计和全面部署。

2020 年 6 月 3 日教育部公布了普通高中课程方案和语文等学科课程标准，方案明确：劳动为必修课程，共 6 学分，其中志愿服务为 2 分，学生在课外时间进行，3 年内不少于40 小时；体育与健康的必修内容必须在高中三学年持续开设。

三、研学旅游的发展现状

随着国家一系列鼓励研学旅游政策的发布，研学旅游市场发展迅速，呈现出如火如荼的趋势。

（一）大势所趋，扶持力度大

2013 年以来，国内关于研学旅游的政策发布得日渐密集。多重利好助推研学旅游市场的蓬勃发展。其中 2016 年 12 月，教育部联合国家发展和改革委员会等 11 部门发布《关于推进中小学生研学旅行的意见》，指出中小学生研学旅行是由教育部和学校有计划地组织安排，通过集体旅行、集中食宿的方式开展的研究性学习和旅行体验相结合的校外教育活动。根据《关于推进中小学生研学旅行的意见》，一般情况下，学校每学年组织安排 1~2 次研学旅行活动，每学年合计安排研学旅行活动：小学 3~4 天、初中 4~6 天、高中 6~8 天。

《关于推进中小学生研学旅行的意见》提出各地可采取多种形式、多种渠道筹措中小学生研学旅行经费，探索建立政府、学校、社会、家庭共同承担的多元化经费筹措机制。交通、铁路、文化、旅游等部门通过执行儿童票价、减免门票等方式支持研学旅行。

鼓励通过社会捐赠、公益性活动等形式支持开展研学旅行。其中政府方面主要是通过财政教育经费的形式进行补贴。

近些年国家各部门包括教育部、文化和旅游部等密集出台相关政策支持研学旅游的发展，2017 年 10 月，教育部印发《中小学德育工作指南》要求组织研学旅行，把研学旅行纳入学校教育教学计划。

（二）基数庞大，发展空间无限

目前，全国共有各级各类学校 53.01 万所，各级各类学历教育在校生 2.82 亿人，其中义务教育阶段学校 21.26 万所，招生 3507.89 万人，在校生 1.54 亿人，专任教师 1001.65 万人。普通小学 16.01 万所，在校生 10561.24 万人，小学学龄儿童净入学率 99.94%。据预测我国研学总市场将近 1500 亿元，研学旅游市场被视为未来旅游投资的十大重要领域之一，以研学旅游为代表的体验式教学活动需求日益增长，市场潜力不可估量。

（三）研学旅游产业链逐步完善

在各种政策以及市场的驱动下，越来越多的旅游企业开发研学旅游产品，并且设立了专门的研学旅游机构。在中小学里出现了研学导师等新兴职业。其他与旅游相关的产业也在拓展自身产品的功能，向研学旅游靠拢，如乡村旅游区、红色旅游区、风景名胜区、国家地质公园、国家森林公园、科技馆、博物馆、规划馆等。研学旅游的产业链越来越长，越来越受到各方的重视，研学旅游产业链逐步完善。

四、研学旅游的作用

研学旅游发展的时间不长，但是目前受到了多方的高度重视，说明研学旅游具有在学校里课堂教学无法比拟的优势和作用。

（一）研学旅游是推进素质教育的重要途径

研学旅游是素质教育发展与课程改革进一步深化的结果。往常的中小学教育常常被排斥在现实生活和科学知识之外，即学生在书本和课堂上所学的知识是二手的，也就是教材编写者把他人创造出来的既定知识编写出来，换句话说都是"死的"知识，学习的内容都掌握在他人的手中，学生被排斥在"知识"之外，导致学生片面发展，学校教育失去了生机与活力。研学旅游的开展和研学实践与学校课程有机融合，能让中小学生在研学旅游中化被动为主动，同时将社会教育、学校教育、生活教育紧密联系在一起，在实践中提高学生的自理能力、认知能力和实践能力，在研学旅游的社会"课堂"中实现素质教育。

（二）研学旅游是教育科学化的必然要求

2016 年教育部等 11 部门发布《关于推进中小学生研学旅行的意见》，此举推动了研学旅行的发展，但是目前我国研学旅游还处于起步阶段，研学旅游的科学化设置依然处于初级阶段，相关的制度还不完善。与此同时，研学旅游市场的同质化、浅层化、单一化的问题较为严重，并不能满足国家对中小学生综合素质教育的要求。因此，必须将研学旅游纳入中小学课程体系之中，进行总体设计，周密安排，以推进研学旅游走向科学化。只有将研学旅游科学化，才能进一步明确与规划开设的根本目的，提升学生生存、生活的适应能力，进行综合性和深度的学习。只有从课堂走向社会生活，学生才能将学习到的科学知识与鲜活的社会生活世界统一起来，做到"知行合一"，将认知过程与社会生活体验联系起来，真正地发挥学生主体作用，保证教学内容的科学性和学习方式的科学化。

(三) 研学旅游是教育实践化的有效保障

只有当研学旅游纳入中小学生教育体系，出现在中小学生的学习课表上，研学旅游才会真正引起学生、家长、老师、学校、地方教育部门的重视。研学旅游各方的主体才会积极主动地参与和配合研学旅游的开展和实施。研学旅游涉及面广，需要考虑与协调的事务多，需要相关部门密切配合，需要给予一定的人力、物力、财力等方面支持。由于各种客观条件的限制，如经费问题、安全问题、基地问题、思维问题等，研学旅游会遇到一些障碍。研学旅游需要按照学校课程设置与教学的要求配备专业化的教师进行教学与指导，需要建立起固定的研学旅游基地，保障研学旅游实践基地无障碍，共同承担起中小学生教育责任与义务，使研学旅游得到政府、学校与相关部门的相互配合。

(四) 研学旅游是理论与实践结合的主流模式

研学旅游是根据教育行政部门的规定在中小学实施的综合实践活动课程。学校必须根据学生不同年龄特点、不同地区和学段素质教育的需求，制订学校、学段、学期实施研学旅游课程计划。目前市面上更多的研学旅游产品仍以集中体验、观光为主，弱化了研学旅游的教育意义，导致研学旅游趋于形式化、同质化、浅层化，因此在未来的研学旅游产品设计中定制化的内容愈加重要，突出不同年纪、不同学科的特点进行设计，避免将研学旅游变为盲目的放羊式旅游活动。研学旅游必须真正做到学校教学与实践教学、理论教育与实践教育密切结合起来，使之成为主流模式。

(五) 研学旅游是提高教学质量的重要途径

研学旅游产品的同质化、浅层化、单一化严重影响教学质量，既影响学生对研学旅游的评价，又会严重影响研学旅游的发展。通过定制化研学旅游产品，分科教学，将会有效提高研学旅游的质量和学生的满意度，同时优化研学旅游行、住、食、学全过程，减少研学旅游中的"枯燥化、无趣性"，让中小学生在研学旅游中主动学习，更好地认知课本知识、了解民族历史文化、提高综合素质，真正做到"读万卷书，行万里路，知万种理"。

五、研学旅游的特点

研学旅游既是旅游，又是研学，具有旅游与教学的双重特点，必须把两者有机结合起来，才能够发挥应有的作用。一般来说，研学旅游具有以下四个方面的特点：

（一）研学旅游课程化

《关于推进中小学生研学旅行的意见》中提出了要将研学旅游纳入中小学教育教学计划中，各中小学要结合当地实际，把研学旅游纳入学校教育教学计划，统筹考虑综合实践活动课程，促进研学旅游和学校课程有机融合。

研学旅游课程化就是将研学活动课程化、规范化，要基于学生年龄层次、年级层次的差异开发具体的课程模块。研学旅游课程是学校教育的有益补充，研学课程比普通学科课程内容更为丰富，教学方式更为多样，学生的接受度较高，并且学生的接受面较广，因此各研学机构应当将研学旅游纳入符合中小学生教育教学的计划中，促进中小学生"德智体美劳"全面发展。

研学旅游课程化将改变研学旅游的无序状态，将研学课程并入学校课程，按照分级分科的方式进行细分，为各年级、各学科的学生带来个性化的课程体验，提高研学旅游的体验性和实践性，让学生们在研学中发展、在发展中实践。

（二）研学旅游定制化

研学旅游定制化是为中小学生的研学旅游提供专业化、差异化、递进化的分级分科定制化产品，使之更具教育意义的新服务并创新研学旅游的新形式。分级分科递进的定制化研学旅游产品的出现将会有效提高研学旅游满意度，优化研学旅游行、住、吃、学等全过程，减少研学旅游中"形式化、低层次"的活动形式，让中小学生在研学旅游中化被动为主动，做到"知行合一"，真正做到"读万卷书，行万里路，知万种理"。

（三）研学旅游兴趣化

研学旅游需要"寓教于乐"，增强趣味性才能够引起学生的重视。因为中小学生年龄小，对大千世界充满好奇心，研学产品必须满足他们的这种好奇心。针对不同的年龄层次、接受能力、课程特点，设计不同的研学产品，使学生在体验、学习的过程中获得趣味性，在快乐中获得社会知识、在体验中掌握自然规律、在学习中增长见识。研学旅游不同于课堂和实验室教学，学校的空间有限、环境最多也仅仅是仿真，而社会环境和自然环境空间巨大，事物本真，在旅游中需要注意"研"和"学"，也就是带着问题进行研习，带着好奇进行学习，带着思考进行求证。

（四）研学旅游操作化

研学旅游要注重实际的操作，要让学生积极参与其中，使他们有动手的机会、动脑的机会、动口的机会、表达的机会，而不仅仅是静静地看和听，如果以严肃或者眼看手莫动的形式来开展研学旅游的话，很难获得好的效果。研学旅游产品需要注重互动性、体验性、参与性，甚至是"破坏性"，让学生去破坏一些价值轻微的实物，使学生体会"失去便无法恢复"的道理，以此类推，有些事情恰恰相反，是绝对不可以"试试"，如水和火，不会游泳的学生在没有安全防护的前提下绝对不能够到江河湖泊游泳，用火必须要注意安全，真正体会"水火无情"的道理。

第二节　旅游目的地研学旅游的开发

研学旅游对旅游业来说是一个巨大的市场。旅游目的地需要把握好研学产业链的发展规律，做好研学基地创建、研学课程开发、研学导师培训、全时空研学等的开发工作。

一、基地创建

研学旅游是学校教育与校外教育和旅游机构衔接的创新形式，是教育教学的重要内容，是综合实践育人的有效途径，所以旅游行业应该以中华民族优秀传统文化、红色革命基因、现代科学技术和自然生态教育作为研学旅游的主要内容，面向中小学生开展社会实践和校外科研实践活动。充分利用全世界、国家或省区市级相关部门命名的各类文化和自然遗产、教育基地、传统村落、特色小镇、美丽乡村、生态保护区、动植物园、博物馆等，市级中小学生综合实践基地、劳动基地和研学旅游基地，市级及以上设立的博物馆、艺术馆、科技馆等，高等院校、科研院所、大中型企业，非物质文化遗产、传统手工艺制作坊、田园综合体等，开发创建研学旅游基地。

研学旅游基地需要设计鲜明的主题，符合旅游景区规范化管理的要求，产品需要具备提高学生综合素质培养目标的功能，能够开设与中小学校教育内容相衔接、学习目标明确、主题特色鲜明、课程体系完整的分层、分类、分科的研学实践课程。

研学旅游基地需要具备一些硬性指标：一是较好的接待条件。原则上能够同时容纳200人以上中小学生的食宿条件，有运动场所，能够提供医疗服务，有多媒体教室或实验室，能为中小学生集体研学实践活动开辟"绿色通道"。二是配备专业的持证研学导师。负责对接中小学生研学教学与实践工作，能够面向中小学生群体进行系统而专业的课程讲解和实践指导服务。三是收费公平合理。研学实践项目收费要低于同期学生票价和旅游团队票价，收费标准向社会公开。四是环境安全保障。符合公共场所安全、卫生的基本要求，安全保障措施完备，安全设施设备运作良好，整体通过消防验收，有监控设备，没有可能危及人身安全的死角、区域或其他隐患。五是管理信息系统。具有营业执照，开设有网站或公众微信号，常态化公开开放时间、研学主题、适龄学生、联系方式等信息；有信息管理系统等。

二、课程开发与设计

研学课程开发是研学旅游的重中之重，研学旅游的课程既要与教学计划相吻合，又要有所区别，重点在于对社会发展规律的认知、对实践行为的认知、对科学技术的憧憬等。研学旅游课程是能够测量和评价的，而不是模糊的，因此研学课程开发设计是研学旅游的基本前提。

（一） 研学课程开发与设计的重要性

研学旅游活动必须围绕研学课程目标来进行和展开。首先，研学课程支配研学实践活动的内在规定性，起着支配和指导研学过程的作用；其次，它是研学旅游导师进行研学课程教学设计的基本依据和遵循；再次，研学课程目标是培养学生的创新精神和实践能力；最后，研学旅游课程必须能够帮助学生积极主动学习，这是研学旅游的本质属性。

（二） 研学课程开发与设计的作用

研学课程开发总结起来主要有三个作用：第一，导向作用。要保证研学旅游目标和方向的正确性，研学课程必须做到目标明确而具体，本身没有含糊不清之处，没有不好理解的地方；引导研学旅游导师正确理解研学课程的具体要求；引导研学主体即学生明确研学的目标和要求分别是什么。第二，激励作用。合理的研学任务必须与学生的实际情况相吻合，与学生所处的年级、课程相吻合，不能够超越学生的实际接受能力，要让学生有兴趣学习，使学生认识能力和动手能力获得提升。课程开发既要达到研学的目的，又要起到激励学生主动学习的作用，所以研学课程要分析学生的学习心理、接受能力，充分调动起学生学习的积极性，并且还要设立一些奖励措施，及时奖励成绩好的学生，使学生对研学旅游充满激情。第三，标准作用。即为研学旅游提供评价标准。研学效果评价需要准确评判研学活动是否达到了预期的目标，以及在多大程度上达到了预期的目标；授课效果评价能够评价研学旅游导师授课的效果，以及评判质量的高低。研学课程创新评价能够评价研学课程在多大程度上有所创新，以及创新给研学旅游带来的影响。

三、研学旅游课程定制化设计的主要步骤

（一） 定制化调查设计阶段

学生是研学旅游的主体，学校的管理层和教师是研学旅游的相关责任人。研学旅游的课程设计应该是校方、研学机构、旅游机构三方共同配合：首先，要吃透教材；其次，全面掌握学生的需求；再次，定制化设计研学旅游课程；最后，根据学校的地理位置和交通条件，选择研学旅游线路要根据学生的年龄由小到大、由近而远。

（二） 定制化分级分科的原则

研学旅游课程定制化设计就是在分年级、分科目、分学生特点即个性化的基础上，尽量做到"量体裁衣"。研学旅游承办方应根据主办方要求，紧密结合不同学段特点、教育目标和地域特色，多层次、分梯度、多维度地设计研学旅游产品。将研学旅游和学校课程有机融合，要精心设计研学旅游活动课程和研学线路，做到立意高远、目的明确、活泼生动、学习有效，要深化中小学生的社会规则体验、国家认同、文化自信，初步体悟个人成长与社会进步、国家发展与人类命运共同体的关系，使之具有中国特色社会主义共同理想和国际视野，让他们在研学旅游中化被动为主动，避免"只旅不学"或"只学不旅"现

象。具体来说研学课程的内容要做到"1+5","1"指的是以课程为指导,"5"指的是有主题、有目标、有组织、有过程、有收获。

在这里要特别强调,研学旅游不是传统意义的"学生秋游""学生夏令营",这些是一种旅游方式,没有或很少与教学内容结合起来,尤其是不分年龄大小和科目,基本上是千篇一律。现今的研学旅游必须避免这些"秋游的旧瓶装进研学旅游的新酒",否则会对中小学的教学质量造成不应有的损害。

(三) 定制化研学旅游目标的设计

学校教育的根本任务是立德树人,提高学生学习能力和综合素质,因此研学旅游的课程目标是培养学生的思想品德和锻炼的实践能力,让学生在研学之余学会为人处世之道。具体的目标体现为考察学生的课程知识延伸、学生的团队合作能力、学生的实践能力、学生的交往能力等。

(四) 定制化研学旅游内容设计

定制化研学旅游内容设计突出课程导向、年龄导向、兴趣导向、问题导向、素质导向,以课程导向为核心,以年龄导向为特点,以兴趣导向为手段,以问题导向为原则,以素质导向为目标,驱使研学导师注重实践性,指导学生发挥主观能动性,最终实现研学旅游的任务。

以下为不同学科的研学旅游内容设计案例。

1. 地理课程类

地理类研学旅游内容包括地理位置与地名、地理要素与景观、地理环境与地理标志、人地协调系统、地理地貌审美等方面。借助 GIS 地理信息技术、北斗导航、百度地图、指南针等工具,依托自然和人文地理环境,通过实地观察、科学实验、社会调查等形式,探究地质地貌、土壤土质、河流水文、道路交通、动物植被、气象气候等自然要素,人口、聚落、社会、文化、经济等人文地理事象,进而准确了解和把握人地关系是否和谐,土地利用是否可行等问题。通过地理类研学旅游课程使学生认识到理论与实践相结合的重要意义,进而培育学生的自然观、世界观、人生观、人地和谐观、地球科学观等。

2. 自然类

自然类研学旅游内容包括欣赏自然现象与景观、自然资源与灾害、自然生态与规律等方面,主要体现地理、生物、科学、化学等学科在研学旅游中的作用。借助生态、林草、地质、水利等学科研究方法,依托自然保护区、风景名胜区、地质公园、湿地公园、水利风景区等自然保护地,深入了解自然环境与人类发展的相互关系,进而宣传保护环境的理念,构建学生的科学精神。

3. 历史类

历史类研学旅游内容主要包括历史遗迹、文物与非物质文化遗产、历史聚落、纪念场所等方面,主要体现历史、政治、社会、语文、地理等学科在研学旅游中的作用。借助历史考证、社会调研、人文探究、文艺鉴赏等方法,依托重点文物保护单位、历史遗迹、革命遗址、博物馆、纪念馆等,欣赏、体会中华优秀传统文化、哲学智慧、道德伦理、文学艺术、传统工艺、名人逸事等，培育学生热爱国家、热爱民族的精神，坚定文化自信。

4. 人文类

人文类研学旅游内容主要包括人文符号特色、经济社会发展、人居环境艺术、康体赛事运动等，主要体现语文、政治、历史、社会、地理、体育等学科在研学旅游中的作用。借助社会科学调查、人文数据统计、经济评价决策等方法，依托爱国主义教育基地、非物质文化场馆、城乡古村落、大型基础建设基地、高等院校、民族聚居地等设施与基地，重点感知中国共产党史、新中国史、改革开放史、社会主义发展史等，感悟我国社会发展所取得的巨大成就、国际地位的提升、人民生活水平的提高、脱贫攻坚战的伟大胜利等，培育学生的家国情怀、世界眼光、社会责任感等。

（五）研学旅游过程中的突发紧急情况预案设计

安全是研学旅游的生命线。中小学生正处于活泼好动的年龄，他们"敢想敢做"，很少考虑行为后果，所以必须要对中小学生进行安全教育、安全培训以及有效的约束。在出行前，必须制订并分发包含突发紧急情况预案的《出行安全手册》，还要对学生进行安全演练培训，演练可能发生的突发紧急情况以及正确的处置方法。

（六）评估阶段

研学旅游课程设计初步完成后，需要对其具体实施的可行性以及预期效果进行评估。评估涉及的内容至少应该包括：研学旅游基地的接待能力评估；研学旅游基地的安全保障评估；研学旅游过程的质量监控评估；研学旅游过程的操作系统评估；研学旅游过程的课程种类评估；研学旅游过程的体验指数评估；研学课程结束后的效果评估；研学课程结束后的社会声誉评估。这里的评估不是整个研学旅游基地从建设到教学过程状况的评估，而仅仅是课程设计及其实施的评估。

四、研学导师开发

2016 年原国家旅游局发布的《研学旅行服务规范》（LB/T054—2016），提出在研学旅行承办方人员配置中"应至少为每个研学旅行团队配置一名研学导师，研学导师负责制订研学旅行教育工作计划，在带队老师、导游员等工作人员的配合下提供研学旅行教育服务"。

2019 年 3 月 1 日实施的《研学旅行指导师（中小学）专业标准》是一项行业标准，由中国旅行社协会、高校毕业生就业协会、中国旅行社协会研学旅行分会、浙江旅游职业学院等负责起草。该标准是研学旅行指导师实施研学旅行教育活动的基本规范，是引领研学旅行指导师专业发展的基本准则，是研学旅行指导师培养、准入、培训、考核等工作的重要依据。

2020 年全国共有小学 15.80 万所，在校生 10725.35 万人，小学专任教师 64.42 万人，全国共有初中 5.28 万所，在校生 4914.09 万人，初中专任教师 386.07 万人，全国高中阶段 2.44 万所，在校生 4127.80 万人，其中普通高中共有专任教师 193.32 万人。小学开设的主要课程有语文、数学、英语、音乐、体育、美术、科学、心理健康、科学实验、信息技术，共 10 门，假若每一门课配备 2 名研学导师，每所学校就是 20 名，15.80 万所小学就需要 316 万名导师。初中与高中开始的主要课程有语文、数学、英语、物理、化学、政治、历史、生物、地理、体育、心理、音乐、美术，共 13 门。初中 5.28 万所，每所 26 名，就是 137.28 万名；高中 2.44 万所，每所 26 名，就是 63.44 万名，加起来就是516.72 万名研学导师，这个数据不可谓不庞大！这里还没有计算培训机构与旅游行业的研学导师人数，由于研学旅行是近几年新兴的业态，研学旅行人才极度匮乏。

当前市场上从事研学旅游的人员素质良莠不齐，有些是从事旅游行业的，有些是从事教育辅导培训行业的，很多对研学一知半解，从事研学旅游活动也是浅尝辄止，没有深度和宽度，表面是研学，实际与过去的"夏令营"没有什么差别，"换汤不换药"，研学实践实际上是"挂羊头卖狗肉"。

研学导师是学生研学教学实践活动的主要承担者，是研学旅游行业专业人才培养的重中之重。研学导师不同于导游，导游一般的服务对象是普通的游客，主要工作是为其提供导游服务、讲解服务，为其安排好行程中的行、住、食、景、购、娱等各项服务。研学导师作为新兴职业，服务对象主要为中小学生，主要工作是为中小学生提供课外研学实践教育教学，同时还要有保障旅游出行的服务技能。因此，研学导师是一个复合型、技能型的人员，他应该具有导游人员的带团、控团、接待能力，同时具备中小学教师的知识、教学能力和职业素养，还要具备科普能力，正因如此，研学导师才显得难能可贵！

加强对研学导师队伍的培训成为当下重要的任务。旅游目的地文化与旅游部门需要与教育部门、社会的教育培训机构密切合作，做好惠及千万家庭以及培养接班人的有益工作。

在研学导师培训的教学内容上，既要注重知识体系的教学，又要提升能力的训练和情感的升华。通过系统的培训、有针对性的现场实践教学，持续提升研学导师的核心素养。研学导师的职业技能培训包括知识、能力、实践、行为、科普等多方面内容。

在知识储备上，研学导师需要具备专业的教育教学、实践体验、旅行游览、科学普及等方面的知识，具有较高的教育素养、旅游素养、科普素养。针对不同学段的学生在研学实践中设置不同的教学目标、开展不同内容的教学任务，根据学生的知识层次、年级和科目，为学生解读实验相关的知识，示范相关的行为。

在能力锻炼上，研学导师需具备讲解、教学、操作、组织、急救等能力。研学导师拥有开展互动教育教学的能力，才能在研学实践活动中教导研学知识，才能使学生研学实践具有意义。研学导师的组织协调能力、应变急救能力在研学活动中起了重要作用，为活动的完美进行提供了保障。

在实践经验上，除了与学校课题课程相适应外，还要有针对性地开展教学实验、科学普及、技术运用等课外的技能培训。研学导师要时刻学习和掌握国内外先进的实践教学、体验教学、科普教学策略和方法，以学生为中心，让学生在自主探究、亲身体验中学习提升。

在培训方式方法上，有在岗培训、室内培训、室外培训、本地培训、异地培训等，在培训师的选择上可以是中小学教材的主编、大学旅游专业教授、科普专家、旅游企业家等，采取综合性、立体式、灵活性的培训形式，提高研学导师的能力和素养。

第三节　旅游目的地研学旅游的管理

国内研学旅游市场潜力巨大，但行业痛点也较为明显，行业标准、课程设计、安全问题、研学质量等诸多行业痛点和难题已日渐凸显，必须下大力气进行规范化的管理，促进研学旅游健康有序发展。

一、研学旅游存在的主要问题

（一）市场缺乏规范，组织难度大

目前，研学旅游行业内部还没有形成一套健全的行业标准，加之界定模糊，导致研学旅游的进入门槛低，各方组织和个人都可以参与其中，评价机制和退出机制亟待完善。

目前，市场上多数机构提供的"研学旅游"产品只是简单地将旅游与教育相加，存在"两张皮"的现象，并不能算作严格意义上的研学旅游产品。研学旅游的组织和实施虽然是由教育主管部门牵头，然而在实施的过程中涉及财政、文化、交通、旅游等相关部门，面对的头绪很多、任务很重，责任重大。从各地研学旅游开展的现状来看，政府、学校、社会承担的部分有限，家庭仍然是研学旅游经费的主要来源，这使一部分低收入家庭的学生无法走出去，进行真正的研学旅游。

（二）课程规划随意，效果难以把控

研学旅游是带着教学目的的旅行，主旨是研学。当前，虽然很多学校把研学旅游纳入综合实践课程体系之中，但缺乏对研学旅游教育价值的准确认识，对于研究旅游的教育意义、目标、主题等缺乏系统的思考，同时也缺乏对研学旅游课程的总体规划，基本上是研学机构提供什么课程，学校就在研学机构提供的课程范围内选择。因此，很多旅行社成为事实上的活动策划者与组织者，但它们由于缺乏教育视野与经验、缺乏课程思维与训练、缺乏科普知识与技能，并不注重或者难以做到教育教学与课程设计的开发与利用。此外，研学旅游的自然与社会环境复杂，具有一定的安全隐患，学校和老师都害怕出现意外，国家的法律法规对发生意外情况下的责任认定还不完善，学校和教师更加愿意把研学旅游活动委托给旅行社，对研学旅游的组织、方案、过程、效果等无法把控。

（三）研学导师缺位，研学旅游走过场

研学旅游的主导者就是教师或研学导师，他们是研学旅游课程的执行主体，在教师或研学导师的引导下学生才能真正融入研学旅游，真切体会研学旅游带来的快乐。这就要求参与研学旅游的教师或导师必须拥有丰富的教育经验、专门的知识技能、科学的普及手

段，但在现阶段未经过培训的教师或研学导师只是起到辅助作用，没有起到"组织教学和启发智慧"的作用。目前我国对研学旅游的教师或导师培训与资格认证体系还不够完善，研学导师缺位严重，未能成为主导者。许多研学旅游等同于传统的春游、秋游、夏令营或一般的社会实践等，陷入了"游而不学""重游轻学"的传统泥潭，研学旅游走过场、流于形式的现象比较普遍。

(四) 评价体系不健全，研学质量不高

研学旅游已纳入了学校教学计划，本来应该做到活动有计划、课程有设计、活动有组织、内容有层次、游后有评价等，但目前研学旅游的考核评价体系还没有完全建立起来，考核评价体系还不规范，研学旅游仍在探索阶段。

很多学校在开展研学旅游活动中基本处于跟风赶时髦状况，研学旅游缺乏课程设计，目标不明确、主题不清晰、运行不规范、内容不具体，导致学生缺乏学习的主动性和积极性，从而使研学旅游的效果大打折扣，研学旅游的质量不高。

二、研学旅游市场规范管理策略

研学旅游的不断推动和完善是一个系统工程，需要教育、文化、旅游、科普、交通等多部门共同参与，密切配合，做好课程资源体系、组织管理体系、安全责任体系建设，建立经费筹措机制，才能推动研学旅游工作积极健康发展。针对研学旅游活动中出现的问题，需要采取一些必要的措施予以规范管理。

(一) 不断开辟研学旅游基地

我国中小学生基数庞大，研学旅游市场巨大，目前的研学旅游基地根本无法满足需求，而且研学旅游本身就是满足新奇特异的需求。如果反复到一个地方进行研学旅游，就违反了研学旅游的本质要求，所以需要不断开辟更多的研学旅游基地。除了 A 级旅游景区、乡村旅游区外，获得国家级称号的爱国主义教育基地（如长征公园）、文物保护单位（如国家级重点）、重点工程项目（如水利枢纽）、大型基础设施项目（如高铁站），以及文博馆、地质公园、森林公园、高等院校实验室、大型田园综合体等都可以开发为研学旅游基地。

(二) 吸引更多的社会力量加入研学旅游

结合国家三孩生育政策，研学旅游需要吸引更多的社会力量参与进来，壮大研学旅游市场的实力。换句话说，研学旅游是全社会的责任，因为研学旅游是培养下一代的工作，下一代的茁壮成长是全社会的责任，而不仅仅是学校的责任，如鼓励捐赠资金或物品、鼓励提供条件、鼓励家长参加志愿者服务等。

(三) 不断规范研学旅游市场并加强监管

在国家教育部以及旅游部门出台相关标准后，各个部门要充分发挥作用，对市场进行

规范化管理与监管，建立健全安全保障体系、质量监管体系、信用评价体系等确保研学旅游健康、安全和高品质发展。同时各地应该立足于本地的资源优势、交通区位、经济发展、气候条件等出台更为细致的操作标准，并注意做到在相关标准规范制定、研学基地认定、研学活动指导与管理等方面高效协同。

（四）培养高素质研学导师队伍

研学旅游的导师应该是复合型人才，因为研学旅游的教学涉及面广，需要有一定的专业知识和实践经验，课程内容的思想性、规范性、科学性要求高。在研学导师、服务规范出台后，人员的专业性要求会进一步加强，要加强人员培训，研学导师需要经过专业知识考核后才可上岗。一些本科院校，在原有旅游管理专业的基础上可以增设研学旅游方向或者增加研学旅游的课程；大专院校可以在旅游管理专业中实施"1+X"研学旅游策划与管理（EEPM）职业技能培训以及证书的考核。

（五）逐步建立健全考核评价体系

目前的评价主要是对学生在参与过程中的表现进行评价，比较片面。教育部门以及旅游企业要逐步建立起与研学旅游相匹配的课程设计、课程教学以及学生反馈的评价体系，要涵盖学校、旅游企业和学生三方面，在评价体系中，既要有对旅游企业研学基地及设施的评价，对学校组织、课程设计的评价，又要有对学生遵守纪律的程度、参与活动的积极性、在活动中综合素质的提升度等方面的评价。在评价体系中，应采用多元化的评价方式，在灵活多样、个性化原则的指导下，注重对研学活动过程评价、参与评价及后续反馈评价三个层面。评价体系需要对研学成果进行全方位、多维度的评估，重点在技术性、实用性、科学性、艺术性等方面。建立完整的考核评价体系，有利于分析研学旅游中遇到的各种困难和问题，有的放矢，进而制定有效的改进措施。

拓展阅读及分析

敦煌研学旅行

敦煌市依托博大悠久的历史文化和神奇壮美的自然景观等得天独厚的资源优势，出台优惠措施，支持发展研学旅游，敦煌入选首批"中国研学旅游目的地"。游客们通过参观游览和体验特色研学项目，了解敦煌当地民情风俗和丰富多彩的历史文化，进一步催热了敦煌研学旅游，促进了全域旅游发展，研学旅游也成为敦煌旅游的一大品牌。

在阳关研学中心，孩子们可以体验研学项目"陶器制作"，有家长表示，带着小朋友来研学，主要是让他们增进知识，通过制作一些陶器，让小朋友提高对历史的认识。虽然这里有很多历史遗迹，但如果不亲身体验，感受是不深的。

除体验研学项目陶器制作外，游客还能带领孩子们参观阳关博物馆文物展厅、学习汉代礼仪；在都尉府办理通关文牒、验牒过关、徒步古阳关遗址区；参与体验射箭、钻木取火、修筑长城、烽火传递、摹制拓片、陶器钻孔、经书摹写等特色研学项目，感受触摸岁月往昔，接受阳关文化熏陶，了解敦煌两关遗址、长城文化的悠久历史，培养对祖国灿烂文化的热爱之情。

近年敦煌研究院还相继推出了"莫高学堂""念念敦煌""世界遗产与青少年""莫高梦·泥胚典藏""九色鹿星空""飞天剪纸"等多项独具特色的研学项目。

敦煌市在玉门关遗址景区研学基地，开发设计了汉简、书签、互动游戏、汉餐制作、描摹、拓印、汉服体验、模型搭建、沙盘重现等互动体验研学产品；在敦煌雅丹世界地质公园研学基地，开发设计了地质探究、公益环保、自然科考、户外拓展等特色主题研学产品等，让中外游客和研学团队在旅游参观的同时，进一步体验敦煌文化的博大精深和敦煌艺术的无穷魅力。

2020年，敦煌市按照资源优势和产业发展实际，划分了景区开发、研学旅游、文化会展、城市建设、矿产资源、能源装备、物流制造、农业产业、资金金融9个产业链，为产业发展决策提供具体建议方案。敦煌市研学旅游链组建以来，敦煌市文体广电和旅游局围绕产业链职责，会同敦煌文化学院、莫高鸿杰研学公司、敦煌市教育局等单位积极开展调查研究，推进项目谋划和建设。

在前期调研的基础上，敦煌市研学产业链团队谋划形成了"敦煌文化培训研学、研学旅游环线拓展和研学旅游服务保障体系完善"三个今后研学产业重点发展方向。其中，敦煌文化培训研学主要做好敦煌文化学院的新建、敦煌文化自信展示馆的建设，重点做好以敦煌文化弘扬传承为主的干部培训、中小学生研学、企业团建、文化学者交流合作四大体系，促进文化研学建基地、树品牌。

根据三个发展方向，敦煌市研学产业链共谋划项目22个，计划总投资15亿元。2021年将重点推进四个建设项目，计划完成投资4.2亿元。

第一个项目是敦煌文化学院的建设，它的选址在敦煌市艺术旅游中等专业学校南侧，占地143亩，计划投资3亿元，计划2021年7月开工建设。第二个项目是敦煌文化自信展示馆的建设，它的选址在原五墩中学，总投资是8000万元，计划2021年3月开工，争取7月开馆迎客。第三个项目是乡村研学线路的建设，在现有的基础上实施乐僔纪念馆、魏晋墓纪念馆以及农耕纪念馆等5个纪念馆的建设。第四个项目是实施露营基地提升和徒步线路基础设施建设项目，计划7月完工投入使用。

在研学游招生和争取资金方面，敦煌市研学产业链团队计划近期结合冬春季旅游宣传，组织招商团队、莫高鸿杰研学公司等相关单位，按行政区域分5个小分队，到全国各省会城市、重点地级市进行宣传招生。争取将敦煌文化学院建设项目、敦煌文化自信展示馆建设项目，纳入大敦煌文化旅游经济圈重点项目予以支持。同时，包装敦煌研学基地小镇，争取全国特色小镇建设支持资金。

研学热仍在继续，我们相信在政府和企业的共同努力下，敦煌研学旅行将会打造成为敦煌旅游的一块金字招牌。

资料来源：笔者根据网络资料整理。

分析：研学旅游已经成为非常重要的旅游形式。各旅游目的地需要审时度势，充分发挥本地的资源优势，与研学旅游的组织部门加强联系，推出适销对路的产品供市场选择。敦煌市依托博大悠久的历史文化和神奇壮美的自然景观等得天独厚的资源优势，有针对性地出台一系列优惠措施，积极支持发展研学旅游，并且还入选首批"中国研学旅游目的地"。

敦煌的案例很值得学习和推广。如设计和打造丰富多样的研学旅游项目，满足不同消费者的需求。研学旅游需要多方面共同谋划，积极推动产业链发展，以获得更大的经济与社会效益。同时需要争取和加大资金投入，加大营销与宣传的力度。

通过认真的打造，参观游览和体验特色研学项目，旅游者可以了解敦煌当地民情风俗和丰富多彩的历史文化，进一步催热敦煌研学旅游，促进全域旅游发展。

章后思考题

1. 研学旅游有哪几个方面的特殊属性？
2. 研学旅游是怎样发展起来的？
3. 研学旅游具有在学校里课堂教学无法比拟的优势和作用，具体表现在什么地方？
4. 研学旅游的特点包括哪几个方面？
5. 研学旅游基地创建需要什么样的条件？
6. 研学课程开发需要注意什么问题？
7. 如何提高研学导师培训的质量？
8. 如何才能做好定制化研学旅游？

本章推荐阅读材料

［1］徐仁立，杨凯，郑祖槐，许庆勇．研学旅行——理论与实践研究［M］．北京：中国书籍出版社，2020．

［2］马波．中国旅游发展笔谈——研学旅游理论发育［J］．旅游学刊，2020，35（9）：1．

［3］马波，刘盟．中小学生研学旅行研究的三个关键问题［J］．旅游学刊，2020，35（9）：1-4．

［4］谌春玲．研学旅游市场的挑战与发展问题研究［J］．经济问题，2020（6）：88-93．

第十六章
旅游目的地红色旅游开发管理

本章 PPT

📖 本章主要内容

本章主要介绍红色旅游的含义、内涵与特点、红色旅游的功能与价值及其开发路径、管理的重点等。

读者主要应该系统、全面地掌握红色旅游的特殊性，把握好红色旅游的发展方向。

案例及思考

习近平：困难再大，想想红军长征，想想湘江血战

2021年4月25日上午，正在广西考察调研的习近平总书记，来到位于桂林市全州县才湾镇的红军长征湘江战役纪念园，向湘江战役红军烈士敬献花篮，并参观红军长征湘江战役纪念馆。他指出，湘江战役是红军长征的壮烈一战，是决定中国革命生死存亡的重要历史事件。红军将士视死如归、向死而生、一往无前，靠的是理想信念。为什么中国革命能成功？奥秘就是革命理想高于天，在最困难的时候坚持下去，这样才能不断取得奇迹般的胜利。我们对实现下一个百年奋斗目标、实现中华民族伟大复兴就应该抱有这样的必胜信念。困难再大，想想红军长征，想想湘江血战。

资料来源：http://www.xinhuanet.com/2021-04-26/c_1127375729.htm.

思考：什么是红色旅游？红色旅游与其他旅游形式有什么区别？

红色旅游是把红色的人文遗址和绿色的自然景观结合起来，并将革命精神的弘扬与旅游活动的审美融合进去的一种寓教于游的主题旅游形式。它具有审美功能、教育功能、经济功能、政治功能、文化功能、致富功能等当代功能，其价值是传承红色基因、提高国民道德素质、增强新时代的责任感、弘扬社会主义核心价值观、增强中国共产党的执政基础，因此红色旅游具有特殊的意义和作用。

第一节　红色旅游的含义、内涵与特点

中共中央办公厅、国务院办公厅陆续印发了《2004—2010 年全国红色旅游发展规划纲要》《2011—2015 年全国红色旅游发展规划纲要》《2016—2020 年全国红色旅游发展规划纲要》。2005 年 4 月国家发改委、中宣部、财政部、原国家旅游局等 14 个部门成立了全国红色旅游工作协调小组，全国红色旅游逐步发展壮大起来。原国家旅游局统一牵头，组织编制全国"重点红色旅游区"和"红色旅游精品线路"规划，2017 年《全国红色旅游经典景区名录》印发，公布了 300 处全国红色旅游经典景区，进一步推动了红色旅游向纵深发展。自 2004 年以来，我国红色旅游人数累计超过 50 亿人次，年均增长 16%，高于旅游业增长率，红色旅游如火如荼的发展现状以及未来的广阔前景将极大地促进社会主义精神文明建设。

一、红色旅游的含义

2004 年 12 月中共中央办公厅、国务院办公厅颁发的《2004—2010 年全国红色旅游发展规划纲要》指出："红色旅游，主要是指以中国共产党领导人民在革命和战争时期建树丰功伟绩所形成的纪念地、标志物为载体，以其所承载的革命历史、革命事迹和革命精神为内涵，组织接待旅游者开展缅怀学习、参观游览的主题性旅游活动。"

红色旅游在利用红色资源与红色基因打造成旅游产品的同时，与绿色自然景观结合起来，把革命传统教育与欣赏祖国的绿水青山结合起来。开展红色旅游，继承革命传统就是为了故土安宁，就是为了江山永葆革命本色。既可以观光赏景，又可以了解革命历史，增长革命斗争知识，学习革命斗争精神，把这种精神运用到我们的事业当中，不断开创社会主义事业建设新局面。

红色旅游与相近和相关的概念是有一定的区别和联系的。

红色旅游和文化旅游有关联又有区别，文化旅游是以文化作为欣赏对象，把文化作为旅游产品而开展的旅游活动。红色旅游是文化旅游的一部分，红色旅游也可以称为红色文化旅游，是把红色资源开发为旅游产品而开展的旅游活动。当然红色旅游具有严肃性与政治性，文化旅游则更多地注重娱乐性。

红色旅游与爱国主义教育既有内在联系，又有区别。爱国主义教育的范畴更大，红色旅游是爱国主义教育的一个部分，红色旅游中也包括了爱国主义教育的内容，都是通过对历史知识、理想信念、革命精神的传播，起到思想道德教育的作用。

两者也有着明显的区别：从旅游的资源看，红色旅游具有爱国主义教育功能，但具有爱国主义教育功能的旅游资源不都是红色旅游资源；从历史范畴看，红色旅游中所包含的爱国主义教育，以新民主主义革命的历史范畴为主，而爱国主义教育的历史范围相对更广，包括了中国整个近代史和现代史；从教育角度看，红色旅游所采取的教育方式是以正面教育为主，而爱国主义教育则是从多种角度出发来开展活动，呈现出多样化的教育角度①。红色旅游是旅游的一种形式，爱国主义教育不一定是一种旅游而仅仅是一种教育，可以足不出户，旅游必须离开常住地到异地进行空间位移。

二、红色旅游的内涵

红色旅游是新的旅游业态，是将爱国主义教育、革命传统教育和现代旅游产业相结合的结果，具有极其丰富的政治、历史、文化和精神内涵。

(一) 政治内涵

政治内涵是红色旅游独有的特性。红色旅游通过开发革命历史遗迹、纪念地、纪念物及其标志物等物质性的旅游资源，形成旅游产品和线路，从中挖掘出所承载的红色革命基因与精神文化实质，即中国共产党以人民为中心的"不忘初心、牢记使命"的理想信念，中国共产党"人民对美好生活的向往，就是我们的奋斗目标"这样的执政理念。引导广大的人民群众形成正确的世界观、人生观、价值观，拥护中国共产党的领导，坚定地走中国特色社会主义道路。

(二) 历史内涵

红色旅游主要依托新民主主义革命和战争时期，也包括新中国建设时期的红色资源，这些资源是中国共产党领导中国人民为国家独立、民族解放和人民幸福努力奋斗的历史见证。通过发展红色旅游，让更多人了解这段历史，感悟历史，并以史为鉴，通过红色旅游学史明理、学史增信、学史崇德、学史力行，提高知史爱党、知史爱国的自觉性。

(三) 文化内涵

红色旅游是红色文化与旅游方式的有机结合，是一种具有特殊内涵的旅游方式，是建立在红色旅游资源与红色基因基础之上的一种精神文化产品。红色文化蕴含着深刻的文化基因，是中国优秀传统文化和先进时代文化的集中体现，红色文化承载着中国共产党人的崇高理想和决定信念，红色文化折射出中国共产党人的崇高品格与严明纪律。因此，红色旅游的文化内涵是培育弘扬民族精神和时代精神的重要课堂。

(四) 精神内涵

精神内涵是红色旅游的灵魂及核心，由政治、历史、文化内涵交汇形成，是中国共产党在领导人民进行国家独立、民族解放和人民幸福的奋斗中，逐渐形成的各种精神，是中华民族精神的重要组成部分。民主革命时期的"红船"精神、五四精神、井冈山精神、长征精神、延安精神等；社会主义革命和建设时期的雷锋精神、"两弹一星"精神、载人航天精神、抗疫精神等，都是红色旅游精神内涵的具体表现。通过发展红色旅游，让更多的

---

① 王立东. 红色旅游与爱国主义教育 [N]. 中国旅游报，2005-09-26 (014).

人亲身感受那段艰苦的岁月，从而真正领悟红色旅游精神内涵的伟大气魄，并让这种精神世代相传，成为实现中华民族伟大复兴的精神支柱和力量源泉。

三、红色旅游的特点

红色旅游具有一般旅游活动共有的特点，如本质的审美性、活动的异地性、消费的综合性等，但红色旅游有其自身独有的特点。红色旅游具有内容的政治性、教育的思想性、消费的特殊性、活动的周期性、过程的严肃性、仪式的庄严性等，其本质是寓教于游而不能是寓教于乐，这一点需要引起高度重视。

（一）内容的政治性

发展红色旅游本来就是一项政治工程，与政治有较大的关联。《2011—2015 年全国红色旅游发展规划纲要》提到红色旅游作为政治工程、文化工程，必须突出强调其在加快构建社会主义核心价值体系中的重要作用，旅游者通过红色旅游，学习革命历史、了解革命事迹、领悟革命精神，从而传承红色基因，树立革命斗志，推动中国特色社会主义现代化建设事业的发展。因此，红色旅游具有明显的政治意义。

（二）教育的思想性

红色旅游具有教育思想性的特点。通过红色旅游，瞻仰革命遗址、革命遗物，倾听革命故事，重走长征路等，以真正地了解中国共产党为什么"能"、马克思主义为什么"行"、中国特色社会主义为什么"好"，从而进一步坚定人民群众对中国特色社会主义的道路自信、理论自信、制度自信、文化自信，提高对国内外形势的认知能力和水平，进一步坚定跟党走的信心！

（三）消费的特殊性

红色旅游目的地多数是爱国主义和革命传统教育基地，红色旅游的主体多数是党政机关干部、军人、企业、学生等，多数是团体性的党建团建、少先队及其教育培训活动，这就在客观上为公费支出提供了市场。这说明公费支出在红色旅游中占有很高的比例，正因如此，红色旅游具有消费的特殊性。这也是红色旅游与其他任何一种旅游形式不同的特点。

（四）活动的周期性

每逢重大节庆日、旅游黄金周和学生寒暑假，到红色旅游纪念地、革命教育基地参观旅游的人数明显增长。普通的旅游活动旺季多集中在"五一"劳动节、"十一"国庆节、春节等几个黄金周，由于红色旅游活动内容和目的的特殊性，其旺季为"五四"青年节、"七一"建党节、"八一"建军节、某一重大历史事件的周年纪念日等时段。国家主要领导人到某地视察也会带来消费旺季。由于青少年学生是构成红色旅游游客群体的一个重要部分，每年的寒暑假也是红色旅游的旺季，红色旅游具有活动的周期性特点。

（五）过程的严肃性

红色旅游活动主要是瞻仰革命遗址、缅怀革命前辈、倾听革命故事、体验革命情怀，许多旅游者在革命圣地还喜欢穿着红军服装，因此整个过程是严肃的，而不是普通旅游活动的嘻嘻哈哈。无论是在展厅参观、倾听讲解，还是在烈士纪念碑缅怀先辈，在战场等革命奋斗遗址进行游览，都需要抱着一种严肃、认真的态度。寓教于游大于寓教于乐，红色旅游不适宜寓游于乐，这一点需要红色旅游地的管理者、导游、讲解员、组织者特别地重视起来，否则就是对革命先辈的不敬、不恭！

（六）仪式的庄严性

红色旅游活动的党建、团建、少先队、培训活动往往会有重温入党誓词、入团誓词、入队誓词，会在烈士纪念碑敬献花圈，会请相关人员讲解革命故事等，这样的仪式是非常庄严的，必须设计好、组织好、安排好，使参加者获得庄严的教育、心灵的洗涤、情感的震撼。因此，红色旅游具有仪式庄严性的特点，红色旅游效果的大小与这个仪式的庄严性有很大的关系。由于社会的快速发展，很多地方讲究程序的简化，包括很多具有仪式感的活动被简化和削弱，人们见到或者参加有仪式感的活动在日常生活中已经很少见到。如在参加亲朋好友的结婚仪式上，来宾也很少有仪式，所以对大多数人来说，仪式感已经成为稀缺物，红色旅游必须突出仪式感的重要性。

第二节　红色旅游的功能[①]

红色旅游的发展与壮大是伴随着中国特色社会主义事业与改革开放事业不断发展创新而起来的。这里既有市场消费的需求，又有政策的推动。之所以成为新的业态，主要来自红色旅游的功能，包括审美功能、教育功能、经济发展功能、文化功能、致富功能等。

一、红色旅游的审美功能

审美是旅游的主要功能，换句话说，没有审美就不会有旅游，旅游的最本质的核心就是一种审美。红色旅游是把红色的人文遗址和绿色的自然景观结合起来，并将革命精神的弘扬与旅游活动的审美融合进去的一种特殊的主题旅游形式。中国共产党领导人民在革命和战争时期建立丰功伟绩所形成的纪念地、标志物所承载的革命历史、革命事迹和革命精神，蕴含着深邃的审美价值功能。

据中央组织部和民政部门统计，从 1921 年 7 月 1 日中国共产党成立到 1949 年 10 月 1 日中华人民共和国成立，共有 2100 多万革命者捐躯，全国有名可查的和家属受到优抚待

---

① 徐仁立．中国红色旅游融合创新研究［M］．北京：中国言实出版社，2020．

遇的烈士有 370 多万人。据 1945 年党的七大时的初步统计，北伐战争、土地革命战争及抗日战争时期，战场上牺牲的共产党员有 32 万多人①。中国共产党人前赴后继、勇往直前、不怕牺牲去争取胜利的革命精神，永远值得后人铭记。

中国共产党人具有远大的革命理想，就是要建立共产主义社会。1848 年马克思、恩格斯共同发表《共产党宣言》，中国共产党把马克思列宁主义作为指导思想，并且不断地把它中国化，形成了具有中国特色的科学体系。建立共产主义、建设中国特色社会主义的步伐从来没有停止过。

自从毛泽东发表《纪念张思德》的文章后，中国共产党为人民服务的宗旨更加深入人心。中国共产党没有自己的私利，只有人民的利益。这种不忘初心、矢志不移的崇高品格，永远值得人们敬仰。

二、红色旅游的教育功能

旅游的过程就是认知的过程，认知也包含了教育。红色旅游资源和红色旅游景区的教育意义主要有爱国主义教育、中华民族优良传统教育。旅游者在寓教于游、润心无声中升华人格力量和精神境界。

中国共产党人在爱国主义旗帜下，领导人民在革命和战争时期建立起来的丰功伟绩具有强烈的爱国主义精神。革命遗迹凝聚着中国共产党的奋斗历程，是激发全中国人民持续保持爱国热情的沃土，是带领中国人民不忘初心、方得始终的力量源流。旅游者在参与红色旅游的过程中，通过在景区或遗址进行观察、听解说、看视频等方式，了解革命历史，体验革命传统精神，感受艰苦卓绝的革命斗争历程；追思为了追求民族解放，抛头颅、洒热血，不畏艰辛，牺牲自己拯救人民的革命先烈；感悟革命前辈抵御外敌、消灭反动派的革命坚强意志，从而接受深刻的爱国主义教育。

1840 年以来在中国大地上发生的中国人民反对外来侵略的斗争，充分显示了伟大的民族精神，开展红色旅游有利于进行中华民族优良传统教育。党的十八大以来，习近平同志多次强调中国的传统文化及传统思想价值体系。在网络智能时代，老百姓在享受科技带来便利化的同时，思想也受到冲击。人们在红色旅游的过程中，不断接受与强化中华民族优良传统思想，对于继承与弘扬中华民族优良传统具有促进作用。

三、红色旅游的经济发展功能

旅游既有文化属性，又有经济属性；红色旅游既是政治，又是经济。自 2004 年我国发展红色旅游以来，红色旅游如雨后春笋般蓬勃发展，对于地方经济具有很大的推动和牵引作用。

革命老区大多地处山区，交通不便，经济发展相对落后。但正是因为这一点，这些地区宝贵的资源得到了有效的保护，奠定了发展旅游的良好基础。同时革命老区民风朴实，

---

① 充分把握"学史明理"的基本内涵 [EB/OL]. http：//www. ccdijl－th. gov. cn/ljwh/ll/202103/t20210315_522883. html.

拥有优良的生态环境，政府近年来加大了资金扶持的力度，革命老区得到了比较好的规划开发，使红色旅游逐步发展起来。

旅游是天然的黏合剂，旅游是融合性产业，发展红色旅游能够带动相关产业发展，旅游产业链的延伸，改变了老区传统的经济结构和以农业为主的乡村经济发展模式，实现了旅游产业的集聚效应，增强了地方经济实力。红色旅游逐步成为经济发展的巨大引擎，使绿水青山变成了金山银山，红色文化遗产成为金山银山。

旅游业是面对面的接待业，属于综合性和劳动密集型产业，发展红色旅游有利于解决革命老区大量的人口就业。尤其是能够解决"空心村"的问题，红色旅游发展起来后，能够带动入城务工的农民返乡，一边从事农业生产，一边兼职从事旅游业，一举两得。

返乡的农民由于在城里或沿海地区工作期间接受了市场经济的洗礼，增强了市场经济的意识，具备了二次创业的条件，对于革命老区的经济发展具有举足轻重的作用。全域旅游发展之后，旅游业的发展空间骤然扩大和延伸，红色旅游与乡村振兴战略结合起来，与中小学生的研学旅行结合起来，与党建、团建结合起来，非常有利于创新旅游新业态。如研学旅行成为新的旅游业态，打破了传统的象牙塔教学模式，摆脱了传统的灌输式教学，中小学生通过参观红色旅游景区，直观地体验中国共产党的奋斗历程，能够更好地理解中国共产党的情怀。

四、红色旅游的文化功能

革命前辈的精神必须代代相传，永葆革命传统。红色文化传承着中国共产党先进的革命思想和首创精神，它的内涵以及价值与当代中国特色社会主义物质文明和精神文明建设是非常吻合的。

红色旅游是传颂革命精神、革命文化的重要载体。无论是"百折不挠、自强不息"的长征精神，"全心全意为人民服务"的张思德精神，还是"乐于助人、大公无私"的雷锋精神，都是我们宝贵的精神财富。即使在和平与发展的年代，这些革命精神依旧是激励我们不断团结奋斗，创造富强、民主、文明、和谐的美丽新时代的强大思想武器。我们需要在市场经济时代将其转化成内生动力，促进改革开放事业向纵深发展。中国的红色革命精神成为中国奋发图强的强大思想武器，成为我们向外展示中国形象的重要力量。

红色旅游景区是宣传中国共产党人革命传统精神和思想教育工作的重要平台，也是向国内外游客介绍我国的革命先进事迹、传颂革命精神、展示我国励精图治的重要窗口。红色旅游景区是中国人民自强不息的典型遗址，是中国人民奋发图强精神的生动写照。国内外游客参观红色景区能够深刻感受中国人民的初心与使命，感受共产党领导人民军队不畏艰险的牺牲精神、勇往直前的豪迈气概，红色旅游景区展示了最鲜明生动的中国形象，彰显了中国的红色风范。通过红色旅游开发，红色旅游景区为海内外同胞以及国际友人提供了一个缅怀先辈、缅怀历史的重要窗口。

革命先烈和英雄的故事在以往大多数时候是通过口耳相传来传播的，这种方式对传承革命传统文化的力度不够，而且在传承的过程中容易失真。仅仅凭借传承人的记忆，传播途径狭窄，传播欠缺深度和广度；或者虽以书报的形式展现，但是也不够直观和厚重。发展红色旅游，能够保护革命老区的红色遗址和文化传统，让旅游者能够亲临现场，直接感受和体验当时的氛围环境，效果更为震撼，红色旅游使革命传统教育更为"入脑、入心"。

五、红色旅游的致富功能

许多红色旅游资源在革命老区，这些地方相对东部沿海地区发展较为缓慢，脱贫攻坚任务比较艰巨，2020 年全国打赢了脱贫攻坚战，红色旅游发挥了应有的作用。

革命老区红色旅游资源丰富，开发利用的价值高。我国许多革命老区都处于山地众多的偏远地区，地形复杂、交通不便，基础设施相对落后，限制了这些革命老区经济发展。然而这些地区革命老区红色旅游资源丰富，开发利用价值高。合理开发革命老区的红色旅游资源，可以吸引众多的旅游者，为当地带来丰厚的旅游经济收入，旅游还能促进当地的基础设施建设，并形成良性循环。

红色旅游能够助力我国乡村振兴战略。将红色旅游建设、新农村建设、防止返贫三大建设工作紧密相连，有机整合，带动革命老区从以农副产品为主的第一产业向一二三产业协调发展，优化了革命老区的经济结构，不断打造红色旅游的新业态、新样板。

第三节　红色旅游的价值开发[①]

红色旅游除了一般的旅游价值之外，还有自身独特的价值，对于个人、组织、社会等都能够发挥作用。

一、提高国民道德素质

在市场经济时代，人们为了经济的利益，往往不顾及其他，"一切向钱看"成为许多人的准则，因而社会道德水平下滑，最终影响了社会风气。如不敢扶摔倒的老人、好心人受气的现象时有发生。红色旅游将革命先烈与英雄事件通过红色景区这一具体的载体加以宣传传播，使游客身临其境，相比于法律和道德约束与硬邦邦的课堂教育，红色旅游成为更为直观、生动且丰富的教育方式。如红色景区的博物馆、纪念馆都具有良好的道德教育功能，红色景区的环境对游客的影响往往是潜移默化、润物细无声的。游客在参观红色革命景区的时候，回顾党的光辉历史，瞻仰革命先烈的丰功伟绩，能够激发爱国主义情怀。

红色旅游是开展社会主义精神文明教育的时代平台，旅游者在倾听红色故事、观看红色遗迹或者红色电影的时候，领悟当今社会的发展进步、文明现代的生活是一代又一代的革命前辈无私奉献、努力奋斗的结果；社会主义中国的建立是革命先辈宁死不屈、流血牺牲换来的；当代社会主义中国的建设成就是革命前辈艰苦奋斗、一砖一瓦筑成的。这些精

---

① 徐仁立. 中国红色旅游融合创新研究［M］. 北京：中国言实出版社，2020.

神对于培育社会主义荣辱观，对于培育有理想、有道德、有文化、有纪律的社会主义事业接班人有着举足轻重的作用。

二、增强新时代的责任感

每到关键的时刻，都是中国共产党人发挥首创精神，牺牲自我，成就大局。无论是北伐战争、抗日战争、解放战争还是抗美援朝等时期，中国共产党人都站在时代洪流的潮头，引领着时代的发展进步。改革开放、发展市场经济、实现中华民族伟大复兴的中国梦等，都要靠中国共产党的领导，是历史选择了中国共产党，是时代选择了中国共产党，是人民选择了中国共产党。

红色旅游的发展壮大，使红色精神的存在与发展有了强有力的载体。加强和发展红色旅游，就是通过红色旅游正确认识中国共产党的丰功伟绩，正确认知中国共产党人与时俱进的求实精神，正确认知中国共产党人不忘初心的理想信念，从而增强新时代的责任感，把爱党、爱国情怀融入自身的事业，做出表率、做出成绩。

三、弘扬社会主义核心价值观

党的十八大提出倡导和践行社会主义核心价值观，这些价值追求就是红色旅游所展现出来的核心内容。红色旅游资源的开发，逐步帮助革命老区摘掉贫困乡、贫困县的帽子，革命老区的基础设施得到改善，贫富差距缩小，促进和谐社会的建立、公正社会的形成、独立人格的塑造。革命前辈不为名、不为利，大公无私的奉献精神，仍然是今天需要学习的榜样。做好红色旅游工作，能够不断加强爱国情怀教育，更好地践行社会主义核心价值观。

四、夯实中国共产党的执政基础

中国共产党由小到大、由弱到强，最终成为领导人民建立中华人民共和国的政党，中国共产党由新民主主义的革命党转变为社会主义事业的执政党，习近平同志强调"人民对美好生活的向往就是我们的奋斗目标"。

中国共产党始终以传统的红色革命精神为指引，坚定为人民服务的信仰，坚持改革开放，取得了一个又一个的伟大成就，香港、澳门回归、"一带一路"建设、经济总量跃居世界第二、抗击新冠肺炎疫情成为世界样板等，展现出一个负责任大国的形象。

中国共产党没有躺在功劳簿上，而是不断与时俱进，不断加强红色革命传统教育，组织广大的党员干部参加红色文化的教育活动，组织党员前往红色旅游景区接受红色精神的熏陶，增强党员使命感、责任感，不断地纯洁党性，不断地夯实自身的执政基础。

中国共产党带领中国人民由站起来到富起来到强起来，不断地超越、不断地进步，不断地实现诺言，得到了人民的拥护和爱戴。中国共产党与人民同舟共济，无论是 1998 年长江特大洪水、2003 年"非典"、2008 年汶川大地震、2020 年的新冠肺炎疫情，都体现出党的坚强领导和人民的利益高于一切的执政理念。红色旅游使党员干部及人民群众不断升华红色思想境界，有利于加强中国共产党的执政基础，有利于推动中华民族伟大复兴中国梦的实现。

五、促进社会和谐稳定

由于资源禀赋的差异和发展条件的不同，改革开放之后沿海地区发展较快，革命老区由于条件的限制，经济发展相对落后，东西部的差距比较明显。通过开发红色旅游，利用革命老区红色资源带动相关产业集聚发展，形成产业链效益，增强地方经济效益，因此红色旅游成为革命老区经济发展的巨大引擎，缩小了革命老区与其他发达地区的差距。

加强对革命老区的红色旅游开发，有利于这些地区的基础设施建设，交通得到改善、卫生水平得到提高、信息技术得到运用，提高老区人民的生活质量；有利于不断缩小与东部地区的差距，人心稳定，社会和谐，革命老区展现出蓬勃的发展势头。

总体来说，党和政府高度重视红色资源的开发利用，高度重视革命老区的经济和社会发展，促进了革命老区与其他地区同步进入小康社会，2020 年全国整体脱贫，这是人类历史的伟大创举。

第四节　红色旅游功能与价值的实现路径①

红色旅游具有自身独特的功能与价值，但是如何实现？需要按照旅游发展的一般规律，结合红色旅游的特性，在保护中开发、在开发中保护，形成巨大的旅游市场。

一、保护红色资源，发展"基因+产品"旅游

红色旅游资源是一座富矿。从游客的出游动机来看，他们渴望感受与众不同的文化特色，革命传统记忆下的红色旅游充满神秘性、震撼性，具有强大的吸引力，能够满足游客差异化的旅游需求。但是红色资源作为革命的遗址、遗存，如果不开发出来，既不利于保护，又没有发挥其应有的作用。

习近平同志曾说"让收藏在禁宫里的文物、陈列在广阔大地上的遗产、书写在古籍里的文字都活起来"，"活起来"三个字为我们指明了开发方向。如何在旅游形式多样化、旅游活动分散化、旅游需求个性化的今天，让静态的旅游资源成为"活"的文化基因产品流动起来，走进游客的心里、脑中，成为游客日常行为的参照物、社会道德的指路明灯、国家繁荣富强的坚强基础，需要我们把红色基因与旅游产品有机结合起来。

---

① 徐仁立. 中国红色旅游融合创新研究 ［M］. 北京：中国言实出版社，2020.

二、讲好红色故事，发展"红色+文化"旅游

在战争年代形成的井冈山精神、长征精神、西柏坡精神等，彰显了中国人民不屈不挠、抵御外辱、艰苦奋斗、自强不息的优秀革命传统。在和平发展的今天，红色革命传统是激励人们团结奋斗的精神食粮。发展红色旅游，需要讲好红色故事，加强宣传教育，不断丰富和发展红色旅游的文化内涵，让红色文化更有生机、更有活力。

讲好红色故事需要有好的讲稿，就是导游词或讲解词。现在一些红色景区的讲解词缺乏生命力，显得干巴巴、硬邦邦，说教味道太重，没有考虑不同游客的心理接受能力和习惯，需要下大力气研究不同游客的心理，使用不同版本的讲解词。

三、树立红色形象，发展"红色+技术"旅游

红色旅游虽然有着庄严性和肃穆性，不等于排斥活泼性和趣味性。如红色博物馆，要做到"高雅而不深奥，亲和但不媚俗"，一定要让游客乐于接受红色文化、红色精神、红色传统；博物馆景区应全程覆盖多种语言讲解服务，让游客扫描二维码便可全程了解景区的所有服务项目，使用智能仿真机器人现场讲解红色故事等形式传承红色经典。

智慧旅游的应用可以及时把握游客流量、流向，合理安排旅游线路。在掌握游客大数据的基础上，定制化、个性化地进行服务，为游客提供游前、游中、游后的全程服务，提高游客的满意度。

推进红色旅游和智慧旅游的融合发展，宜融则融，能融尽融，以智慧促红色，以红色彰旅游。充分利用现代传播技术形式如抖音、微博等，进行红色旅游文化的体验活动，增强红色旅游的获得感，保持红色旅游旺盛的生命力。

四、加大融合力度，发展"红色+绿色"旅游

革命老区拥有十分丰富的红色旅游资源，同时这些地区又拥有独特的绿色自然景观，发展"红色+绿色"的旅游组合方式能够带来经济、文化、生态的多重效益。在唱响红色旅游的主旋律的同时，以绿水青山为辅助，拓宽革命老区旅游的产业链，丰富其旅游产品的形式和种类，吸引旅游者由一日游向多日游、深度游转变。

加快产业融合力度，推动红色旅游产业的转型升级。让革命老区成为产业宜居、生态文明的新空间，让红色人文资源与绿色自然资源相得益彰，在保护和传承基础上创新发展新型旅游业态。

五、拓展市场群体，发展"国内+国际"旅游

随着中国国际地位的提升，中国力量越来越具有国际范，中国道路、中国力量、中国创造也越来越有影响力。红色旅游的客群不仅仅限于国内游客，需要发展国际入境旅游市

场，使"国内+国际"游客结合起来，一方面提高红色旅游的价值，另一方面展现中国今非昔比的面貌，更重要的是展现中国的自信、中国的开放、中国的包容，以及中国爱好和平发展、负责任大国的国际形象。

改革开放是决定中国命运的关键一招。红色旅游景区也是展示中国发展与成功的重要窗口。中国人民是爱好和平、勤劳善良的人民，国家是不畏艰难、勇往直前的国家，中国共产党是为人民谋幸福、带领人民创造美好生活的政党。在实现中华民族伟大复兴中国梦的进程中红色旅游的功能与价值将会大放异彩！

第五节　红色旅游管理的策略

红色旅游与其他旅游形式有着较大的区别，因此红色旅游的管理也有着自己的特殊性，需要在保护中开发、在开发中保护，还要注意突出其思想政治教育的意义。

一、注意红色旅游资源的保护

红色旅游资源是不可再生资源，而且具有不可复制性，是唯一的、垄断的，无论是策源地、诞生地、发生地，还是遗址、遗物、遗骸、标志物等，都蕴藏着极其宝贵的革命文化价值，要严格按照这些资源的保护等级进行严格意义上的保护。

2021年3月，习近平同志对革命文物工作作出重要指示，充分肯定革命文物的重要价值，为革命文物工作指明了方向；鲜明提出了保护好、管理好、运用好革命文物的根本要求，明确这是"全党全社会的共同责任"。保护好红色遗址、把红色资源利用好，要统筹做好红色资源保护和开发利用工作，把红色资源优势转化为产业发展优势，实现红色文化传承保护与乡村振兴相融相促；充分挖掘和利用好红色资源，不断推出红色旅游精品线路和红色研学线路，丰富革命资源，讲好革命故事，让红色资源活起来，让党史学习教育生动起来，不断提高党史学习教育的针对性和实效性。

二、注意红色文化基因的传承

要深刻认识红色政权来之不易，中华人民共和国成立来之不易，中国特色社会主义来之不易。光荣传统不能丢，丢了就丢了魂；红色基因不能变，变了就变了质。红色基因植根于先烈们用鲜血染红的泥土中，传承于英雄人物用行动谱写的事业中，与我们每一个人情感相连、命运相通，是我们最需要激活的精神密码，是我们赓续光荣、走向未来最宝贵的精神财富。

我们要把红色基因传承好，全身心融入新时代社会主义现代化事业建设，积极主动作为，努力向历史、向人民、向社会、向自己交出新的更加优异的答卷。为此，一方面，革命博物馆、纪念馆、党史馆、烈士陵园等是党和国家红色基因库，要讲好党的故事、革命的故事、根据地的故事、英雄和烈士的故事，加强革命传统教育、爱国主义教育、青少年思想道德教育。另一方面，党员、干部及全体群众要多学党史，自觉接受红色传统教育，常学常新，不断感悟，巩固和升华理想信念。在全社会的共同努力下，把红色基因传承好，确保红色江山永不变色。

三、注意红色旅游场馆的建设

在革命圣地以及革命遗址建有不少博物馆、纪念馆、党史馆等，这些场馆的建设有的建得比较早，有的虽然时间不长但仅仅是一座展示馆，绝大多数场馆都没有相关的配套设施，原因是没有考虑旅游的要素。过去到这些场馆去参观也仅仅停留于"参观"而已，因此在设计的时候功能比较单一。与旅游结合之后，必须要融合旅游的要素，融入红色培训的要素，使之发挥红色基因传承的作用。

红色旅游场馆必须配套建设游客中心、大型停车场、补充旅游标牌标识、建设住宿设施、餐饮设施、购物场所（尤其是红色书籍和地方土特产品销售）、第三卫生间。红色培训必须建设大型培训教室、多功能厅并配备相关的师资。只有扩大配套设施的建设，才能够满足红色旅游与红色培训结合的市场需要。

同时，不少场馆的布展水平也不高，尤其在欠发达地区的场馆，有些还比较破旧，没有得到及时的更新。在厉行节约的原则下，需要加大投入的力度，适当地进行设施设备的更新换代。要利用现代的声、光、电技术，与 AR、VR 技术结合起来，既能够还原真实的场景，又充满现代感与时尚感，增强革命历史的直观性，增强对年轻人的吸引力。

红色旅游场馆需要配套影视厅，在游客参观之前，播放 20 分钟左右的视频介绍片，使游客对场馆的内容有一个整体的了解。便于游客在参观的过程中更加全面、系统、自觉地接受教育。

四、注意红色旅游讲解词的撰写

红色旅游场馆的讲解词撰写是一个非常严肃的事情。政治性比较强，需要党史专家的介入，但是仅有党史专家是不够的，还需要有讲解员或导游的试讲。讲解词是讲给游客听的，游客需要听得懂、听得进，即入耳入脑，所以要使用听众听得懂的语言进行讲解。换句话说就是要有多套讲解词，针对不同年龄、不同学历、不同职业、不同国籍的游客使用不同的版本，要避免千篇一律的讲解词。

五、避免红色旅游的娱乐化

红色旅游既是旅游又是教育，但前提条件是姓"红"，也就是姓"党"，对中国共产党党员来说是党性教育，对非党员来说是党史教育，所以是一件严肃的事情。红色旅游不能够像其他旅游形式那样讲究娱乐化，到红色旅游地游览，是去接受教育，去凭吊革命先烈，去瞻仰革命遗址，去了解红色历史，所以需要讲究严肃、认真、仪式。尤其是有些游客身着红军服，更要着装整齐，避免敞胸露怀等不雅行为。

红色旅游场馆更不能够配套建设娱乐设施，但可以建设影剧院，播放红色题材的影视剧，也可以建设剧场，演出红色题材的戏曲。

六、努力讲好红色旅游的革命故事

红色旅游的市场扩大，非常重要的一个条件就是要讲好革命故事。任何一个红色旅游景区，都有着非常传奇、精彩和动人的革命故事，关键是管理部门是否能够挖掘和整理出来。如类似"朱德扁担"的故事、红军长征途中"半条棉被"的故事、中国工农红军第三十四师师长陈树湘"断肠明志"的壮烈故事、中国农民运动领袖之一韦拔群全家为革命牺牲 18 口家属的故事等。

革命故事更加突出红色旅游的主题，更加有利于游客的记忆和红色旅游形象的传播，所以旅游目的地需要高度重视挖掘革命故事、讲活革命故事、传播革命故事。

📖 **拓展阅读及分析**

红色旅游——井冈山

井冈山，这片红色沃土，山有故事，水有传奇。随着红色旅游兴起，井冈山依托深厚而独特的红色资源，创造性地推出了集体验式、参与式、互动式为一体的红色教育培训"井冈模式"，开创了干部教育培训、爱国主义和革命传统教育培训的"井冈路径"，让这里的红，红得更加耀眼，红得充满力量。

近年来，井冈山厚植发展根基，精准发力，大胆实践，以改革为桨，以创新为帆，实现了红色教育培训由规范快速发展向高质量发展的飞跃，成为"全国样板"。2019 年井冈山共接待红色培训学员 43.57 万人次，培训人次连续五年呈现阶梯式增长。培训的学员已遍及全国 31 个省（区、市）和港澳台地区。

一、创新模式，让传承更有"温度"

2016 年 2 月 2 日，习近平总书记第三次来到井冈山考察调研说，井冈山时期留给我们最为宝贵的财富，就是跨越时空的井冈山精神。要结合新的时代条件，让井冈山精神放射出新的时代光芒。习总书记的殷切期盼激励着井冈山红色教育培训转思路、变理念、调方式。特别是在井冈山的红色教育资源如何更好地让现代人去触摸、去感受、去体验这一问题上，井冈山红色教育培训通过创新培训模式做出了新的诠释。

井冈山红色教育培训以井冈山精神为主线，围绕"走一段红军小路，听一堂传统教育课，向革命先烈献一束花，吃一顿红军套餐，看一场红色歌舞，学唱一首红军歌谣"等"六个一"培训活动，形成了"现场教学、体验教学、情景教学、访谈教学、红歌教学、专题教学"六大教学模式。

培训课程既有专家教授讲授的《井冈山斗争和井冈山精神》、先进典型人物讲述的"井冈山精神代代传"、红军后代讲述的"红色故事会"等传统特色课程，又有《革命后代面对面》《读家书、谈家风》《杜鹃花开》《我的红军哥》《永恒的记忆》系列微党课、舞台情景剧和大型实景演出《井冈山》等新课程，还有"红军的一天"等新体验项目。丰富多样的培训课程，新颖独特的教学形式，让厚重的红色文化活起来、传开来，让弘扬井冈山精神、传承红色基因有了更生动的解读。

有的学员通过"环绕式 AR"场景体验式教学沉浸在"黄洋界保卫战"的真实战斗场景中；有的学员争着与小英雄虚拟形象"冬子"进行亲密合影……来到井冈山 AVR 红色体验馆，学员们惊喜地发现，触摸历史、走进历史原来可以变得如此"时尚"。随着智能化时代的到来，井冈山在加强对革命旧居旧址的保护和修缮提升的同时，应用"互联网+"平台，运用 AR、VR 等新技术，提升和改善红色景点单一的静态陈展模式，让革命历史融合现代科技，增强了学员的体验感、参与感、代入感。

二、精益求精，让管理更有"力度"

驻山公办培训机构 29 家，民办机构 240 家，最高峰时每天有近 100 个班、上万人在山上培训……近年来，井冈山的红色教育培训迎来了蓬勃发展的良好势头。面对如此多的培训学员，如此大的培训市场，井冈山红色教育培训对如何加强规范管理有一个清晰的定位，即以问题为导向，聚焦"统一机构管理、统一教学内容、统一师资管理、统一标准标识"四个统一，形成规范化、精细化、标准化且可复制、可推广、可持续的红色培训管理模式。

规范管理，制度先行。井冈山红色教育培训独辟蹊径，在全国范围内率先组建红色培训管理办公室，推动出台《井冈山红色培训管理办法》和四个配套实施细则的"1+4"管理制度体系，建立健全跨部门联动响应机制。

根深则叶茂，本固则枝荣。在统一培训机构管理上，紧扣准入、监管和退出三个环节，发挥红色教育培训管理平台、红色教育培训协会的作用，对培训机构进行准入联审、绩效考核、末位淘汰，已注销不合格培训机构 59 家。同时，强化培训机构的政治引领，以单建、联建方式成立 28 个党组织，引导红色培训机构在党的领导下，从事以党性教育为主要内容的红色教育培训。

68 套教材列入教材库，8 个现场教学点基础教学稿进行了编定……为了保证教学的严谨性和系统性，井冈山专门组建红色教育培训教学评审委员会，以井冈山精神为主线、井冈山斗争史为依据，对教材、课程进行审查认定，统一规范教学内容。

找最合适的人去讲最合适的内容。利用中国井冈山干部学院、全国青少年井冈山革命传统教育基地、井冈山革命博物馆的力量，培养一支学者型、专家级名师队伍，发挥"名师效应"；引入整合一个特色授课团，通过革命后代来"讲活"历史；招考认定一批大众"讲师"，实行持证上岗，现在已有 430 人通过考核列入师资库。

统一使用井冈山红色教育培训纪念标识，统一监制学员结业证和学员识别带，加强红军服着装管理，让文明有序的培训学员队伍成为井冈山一道亮丽的风景。同时，积极推行培训标准化建设，"井冈山红色教育培训管理体系"成为国内红色教育培训行业中首个获得中国质量认证中心的质量管理体系、培训管理体系和食品安全管理体系"三认证"；井冈山制定的《红色教育培训服务规范》，已成为江西省地方标准，正力争成为国家行业标准。

三、全域发展，让民生更有"厚度"

井冈山结合美丽乡村建设和脱贫攻坚巩固提升工作，完善贫困村落的基础设施，不断延伸红色教育培训精品线路，让散落各地的红色资源活起来，开发建设了神山、坝上、大陇、大仓、长塘等红色教育培训现场教学点，实现红色培训教学点全域分布。通过培训机构与贫困村的全覆盖结对帮扶，实行积分奖励，让城乡连起来，让村民口袋鼓起来。在"红军的一天"红色培训体验项目中，神山、坝上等村镇的村民作为培训学员"自做红军餐"的接待户，户均年增收可达2.3万余元。

一花引来百花开。在红色教育培训的辐射带动下，游客在山逗留时间由过去平均1.5天延长至4~5天，拉长了旅游产业链，提升了人均消费水平，开创了井冈山红色旅游"旺季更旺、淡季不淡"的良好局面，旅游综合效益明显提高，实现了从"景点游"到"全域游"的转变。2019年井冈山成功获评首批"国家全域旅游示范区"。同时，加强红色教育培训与旅游、工业、农业等业态高度融合，壮大礼品瓷、美食、工艺品以及茶叶、黄桃等富民产业，促进总部经济、电商经济、会展经济、休闲经济等新型经济业态发展，实现了从单一旅游经济到立体经济的转变。

井冈山红色教育培训将继续奋勇向前，锐意改革，汇聚起强大的红色力量，努力把井冈山打造成宣传井冈山精神、加强理想信念教育的"天下第一山"，全力实现"红色最红、绿色最绿、脱贫最好"，在全面小康的征程中实现高质量跨越发展。

资料来源：红色力量在这里迸发——井冈山红色旅游发展典型案例. 微信公众号：国家发展改革委，2020-10-12.

分析：井冈山是革命圣地，是中国红色旅游的一面旗帜。2016年2月2日，习近平同志第三次来到井冈山考察调研时说："井冈山时期留给我们最为宝贵的财富，就是跨越时空的井冈山精神。"如何发扬井冈山精神是发展红色旅游的重中之重。

井冈山努力创新模式，让传承更有"温度"。尤其在培训方面，形成了"六个一"培训活动、六大教学模式。运用AR、VR等新技术，提升和改善红色景点单一的静态陈展模式，让革命历史融合现代科技，增强了学员的体验感、参与感、代入感。

井冈山工作做得精益求精，让管理更有"力度"。在管理上以问题为导向，聚焦"统一机构管理、统一教学内容、统一师资管理、统一标准标识"四个统一，形成"1+4"管理制度体系，建立健全跨部门联动响应机制，保障了各项工作的有序开展。

井冈山全域发展，让民生更有"厚度"。开创了井冈山红色旅游"旺季更旺、淡季不淡"的良好局面，旅游综合效益明显提高，实现了从"景点游"到"全域游"的转变。2019年井冈山成功获评首批"国家全域旅游示范区"。

章后思考题

1. 什么是红色旅游？红色旅游与其他旅游形式最大的区别有哪些？
2. 红色旅游的内涵包括哪些内容？
3. 如何理解红色旅游的特点？

4. 红色旅游的功能有哪些?

5. 红色旅游的价值开发包括哪些方面?

6. 有哪些路径可以帮助实现红色旅游的价值与功能?

7. 红色旅游管理有哪些策略?

本章推荐阅读材料

［1］徐仁立. 红色旅游发展概论［M］. 北京: 中国旅游出版社, 2017.

［2］黄细嘉, 龚志强, 宋丽娟. 红色旅游与老区发展研究［M］. 北京: 中国财政经济出版社, 2010.

［3］刘建平, 王昕伟. 依托红色旅游推进革命老区精准扶贫的主要路径探析［J］. 文化软实力, 2018, 3 (1): 66-70.

［4］凌常荣. 改革开放四十年与邓小平旅游管理创新思想研究［M］. 北京: 中国社会科学出版社, 2018.

第十七章
旅游目的地全域旅游管理

本章 PPT

📖 本章主要内容

本章主要介绍全域旅游概念、全域旅游产业联动、全域旅游示范区的创建等。读者主要应该系统、全面了解全域旅游的特殊性，掌握全域旅游的发展方向。

案例及思考

守正创新　丽水全域旅游走出新路径打造新样板

从一个养在深闺人未识的地级市，到成为享誉省内外的"最后的江南秘境"；从全省旅游业发展起步最晚的地区之一，到确立将全域旅游打造成千亿级的第一战略支柱产业；从单一的景区观光游，到形成多元化的旅游中心城市、旅游县城、旅游风情小镇、旅游特色乡村、旅游综合体多级系统。

近年来，浙江省丽水市以"两山"理论重要思想为指引，坚持把生态旅游业作为第一战略支柱产业和创建"浙江（丽水）综合改革创新区"、建设"美丽浙江"大花园的最美核心园的主抓手，积极探索全域旅游发展的"丽水模式"，实现争先进位大赶超。

一、乡旅融合为美丽增色

离遂昌县城大约 1 小时车程距离的湖山乡红星坪村，层峦叠嶂、波光霞影，与几年前的静谧相比，如今这里已经成为返乡创业、吸引投资的热土。

遂昌小伙苏文一是红星坪村上林山舍民宿的合伙人之一。2016 年回乡过年时，他发现家乡的美丽乡村建设已颇具成效，怀着对乡野自然、回归乡土的特殊情怀，便与两个同乡决定在村里开办民宿。他们走遍全县 200 多个村庄，最后将民宿定址在面对仙霞湖的红星坪湖山头自然村，租下了村里的老房子着手改造。2018 年年初，上林山舍开业了。几百到上千元不等的价格，吸引了来自江浙沪各地的游客，旺季时甚至一房难求。

在云和长汀村，"湖景沙滩"的景观每年夏季都能吸引不少周边游客前来度假。据村干部蓝克明介绍，2015 年，村里利用拆违整治腾出的大片滩涂和湖面，投入 200 万元，打造了一座平均宽度 30 米、绵延 1 公里的人工沙滩，还有 34 棵高大的棕榈树，在碧绿的湖水映衬下，大山深处迎来了"阳光沙滩"。目前，全村的农家乐民宿从零起步已发展到 10 余家，床位 60 余张，餐位 1100 余个。

2006 年 7 月，时任浙江省委书记的习近平到丽水调研时曾指出："绿水青山就是金山银山，对丽水来说尤为如此。"优质生态赋予丽水的灵气，镶嵌在深山绿水之中的美丽乡村最能体现。近些年，丽水抓住了这一基础优势，深入推进乡村旅游新业态培育，大力推进"丽水山耕""丽水山居"等品牌，为市民游客走入乡村打开了通道，也为乡村风情走出大山、村民发展旅游提供了便利。百花齐放的创新项目、不断回归的乡贤人才，为丽水乡村发展注入了源源不断的活力。

二、特色文化为产业赋能

2019 年 8 月，丽水"巴比松"国际研讨会暨 2019 古堰画乡小镇艺术节在莲都古堰画乡小镇正式拉开帷幕。作为一个已经连续举办了 3 年的龙头节庆，此次活动以"丽水巴比松"艺术现象为元素，让世界各国的艺术流派齐聚莲都，进行了一场跨越时空与地域的交流。值得关注的是，一幅幅来自法国"巴比松"七杰的经典原作也漂洋过海，不远万里来到古堰画乡，给市民游客带来了一场文化的视觉盛宴。

古堰画乡坐落在丽水莲都瓯江与松阴溪两江交汇之处。从 20 世纪 80 年代开始，瓯江两岸优质的山水生态与人文景观便引起地方文艺群体的关注，这其中就有一批生长于本土的画家群体，他们以自然为师的艺术创作理念，孕育了古堰画乡的艺术灵魂。借助艺术节平台，如今小镇一年一个变化，逐渐成为全市文化旅游的鲜活样板。

莲都区文化和广电旅游体育局副局长周永海表示，按照"区有品牌、镇有亮点、村有特色"的目标，区里在巩固原有的"小镇艺术节""乡村春晚"等品牌文体活动基础上，还着力做精文化休闲瓯江山水诗之路，以此助推全域旅游发展，打造文旅融合背景下的莲都旅游金招牌。

丽水天生丽质的山水风光、积淀深厚的历史文化、独具特色的民俗风情，也为摄影创作提供了得天独厚的素材和空间。

松阳县古市镇山下阳村是中国传统村落，村内老屋鳞次栉比，呈现出一派盎然的古意。这个曾经没落的村庄，如今通过摄影家的镜头逐渐被外界所熟知。2020 年，松阳本土摄影家叶高兴还专门带领一波摄影家在这里开展历史文化影像调查。目前山下阳村是实施古村落保护、以摄影产业助推乡村振兴、打造 AAA 级景区村的重要样板。

"文化是旅游的灵魂，是旅游产业长久发展的内生动力。"丽水市文化和广电旅游体育局相关负责人表示，目前全市正在大力推进瓯江文化品牌提升，同时挖掘非遗文化、红色文化、畲族文化、侨乡文化等特色文化资源，做精摄影之旅、古村之旅、红色之旅等特色旅游产品，促进文化旅游相互融合、相得益彰。

三、全民共享助景城合一

到过丽水的游客，大多对"一机游丽水"都不陌生。"一机游丽水"是基于微信公众号而开发的智慧旅游综合服务平台。平台旨在让每一位游客只需轻松点击便能系统了解丽水旅游资讯，还能提供智慧旅游线下"一条龙"综合服务。目前"一机游丽水"涵盖查询、预定、智能体验、购买等多项功能，被市民游客称为智能游丽水的"活指南"。

为方便丽水市内游客"快"游丽水，2018 年 8 月，原丽水市旅游委员会创新性推出全域旅游惠民卡。持卡享受的优惠服务除了门票外，不少景区还把船票、娱乐项目、观光车租赁等费用都包含在内。除了有单人卡、家庭卡外，为鼓励广大基层工会会员在本地开展疗休养，还专门开设了工会会员卡。持卡人可采用线上领取虚拟卡、线下使用身份证或者二维码的方式入园。自正式发行以来，截止到 2019 年 10 月底，总办卡量达 70750 人次，景区刷卡量 148915 次。

看得见的"共享"还体现在城市农村道路间随处可见的"小白车"上。丽水市新能源汽车分时租赁项目于 2015 年 12 月 26 日与本地高铁开通同步启动运行，并在 2018 年 6 月 30 日初步实现了丽水九县市互联互通。需要用车的市民游客只需要通过手机 APP 搜索距离最近的新能源汽车租赁网点，注册会员并交纳押金，就可以把车租用。

"随着丽水市聚合优质资源发展全域旅游，分时租赁也与之联系更加紧密，将互联网、新能源汽车和汽车租赁有效结合，探索分享经济新业态新模式，可提高车辆和停车位使用效率。"浙江丽水驿动新能源汽车运营服务有限公司相关负责人表示。

丽水市文化和广电旅游体育局相关负责人表示："让全域旅游'走得更快'，就要发动群众参与全域旅游建设，让群众分享全域旅游'红利'，将旅游业真正发展成为人民群众满意的现代服务业。接下来全市将继续谋深旅游规划、谋实旅游项目、谋好基础配套，狠抓项目建设、狠抓提档升级、狠抓产业融合，以共建共享突破发展瓶颈，走出丽水全域旅游发展的新路径。"

资料来源：https://www.163.com/dy/article/F9PRTBNI0519HEJV.html.

思考：什么是全域旅游？全域旅游示范区创建的关键因素有哪些？

第一节　全域旅游发展背景与发展历程

"全域旅游"概念自 2016 年 1 月在全国旅游工作会议上提出以来，引起了政界、学界、业界的广泛关注，也引起了社会的强烈共鸣，逐渐成为一种旅游发展理念，对我国旅游业发展产生重大而深远的影响。全域旅游理念的出现有着深刻的时代背景，全域旅游是我国经济社会和旅游消费需求发展到一定阶段的必然产物，是旅游业发展改革创新、提质增效的必然要求。全域旅游理念有着鲜明的本质特征，全域旅游是特殊的行业要素与时间和空间的共同作用下的新型旅游发展形态，是突出旅游发展要素的完整性和空间组合的协调性而提出的创新旅游发展理念。全域旅游理念反映了旅游业的本质特征与行业要求，包含了旅游业发展的价值追求，符合社会发展和旅游业发展规律。

一、全域旅游的发展背景

随着我国社会经济的发展，旅游成为人们生活中不可或缺的部分。据文化和旅游部公布数据，2019 年国内游超过 62 亿人次，以自驾游为主的自由行比例超过 75%。随着私家车家庭拥有率的提高和普及、高铁、租车等新型交通条件的完善，再加上智慧旅游技术的发展进步，人们旅游的动机和欲望不断受到刺激，自驾游、自由行、自助游、康养旅游等新型旅游形态越来越受到游客青睐。与旅游需求的快速发展变化相比较，我国的旅游产品质量不高，多数地区还停留在景区景点主导的门票经济阶段。旅游业整体发展不均衡、旅游淡旺季明显、旅游产业体系不健全、旅游经济效益偏低、旅游服务质量普遍不高、游客满意度欠佳等问题，旅游供需矛盾在数量、质量、空间、时间等方面表现得日益突出，与新时代人民追求美好生活的诉求有着较大的距离。适应新形势下的旅游供给侧结构性改革势在必行，必须由原来单一的景区景点式旅游发展模式向全域型、复合型、智能型旅游发展模式转变，由低质低效向高质量发展。在这样的供需背景下，全域旅游应运而生。

（一）全域旅游是我国经济社会发展到一定阶段的必然产物

在新时代下，我国经济社会发展由"短缺型"社会进入"富足型"社会阶段，由"生产型"经济过渡到"消费型"经济阶段，由"定居"为主的生活形态演化到"定居""移居"并行的生活形态阶段，这些变化势必催生全新的消费形态。旅游消费成为消费型经济、富足型社会、移居生活形态的重要表征。随着人们可自由支配时间和可自由支配收入的增加、移动性的增强以及信息技术的发达，加上家庭汽车拥有量的增加、高铁网络的织密极大地促进了出行的便利性，旅游已毫无争议地成为一种常态化的生活方式，由社会生活的非必需品变成必需品。传统的旅游发展只是部分群体的高端消费，如今旅游已经发展为大众消费。在我国经济社会高质量发展的背景下，无论是旅游消费的规模还是旅游消费的质量，无论是旅游消费的理念还是旅游消费的形式，无论是旅游消费的广度还是旅游消费的深度，都发生了深刻而巨大的变化。为了满足人们对美好生活需求的愿望，推动经济社会高质量发展，全域旅游应时而生，以一种更深内涵、更高质量、更远目标的模式统领未来旅游业的发展。

（二）全域旅游是我国旅游需求发展到一定阶段的必然产物

传统的观光旅游阶段，"行、住、景"一直是我国旅游发展的主导元素，所占消费总额比例较大。在旅行社团队组织下，"景"即看风景无疑取代了整个旅游活动，其他的要素没有得到应有的重视，导致我国旅游发展一直是以景区景点建设为核心，行、住、食、购、娱等要素作为整体配套内容建设不足。现今我国已经进入大众旅游时代，自助旅游、自驾旅游逐渐取代团队旅游成为主要的旅游组织形式，出游的方式有了很大的改变。随着经济富裕、闲暇自由、技术进步、市场扩大、主体理性，我国旅游需求群体更庞大、形态更多样、类型更分散、个性更鲜明、发展更迅速，这就需要有新的旅游发展理念和模式来满足这种新的发展业态。全域旅游是对旅游本质内涵的主要统领，是对旅游要素的整合统筹，是对旅游产业链条的贯通串联，是对旅游个性化需求的有效满足，可以说全域旅游是我国旅游需求发展到一定阶段的必然产物。

（三）全域旅游是我国旅游发展提质增效的必然要求

我国旅游发展经历了四十多年历程，旅游活动已经由"观光旅游为主"阶段进入

"休闲度假"阶段，旅游产业、旅游市场、旅游产品、旅游管理、旅游政策系统建设基本完备。但是也要清醒地认识到，我国旅游发展几十年来积累的顽疾仍然存在。旅游经济发展还处于粗放低效阶段，旅游产业结构有待优化、旅游市场水平有待提高、旅游业态有待创新、旅游管理有待细化、旅游政策制度有待完善、旅游者的文明素质有待提升、旅游社区居民包容心理有待增强、旅游专业审美教育有待推进、管理的体制机制束缚以及行业之间的"萧墙"亟待破除。全域旅游要求发挥产业叠加优势，通过对资源整合、产业融合、环境优化、服务创新、体制贯通、机制协调等进行全方位、系统化的优化提升，实现区域资源有机整合、产业融合发展、社会共建共享，全域旅游是我国旅游改革创新、提质增效的必然要求。

二、全域旅游的发展历程

（一）全域旅游的萌芽阶段

早在 1999 年，桂林市在"两江四湖"山水城市的规划中，就融入了"全域旅游"理念，这是国内最早关于"全域旅游"的实践探索。2008 年浙江省绍兴市编制的《绍兴全城旅游区总体规划》最早提出"城旅一体"的全城旅游发展战略。2010 年编制的大连市旅游规划最早提出全域旅游发展战略，"全域旅游战略的提出，最根本的就是打破都市（或单一景区）旅游一枝独秀的接待格局，在不同的区域内打造各自的旅游吸引物和服务业"。此后，我国陆续有些地区提出全域旅游的发展思路，如浙江省杭州市、海南省琼海市等。厉新建等（2013）在研究北京旅游产业发展时全面、系统地阐述了全域旅游发展理念，标志着全域旅游在学术研究领域形成较为完整的理论体系，对后来研究影响深远[①]。

（二）全域旅游的初步提出

2015 年 8 月，在全国旅游工作研讨会上首次明确提出全面推动全域旅游发展的战略部署，不久，原国家旅游局下发《关于开展"国家全域旅游示范区"创建工作的通知》。

（三）全域旅游的全面开展

《2016 年全国旅游工作会议报告》中提出"进入新的发展时期，贯彻落实五大发展理念，必须转变旅游发展思路，变革旅游发展模式，创新旅游发展战略，加快旅游发展阶段演进，推动我国旅游从'景点旅游'向'全域旅游'转变"。2016 年 2 月，原国家旅游局公布首批创建"国家全域旅游示范区"名单。

（四）全域旅游的扎实推进阶段

2016 年 5 月，《中国旅游发展报告（2016）》在世界旅游发展大会上发布，提出八项支持全域旅游示范区创建的优先措施；2016 年 5 月，全国全域旅游创建工作现场会发布

---

① 厉新建，张凌云，崔莉．全域旅游：建设世界一流旅游目的地的理念创新——以北京为例 [J]．人文地理，2013，28（3）：130-134．

《全域旅游示范区创建工作导则》，10个首批示范市（县）进行经验分享。2017年1月在长沙召开全国旅游工作会议，明确提出2017年要围绕"加快由粗放型旅游大国向比较集约型旅游大国转变"这个中心任务，大力推进全域旅游，实施15项重点行动。2018年是"美丽中国——全域旅游年"，2018年3月国务院办公厅印发《关于促进全域旅游发展的指导意见》，推动全域旅游进一步发展。

三、发展全域旅游的逻辑起点

全域旅游的发展是不是一时的头脑发热？是不是旅游人的闭门造车或"单相思"？全域旅游的发展有没有特殊的内在要求？我们认为全域旅游有其独特的逻辑性。

（一）旅游资源的无边界性

旅游资源是旅游活动的基础，凡能够对旅游者产生吸引向性的自然和人文要素，都是旅游资源。旅游目的地的开发能力决定了旅游资源开发的可能性。换句话说，旅游资源可以延伸到各行各业，如农业、林业、水利、矿产、教育、体育、天文等。旅游资源是没有边界的。

（二）旅游产品的无边界性

旅游产品需要与资源以及文化相关联，目的地把产品开发出来供消费者购买或欣赏。旅游产品就是供旅游者购买、消费和审美的对象。旅游目的地只要能够开发出来并且推向市场，都可成为消费者购买的对象，即都可以成为旅游产品。换句话说，旅游产品是没有边界的，是否能够成为旅游产品，不在于产品是什么，而在于消费者的动机与需求，这个动机和需求当然是多种多样，难以罗列出来的。

（三）旅游产业的融合性

旅游产业是综合性的，传统旅游内在六要素"行、住、食、景、购、娱"，以及旅游外在六要素"商、养、学、闲、情、奇"等，涉及的产业众多，一二三产业都可以贯通起来，与旅游业有着千丝万缕的关联性，能够延伸到各个产业里面，如制造业的旅游装备、汽车产业的房车生产、机械产业的高空缆车等，旅游产业具有融合性的特征。旅游产业与其他产业具有高度的契合性以及相容性，那么发展全域旅游也是理所当然的事情。

（四）旅游本质的审美性

旅游的本质是审美，没有审美就没有旅游，审文化之美、审自然之美、审灵魂之美。这些美附着在各种看得见与看不见的载体之中，看得见的名山大川，看不见的故事音乐传说等。自然也好、人文也罢，都存在于时间与空间中。大到一座城市的设计符号和色彩运用，小到一个旅游纪念品如广西的绣球，中间到某个民宿酒店的装修风格等，其中都蕴藏着美学原理。旅游产品需要体现美学特征，旅游就是对美的追逐。

四、发展全域旅游的社会意义与价值

国家提出发展全域旅游，不仅仅是为了促进旅游业自身发展壮大，更是促进政治、经济、文化、民生、产业融合发展的有效手段。全域旅游有利于促进产业协调发展，推动社会整体和谐，构建美好生活蓝图。

全域旅游有利于贯彻落实"创新、协调、绿色、开放、共享"五大发展理念。全域旅游是一种旅游发展理念和发展的策略，由于文化旅游的融合性特点，使全域旅游成为推进产业融合发展的重要抓手。旅游产品设计需要有创新意识，需要与文化环境相协调，需要对外开放合作，需要共建共享，因此全域旅游对于贯彻落实五大发展理念具有深远的意义。

全域旅游有利于打破区块分割的旧局面。全域旅游打破了以往的地域分割、部门分割的桎梏，能够形成产业联动与部门联动的开放发展大格局。由于旅游的无边界性使得在产业融合、条块融合方面具有先天优势。全域旅游产业延伸的属性使得行业之间的互相渗透、互相融合更加便捷与快速，区域之间互相信任、互相协作更加协调与顺畅，彼此阻隔与推诿的现象将大大降低，最终实现旅游目的地与客源地的双赢局面。

全域旅游有利于推动构建开放发展空间。在旅游发展新理念的推动下，重新构建旅游产业新体系，极大地促进城乡旅游一元化发展格局，使旅游目的地和客源地的基础设施建设共建共享，既能够满足旅游发展的需要，又能够为当地居民服务，使主客都能够享受旅游发展带来的红利。

全域旅游有利于创新共享经济发展模式。共享经济需要满足产业链上的各关联利益方的特殊诉求。全域旅游具有"1+1>2"的集聚效应。全域旅游能够持续发挥扩内需和稳增长的作用，全新的产业体系有助于推动产业结构调整，全时空的消费延伸与全地域的消费结构，极大地提高资源配置的效率。全域旅游加大了旅游业与其他产业的深度融合发展。全域旅游不是单打独斗，而是与其他产业分享资源，共同缔造价值，共同分享发展成果，因此形成了一种创新的发展模式。

全域旅游有利于保护与弘扬民族传统文化。全域旅游将触角延伸至文化的各个方面，需要充分利用文化的本真积淀来增强旅游的本底，把产业的灵魂寄托在文化的奇葩之上。全域旅游有利于挖掘文化特色，以旅游促进文化的保护，以旅游促进文化的传播，释放文化的价值，激发了文化活力，促进民族文化的保护与传承，对于弘扬民族文化具有特别的意义。

全域旅游有利于提高人民的幸福指数。全域旅游需要加强基础设施建设，需要加强公共服务体系建设，为旅游者提供更加优美、便捷、舒适的消费环境。全域旅游需要"绿水青山"作为环境基础，需要美学原理设计生活空间，需要提高接待技艺水平。无论是对居民还是对访客，都会带来美好生活的享受，因此有利于提高人民的幸福指数。

第二节　全域旅游的概念、内涵与特征

一、全域旅游的概念

厉新建等（2013）从"全域旅游"视角来研究北京旅游产业发展时，认为"全域旅游"更应该追求提升旅游质量，强调居民与游客的融合，全面归纳整理了全域旅游的"四新""八全"理论[①]，该理论是我国学者对"全域旅游"首次全面的总结和归纳，为后来的"全域旅游"理论研究奠定了重要基础。

魏小安（2015）认为要从"空间、行业、消费、时间、社会和发展"六方面来把握全域旅游，实现"全通、全景、全文、全品、全业、全员、全新"的发展要求[②]。

基于城乡统筹视角，张辉（2016）认为"全域旅游"的核心关键是"域"，而非"全"，全域旅游重点要实现旅游的空间域、产业域、要素域和管理域完备，转变之前以景区为主要架构、以单一旅游形态为主导、以旅游资源单一要素为核心、以部门为核心的开发管理理念，强调空间全景化的理念。[③]

石培华（2016）认为全域旅游应该是旅游景观全域优化、旅游服务全域配套、旅游治理全域覆盖、旅游产业全域联动、旅游成果全民共享[④]。

所谓"全域旅游"，指将一个区域作为旅游目的地来建设和运作，实现区域资源有机整合、产业融合发展、社会共建共享，以旅游业带动和促进经济社会协调发展。实现行业、部门、区域局限，把旅游业放到推进新型工业化、城镇化、信息化和农业现代化的大格局中来谋划，促进旅游业与生态、文化、体育等产业深度融合，形成多点支撑的大旅游发展格局。

二、全域旅游的内涵

（一）全域旅游的基本内涵

阿尔达克和李晓东（2016）认为全域旅游的核心理念体现在"四新"即新的资源观、新的产品观、新的产业观和新的市场观[⑤]。全新的资源观是指旅游吸引物不仅包括自然和人文的旅游资源，还拓展到社会经济层面的各类资源。它将吸引物本身与所处环境结合在

---

① 厉新建，张凌云，崔莉. 全域旅游：建设世界一流旅游目的地的理念创新——以北京为例 [J]. 人文地理，2013，28（3）：130-134.

② 魏小安. 全域旅游解析 [N]. 中国旅游报，2015-12-02（02）.

③ 张辉. 中国旅游发展笔谈：全域旅游（一）[J]. 旅游学刊，2016，31（9）：15.

④ 石培华. 如何认识与理解全域旅游 [N]. 中国旅游报，2016-02-03（004）.

⑤ 阿尔达克，李晓东. 全域旅游与旅游目的地建设 [J]. 旅游纵览，2016（10）.

一起，形成处处是风景的全域旅游目的地。全域旅游的产品观不仅包括旅游吸引物及吸引物所在的环境，还包括旅游目的地中的当地居民；不仅包括当地居民生活的建筑、文物等实物形式，还包括当地居民的日常生活、行为方式、文化价值。全域旅游产业观中旅游业是一个综合性的服务产业，通过与其他相关产业融合实现共同发展。全域旅游的产业观是实现产业之间的交叉，互相渗透，通过产业之间的聚变形成一个全新的产业。在全域旅游市场观中，市场的主体不再局限于旅游目的地的游客，延伸到目的地内的居民，随着休闲需求的日益增加，旅游目的地居民本身也逐渐成为旅游产业中的消费主体。旅游目的地不仅要为游客提供旅游综合性服务，同时还要满足当地居民休闲享受的需求和基本权益。

苏剑（2017）认为全域旅游的基本内涵之一是引入"旅游+"，通过旅游指引，将旅游产业与其他产业有机地结合，与政府相关职能部门形成合力，不仅为旅游业的发展提供资源、产品和支撑，同时也应促进各行各业发展和社会职能完善[①]。"促进各行各业发展和社会职能完善"是"旅游+"的根本目标，是全域旅游的根本使命。全域旅游围绕"旅游+"的概念，明确了"产业融合、生态环境、公共服务、体制机制、政策法规、文明素质"等方面的发展要求，明晰了社会经济多方面的发展目标，将旅游产业发展蓝图提升为社会经济发展的一种新路径，由产业单一发展目标提升为社会经济统筹发展的一种新模式。

（二）全域旅游的核心内涵

杨振之（2016）认为全域旅游的核心内涵是在旅游资源富集地区，以旅游产业为主导或引导，在空间和产业层面合理高效优化配置生产要素，以旅游产业来统筹引领区域经济发展，持续增强区域竞争能力的创新模式；全域旅游也是对"创新、协调、绿色、开放、共享"五大发展理念的贯彻落实，从区域社会经济发展的全局高度，明确旅游业的战略地位和社会价值[②]。

只有把全域旅游作为战略性支柱产业，才能够统一配置资源、获得优先发展的权利，同时能够集中人力、物力、财力进行聚焦发展。

在行政管理体制上旅游行政机构需要对全域旅游进行全方位的管辖，因而需要赋予其相应的职权或者建立起联席会议制度。在制度上保证能够优化配置区域生产要素，保证全域旅游的发展，减少体制机制上的发展障碍。

产业链越长越有利于产业调动各方资源和因素进行整合发展，尤其是需要以旅游产业为核心，推动多产业融合发展、集聚发展，并且不断引领产业结构转型升级，统筹产业空间布局，形成产业集群，获得更多的集群效应。

推动全域旅游高质量发展：一是要做好全域旅游发展顶层设计工作，引导实施"多规合一"，使"全域旅游"成为国民经济和社会发展规划、土地利用总体规划等重大规划项目中的重要内容，并得到贯彻落实。二是推动旅游产业产品提质增效，主要是旅游产品需要不断地创新发展，满足消费者的不断增长的消费需求。如从单一的观光产品转型升级为观光、休闲、度假、康养、研学等复合型产品。三是要建立旅游公共服务体系创新，以满足国民休闲需求，使公共服务产品覆盖主客共享的所有区域。四是与乡村振兴战略等国家

① 苏剑. 关于全域旅游的理论认知 [J]. 旅游纵览（下半月），2017（8）：15-17.
② 杨振之. 全域旅游的内涵及其发展阶段 [J]. 旅游学刊，2006，31（12）：1-3.

重大工程密切结合起来，满足人们对美好生活的诉求，国家重大工程往往具有牵一发而动全身的功效，全域旅游只有与乡村振兴战略结合，才能够发挥最大的功能与价值。

张辉和岳燕祥（2016）认为全域旅游的核心不在"全"而在"域"。从全域旅游提出的社会背景和旅游背景来分析，全域旅游不应从"全"的角度来认识，而应该从"域"的角度来解释，叫作"域的旅游完备"，也就是空间域、产业域、要素域和管理域的完备①。从空间域来说，全域旅游是要改变以景区为主要架构的旅游空间经济系统，构建起以景区、度假区、休闲区、旅游购物区、旅游露营地、旅游功能小镇、旅游风景道等不同旅游功能区为架构的旅游目的地空间系统，推动我国旅游空间域从景区为重心向旅游目的地为核心转型。从产业域来说，全域旅游是要改变以单一旅游形态为主导的产业结构，构建起以旅游为平台的复合型产业结构，推动我国旅游产业域由"小旅游"向"大旅游"转型。从要素域来说，全域旅游是要改变以旅游资源单一要素为核心的旅游开发模式，构建起旅游与资本、旅游与技术、旅游与居民生活、旅游与城镇化发展、旅游与城市功能完善的旅游开发模式，推动我国旅游要素域由旅游资源开发向旅游环境建设转型。从管理域来说，全域旅游是要改变以部门为核心的行业管理体系，构建起以旅游领域为核心的社会管理体系，推动我国旅游的行业管理向社会管理转变。

三、全域旅游的特征

准确把握全域旅游的特征有利于大力推进全域旅游发展理念，有利于落实全域旅游战略目标，全域旅游的本质特征主要体现在以下五个方面：

（一）旅游资源与产品无边界

前面已经提到了旅游资源与产品是无边界的，这是全域旅游的基础和根本性特征。发展全域旅游实际上就是把这个特征更加地显露出来，让更多的从业者真正地领会和把握这个特征。过去对这个问题认识不足，把握不够到位，发展全域旅游实际上又是反推这个特征，使大家的思维更加广阔，而不是局限于景点、景区。只要能够开发出来让消费者埋单，就是实际上的旅游产品。

（二）设备设施共建共享

设备设施共建共享是全域旅游的出发点，也是旅游业诠释"以人民为中心"理念的最好注脚，还是全域旅游的初衷和标志。旅游基础设施和公共服务建设，既是为旅游者服务的，又是为当地居民服务的，是全民所有的，而不是少数人专享的。全域旅游推动基础设施建设，就是要使当地居民成为全域旅游发展的受益者、旅游生活的享受者、旅游产业的创业者、旅游生活的服务者。设备设施让当地居民和游客共建共享，使全域旅游地区成为宜居宜产宜游的好地方。

---

① 张辉，岳燕祥. 全域旅游的理性思考［J］. 旅游学刊，2016，31（9）：15-17.

（三）旅游市场全域化

实现美好生活的目标是全局性的，全域旅游需要全方位地为人民提供服务，需要进行全域管理，即打破原来只为景区景点服务、只为游客服务的局限性，把市场空间扩大到整个社会的各个领域，走向社会管理，覆盖社会生活各个空间、旅游消费各个过程、旅游市场各个环节、旅游产业各个领域。突破体制机制的障碍，实现旅游监管与治理的全域覆盖，在全域范围内构建起优良的市场秩序。

（四）旅游营销全覆盖

全域旅游下的旅游营销，完全改变了过去单一旅游产品营销模式，实现整合营销，从景点营销、产品营销走向目的地营销、城市营销，对全域旅游目的地进行系统营销推广。从历史文化、故事传说、英雄模范，到风景名胜、土特产品、现代时尚等，都统一起来进行全覆盖的营销。让消费者有更多的选择。当下社会就是选择的时代，各种产品层出不穷，旅游产品也必须让消费者有选择的自由，彰显旅游目的地的整体旅游功能和价值。

（五）一二三产业融合发展

旅游的独特属性使全域旅游具备强大的黏合作用。全域旅游能够把各个产业都串联起来，通过"旅游+"带动一二三产业融合发展。由于旅游动机是多样化的，旅游消费又以个性化为主，就使得全域旅游既可以推动旅游产业不断地升级换代，满足多样化和新奇特异的旅游动机需求，又可以驱动其他产业的发展，满足个性化和时尚化的旅游需求，还可以通过旅游业带动上下游产业供给侧结构性改革，不断提升旅游产品的价值。

全域旅游是一个不断发展和壮大的过程，同时也是一个不断创建、创新、创造的过程，因为全域旅游本质就是不断满足人民对美好生活的需求。人民对美好生活的需求是无止境的，全域旅游的发展同样也是无止境的。

第三节　全域旅游目的地的发展要素升级

北京大学旅游研究与规划中心主任吴必虎认为，全域旅游产业要素升级，是指旅游业六大传统要素向足量化、标准化、特色化和品牌化四个方向转变。单一化的旅游发展方式和旅游产品已经无法满足旅游者多元化旅游需求的发展趋势，需要通过产业融合的方式深挖旅游资源的存量和增量，丰富旅游吸引物的类型，契合大众旅游时代的空间供给需求转变，为旅游者提供更大尺度、更加优美和共享的旅游公共空间，形成"宜居、宜游"的旅游环境，这也正是全域旅游发展的基本要求。

一、旅游目的地全域旅游发展要素分析

目的地全域旅游的发展要素包括区域文化要素、产业发展要素、接待体系要素、体制

机制要素。

旅游目的地全域旅游发展最重要的核心要素就是文化要素。文化是旅游的灵魂，文化的差异是激发旅游动机的最大因素，是旅游市场获得客源的最重要因素。因此发展全域旅游必须高度重视文化要素的发展。不论是进行旅游规划和开发，还是旅游产品设计时都要重视文化要素的彰显，抑或在基础设施建设中同样需要重视文化符号的融入。

全域旅游已经成为推动旅游产业发展的重要抓手。旅游目的地将旅游业定位为战略性支柱产业，整合区域内经济与社会资源，实现区域内产业融合发展，能够极大地提升全域旅游的竞争力和发展潜力。由于旅游产品的无边界性，旅游目的地将旅游产业与区域内相关产业有机地联系在一起，已经发展成为一种全新的产业发展模式。旅游目的地需将"全域旅游"理念贯穿旅游规划设计、项目开发建设、产品整合创新、基础服务设施等的全过程，真正实现"旅游+"与"+旅游"的融合发展。

旅游目的地就是接待旅游者消费的空间区域，旅游者就是客人，目的地就是为客人提供接待设施设备、为客人消费产品提供服务的场所，因此需要有系统而完备的接待体系。除了旅游内在基本要素体系外，还需要配套通信体系、历史文化讲解体系、特色消费品服务体系等，为消费者提供高品质的服务。中国有一句俗语"来的都是客"，主人当以最好的服务接待，让客人感受旅游目的地的情感关怀与好客精神。

体制机制在全域旅游中占有非常重要的位置，没有体制机制保驾护航，全域旅游很难全方位展开。全域旅游涉及许多行业和产业，需要互相支持与密切配合，否则很难形成共建共享的局面。旅游目的地必须在体制机制上形成目标一致的合力，打造齐抓共管的核心竞争力。

二、全域旅游目的地发展要素升级的可能性

在社会主义新时代，旅游业进入"大众旅游""全域旅游"时代，旅游市场强劲的发展势头，逐渐成为驱动区域经济发展的引擎。各地都非常重视全域旅游的发展，千方百计地升级发展要素，目的就是积极推进全域旅游向纵深发展。

由于旅游业融合性的特点，在强劲的市场面前，使得旅游业与其他产业融合成为一种时尚化。旅游业的无边界性与旅游消费的多样化需求，推动了林业、水利、农业、工业、制造业、科技行业、教育等其他产业积极与旅游产业相融合，甚至几乎其他所有行业都希望与旅游产业"攀亲戚"试图进行联姻，几乎都在尝试探索开发更多的新型旅游业态。旅游业成为"香饽饽"，"旅游+"和"+旅游"成为各地追逐的时尚。

由于旅游化成为人们追求美好生活的象征之一，在高质量发展过程中，与工业化、城镇化、信息化建设一样，全域旅游成为各地高质量发展的重要手段。旅游消费具有全时空的特点，白天游览、晚上娱乐和住宿，消费是全天候的，所以旅游化是夜间经济与扩大就业等推动国内经济循环的重要抓手，上升为各地政府的工作重心。

由于旅游业追求环境的"绿水青山"，在碳中和、碳达峰的全球大趋势下，全域旅游成为产业升级的重要途径。全域旅游既要挖掘文化特色，又要有洁净的自然环境，发展全域旅游需要特色人文环境与优良自然环境作为基础，建设成为文明和谐美丽家园，全域旅

游成为判断一个地方形象优劣的重要"标尺"，所以旅游发展要素必须与时俱进，不断地优化与提升。

由于房地产等传统产业的平稳发展，而且已经过了高速发展的阶段，老百姓的住房需求与汽车消费基本得到满足，人民追求幸福产业成为时代的要求。消费者对全域旅游产品高质量的要求与日俱增，旅游发展要素必须进行全面的升级，否则很难满足消费者的获得感与幸福感。

三、全域旅游目的地产业要素升级路径

推进全域性旅游的健康发展，需要打通升级的路径，排除堵点和消除痛点，促进全域旅游成为新时代高质量发展的重要抓手。

一要做好顶层设计。全域旅游要进入地方主要领导的工作视野，成为"一把手工程"，使全域旅游在体制机制上得到充分的保障，充分整合各种资源，充分调动各种因素，发挥人、财、物的作用，协调各产业间的利益诉求，保证获得利益的最大化。同时要高水平、大手笔、前瞻性地编制好全域旅游产业的发展规划，并且与其他规划相衔接，使之达到同频共振的效果。

二要差异化发展。旅游消费最讲究个性化与差异化，这是由旅游动机决定的，所以全域旅游必须强调与其他地方的差异化。这个差异化是多方面的，如文化差异化、产品差异化、时间差异化、价值差异化、功能差异化、形象差异化等。要坚决避免千篇一律和雷同现象，需要深挖地方发展潜力，尤其需要重视策划与营销能力。全域旅游与传统旅游高度依靠资源禀赋不同，全域旅游完全可以不依靠资源，而是依靠策划与营销能力。在旅游产品多到"选择悖论"时代，如果策划与营销能力不强，也会造成产品"积压"卖不出去的现象。

三要扩展产品价值。旅游产品具有很强的象征性意义，即象征着旅游者的财富自由、时间自由、身体自由等，旅游阅历越是丰富，表示其"自由度"越高，所以全域旅游产品需要给予相关者更多的价值，满足购买的动机需求。全域旅游涉及各行各业，由于行业的差异性，产品所蕴含的价值是不同的，需要把这些价值开发出来，供市场选择。如森林旅游价值、滨海旅游价值、滑雪旅游价值、康养旅游价值、研学旅游价值、遗产旅游价值等，不一而足。

四要包装文化特色。全域旅游需要文化底蕴作为支撑，旅游没有当地文化作为支撑，是不可能有长久生命力的。文化的包装需要充分利用互联网络、微博、微信、手机客户端、抖音 APP 等新媒体，全方位立体式地进行宣传。尤其是文创产品的开发，需要旅游目的地居民积极参与进来，使每个人都成为旅游发展的参与者、推进者、受益者。文化既有传统的优良文化，又有当代的创新文化，无论是哪种文化，都需要进行合理的包装，使之形成特色和品牌。

五要抓好产业融合。产业融合既可以是市场的推动力形成，又可以是政府的撮合力形成，无论是内在规律还是外在的作用，产业融合都能够极大地促进全域旅游的发展质量。产业融合形成产品的多极化、价值的多样化，产业融合形成消费的便捷性、丰富消费者的

体验感。产业融合可以减少产品开发成本、减少重复开发，提高开发的专业与技术含量。

第四节　全域旅游示范区创建

2016年7月，习近平同志在宁夏调研时指出："发展全域旅游，路子是对的，要坚持走下去。"这一重要指示为开启新时代旅游业发展新征程指明了前进方向，为推动旅游业高质量发展提供了根本遵循，也是新时代解决我国旅游业发展不平衡不充分矛盾、满足人民对旅游需求的战略要求。

一、全域旅游示范区创建的目标

全域旅游示范区创建是构建"国内国际双循环相互促进"新发展格局的重要举措，全域旅游示范的创建通过协同更多部门支持、完善更多新的公共服务、发现更多新的旅游资源、丰富更多新的旅游产品、激发更多新的旅游需求来推动旅游业高质量发展。在当前形势下，全域旅游示范创建主要有以下五个目标：

（一）实现旅游发展全域化

推进全域统筹规划、全域合理布局、全域整体营销、全域服务提升，构建良好自然生态环境、亲善人文社会环境、放心旅游消费环境，实现全域宜居、宜业、宜游和全域接待海内外游客，成为目的地建设的典范。

推进全域统筹规划、全域服务提升，只有综合推进才能调动一切可以调动的力量，实现产业融合发展，全域共建共享。通过全域旅游示范创建可以实现旅游从封闭的自循环向开放的"+旅游"转变，从企业独建独享向社会共建共享转变，从单一景区建设向综合目的地服务转变，从景区内部管理向全面依法治理转变，从门票经济向产业经济转变，从部门行为向政府统筹推进转变，形成多位一体的区域发展效应。推动多规合一、部门联动、产业融合、景城一体等，以全域旅游示范创建为契机和平台统筹文明卫生城市、乡村振兴战略、对外开放等工作，实现工作互动性与协调性发展。

（二）旅游供给品质化

加大旅游产业融合开放力度，提高科技水平、文化内涵、绿色含量，增加创意产品，发展融合业态，提供高质量、精细化的旅游服务，增加有效供给，成为满足大众旅游消费需求的典范。

随着5G等技术的运用，消费者更依赖线上服务、注重个性体验，也更关注品质保障。全域旅游需要打造良好供应链旅游系统，丰富产品内容及用户体验。如航空公司推出个性化服务，增加产品多样性，提升产品品质；酒店加快数字化步伐，增加产品便捷性，提升产品品质；景区产品聚焦用户需求，提高用户游览体验，提升产品品质。

（三）旅游治理规范化

坚持党委、政府对旅游工作的领导，建立各部门联动、全社会参与的旅游综合推进机制。坚持依法治旅，提升治理效能，形成综合产业综合抓的局面，成为体制机制改革创新的典范。

规范化作为一种现代管理手段，应该将全域旅游治理规范化作为一个衡量的"门槛"，在旅游产品、服务品质、市场秩序等方面，建立各级政府和旅游主管部门的治理规范，以项目规范、设施建设、产品研发、服务质量等为主要内容，整体提升接待质量水平。首先要建立健全法规体系，加快推进相关配套的法规、规章、制度和标准的制定和完善；其次要建立完善工作体系，建立旅游综合协调机制，明确各部门、各行业职责，加强督促检查；再次建立完善旅游公共服务体系，包括旅游产业发展促进体系等；最后建立安全保障体系，包括旅游保险制度等。

（四）旅游参与全民化

增强全社会参与意识，引导居民以主人翁态度共同参与旅游建设，营造文明旅游新风尚，健全旅游发展受益机制，出台旅游惠民政策，切实保证居民、企业参与收益分配，成为全民参与共建共享的典范。

全域旅游需要实现主客共享，实现个人、企业、社会共建共享，必须鼓励全民参与建设。旅游目的地居民以主人的身份接待外地客人，无论是文化的打造、环境的营造、产品的塑造、价值的创造还是形象的锻造等，都离不开当地居民的积极配合与参与。居民的好客精神有利于提高目的地形象，居民的智慧贡献有利于提高产品的品质，居民的资本投入有利于获得更多的回报，从而使旅游目的地更具人文化和人性化。

（五）旅游效益最大化

把旅游业作为经济社会发展的重要支撑，发挥旅游"一业兴百业"的带动作用，促进传统产业提档升级，孵化一批新产业、新业态，使旅游对当地经济和就业的综合贡献达到较高水平，成为惠民生、稳增长、调结构、促协调、扩开放的典范。

旅游业具有"一业兴百业"的带动作用，不仅关联度高、产业链长，而且资源消耗低、带动系数大、就业机会多，通过创建全域旅游示范促进传统产业提档升级，不断孵化新产业、新业态，不断提高旅游对经济和就业的综合贡献水平。近年来，旅游业已成为传统产业转型发展和互联网等新兴产业创新发展的重要领域。煤炭、钢铁等领域的企业纷纷投资建设文化旅游城、主题公园、酒店、旅游度假村等项目；一些互联网公司也纷纷以多种方式介入在线旅游等领域，加快布局旅游业。通过全域旅游示范创建可以实现旅游效益最大化也就是杠杆作用，可以放大旅游投资，撬动其他产业资本，积极引导社会资本投向旅游业的薄弱环节、特殊领域，补足旅游的短板，提升旅游效益，实现旅游高质量发展。

二、全域旅游创建的任务[①]

《全域旅游示范区创建工作导则》中提出了以下八个方面的创建任务：

(一)创新体制机制，构建现代旅游治理体系

建立党政主要领导挂帅的全域旅游组织领导机制，加强部门联动，充分发挥宣传、组织、政法等党委部门和公安、财政、国土、环保、住建、交通、水利、农业、文化、体育、统计、林业等政府部门在合力推进全域旅游工作中的积极作用。

在体制机制上探索建立与全域旅游发展相适应的旅游综合管理机构，有效承担发展全域旅游的各种职能。积极推动公安、工商、司法等部门构建管理内容覆盖旅游领域的新机制，切实加强队伍建设。积极创新旅游配套机制，推动全域旅游健康发展。推动政策创新，鼓励出台支持全域旅游发展的综合性政策文件，引导资金等投入全域旅游事业。强化旅游用地保障，优化旅游项目用地政策。

(二)加强规划工作，做好全域旅游顶层设计

将旅游发展作为重要内容纳入经济社会发展、城乡建设、土地利用、基础设施建设和生态环境保护等相关规划中，由所在地人民政府编制旅游发展规划，同时依法开展规划环评，在实施"多规合一"中充分体现旅游主体功能区建设的要求。

(三)加强旅游设施建设，创造和谐旅游环境

推动"厕所革命"覆盖城乡全域。推进乡村旅游、农家乐厕所整体改造，5A级景区厕所设置第三卫生间，主要旅游景区、旅游度假区、旅游场所、旅游线路和乡村旅游点的厕所要实现数量充足、干净卫生、实用免费、管理有效。鼓励对外服务场所厕所免费对游客开放。

构建畅达便捷交通网络。提高游客运输组织能力，开通旅游客运班车、旅游公交车和观光巴士等。推进旅游风景道、城市绿道、骑行专线、登山步道、交通驿站等公共休闲设施建设，打造具有通达、游憩、体验、运动、健身、文化、教育等复合功能的主题旅游线路。完善集散咨询服务体系；规范完善旅游引导标识系统；合理配套建设旅游停车场，推动高速公路服务区向交通、生态、旅游等复合型服务区转型升级。

(四)提升旅游服务，推进服务人性化、品质化

充分发挥标准在全域旅游工作中的服务、指引和规范作用。完善旅游业标准体系，扩大旅游标准覆盖范围，强化标准实施与监督，加强涉旅行业从业人员培训，提高从业人员服务意识与服务能力，树立友善好客的旅游服务形象。

按照旅游需求个性化要求，实施旅游服务质量标杆引领计划，鼓励企业实行旅游服务

---

① 参见原国家旅游局《全域旅游示范区创建工作导则》，有删减。

规范和承诺，建立优质旅游服务商目录，推出优质旅游服务品牌。开展以游客评价为主的旅游目的地评价，不断提高游客满意度。推进服务智能化，主要旅游区实现智能导游、电子讲解、实时信息推送。开发建设游客行前、行中和行后各类咨询、导览、导游、导购、导航和分享评价等智能化旅游服务系统。完善旅游志愿服务体系，打造旅游志愿服务品牌。

（五）坚持融合发展、创新发展，丰富旅游产品，增加有效供给

"旅游+城镇化、工业化和商贸"，突出中国元素、体现区域风格，建设美丽乡村、旅游小镇、风情县城、文化街区、宜游名城以及城市绿道、骑行公园等慢行系统，支持旅游综合体、主题功能区、中央游憩区等建设。利用工业园区、工业展示区、工业历史遗迹等因地制宜开展工业旅游，鼓励发展旅游用品、户外休闲用品和旅游装备制造业。完善城市商业区旅游服务功能，开发具有自主知识产权和鲜明地方特色的时尚性、实用性、便携性旅游商品，提高旅游购物在旅游收入中的比重，积极发展商务会展旅游。

提升旅游产品品质，丰富品牌旅游产品。增强要素型旅游产品吸引力，深入挖掘民间传统小吃，建设特色餐饮街区，发展精品饭店、文化主题饭店、经济型和度假型酒店、旅游民宿、露营、帐篷酒店等新型住宿业态，打造特色品牌。提升园区型旅游产品品质，发展目的地型产品，按照村、镇、县、市、省打造具有国际影响力的目的地品牌。推动主体创新，培育和引进有竞争力的旅游骨干企业和大型旅游集团，构建产学研一体化平台，提升旅游业创新创意水平和科学发展能力。

（六）实施整体营销，凸显区域旅游品牌形象

制订全域旅游整体营销规划和方案。把营销工作纳入全域旅游发展大局，坚持以需求为导向，树立整体营销和全面营销观念，明确市场开发和营销战略，加强市场推广部门与生产供给部门的协调沟通，实现产品开发与市场开发无缝对接。设立旅游营销专项资金，鼓励制定相应的客源市场开发奖励办法，切实做好入境旅游营销。

拓展营销内容，提升旅游整体吸引力。实施品牌营销战略。建立政府部门、行业、企业、媒体、公众等参与的营销机制，形成上下结合、横向联动、多方参与的全域旅游营销格局。创新全域旅游营销方式，充分利用微博、微信、微电影、APP 客户端等，提高全域旅游宣传营销的精准度、现代感和亲和力。

（七）加强旅游监管，切实保障游客权益

加强旅游执法，强化旅游质监执法队伍的市场监督执法功能，严肃查处损害游客权益、扰乱旅游市场秩序的违法违规行为，曝光重大违法案件，实现旅游执法检查的常态化。公安、工商、质监、物价等部门按照职责加强对涉旅领域执法检查，建立健全旅游与相关部门的联合执法机制，净化旅游市场环境，维护游客合法权益。

加强旅游投诉举报处理。建立统一受理旅游投诉机制，积极运用 12301 智慧旅游服务平台、12345 政府服务热线以及手机 APP、微信公众号、热线电话、咨询中心等多样化手段，形成线上线下联动、高效便捷畅通的旅游投诉受理、处理、反馈机制，做到受理热情

友好、处理规范公正、反馈及时有效，不断提高旅游投诉的结案率、满意率。强化事中事后监管，加强旅游文明建设。

（八）优化城乡环境，推进共建共享

加强资源环境生态保护，强化对自然生态系统、生物多样性、田园风光、传统村落、历史文化和民族文化等的保护，保持生态系统完整性、生物多样性、环境质量优良性、传统村镇原有肌理和建筑元素。注重文化挖掘和传承，构筑具有特色的城乡建筑风格。倡导绿色旅游消费，实施旅游能效提升计划，降低资源消耗，推广节水节能产品、技术和新能源燃料的使用，推进节水节能型景区、酒店和旅游村镇建设。

推进全域环境整治，全面优化旅游环境。强化旅游安全保障，加强景点景区最大承载量警示；完善旅游保险产品，扩大保险覆盖面，提升保险理赔服务水平；大力促进旅游创业就业，积极引导科技、艺术、创意设计等各类专业人才跨界参与旅游开发建设；鼓励高等院校和职业院校发展旅游教育，提升本地旅游人力资源规模和水平；大力推进旅游扶贫和旅游富民，大力实施旅游富民工程，通过旅游创业、旅游经营、旅游服务、资产收益等方式促进增收致富。

三、全域旅游示范区创建

全域旅游创建主要分为四个不同级别，主要有国家级全域旅游示范区、省级全域旅游示范区、市级全域旅游示范区和县级全域旅游示范区。下面以国家级和省级全域旅游示范区创建为例进行介绍。

（一）国家级全域旅游示范区创建

2020年5月8日，文化和旅游部对《国家全域旅游示范区验收、认定和管理实施办法（试行）》和《国家全域旅游示范区验收标准（试行）》进行修订，更加重视省级旅游度假区和智慧旅游。2020年12月，第二批国家全域旅游示范区名单公布。截至2020年12月31日，文化和旅游部发布了两批共168个国家全域旅游示范区。这些示范区在文旅融合发展、旅游扶贫富民、城乡统筹、生态依托、景城共建共享、休闲度假、资源转型、边境开发开放等方面形成了许多可推广的经验做法。

（二）省级全域旅游示范区创建

1. 发布验收标准

各省（区、市）依据国家级全域旅游示范区创建的标准，依据自身的实际，适当进行一些修改，以广西壮族自治区为例，经过了两轮多次的修改，开展了多批次的评定验收工作。

根据省级全域旅游示范区创建工作管理办法，全域旅游示范区验收标准与评分细则中基本项目总分980分，创新项目加分120分，共计1100分（见表17-1）。

表 17-1　全域旅游示范区验收标准与评分细则计分表

序号	项目分类	分值
1	体制机制与政策保障	60
2	旅游规划与项目招商	90
3	旅游设施与公共服务	150
4	智慧旅游与服务质量	80
5	旅游供给与融合发展	285
6	宣传推广与市场营销	45
7	市场监管与文明旅游	65
8	城乡环境与共建共享	145
9	旅游经济与社会效益	60
10	改革创新与示范带动（加分项）	120
合计		1100

2. 拟定工作程序

省级全域旅游示范区的认定程序按照"创建—自检—初审—验收—公示—命名"的程序进行。

创建：各创建单位扎实开展创建工作，创建时间应不少于一年。

自检：创建单位根据《全域旅游示范区验收标准与评分细则》开展自检自评工作，自检分数达 800 分（含）以上，可向所在设区市文化和旅游行政管理部门提交初审申请。申请初审的材料包括初审申请报告、自检评分表（含得分说明）、创建工作汇报、创建工作汇报视频、全域旅游产业运行情况、全域旅游示范区创建情况一览表及检查项目的说明材料（以上材料包括纸质版材料和电子版材料）。

初审：由创建单位所在的设区市文化和旅游行政管理部门组织初审。通过设区市文化和旅游行政管理部门初审的最低得分为 800 分。初审工作主要内容为材料审核、现场检查、评分与意见反馈。对初审评分达标的创建单位，由设区市文化和旅游行政管理部门报市级人民政府同意后，向文化和旅游厅提出验收认定申请。申请验收认定的材料包括验收申请文件、初审评分表、初审工作报告以及创建单位申请初审的全部材料等（以上材料包括纸质版材料和电子版材料）。

验收：由省级文化和旅游厅组织专家对创建单位提供的创建佐证材料进行集中审核（包含书面材料审查、创建单位视频答辩），对材料审核分数达到 800 分的创建单位进行现场验收；材料审核分数未达到 800 分的创建单位不纳入现场验收名单。

对创建工作佐证材料进行集中审核的程序为专家组集中审核佐证材料、出具材料审核意见，创建单位进行视频答辩；现场验收认定工作程序为专家组实地考察验收单位创建工作情况，形成现场验收意见。材料组和现场组进行验收综合评定后向文化和旅游厅提交验收报告。

公示和命名：对验收综合评分达到 800 分的单位，由省级文化和旅游厅综合考评确定名额后进行公示，公示期为 5 个工作日。公示期间无重大异议、重大旅游负面舆情或重大投诉的，由省级文化和旅游厅报省级人民政府批准命名；若出现重大异议、重大旅游负面舆情或重大投诉等情况，由省级文化和旅游厅调查核实后做出相应处理。

3. 管理与奖惩

省级全域旅游示范区享受该省区市制定的相应奖励政策。由省级文化和旅游厅负责对省级全域旅游示范区创建工作的督促、检查，指导创建单位解决工作中的实际问题，及时总结推广先进经验，推动创建工作向纵深发展。

建立省级县域旅游经济分析平台，对全域旅游示范区和创建单位旅游产业运行情况进行动态监管。全域旅游示范区和创建单位应按照要求报送本地区旅游接待人次、过夜接待人次、旅游收入、投诉处理等数据，以及重大旅游基础设施、公共服务设施、旅游经营项目等信息。

4. 负面清单

申请省级全域旅游示范区创建验收认定，出现下列情形之一的，不予以验收认定。

重大安全事故：近三年发生重大旅游安全生产责任事故的。

重大市场秩序问题：近三年旅游市场突出问题综合治理工作考核不达标或者发生重大旅游投诉、旅游负面舆情、旅游市场失信（国家级、省级旅游市场黑名单）等市场秩序问题的。

重大生态环境问题：近三年发生重大生态环境破坏事件的。

5. 复核

省级文化和旅游厅建立"有进有出"的管理机制，统筹全域旅游示范区的复核工作。对已授予省级全域旅游示范区称号的单位，复核工作每3～5年进行一次。按照"自查评估—复核评估—汇总上报"的程序进行。

拓展阅读及分析

全域旅游——浙江省江山市

浙江省江山市地处浙江、福建、江西三省交界，是浙江省西南门户和钱江源头之一，素有"东南锁钥、入闽咽喉"之称。江山市把促进全域旅游发展作为推动全市经济社会发展的重要抓手，从区域发展全局出发，整合资源，统一规划，差异发展。尤其是将旅游景区作为全域旅游的增长点和扩散极，推进市域景区化建设，打造以全域旅游牵引浙江省"大花园"核心区建设的江山样本。

江山是首批国家全域旅游示范区，拥有江苏、浙江、上海唯一的世界自然遗产——江郎山，江郎山是中国"老年期丹霞"的典型代表，是大自然的鬼斧神工。

江山坚持以核心景区集聚带动，牵引市域景区化建设，初步形成了"星罗棋布、众星拱月"的全域旅游壮美画卷。围绕"休闲城区、中部江郎山集聚区、南部生态旅游区"三大板块，布局重大旅游项目、集聚优质资源，丰富核心景区旅游业态。江山市按照全域旅游理念，积极开展"旅游+体育""旅游+文化""旅游+乡村"等业态融合创新。先后培育了数十个国家级、省级"旅游+"业态融合产品。

城市品牌，是一个城市形象的综合展示。江山市以"运动之城、体育福地"为目标，打造城市名片，与国家体育总局合作共建全国首个登山户外产业示范城市。积极发展赛事IP，连续承办全国新年登高健身大会、全国举重锦标赛、全国啦啦操比赛、江山100国际越野跑等60多场国际级、国家级赛事节会，并连续14年举办新春农民运动会，被国家体育总局称为"体育现象"，得到中央媒体聚焦。成功策划世界顶级翼装飞行大师杰布·克里斯飞跃江郎山一线天、奥地利"蜘蛛侠"迈克·凯米特徒手攀爬江郎山等极限挑战活动。积极推进运动休闲由核心景区向全市域拓展，积极打造体育福地，先后以赛事为媒，与欧洲著名山地休闲度假目的地法国勃朗圣泉缔结友好城市关系。

江山市是全国一流休闲旅游目的地，在做大做强核心景区的同时，致力做优做美乡村休闲旅游，打造了幸福大陈、书香清漾等一大批各具特色的文化古村落。

2019年8月18日，"衢州有礼 锦绣江山"大型实景剧《你好江山》在大陈乡大陈村村歌广场迎来首演，游客如织、好评如潮。江山市所有景区村庄都拥有自己的村歌，作品累计荣获国家级、省级荣誉20多项，江山村歌多次唱进人民大会堂，并入选G20杭州峰会"国礼"。

大陈古村是古徽州汪氏搬迁至此的聚居地，20条街巷连接着几十栋清朝、民国古宅，千米长的青石路纵横交错，形成独特的迷宫。贺村镇的秀美耕读则是江山市美丽乡村建设的典型，西面背靠海拔300米的大石山，山上还有神仙对弈的棋盘石、龙洞（石灰岩溶洞）、泉水潭。景区东门便是湖塘湖，湖塘湖库容23万立方米、水面面积180亩，被誉为江山的"小西湖"。

自2009年开始，江山市持续不断创建中国幸福乡村，2016年被评为省首批美丽乡村示范县。至今，已成功打造省A级景区村庄148个，其中3A级景区村庄27个，数量居浙江省第一。同时，以五大核心景区为主要节点，串联全市中国幸福乡村，集中资源打造世遗江郎风采线、七彩保安风情线、古镇养生风韵线、幸福乡村风光线、村歌文化风俗线、醉美碗窑风行线6条精品线路，形成"古道溯源、最江南、世遗江郎、光伏小镇、七彩保安、古镇养生"六大景观片区。

近年来，江山市坚持把基础设施和公共服务配套从景区拓展到全市域，全力打造全域旅游主客共建共享的"衢州有礼"之城。

江山市将旅游大数据中心与基层治理"四个平台"相结合，打破数据壁垒，实现与公安、交通、综合执法等24个部门涉旅数据全网互通。目前，全市已有1万多个"天眼"为旅游大数据中心提供旅游信息基础支撑。

旅游关键是交通要先行，构建外联内畅的综合交通体系。江山市正在加快推进杭衢高铁、通景公路等重大交通项目。在高铁站建设旅游综合网络枢纽，投放共享新能源电动车400辆、运动休闲自行车250辆，实现游客"落地自驾自由行"。

同时，在浙江省率先对旅游厕所进行分类管理，推动全市近300个旅游厕所改造提升。围绕"万村千镇百城"景区化工程，谋划启动A级城区景区建设，打破景区围墙、打破政府围墙，打响"衢州有礼 锦绣江山"品牌，努力打造旅游服务最优城市。

江山市还紧紧围绕衢州市委开展的以"八个一"为主要内容的"有礼指数"测评体系，高点部署、高位推进，迅速开展文明有礼社会宣传，开展全民提升"有礼指数"实践活动，实现全市餐饮行业 100% 推广公筷公勺，引导全市上下通过开展有礼践行进机关、乡镇、村社，进学校、进家庭、进企业、进窗口，以及有礼践行公益广告推介、志愿服务推进、文艺创作推广、有礼践行示范村镇（小区）创建等"五进三推二创建"活动，推进文明逐渐成为市民内化于心、外化于行的一种日常习惯，努力实现江山大花园的颜值与气质双提升。

目前，江山市正举全市之力，坚持以文化驱动、创新引领推进旅游产业转型升级，走出了一条"低成本可复制、长效化可坚持"的富有江山特色的全域旅游发展之路。

资料来源：https://www.163.com/dy/article/FDPGVFFM054585OJ.html.

分析：浙江省是发展全域旅游最早的省份。浙江省江山市地处浙江、福建、江西三省交界，是浙江省西南门户和钱江源头之一，素有"东南锁钥、入闽咽喉"之称。江山市把促进全域旅游发展作为推动全市经济社会发展的重要抓手，这个是非常正确的做法。只有作为重要的抓手，才能够推动全域旅游的发展。同时从区域发展全局出发，整合资源，统一规划，差异发展。这个是发展全域旅游的通行做法。只有通盘考虑，才能够系统地把辖区内的资源整合起来，形成一个系统，并且进行统一的规划，与其他规划如土地规划、城乡规划、产业规划"多规合一"，才能够为全域旅游提供支持体系。差异化发展就是与其他地区不同，需要挖掘自身的特色资源、特色文化、特色品牌，提高不同的产品，使旅游者获得不同的价值，这是差异化发展需要把握好的事情。

江山市将旅游景区作为全域旅游的增长点和扩散极，推进市域景区化建设，打造以全域旅游牵引浙江省"大花园"核心区建设的江山样本。全域旅游不是不要景区，而是在凝聚景区特色的基础上，把区域打造成一个智慧化的旅游目的地，让旅游者时时刻刻受到尊重，获得幸福感与获得感，从而提升旅游满意度。

章后思考题

1. 全域旅游是怎样发展起来的？
2. 全域旅游的提法科学吗？为什么？
3. 怎么理解全域旅游的逻辑起点？
4. 发展全域旅游有哪些社会意义与价值？
5. 全域旅游的核心要务应包括哪几个方面？
6. 全域旅游本质特征主要体现在哪几个方面？
7. 全域旅游发展要素包括哪些内容？
8. 如何创建全域旅游示范区？

本章推荐阅读材料

[1] 石培华，申军波，陆明明，张毓利. 全域旅游示范区创建与发展指南：全域旅游

一百问［M］. 北京：中国旅游出版社，2021.

　　［2］石培华等. 全域旅游规划理论与典型案例［M］. 北京：中国旅游出版社，2020.

　　［3］邓爱民，桂橙林，张馨方，祝小林. 全域旅游理论·方法·实践［M］. 北京：中国旅游出版社，2016.

　　［4］张辉，岳燕详. 全域旅游的理性思考［J］. 旅游学刊，2016，31（9）：13-14.

　　［5］焦彦，徐虹. 全域旅游：旅游行业创新的基准思维［J］. 旅游学刊，2016，31（12）：11-13.

第十八章
旅游目的地可持续性发展

本章PPT

本章主要内容

本章主要介绍旅游目的地可持续性发展观及其概念，旅游目的地的范式、类型，旅游目的地的可持续发展原则、标准、典型，旅游目的地管理范畴等。读者主要应该掌握旅游目的地可持续性发展概念以及如何实现旅游目的地可持续性发展。

案例及思考

黄山旅游的可持续发展

近年来，黄山在国际化进程中迈出了一串串坚实的脚步，在成为世界文化与自然遗产、世界地质公园之后又相继成为联合国教科文组织、联合国世界旅游组织设立的"世界遗产地旅游业可持续发展（黄山）观测区"；全球可持续旅游委员会（GSTC）以及联合国世界旅游组织、联合国环境署、联合国基金会设立的"全球目的地可持续旅游标准（黄山）试验区"。旅游业与世界接轨，这是中国旅游业未来发展的大方向，如何让世界了解中国、让中国旅游走向世界，这是旅游国际化的重要课题。早在 2009 年，安徽省政府就批准设立"皖南国际旅游文化示范区"，黄山市委、市政府确定了建设"现代国际旅游城市"的战略目标，黄山风景区在打造国际精品旅游景区、建设世界一流旅游目的地进程中做了一系列探索，也取得了一系列经验。打造世界一流旅游目的地关键在于提升可持续发展能力，朝着"环境影响最小化、经济产出最大化、社会影响最优化、游览体验最佳化"的目标迈进。

"保护第一"是旅游业遵循的第一要素，环境影响最小化不能简单地理解为用保护的理念来制约发展，许多国际组织的纲领性文件都是倡导平衡"保护与发展"的关系，世界旅游业理事会（WTTC）授予黄山"目的地管理奖"的重要原因就是认同黄山"在保护中科学发展，在发展中实现更好保护"的指导思想以及"保护当头，发展为上；管理创新，和谐立山"的理念；由亚太旅游协会（PATA）提出并由黄山定义、诠释和丰富的"善行旅游"也把重视环境影响最小化、平衡保护与发展关系作为一项重要内容。

资料来源：http：//www. china huang shan. gov. cn/huang shan beautyspot/topic/webinfo/2012/06/1337 958788178468. htm.

思考：什么是旅游目的地可持续性发展？旅游可持续发展的关键在哪里？如何保证目的地旅游的可持续发展？

第一节　旅游目的地可持续发展观

随着旅游市场的迅速发展，旅游目的地在产品开发、生态环境、人文精神、人员接待服务中的问题也日益暴露出来，急功近利行为特别明显，对旅游目的地的可持续性发展构成了现实和潜在的威胁。什么是旅游可持续发展？可持续发展包含哪些内容？如何才能做到可持续发展？

一、可持续发展概念①

可持续发展的观点由来已久，中国古代天人合一的思想就是一个典型。《周易·大传》中"范围天地之化而不过，曲成万物而不遗，通乎昼夜之道而知"，就是说要达到人与自然相协调，只有贯通天地之道，于万物无所不知，才能制裁天地万物，而成就万物。在中国古代社会发展的过程中，有效防止了人的过度物化，抑制了人对自然毫无节制的掠夺，确立起以代际平等为基础的资源利用原则，从而在环境和资源方面保证了中国古代文明发展的可持续性。在 1982 年里约热内卢联合国环境与发展大会上，联合国环境与发展委员会研究报告《我们共同的未来》提出可持续发展概念：既满足当代人的需要，又不损害子孙后代满足其自身需要的能力，包括经济的可持续发展、生态的可持续发展和社会的可持续发展。1996 年国务院办公厅转发了国家计委、国家科委《关于进一步推动实施中国 21世纪议程意见的通知》（国办发〔1996〕31 号），在这个通知中，可持续发展有了一个明确而完整的定义："可持续发展就是既要考虑当前发展的需要，又要考虑未来发展的需要，不以牺牲后代人的利益为代价来满足当代人利益的发展；可持续发展就是人口、经济、社会、资源和环境的协调发展，既要达到发展经济的目的，又要保护人类赖以生存的自然资源和环境，使我们的子孙后代能够永续发展和安居乐业。"

可持续发展是一个涉及政治、经济、社会、文化、技术及自然环境的综合概念，它不仅涉及当代的或一国的人口、资源、环境与发展的协调与公平，还涉及与后代的和其他国家或地区之间的人口、资源、环境与发展之间利益的协调与公平。可持续发展的实质是追求达到两大动态目标：人与自然之间的平衡，寻求人与自然关系的和谐化；人与人之间关

---

① 陶海燕. 海滨旅游城市可持续发展研究 ［D］. 南京：河海大学，2006.

系的和谐，逐步达到人与人之间关系的调适与公正。它是一种以政治、经济、社会、环境协调发展为目标的综合发展观，需要特别强调的是，许多文献研究可持续发展时没有提到政治，事实上在可持续发展过程中，政治起着决定性的作用，探讨可持续发展不讲政治等于缘木求鱼。

可持续发展的价值观，可以概括为以下三种价值的表达方式：一是作为生产要素直接进入社会生产过程而被人类经济活动消耗性利用所具有的价值，称为实在生态价值。二是不经过经济系统而是由生态系统直接提供为社会生产与生活、人类自身生产及维护生态系统自身功能的生态服务价值，称为功能生态价值，它实质上是资源环境及整体生态系统（生态系统作为一个整体的使用价值）作为人类及经济社会的自然环境所表现出来的环境价值。[①] 三是资源环境及整体生态系统所提供支撑人类及人类社会存在的永久性的生态价值，它不只是对人类，而且是自然界的全部生物；不只是对当代，而且是对从过去到未来的世世代代，均具有的价值。这种价值与当今的或未来的使用均无关，所以国内外一些学者称为存在价值，这是自然界自身的价值，即它的内在价值，故称为本源生态价值更确切。这样，资源环境及整体生态系统的全部生态价值，就应该是实在生态价值、功能生态价值和本源生态价值之和。站在资源环境及整体生态系统状态满足人类生存和经济社会发展的角度，从可持续发展的经济定义上看，上述三种价值分别转化为实在经济价值或直接经济价值、功能经济价值或间接经济价值、生存经济价值，其中还要包括存在价值引起人类活动所产生的各种经济价值，即当代人为了保证后代人对资源环境资产的使用而对它所支付的各种费用。这样，资源环境及整体生态系统的总经济价值，就应该是经济价值、功能经济价值和生存经济价值之和[②]。可持续发展理论不仅承认资源环境及整体生态系统的外在价值，而且承认其内在价值，即它对自然界一切生命或生命支持系统具有的价值、生命和自然界永续生存的价值。因此，可持续发展理论是建立在资源环境及整体生态系统的外在价值和内在价值相统一的基础之上，从而真正确立了人类价值与自然界价值的统一、人类生存和发展权利与自然界生存和发展权利的统一。

二、可持续旅游发展概念及其实质

1990 年在加拿大温哥华召开的全球可持续发展大会上，旅游组行动策划委员会发表了《旅游持续发展行动战略》草案，构筑了可持续旅游发展的基本理论框架，并阐述了可持续旅游发展的主要目标。提出可持续旅游发展的目标是增进人们对环境和经济的理解，促进旅游公平发展，改善旅游接待区的生活质量，向旅游者提供高质量的旅游经历，保护旅游开发赖以存在的环境质量。核心是在确保从事旅游开发的同时，不损害后代人为满足旅游需求而进行旅游开发的可能性。1997 年 6 月，世界旅游组织（UNWTO）、世界旅游理事会（WTTC）与地理理事会（Earth Council）在联合国第九次特别会议上正式发布了《关于旅游业的 21 世纪议程》，描述了旅游业实施可持续发展战略应当采取的行动。同时明确了可持续旅游发展指的是在保护和增强未来机会的同时满足现时旅游者和东道区域的需

---

① Boo E. The Ecotounism Boom：Planning For Deve Lopment and Management ［M］. WWF：Washington, 1992.

② 雷长群，顾培亮. 可持续发展价值学论纲 ［J］. 北京大学学报（哲学社会科学版），2011（5）：125-129.

要。在保护文化完整、基本生态进程、生物多样化和生命支持系统的同时，经济、社会和审美方面的需求可以得到满足。

还有一些学者或国际组织，因为研究角度不同给出的定义也各不相同。

Bramwell 和 Lane（1994）认为，可持续旅游是致力于减少旅游产业、旅游者、环境和当地社区之间的复杂相互作用而产生的紧张和摩擦，以及寻求旅游业长期的生存发展和保持自然和人文资源的质量的一种积极的方法①。

英国旅游者协会将可持续旅游定义为寻求更加具有生产力和更加和谐的旅游者、当地社区之间的关系和寻求不具消耗资源、欺骗游客和剥削当地居民的旅游发展状态（English Tourist Board，1992）。

Inskeep（1991）认为可持续旅游是在满足旅游者和当地需求的同时，保护和增强今后利用的机会，在满足经济、社会和审美需求的同时保证维持文化完整、基本生态过程、生物多样性和支持当地生计②。

从以上这些定义可以看出，虽然处于不同的角度，对可持续旅游理解有所差异，但基本体现了以下内容：①旅游可持续，是可持续发展思想在旅游产业中的运用，与可持续发展理论在基本思想上具有母子承接关系。②可持续旅游发展渗透着公平的思想，具体体现在代内公平和代际公平，即旅游发展，应当提供给所有人公平地利用自然的权利，同时旅游发展要以不损害后来人的利用机会为前提。③在持续内容上均包括生态环境可持续、经济可持续、社会文化可持续。

一个旅游目的地，现在不再是单一的自然、文化、艺术、环境等资源空间，而是被看作能在特定区域有总体吸引力的产品供给地，一个由目的地提供的复杂且综合的旅游接待服务系统。旅游业由无数个接待子系统构成，这些系统既有联合又有竞争，在外部需要有一定的竞争能力，取得市场的发展机会。

旅游目的地的可持续发展需要一个具有可持续竞争力的系统。旅游目的地把旅游的所有要素，包括需求、交通、供给和市场营销都集中于一个有效的系统框架内，包括核心系统、接待系统、外部系统，这三大层次的发展，一方面能满足旅游者的动机需要，另一方面又能保证本地资源的永续利用。因此影响旅游目的地可持续发展的因素是系统因素，要整体考虑、统一协调，达到最优模式，实现可持续发展。

因此，旅游目的地可持续发展就是发挥旅游资源价值的永续利用和市场发展供需平衡所结成的多赢发展。

可持续旅游发展的思想实质是三性：整体性、持续性、平衡性。1995 年《可持续旅游发展宪章》提出"可持续旅游发展的实质，就是要求旅游与自然、文化和人类生存环境成为一个整体；自然、文化和人类生存环境之间的平衡关系使许多旅游目的地各具特色，特别是在那些小岛屿和环境敏感地区，旅游发展不能破坏这种脆弱的平衡关系。考虑到旅游对自然资源，生物多样性的影响，以及消除这些影响的能力，旅游发展应当循序渐进"。

① Bill Bramwell, Bernard Lane. Rural Tourism and Sustainable Rural Development [M]. UK: Channel View Publications, 1994.

② Edward Inskeep. Tourism Planning: An Intergrated and Sustainable Development Approach [M]. Van Nostrand Reinhold, 1991.

说明可持续发展旅游需遵循三点：一要讲整体性。旅游活动不能游离于自然、文化和人类生存环境的各种价值，旅游是自然、文化和环境的一部分，自然、文化和环境的价值为旅游活动提供资源和依托，旅游又可以丰富自然、文化和环境的内容。不能够破坏这四者之间的关系。二要讲持续性。旅游活动不能竭尽自然、文化和环境资源，既要考虑现在的需要，也必须考虑未来的需要，在时间上循序渐进，保证可以持续地发展下去。三要讲平衡性。单一的突进不是一种和谐的贸易活动，容易因为心理失衡产生各种压力。旅游发展需要照顾各方的利益，互为目的地和互为客源地，在空间上横向互动，达到一种动态的平衡。

第二节　可持续旅游的原则、目标和标准

单从可持续的角度来认识可持续的话，最好就是封闭式的、顺其自然的进化，依托自身文化理念周而复始。旅游不可能故步自封，旅游一定是开放式地接待外来人员，也就是说旅游的可持续发展一定是需要内外结合，达到某种平衡才能可持续发展。过度的开发会造成急功近利式地掠夺资源，必定破坏环境；过度的接待既造成环境破坏又造成体验破坏，从而失去市场口碑。旅游的可持续已经有了较多的研究基础或成果，在可持续的原则、标准、模型方面都可以找到痕迹，尤其在国际组织方面已经达成共识。

一、可持续旅游的原则和目标

许多国际组织和研究者对可持续旅游的原则和目标进行过探讨和研究，如世界旅游组织以及相关研究机构和个人。涉及旅游可持续发展的文件如 1980 年的《马尼拉世界旅游宣言》、1995 年的《可持续旅游发展宪章》、1995 年的《可持续旅游发展行动计划》、1997 年的《马累宣言》、2000 年的《地中海岛屿可持续旅游与竞争力国际会议结论与建议》等。

其中，1995 年在西班牙加那利群岛的兰萨罗特岛举办的"旅游可持续发展世界会议"通过了《可持续旅游发展宪章》和《旅游可持续发展行动计划》，完善了旅游可持续发展的理论体系。《可持续旅游发展宪章》提出了 18 条原则和目标：

（1）旅游发展必须建立在生态环境的承受力之上，符合当地经济发展和社会道德规范。

（2）可持续旅游发展的实质，就是要求旅游与自然、文化和人类生存环境成为一个整体。

（3）必须考虑旅游对当地文化遗产、传统习俗和社会活动的影响。

（4）为了使旅游对可持续发展做出积极贡献，所有从事旅游事业的人们必须团结一致、互相尊重和积极参与。

（5）保护自然和文化资源，并评定其价值为我们提供了一个特殊的合作领域。

（6）有关各方共同协商之后认为，地方政府要下决心，保持旅游目的地的质量和满足旅游者需求的能力。

（7）为了与可持续发展相协调，旅游必须以当地经济发展所提供的各种机遇作为发展的基础。

（8）所有可供选择的旅游发展方案必须有助于提高人民的生活水平，有助于加强与社会文化之间的相互联系，并产生积极的影响。

（9）各国政府和政府机构应该加强与当地政府和环境方面非政府组织的协作，完善旅游规划实现可持续旅游发展。

（10）可持续发展的基本原则，是在全世界范围内实现经济发展目标和社会发展目标相结合。

（11）环境和文化易受破坏的地区，无论是现在还是将来，在技术合作和资金援助方面都要给予优先考虑，以实现可持续旅游发展。

（12）提供一些与可持续发展原则相协调的旅游形式，以及各种能够保证中期和长期可持续发展的旅游形式。

（13）对旅游和环境负有责任的政府、政府机构和非政府组织应当支持和建立一个开放式信息网络，以便交流信息，开展科学研究，传播适宜的旅游和环境知识，转移环境方面的可持续发展技术。

（14）需要加强可行性研究，支持普及性强的科学试点工作，落实可持续发展框架中的旅游示范工程，扩大国际合作领域的合作范围，引进环境管理系统。

（15）对旅游发展负有责任的政府机构、协会、环境方面的非政府组织要拟定可持续旅游发展框架，并将建立实施这些方案的项目，检查工作进展情况，报告结果，交流经验。

（16）要注意旅游中交通工具的作用和环境的影响，运用经济手段减少对不可再生资源的使用。

（17）旅游活动的主要参与者，特别是旅游从业人员要坚决遵守这些行为规范，是旅游持续发展的根本所在。

（18）应当采取一切必要措施，使旅游行业的所有团体，无论是当地的、地区的、国家的，还是国际的，重视"可持续旅游发展世界会议"的内容和目标，执行由全体会议代表一致通过的《可持续旅游发展行动计划》。

2002年11月19日世界旅游组织在桂林举办的博鳌亚洲论坛会议发表的《桂林宣言》指出：要在更广泛的社会范围内，提高对旅游可持续发展原则的理解，精心处理好保护资源、保护生态环境与合理利用资源、提高生态环境质量的关系。

世界旅游组织制定的旅行和旅游行业响应海牙环境和发展宣言的指导原则，如表18-1所示。

表18-1　世界旅游组织制定的可持续旅游12条原则

序号	可持续旅游发展原则
1	旅游引导人们在与自然和谐共处的同时获得健康、富裕的生活
2	旅游应该为地球生态的维持、保护和恢复做出贡献
3	旅游应该建立在生产和消费模式可持续基础之上

序号	可持续旅游发展原则
4	国家间应该合作促成一个开放的经济体系，使国际旅游贸易能够在可持续的基础上进行
5	旅行贸易中的保护主义应该终止、节制
6	旅游、和平、发展与环境保护是互相依赖的
7	为达到可持续发展，环境保护应该成为旅游发展整体中的一部分
8	应该在有相关居民参与、旅游规划决策为当地人所接受的情况下解决旅游发展问题
9	国家间应该互相通告可能影响旅游者或旅游地区的自然灾害
10	既然全体妇女的参与是可持续发展所必需的，则应该充分利用旅游业在创造妇女就业方面的优势
11	旅游发展应意识到并支持当地人的特性、文化和利益
12	环境保护方面的国际法应受到全球旅游业的尊重

资料来源：魏小安，张凌云. 共同的声音：世界旅游宣言［M］. 北京：旅游教育出版社，2003.

这些原则的出台，有利于统一意见和看法，为各地发展旅游业指明了方向，有了可以参照和遵循的基本法则。

二、可持续旅游的标准

在遵循旅游可持续发展原则的基础上，需要制定可执行的标准以便于参照。对于开发者来说，知道什么是可以开发的，什么是不可以开发的；对于旅游者来说，知道哪些是可以体验的，哪些是不适宜体验的；对于管理者来说，知道哪些是可以鼓励的，哪些是应当制止的。

联合国世界旅游组织综合各国际组织制定了可持续旅游发展的标准，具体就体现在1995 年的《可持续旅游发展行动计划》中，其内容如下：[①]

（一）导言

旅游始于 19 世纪。在 2000 年即将到来之际，旅游已经有了相当大的发展。目前，旅游被认为是世界范围内最有影响力的社会经济事件之一。

在旅游业各方面的历史进程中，许多质和量的变化形成了旅游业发展的特征。与此相伴的，是我们这个社会所经历的深刻变革，逐步朝着一系列新的价值观方向发展。例如，自然与文化被视为人类共同的遗产，它涉及人们对人权及高质量生活的理解。

当然，在旅游发展过程中充满着各种各样的矛盾。环境、自然景观、文化特色和传统习惯通常要付出巨大代价，使旅游业能够创造出更多的经济效益。

几十年大规模的、缺乏质量的旅游发展，给我们留下了一种说不出来的感受。这种感受为本次会议的召开提供了依据，并且激励我们联合起来，充分发挥我们的想象力，以便为在 2000 年之后能够建立一个符合人类愿望的、可持续发展的旅游业。

---

① 魏小安，张凌云. 共同的声音：世界旅游宣言［M］. 北京：旅游教育出版社，2003.

（二）今后需要做的工作

第一，通过以下几个方面，评价旅游对全球可持续发展所做出的贡献：①旅游发展计划与国家环境政策要协调一致。②充分发挥旅游保护文化遗产的潜力。③认真评价和鼓励那些有利于环境和文化的旅游需求的发展。④旅游供给多样化，提高旅游供给质量。⑤寻求适宜的技术方法，并应用于与旅游经营活动有关的各个领域。⑥加强科学基础工作，更好地理解可持续旅游发展的过程。

第二，以可持续发展为原则，通过以下几个方面，制订旅游发展规划：①提倡总体规划。②制定政策，加强旅游与其他重要经济部门的相互配合。③制订长期资金计划，尽可能地与总体发展目标保持一致。④寻找激励因素，组织促销活动。⑤制订监督、评价工作计划与实施过程的方法。

第三，通过以下几个方面，发挥旅游业主要参与者的作用：①制定共同目标，建立由各有关方面人士参加的联盟。②建立永久性方法，以便保持各方面的一致性。③采取前瞻性和预防性措施。④促进国际合作。⑤促进公众参与。⑥确保老人、妇女、青年人和宗教旅游者拥有安全健康的旅行条件。

第四，通过以下几个方面，提高旅游业在当地经济中的地位：①旅游发展与经济规划相协调。②为企业和政府机构提供培训和专业技能。③保证安全、健康的旅行条件。④支持和推动旅游革新。⑤促进经验和信息交流。⑥在旅游专业人士当中宣传、介绍"最佳范例"。⑦支持各旅游目的地之间建立国家级、地区级和国际级的信息网络。

第五，优先考虑的地区：①小岛屿。②沿海地区。③高山地区。④历史名城。

第六，辅助性手段：①制订可持续旅游发展教育计划。②建立信息交流网络。③建立包括环境和文化遗产主题在内的可持续旅游发展数据库。④为那些有利于自然和文化的旅游项目设立荣誉奖章，为表现突出者设立年度奖。⑤在国家和地区范围内，以及当地政府、专业人士和公众当中广泛传播可持续旅游发展目标。

这个标准有一定的国际影响力，对旅游目的地来说有重要的参考价值。尤其是从旅游大国向旅游强国迈进的过程中，要时刻保持清醒的头脑，把可持续发展当作非常重要的工作来做。

第三节 可持续旅游发展的形式与模型

可持续旅游的研究集中了许多学者和机构的智慧，取得了很多成果，从研究范式和类型方面予以总结，能够了解和掌握前人的足迹，为今后的研究奠定基础。

一、可持续旅游发展的不同形式

（一）控制环境承载力

有的研究者认为旅游可否持续发展需要考虑环境承载力，只有在旅游地环境承载力被估算出来并且在执行有效的规划和运行控制的情况下，可持续旅游才有可能发生（Wearing and Neil，1999）。我国学者郭来喜对可持续旅游的理论从理论体系与机制、中国旅游业的地位、发展目标预测等方面进行了探讨①。崔凤军和刘家明认为环境承载力包括三个基本分项指标——游客密度、旅游用地强度和旅游收益强度指数等，这些是旅游业能否可持续发展的重要依据②。控制环境承载力是研究的热点，相关学者提出了一些模型。简单来说，就是要控制好旅游环境的容量，这个环境包括社会环境、文化环境、心理环境、经济环境、自然环境等，不能损害环境，超出这个容量的旅游就是不可持续的。

（二）生态旅游

生态旅游是实现可持续旅游的重要途径，众多学者进行过研究。总体来说，国际上将生态旅游界定为自然环境的生态，而我国学者进行了泛化，似乎一切新的形式都可以与生态旅游相关。我们认为生态旅游就是利用而不是损害自然生态环境来满足旅游者愿望的一种旅游形式，也就是在开发自然环境为旅游业所利用的过程中，保持自然的、本真的环境及其动植物生存状态不被破坏即旅游产品"越是生态的就越是可持续的"。至于"文化生态旅游"与"社会生态旅游"等说法，有其合理的实践价值。但是从旅游活动的角度来看，一位旅游者参加一次旅游活动之后，如果接触的完全是大自然的环境，如大海、大草原、大森林，他有可能认为自己参加的是"生态旅游"，而假如他参加的是文化类、大城市类或社交类的旅游活动的话，他还会认为自己是"生态旅游"吗？显然这是不可能的。

生态旅游就是把受保护的大自然里的水、空气、环境、动物、植物、地形、地貌等作为吸引物来开展的旅游活动，使水、空气、环境、动物、植物、地形、地貌等不被破坏，是可持续旅游发展的重要前提条件。

（三）社区居民参与

持这种观点的学者认为，旅游目的地的旅游发展与社区居民的关系密切。因为旅游的规划、游览、环境、文化、影响等都与社区居民有密切的联系，尤其是在人口密度、物价水平、社会治安等方面严重影响目的地居民的生活，所以旅游的可持续发展必须争取社区居民的参与和支持。国外强调这方面的研究，是因为在一些国家土地是私有的，开发旅游没有社区居民的参与是不可思议的事情。若土地属于国有或集体所有，会有明显不同。

诚然，旅游的发展不可以漠视当地居民的态度，但是我们不赞成所有的旅游开发都必须经过当地居民的共同参与。这里指的"共同"，并不是指共同参与其中，一是不可能所有当地居民都支持共同开发，二是没必要，因此不可以机械地理解。例如，一座城市的旅游发展，涉及几百万、上千万人口，如何来调适？通过征求目的地的有识之士的意见或通过媒体、网络的方式予以公告、说服、教育等方式进行引导就可以了。除非是古民居的开发，与民众直接发生关系的旅游产品，当然需要社区居民密切配合、积极支持，所以可持续旅游的发展是需要视社会制度、土地制度、居民利益等具体情况而定的，不可一概而论。

---

① 郭来喜. 中国旅游业可持续发展理论与实践研究 [J]. 人文地理，1999（51）：17-25.

② 崔凤军，刘家明. 旅游环境承载力理论及其实践意义 [J]. 地理科学进展，1998，17（1）：86-91.

（四）低碳旅游

低碳旅游为可持续旅游发展提供了新的平台，值得我们重视，但是不能迷信。低碳旅游的概念于2009年5月"走向低碳的旅行及旅游业"的世界经济论坛的报告中首次出现[①]。低碳（Low Carbon，LC）是指较低（更低）的温室气体（CO_2为主）的排放[②]。一般指在旅游开发和旅游活动过程中，尽量减少CO_2对旅游及其环境的影响，更加注重环保指标和绿色旅游。这是旅游可持续发展的新形式。在旅游目的地开发的过程中，我们需要以科学的态度来对待低碳旅游，但不要被束缚，要树立科学的发展观，辩证地看待这个问题。

旅游可持续发展的类型还有很多。不同的旅游目的地有不同的资源和不同的市场，同时也会面临变动的经济背景以及突发事件的影响，况且创新思维弥漫整个市场空间，相信今后会有更多成功的典范。

二、旅游可持续发展的竞争力 C-R 模型

不少学者对旅游可持续发展的竞争力进行过研究。黎洁和赵西平运用波特的产业国际竞争力模型分析了国际旅游竞争力的影响因素，认为我国国际旅游业发展的根本转变是将资源优势提升为竞争优势，同时我国国际旅游竞争力将经历旅游资源竞争、旅游产销竞争、资本实力竞争和创新研究四个阶段[③]。

冯学钢和赖坤（2003）采用国际权威机构的有关指标和数据，运用德尔菲法和层次分析法对中国旅游业发展环境竞争力进行量化评价，分析制约中国旅游业发展环境中的薄弱环节，并提出了相关建议。[④]

Crampon（1966）把引力模型引入旅游竞争力的分析中，得出从客源地到旅游目的地的游客量与两地之间的距离成反比，与旅游目的地的吸引力和承载力成正比，与客源地的人口数量、人口收入和旅游偏好成正比[⑤]。

Leiper提出构成旅游系统的四要素说，认为决定一个旅游系统发展的四个因素分别是客源地区域、目的地区域、旅行路径和旅游产业本身[⑥]。Ritchie（1993）提出了关于旅游目的地竞争力影响因素的模型，该模型将影响目的地旅游竞争力的要素分为目的地管理、目的地组织、目的地吸引力、目的地信息、目的地效率五个因素[⑦]。Tanja在Ritchie的研究基础上，增加了环境质量因素，他认为Ritchie提出的模型忽略了环境质量对目的地旅游竞争力的重要影响。他认为影响目的地竞争力的环境质量除了自然环境因素外，还包括

① Huang C, Deng H B, The Model of Developing Lowcarbon Tourism in the Context of Lesisure Economy [J]. Energy Procedia, 2011 (5)：1974-1978.

② Wiedmnn T, Minx J A. Definition of Carbon Footprint [J]. ISA Research Report, 2007, 14 (2)：1-7.

③ 黎洁, 赵西平. 论国际竞争力及其阶段性的演进 [J]. 社会科学, 1993 (5)：19-22.

④ 冯学钢, 赖坤. 中国旅游业发展环境国际竞争力比较研究 [J]. 世界经济研究, 2003 (7)：42-47.

⑤ Crampon L J. Anew Technique to Analyze Tourist Markets [J]. The Journal of Marketing, 1966 (2)：27-31.

⑥ Leiper N. The Framework of Tourism：Towards a Definition of Tourism, Tourist and the Tourist Industry [J]. Annals of Tourism Research, 1979, 6 (4)：390-407.

⑦ Ritchie J R B. The Measurement of Destination Image：An Empirical Assessment [J]. Journal of Travel Research, 1993 (4)：3-13.

游客自身切实感受的环境因素[①]。旅游目的地应该加强对景区环境质量的管理与营销推广，提高旅游目的地在游客心目中的环境形象认可度，从而提高旅游目的地的竞争力。

由加拿大学者克劳奇（Crouch）和布伦特·里奇（Ritchie）等组成的研究团队，从1992年起，长期致力于旅游竞争力研究，认为旅游目的地竞争力的可持续性，不仅体现在经济上和生态上，而且还包括社会文化、政治等方面的可持续性，提出了旅游目的地可持续竞争力模型，在理论和模型研究方面做出了突出贡献。

Crouch和Ritchie在波特"钻石模型"的基础上建立了旅游目的地竞争力的概念模型，把决定旅游目的地竞争力的因素概括为核心资源、支持性资源、目的地管理和目的地综合条件四个方面[②]。

Salah从环境可持续发展角度构建了旅游目的地竞争力模型，并提出旅游目的地发展规划应与市场需求及环境可持续发展相一致，所有利益相关者都应起到重要作用[③]。

比较典型的是C-R模型[④]。克劳奇和里奇（Crouch and Ritchie，1999）在前人研究模型的基础上提出了适用于旅游目的地的综合性竞争力模型，简称C-R模型。C-R模型由4个核心要素组成：核心资源和吸引物、支持性因素和资源、目的地管理、限制性因素。C-R模型中基本要素核心资源和吸引物是旅游者选择某地作为旅游目的地的基本条件，它包括地理概况和气候、文化和历史、活动组合、市场联系和上层设施，将游客可参与的旅游活动与设施统称为人造资源与资源禀赋分离，这样更能说明目的地的竞争潜力以及目的地管理者的管理水平（见图18-1）。

克劳奇和里奇认为，旅游目的地吸引物中的市场联系部分有时也是不在旅游目的地管理者的直接控制之中，然而随着时间的推移，它会不同程度影响目的地管理者的决策。C-R模型将环境条件（宏观和微观）分为全球环境和竞争环境。宏观环境指的是影响世界旅游业的全球性因素，微观环境则指的是影响旅游目的地和旅游系统的因素。

克劳奇和里奇（Crouch and Ritchie，2003）在C-R模型中加入了目的地政策、规划与开发这一核心要素，其中的子要素包括旅游政策、哲学体系、理想愿景、目的地审计、监控与评估、开发等。这样就完善了C-R模型，使整个模型的功能发挥更加系统。

克劳奇和里奇的C-R模型使我们既能够站在宏观的角度审视旅游业发展框架，又能在微观方面把握好发展的基本要素。对于旅游目的地来说，能够全面而且准确地厘清旅游发展的路径、抓住发展重心、强化竞争力范畴，它是一个典型而实用的理论与实践兼备的模型。

① Tanja M. Enviroment Management of A Tourist Destination：A Factor of Tousim Competitiveness ［J］. Tousim Management，2002，21（1）：65-78.

② Crouch G I，Ritchie J R B. Tourism Competitiveness and Social Prosperity ［J］. Journal of Business Research，1999，44（3）：137-152.

③ Salah S H. Determinants of Market Competitiveness in an Environmentally Sustainable Development ［J］. Journal of Travel Research，2000（2）：263-271.

④ 查尔斯·R. 格德纳，J. R. 布伦特·里奇. 旅游学 ［M］. 李天元，徐虹，黄晶，译. 北京：中国人民大学出版社，2008.

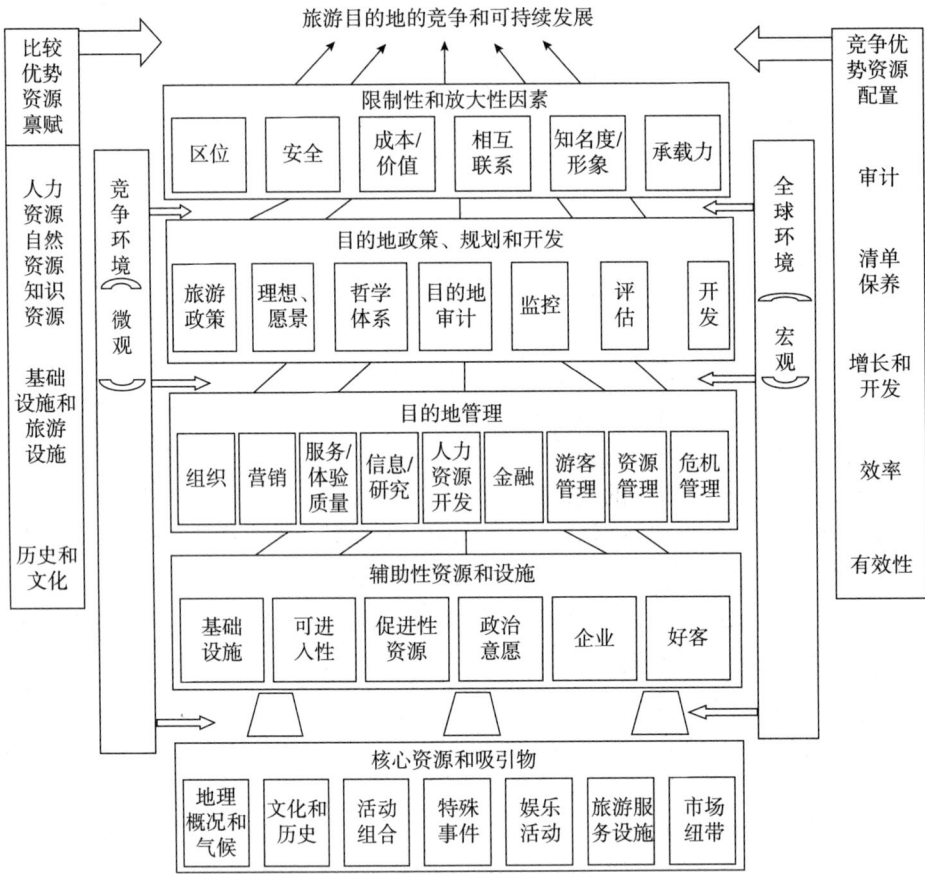

图 18-1　旅游目的地的综合性竞争力模型

资料来源：查尔斯·R. 格德纳，J. R. 布伦特·里奇. 旅游学［M］. 李天元，徐虹，黄晶，译. 北京：中国人民大学出版社，2008.

第四节　旅游目的地可持续发展管理

　　旅游可持续发展是一个大课题，从实现形式来说，研究者的观点大多数集中于旅游环境承载力、生态旅游、社区参与、灾难避免等，这些是非常值得肯定和注意的。还有学者认为，旅游地可持续发展的障碍来自"公地悲剧"。美国加利福尼亚大学生物学家哈丁教授 1968 年在科学杂志上曾发表《共有地的悲剧》一文，文中说到中世纪英格兰宣布公共牧地为一般公众自由使用，在这块公有的草地上人们可以自由地放羊。放牧人因为增加放养的羊会给他个人带来利益而不断增加羊的数量，如果一个牧民在他的畜牧群中增加一头牲畜，在公地上放牧，他所得到的全部直接利益要减去由于公地必须负担多一个牲口所造成整个放牧质量的损失。草地的饲养容量是一定的，当羊的总数超过整个草地饲养量时，土地质量遭到破坏，草地也会荒芜。但是这个牧民不会感到这种损失，因为这一项负担被使用公地的每一个牧民分担了。因此他受到了极大的鼓励，一再增加牲畜，公地上的其他牧民也效仿，最终的结果是放牧的羊太多，又没有人维护，草地终于荒芜，公地也随之毁损了。哈丁教授把这种现象称之为"公地悲剧"（Tragedy of the Commons），是一个羊吃草并把草吃光的悲剧。羊吃草本是一个再自然不过的现象，就像人要吃饭一样，问题是在一块有限的公地上，羊的数量太多以致超过了土地的承载能力，而羊太多实际上是因为人太多的缘故，所以悲剧的祸首不在于羊而在于人，在于人口的增加。我们今天在许多旅游景区可以看到人满为患的情况，这与哈丁教授所论述的"公地悲剧"十分相似。今天在许多的旅游地我们常常可以看到，由于过多的（超过旅游景区所能承受的限度）旅游者进入，以及不加限制的放纵性活动，旅游地出现了珍稀植物遭受损害、生活垃圾和废弃物随地乱扔等破坏公共资源的现象。解决这一损失的社会性费用也随着这种"超负荷"的旅游量的增大而增加，给旅游地的居民带来了不可消除的巨大负担。

对于目的地来说，在管理上需要高屋建瓴，从对历史和未来负责的态度，保持旅游资源的适度开发和产品的适度创新，保持生态环境与人的安全发展平衡，保持旅游影响的口碑效应和市场的适应度稳定才是核心。只有解决这些关键问题，才能使旅游业朝着稳定、发展、和谐的方向迈进。

一、旅游目的地资源保护与产品的创新管理

旅游资源是旅游目的地赖以生存和发展旅游事业的重要基础，因此，对旅游资源开发、利用和保护是旅游目的地得以持续发展的关键因素。旅游目的地资源遭到破坏不仅直接影响旅游目的地的旅游质量和声誉，还会对当地居民的生存环境造成危害。另外，在旅游资源开发中，有些经营者无视文物古迹的历史价值和旅游价值，造成景观污染和文物古迹的破坏。因此，在加强自然资源的法律保护和文物资源的法律保护等方面，也需要以法律法规为保障。1931 年雅典第一届国际历史遗迹建筑科技大会通过《关于历史性纪念物修复的雅典宪章》，提出对历史遗迹要严格地看管保护；1972 年在巴黎举行的联合国教科文大会上通过了《保护世界文化和自然遗产公约》，极大地推动了世界遗产的保护工作。1999 年 10 月墨西哥（国际古迹遗址委员会 ICOMOS）第十二次大会通过了《国际文化旅游宪章》，提出了旅游与文化遗址之间互相依存的动态关系。我国也于 2002 年出台了《中华人民共和国文物保护法》，加强了对文物资源的保护。这些法律、法规从不同角度规定了旅游资源的开发、利用和保护问题，对旅游资源的保护发挥了重要的作用。

目的地的可持续发展需要进行产品创新，赋予产品时代内涵或附加新的"星星"产品，衬托"月亮"更明亮。除了世界级产品外，如中国长城、巴黎埃菲尔铁塔、埃及金字塔等，这些世界级的产品只需要做好保护工作和接待工作就可以了。非世界级的产品就需要不断地进行创新，适合市场发展的热点需求，否则会被新的产品取代，这种现象经常发生。

二、旅游目的地环境保护与旅游安全管理

旅游环境保护包括自然生态环境保护和人文社会环境保护。自然生态环境是由当地的气候、水体、地貌、动植物等构成的自然环境综合体。人文社会环境指旅游目的地的政局、治安、习俗、信仰、旅游服务设施等要素的综合体。旅游目的地开展旅游活动后给环境、社会、文化、经济及旅游者感受质量等方面带来影响，在实际规划和管理中，旅游目的地过去过多关注环境容量，而忽略了旅游环境的质量。在自然生态环境方面，水体变差、空气污浊；在人文社会环境方面，势利、排斥、犯罪等现象严重。

旅游安全是目的地可持续发展的第一要务。必须制定一整套旅游安全措施，保证旅游者安全和旅游设施安全，当然包括心理安全在内。只有绝对安全才可以吸引普通旅游者进行消费。

三、旅游影响监测和市场的适应度管理

为全面推动全球旅游的可持续发展，2004 年联合国世界旅游组织启动全球旅游可持续监测项目，选择全球典型旅游地进行旅游影响监测，指导旅游目的地合理开发、科学发展。世界旅游组织旨在帮助旅游目的地提高示范性地位，推动旅游目的地的国际交流与合作。我国的桂林、黄山、张家界三个城市成为世界旅游组织在中国设立旅游可持续发展的观测点。2005 年 7 月 28 日世界旅游组织旅游可持续发展指标国家研讨会通过了《中国桂林（阳朔）宣言》。宣言指出中国是世界上国内旅游和国际旅游都发展得比较迅速的旅游目的地国家之一；中国的旅游资源独特，有着丰富的自然和人文景观，但同时也在自然环境和人文环境方面面临因旅游业的发展而不断增长的压力；旅游发展的可持续性对中国及其目的地非常重要；社会、经济和环境诸方面与旅游相关的更好信息对中国以及像桂林、阳朔这样的目的地的旅游可持续发展将起到决定性作用；从长远保障可持续性看，良好的指标是旅游目的地旅游规划和管理的关键支持工具；阳朔是中国首个申请旅游可持续指标的目的地，阳朔同时也成为世界旅游组织旅游可持续性观测点；阳朔所采取的有关世界旅游组织指标应用研讨会方式，对中国其他目的地同样适用。

世界旅游组织（WTO，1995）特别制定一套以测量旅游的环境影响为重点的测量指标。戴梦得（Dmond，1997）对此进行了汇总，如表 18-2 所示。

表 18-2　可持续旅游的核心指标

核心指标	具体测量指标	指标类属
场址保护	根据国际保护自然和自然资源联盟的索引（IUCN）确定场址保护的类型	生态
压力	访问该场址的游客人数（全年、高峰年份）	生态
游客密度	旺季时期游客密度（人数/公顷）	生态
社会影响	来访游客与当地人口比率（旺季时期情况以及随着时间推移的变化情况）	社会
开发控制	现有环境评价程序的情况、对场址开发及游客密度行使正式管理与控制的情况	规划

核心指标	具体测量指标	指标类属
污物管理	该场址污水得以处理的百分率（另外的指标可包括其他基础设施供应能力的结构性极限，如供水设施）	生态
规划工作	该地区组织制订地区规划（包括旅游规划）的情况	规划
重点生态系统	稀缺/濒危物种的数量	生态
消费者满意度	游客满意程度（基于问卷调查）	经济
居民满意度	当地居民满意程度（基于问卷调查）	社会
旅游对当地经济的贡献	旅游业所带来的收益在当地经济总量中的比重	经济

对于环境影响的测量是实现旅游目的地可持续发展的驱动力，福尔纳和泰兹威尔（Faulkner and Tideswell，1997）基于整个旅游目的地的视角，提出了一套监控可持续旅游开展状况的工作框架（见表18-3）。

表18-3 监控目的地旅游影响的总体框架

影响因子	项目框架
经济与地区发展利益	过高估计旅游业对本地区的经济贡献 政府对旅游促销和旅游设施建设的投资无异于浪费纳税人的钱财 旅游带给当地社区的利益证明，使用公共资金开展旅游促销和开发基础设施实属正当合理 旅游业的受益者只是接待地区人口中的一小部分 如果进一步扩大旅游业将不利于当地社会，则应当予以降温 从总体上讲，旅游设施的开发改进了当地居民的生活质量 如果进一步扩大旅游业有利于当地社会，则应该鼓励 游客的来访丰富了接待地区的文化 总体上讲，旅游业的发展降低了当地居民的生活质量 我喜欢看到或接触来访的游客
负面的环境影响	游客来访量的增大已经引起交通拥挤，并且使得在商业区寻找停车位更加困难 旅游业的发展使得居民生活区变得更加喧闹和拥挤 旅游者的来访是造成商店和餐厅中排成长队等候和提供服务缓慢的原因 旅游业的发展已经使得接待地区的生活费用增加 旅游业的发展破坏了接待地区的平静与安宁 旅游业的发展对接待地区的自然环境造成破坏 旅游业的发展造成了街道上和公共区域垃圾增多
生活质量与就业机会	旅游业的发展使得接待地区居民在购物设施和餐饮设施等方面有了更大选择范围 旅游业的发展使得接待地区居民能够享受更多的户外和室内娱乐设施 旅游业的发展为接待地区创造了更多就业机会 旅游业的发展为该地区带来重大的经济利益 旅游业的发展改善了商店、餐饮及其他商业场所的服务标准 旅游业的发展使得居民和地方当局更加关注维护和改善当地形象的必要性

续表

影响因子	项目框架
社会环境的改进	旅游设施的开发全面改善了该地的面貌 旅游业的发展增强了当地居民对城市的自豪感 旅游业的发展为维护我们的自然资产做出贡献 旅游业的发展使得接待地区成了人们更感兴趣的居住地
文化侵蚀	为来自不同文化的游客提供服务破坏了我们自己的文化 游客的来访侵扰了我们的生活方式
犯罪	旅游业的发展助长了接待地区犯罪率的上升和社会问题的增加

目的地要注意旅游的影响与市场的发展状况，不能一意孤行，尤其是市场的适应度，既不能太超前于市场，又不能落后于市场。太超前于市场会加大投入成本，而且缺乏消费者认同，业主难以承担经营风险；落后于市场当然就会被市场抛弃。必须检测市场的发展状况，使旅游影响与市场紧密结合起来。

拓展阅读及分析

棋盘山生态修复，助力景区提质升级

浑南棋盘山风景区位于沈阳东部，为国家 4A 级旅游景区、省级旅游度假区、著名的天然氧吧和生态旅游胜地，在沈阳乃至辽宁旅游产业中发挥重要作用。

近年来，由于受体制机制制约、发展理念落后、生态保护意识淡薄、粗放管理等多种因素影响，景区内基础设施老化、景点缺乏吸引力、服务质量下滑。2019 年 7 月到 9 月，辽宁省文化和旅游部门对全省国家 A 级旅游景区开展了联查联检行动，浑南棋盘山景区检查评定分值均未达标。2019 年 12 月，辽宁省旅游景区协会致函棋盘山风景区要求限期整改，否则予以摘掉国家 4A 级旅游景区牌子的惩罚。

为此，浑南区成立了棋盘山风景区 4A 保牌和提质升级工作领导小组，组建 9 个工作专班共同承担棋盘山景区整改工作任务。拆违治乱工作是打响浑南棋盘山景区 4A 整改工作的第一枪，也是一场攻坚战。参与整改人员，历时 4 个多月，累计拆除核心景区内违章建筑、门楼、广告牌匾等建筑面积 2.7 万平方米。摸排了众多"黑车""黑马"及"跑马场"，严厉打击了非法倒票人员。通过一系列扎实有力的举措，浑南棋盘山景区生态环境得到有效修复和显著改善、旅游秩序井然有序。

为全面做好浑南棋盘山景区提质升级工作，解决基础设施破旧、服务功能缺失、旅游亮点不足等问题，浑南区委区政府在财政资金紧张的情况下，先后分三期，累计投资近1.2 亿元对棋盘山景区实施新建游客服务中心项目、新建改建旅游公厕项目、景区正门停车场改造工程、新东门、北门改造工程、碧塘风荷（动物园段）湿地景观改造工程、环湖路标线改造工程、游览设施维护工程、景区标识系统及安全设施改造工程等共计 33 项基础设施提升改造工程。浑南区还组织开展了环湖植树活动，共计新栽植柳树 1 万棵，形成了棋盘山景区"秀湖柳"景观。

通过此次整改工作，不仅有效地修复了浑南棋盘山景区生态环境，更获得了广大市民、游客以及社会各界的广泛赞誉。在今后的景区的开发与保护也获得了以下启示：第一，坚持政治站位引领发展。在浑南棋盘山地区实现生态优先、保护优先、人与自然和谐共生的绿色发展格局。第二，坚持高标准编制整体规划。力争用5年时间成功申报创建国家级旅游度假区，将浑南棋盘山景区建设成集生态观光、冰雪运动、影视产业、文化创意、旅游度假、农业观光、健康医疗、商贸居住为一体的旅游、生态与发展和谐统一的具有国际影响力的旅游度假目的地。第三，坚持走可持续绿色发展之路。做好"加法"，实现由传统旅游模式向"互联网+"等新业态模式转变，给绿水青山增加活力与动力。做好"减法"，对破坏景区生态的项目逐步实施退出机制。做好"乘法"，形成全域资源共享、环境共建、成果普惠，使游客更满意、老百姓得实惠，实现"绿水青山"的生态保护与"金山银山"的财富增值良性互动。做好"除法"，用最严格的制度、最严厉的法制保护绿水青山。

资料来源：沈阳打造践行"两山理论"的"棋盘山"样板［N］. 中国旅游报，2020-10-12（007）.

分析： 棋盘山景区是生态旅游胜地，可持续发展主要落脚于生态环境保护。良好的生态环境，是景区开展其他一切旅游活动的基础，是景区核心竞争力的根本保障，是吸引游客前往的最重要因素。很多景区的开发是基于自然资源，所以不管什么时候保护都是第一位，一旦发现生态遭受破坏，要及时止损，而不应抱有侥幸心理，以生态破坏为代价来取得收益。

旅游目的地的可持续发展是一个系统工程。棋盘山景区提质升级的过程中，除了生态修复，景区还解决了基础设施破旧、服务功能缺失、旅游亮点不足等问题。既践行"绿水青山就是金山银山"，又让绿水青山充满活力，利用现代科学技术进行旅游产品的创新。可持续发展不是单指生态环境保护，而是一个相互联系的系统，既有保护又有发展与创新，它们分别服务于不同的方面，体现在景区的规划设计、投入使用、维护修复这一系列的活动中。

章后思考题

1. 什么是可持续发展？
2. 什么是旅游可持续发展？旅游可持续发展的实质是什么？
3. 旅游可持续发展的原则、目标、标准分别是什么？
4. 旅游可持续发展有哪些不同形式？
5. 什么是旅游可持续发展的竞争力 C-R 模型？
6. 如何进行旅游目的地资源保护与产品的创新管理？
7. 如何进行旅游目的地环境保护与旅游安全管理？
8. 如何进行旅游影响监测和市场的适应度管理？
9. 旅游可持续发展需要注意什么问题？

本章推荐阅读材料

［1］魏小安. 旅游目的地发展实证研究［M］. 北京：中国旅游出版社，2002.

［2］李天元. 中国旅游可持续发展研究［M］. 天津：南开大学出版社，2004.

［3］金晨，熊元斌. 旅游业可持续发展中的生态环境问题及其制度安排探讨［J］. 宏观经济研究，2016（9）：41-51.

［4］金准，宋瑞，王莹. 世界旅游产业新格局与中国旅游强国之路［M］. 北京：经济管理出版社，2021.

参考文献

［1］曹国新. 旅游软实力初论［J］. 旅游科学, 2010, 24（3）: 3-11.

［2］查尔斯·R. 格德纳. 旅游学: 第十版［M］. 李天元, 徐虹, 黄晶, 译. 北京: 中国人民大学出版社, 2008.

［3］陈玉英. 城市休闲功能扩展与提升研究［D］. 开封: 河南大学, 2009.

［4］陈志学, 余昌国. 旅游人才开发管理中的十大关系［J］. 旅游学刊, 2003, 19（s1）: 6-9.

［5］程胜龙. 海岸带旅游可持续发展研究［D］. 兰州: 兰州大学, 2009.

［6］程子华, 金启宁. 打造国际旅游目的地和中部旅游集散中心［N］. 中国旅游报, 2009-09-04（001）.

［7］戴光全, 保继刚. 西方事件及事件旅游研究的概念、内容、方法与启发（上）［J］. 旅游学刊, 2003（5）: 26-24.

［8］邓若楠. 为驴友量身订制产品［N］. 中国旅游报, 2012-01-09（014）.

［9］高静. 国内旅游目的地营销研究现状及展望［J］. 北京第二外国语学院学报, 2008, 30（11）: 21-29.

［10］郭彩霞. 旅游节庆开发模式研究（上）［N］. 中国旅游报, 2010-08-13（011）.

［11］郭彩霞. 旅游节庆开发模式研究（下）［N］. 中国旅游报, 2010-08-20（011）.

［12］郭长江, 崔晓奇, 宋绿叶, 等. 国内外旅游系统模型研究综述［J］. 中国人口·资源与环境, 2007（4）: 101-106.

［13］贺小荣, 徐少阳. 国外旅游企业战略联盟的现状及对我国的启示［J］. 旅游学刊, 2007（1）: 72-76.

［14］胡爱清. 国际旅游背景下的广州旅游地软实力建设研究［J］. 当代经济, 2010（17）: 84-87.

［15］黄国群, 陈学光, 徐金发. 旅游集散中心功能及运作机制研究［J］. 桂林旅游高等专科学校学报, 2007（1）: 16-19.

［16］贾玉成. 旅游风景区产品生命周期与产品的创新（上）［J］. 改革与战略, 2004（6）: 16-21.

［17］贾玉成. 旅游风景区产品生命周期与产品的创新（下）［J］. 改革与战略, 2004（7）: 18-21.

［18］金序能, 陈学光. 旅游集散中心: 基于资源整合平台的解释［J］. 价格理论与实践, 2007（1）: 72-73.

［19］雷长群, 顾培亮. 可持续发展价值学论纲［J］. 北京大学学报（哲学社会科学

版），2001（5）：125-129.

[20] 李梦."智慧旅游"与旅游信息化的内涵、发展及互动关系 [A] //中国旅游研究院.2012中国旅游科学年会论文集 [C]. 北京：中国旅游研究院，2012.

[21] 李文亮，翁瑾，杨开忠.旅游系统模型比较研究 [J]. 旅游学刊，2005，20（2）：20-24.

[22] 连漪，梁健爱.上海、杭州和苏州旅游集散中心运营模式比较研究 [J]. 企业经济，2007（11）：101-104.

[23] 凌常荣.集聚与扩散功能的旅游集散中心研究 [J]. 科园月刊，2010（23）：38-40.

[24] 凌常荣.客源地出游系统的构建：兼论南宁旅游集散中心的建设 [J]. 学术论坛，2011（4）：112-115.

[25] 凌常荣.资源型区域旅游产品开发路径研究 [M]. 北京：中国社会科学出版社，2011.

[26] 凌常荣.中国农民旅游流路径扩展研究 [M]. 天津：南开大学出版社，2013.

[27] 凌常荣，高静，芮雪梅.国际旅游目的地旅游产品代际更迭与价值创新升级路径研究：以桂林为例 [M]. 北京：中国旅游出版社，2017.

[28] 刘锋.打造数字旅游新体验扩展景区发展新空间 [N]. 中国旅游报，2008-05-05（007）.

[29] 刘军林，范云峰.智慧旅游的构成、价值与发展趋势 [J]. 探索与争鸣，2011（10）：121-124.

[30] 刘庆.浅谈旅行社在经营过程中的情感营销 [J]. 消费导刊，2009（22）：14.

[31] 刘思敏，沈仲亮.驴妈妈：欲做最成功自助游服务商 [N]. 中国旅游报，2010-08-25（003）.

[32] 马聪玲.事件旅游：研究进展与中国实践 [J]. 桂林旅游高等专科学校学报，2005（1）：75-79.

[33] 彭姣飞.长株潭旅游软实力提升战略研究 [J]. 特区经济，2011（5）：208-209.

[34] 苏平，党宁，吴必虎.北京环城游憩带旅游地类型与空间结构特征 [J]. 地理研究，2004（3）：403-410.

[35] 王迪云.旅游耗散结构系统开发理论与实践 [M]. 北京：中国市场出版社，2006.

[36] 王杰，张晓军.旅游目的地营销创新之电影营销 [N]. 中国旅游报，2007-03-14（014）.

[37] 王敏.场域视角下的旅游高等教育 [D]. 大连：东北财经大学，2011.

[38] 王欣.旅游资源开发的时代演进及发展趋势浅析 [J]. 旅游科学，2000（2）：23-26.

[39] 王有成.论旅游目的地联合营销的理论基础及其对中国的启示 [J]. 旅游学刊，2009（6）：53-59.

[40] 吴必虎.旅游系统：对旅游活动与旅游科学的一种解释 [J]. 旅游学刊，1998，

13（1）：20-24.

　　[41] 吴必虎.区域旅游规划原理 [M].北京：中国旅游出版社，2001.

　　[42] 吴人韦.论旅游规划的性质 [J].地理学与国土研究，1999（4）：50-54.

　　[43] 袁国宏.旅游系统管理及其与旅游可持续发展的关系研究 [D].广州：暨南大学，2008.

　　[44] 张凌云，黎巎，刘敏.智慧旅游的基本概念与理论体系 [J].旅游学刊，2012，27（5）：66-73.

　　[45] 赵益杉.国际旅游岛建设关键在人才 [J].商场现代化，2009（17）：122-123.

　　[46] 朱力，郭成.黄山旅游地域空间研究 [J].城市规划，2002（12）：49-54.

　　[47] 朱青晓.旅游目的地系统空间结构模式探究 [J].地域研究与开发，2007（3）：56-60.

　　[48] 徐仁立.中国红色旅游融合创新研究 [M].北京：中国言实出版社，2020.

　　[49] 徐仁立，杨凯，郑祖槐，许庆勇.研学旅行：理论与实践研究 [M].北京：中国书籍出版社，2020.

　　[50] 魏小安.旅游生涯四十年 [M].北京：中国旅游出版社，2020.

　　[51] 吴必虎.聂委光.文旅产业的韧性与创新 [M].北京：中国旅游出版社，2020.

后　记

　　《旅游目的地开发与管理》第一版出版于 2013 年 5 月，待第二版付梓且到读者手中有近十年的时间。近十年来，我本人一直给 MTA 研究生、旅游管理本科生使用本教材，也近水楼台请这些学子们提出修改意见和校对文稿，感谢他们的无私奉献！也要感谢使用本教材的各大专院校的师生们，还要感谢旅游行政部门、旅游企业家们等对本教材的鼎力支持和鼓励！正因如此，才使我们下决心进行修订并出版第二版。市场的需要和读者的鼓励是我们莫大的动力源泉！

　　十年来，中国的旅游业取得了飞速的发展和壮大，由于政府的体制改革与市场的转型升级，旅游业已经变成了文化旅游业。为了适应新时代文化旅游业的新形势、新特点、新任务，本教材第二版增加了三章全新的内容，即旅游目的地研学旅游开发管理、旅游目的地红色旅游开发管理、旅游目的地全域旅游管理，并且更新了所有的案例，旨在保持教材内容的前沿性和操作的实用性，使学生或其他读者能够与时俱进，更好地掌握旅游目的地开发与管理的基本理论知识，提高开发与管理的技能，为文化旅游业的发展做出新的贡献。

　　由于作者的能力和视野有限，书中难免有不足的地方，一些资料未能一一标明出处，敬请读者和原作者多多包涵和指出谬误之处！待有机会修改时再进行斧正！

　　再次感谢各位读者的厚爱！也衷心感谢经济管理出版社的编辑以及为本教材的出版付出努力的各位朋友！

凌常荣

2021 年 12 月